佛典汉译、理解与诠释研究

——以善巧方便一系概念思想为中心

卷下

程恭让 著

中国社会科学出版社

目　　录

序一 …………………………………………………………………（1）
序二 …………………………………………………………………（1）
序三：人间佛教的思想系谱研究 ………………………………（1）
自序 …………………………………………………………………（1）

卷　上

第一章　《佛母宝德藏般若伽陀》创始的大乘佛教善巧方便
　　教法思想 ……………………………………………………（3）
第二章　《善巧方便波罗蜜多经》善巧方便概念思想之
　　研究 …………………………………………………………（61）
第三章　以善巧方便概念思想为核心的《法华经》
　　教法思想理念 ………………………………………………（87）
第四章　《法华经》善巧方便概念及思想的文本考察（上）
　　——《方便品》善巧方便概念思想相关句例分析 ………（140）
第五章　《法华经》善巧方便概念及思想的文本考察（下）
　　——《方便品》以外诸品善巧方便概念句例
　　　　的分析 …………………………………………………（213）
第六章　《法华经》“正直舍方便”一颂译文及其对中国
　　佛教诠释思想的影响 ………………………………………（279）
第七章　《法华经》“开方便门，示真实相”译语及其与法云
　　《法华义记》诠释思想形成的内在关系 …………………（310）
第八章　《维摩经》善巧方便概念及其相关思想之研究 ……（348）

第九章 从僧肇的《维摩经》诠释看其对善巧方便概念及思想的理解 ……………………………… (373)
第十章 《宝性论》中的善巧方便说 ………………………… (401)
第十一章 《瑜伽师地论·本地分》菩萨地对于方便善巧概念及思想的处理及阐释 ……………………… (446)

卷 下

第十二章 罗什《维摩诘经》实相译语及天台疏释之研究 ……… (487)
第十三章 对窥基关于罗什《维摩经》汉译的批评的再反思 …… (527)
第十四章 《维摩诘经·入不二法门品》关于“二”与“不二”问题的考量 ………………………………… (564)
第十五章 鸠摩罗什《维摩经》“净土”译语考辨 ……………… (603)
第十六章 《宝性论》引用《胜鬘经》经文疏释 ………………… (629)
第十七章 法藏《大乘法界无差别论疏》引用《宝性论》文字疏证 ……………………………………… (669)
第十八章 从“无始时来界”一颂的释义看大乘佛教思想二种不同诠释方向 ……………………………… (741)
第十九章 从法藏《大乘起信论义记》对《宝性论》的引证看其如来藏思想特质 ……………………… (783)
第二十章 从印顺导师的《宝性论》研究看其对20世纪中国佛教学术思想的贡献 ……………………… (825)

参考文献 ……………………………………………… (859)

卷　下

第十二章　罗什《维摩诘经》实相译语及天台疏释之研究

本章要义

本章是关于鸠摩罗什所译《维摩诘所说经》中实相译语以及罗什师弟与智𫖮等天台学者《维摩诘经》相关问题注疏的研究。首先讨论了罗什的《维摩诘经》实相译语及其在原典中的涵义，进而对罗什师弟关于该经的实相问题的理解进行了考察，在此基础上梳理了智𫖮《维摩诘经》实相诠释的基本思路，并对其“中道实相”及“中道佛性”论说的具体内涵给予了说明。在对《维摩经》汉译暨理解中以实相为中心的一系思想做过深入细致的讨论后，笔者确定僧肇的实相诠释沿着无为法与有为法相区分的理路展开，并不存在将实相予以实体化的任何可能。而天台对于《法华经》《维摩诘经》两部经典的注疏，尤其是智𫖮以《维摩诘经》注疏著作作为其人生终端的实相诠释，则是汉语佛教实相思想发展的圆熟形式。要之，笔者确信，从《法华经》注疏著作延续至《维摩诘经》的有关注疏，智𫖮及天台一系以实相、中道、佛性三个核心概念作为基础建构起来的佛典理解及佛学思想是一贯的。不过在《法华经》注疏系统中天台以中道贯通佛性、实相的论说方式尚不明显，而在《维摩诘经》注疏系统中智𫖮这一论说倾向则表现得相当明显。正是此点应被视为智𫖮《维摩诘经》注疏思想的真正进展及其特色。

第一节　简要的引言

传统而言，天台教学的组织体系历来都被认为是依据“三大部、五小部”而建构的，在这个组织体系中，天台智𫖮《维摩诘经》的有关注疏著作的确没有受到足够的关注和重视。因此之故，学界关于天台思想体系的研究，尤其是有关智者大师思想体系的研究，一般也就只是围绕上述著作展开，尤其是围绕天台三大部展开。甚少学者真正留意和关注过智者大师《维摩诘经》的注疏系统。

不过晚近以来，渐有学者提出非常富于挑战性的意见，他们推重天台《维摩诘经》注疏，认为就了解智者大师之佛学思想而言，尤其就了解智𫖮最后期晚年阶段的思想与教学而言，此系著作与以《法华经》注疏为中心的著作在意义上具有同等的重要性，所以天台之《维摩诘经》注疏与《法华经》注疏，堪称“双璧”。① 另有学者能够跳出传统成说的限制，重视主要在《维摩诘经》注疏著作中保存的智𫖮有关“中道佛性”的重要思想，认为此系思想应为智者大师晚年最成熟的思想，因此之故，《维摩诘经》一系注疏才是智者大师晚年建构其佛学思想的最重要的著作。②

笔者觉得，《维摩诘经》之注疏系统以及在此系注疏中所开展的天台之思想，毫无疑问是天台学研究中一个极具研讨意义的学术领域，值得我们继续尝试突破传统汉语佛教思想史的视域，而予以深入细致的观察与论究。不过鉴于此一研究领域目前的研究基础尚甚薄弱，尤其是基于《维摩诘经》梵汉对勘研究基础上的相关天台学研究成果目前尚在刚刚起步的阶段，所以我们认为暂时还是应当把本题研究的兴趣定位在基础研究的层次上，而避免做全局性的宏观分析，或许更加切合实情。所以本章尝试从鸠摩罗什所译《维摩诘所说经》中的“实相”这个译语出发，规制我

---

①　如日本学者佐藤哲英的下列说法：“三大部应是研究智𫖮与灌顶二人，亦即研究原始天台的珍贵文献。若欲以此作为研究后期时代智𫖮思想基础的文献，则有必要再三思考。反之三大部讲说以后述作的维摩疏，正是研究智𫖮后期时代思想的基础素材，具有重要的存在意义。”参见佐藤哲英《天台大师之研究》，释观依译，“中华佛教文献编撰社”1981 年版，第 508 页。“要言之，《维摩经疏》与三大部为研究智𫖮后期时代教学资料的双璧，现行的三大部非智𫖮讲说时之原貌，经过灌顶再三的修治，相较之下，此维摩疏或是智𫖮亲撰，或是准亲撰，都是价值极高的数据，尤其在研究智𫖮晚年时代思想上，是无可比拟的珍贵资料。”参见同上书，第 546 页。

②　这是由吴汝钧先生首倡的非常富于启发性及非常著名的观点，如他以下的说法：“智𫖮的另外一组著作，即对《维摩经》的注疏，则是自己亲自执笔写的；在思想史上，这些注疏应更能展示智𫖮自己的观点。另外一点是，它们较三大部更晚成立，因而也更能代表智𫖮的成熟思想。只是它们的知名度不及三大部，而且篇幅较后者更为繁复，解读不易，因而未能得到应有的重视。这在日本和欧美方面的研究界，都是如此。特别是有关中道佛性这一重要的概念或观念方面，这些注疏的说明和发挥，较三大部更为完足。”吴汝钧：《中道佛性诠释学：天台与中观》，学生书局 2010 年版，第 16 页。

们的探讨。我们计划通过对于此概念的原语考订，鸠摩罗什师弟在《注维摩诘经》中对于此概念的解析，而进展至天台《维摩诘经》疏文的实相释义，并进而清理其由实相一概念而“中道实相”甚至“中道佛性”的阐释进路的逻辑线索。在经过上述诸步骤后，我们试图澄清天台《维摩诘经》注疏环绕实相概念开展的阐释在佛典汉译暨理解中的特殊意义，并最终试图对于天台此系注疏的思想实质作出一种可能的审慎的说明。

第二节　关于鸠摩罗什《维摩诘经》实相译语的考订

汉传佛教中“实相”之译语，或许并不始于鸠摩罗什；不过，鸠摩罗什确实是在佛典汉译中大量使用“实相”这个译语且将实相定型为佛典汉译与理解中一个重要的规范性概念的译家。就与天台教学以及本章最具密切关系的两部汉译佛典——《法华经》以及《维摩诘经》——而言，情况也是如此。我们在罗什所译的《法华经》中，可以找到8个使用“实相”译语的例证①，而在《维摩诘所说经》中，也可以找到8例。如

---

① 罗什译《法华经》中一共有11处使用过“实相”的译语，不过其中只有8处才是与本章所讨论的“实相”译语真正有关者。这8例的情况分别如下：

（1）在《法华经》之《序品》中：“诸法实相义，已为汝等说，我今于中夜，当入于涅槃。”梵文：

prakāśitā me iya dharmanetrī

ācakṣ ito dharmasvabhāva yādṛ aśaḥ ｜

nirvāṇakālo mama adya bhikṣ avo

rātrīya yāmasmiha madhyamasmin ‖ （Dr. P. L. Vaidya 校勘本第1章第79颂。蒋忠新，第22页；《改订梵文法华经》，第23页）此处罗什所译“诸法实相”相当于 dharmasvabhāva，故“实相”是 svabhāva（自体）。

（2）“是德藏菩萨，于无漏实相，心已得通达，其次当作佛。”梵文：

śrīgarbha eṣ o vidu bodhisattvo

gatiṁ gato jñāni anāsravasmin ｜

spṛ śiṣ yate uttamamagrabodhiṁ

vimalāgranetro ti jino bhaviṣ yati ‖ （Dr. P. L. Vaidya 校勘本第1章第83颂。蒋忠新，第23页；《改订梵文法华经》，第24页）此处罗什所译“无漏实相”相当于 jñāni anāsravasmin，故“实相”是 jñāna（智慧）。

（3）“今相如本瑞，是诸佛方便，今佛放光明，助发实相义。”梵文：

tadeva paripūrṇa nimittamadya

upāyakauśalya vināyakānām ｜ （转下页注）

此广泛以及高频地使用这个译语，已经足以显示这个译语在罗什的佛典汉

（接上页注）saṁ sthāpanaṁ kurvati śākyasiṁ ho

bhāṣ iṣ yate dharmasvabhāvamudrām ‖ （Dr. P. L. Vaidya 校勘本第 1 章第 98 颂。蒋忠新，第 25 页；《改订梵文法华经》，第 27 页）此处罗什所译"实相义"相当于 dharmasvabhāvamudrām，故"实相"是 dharmasvabhāva（法之自体）。以上所引三段汉译参见《妙法莲华经》，《大正藏》第 9 册，No. 0262，第 4 页中。

（4）在《方便品》中："唯佛与佛，乃能究尽诸法实相，所谓诸法如是相，如是性，如是体，如是力，如是作，如是因，如是缘，如是果，如是报，如是本末究竟等。"梵文：tathāgata eva śāriputra tathāgatasya dharmān deśayet，yān dharmāṁ stathāgato jānātisarvadharmānapi śāriputra tathāgata eva deśayati ǀ sarvadharmānapi tathāgata eva jānāti，ye ca te dharmāḥ，yathā ca te dharmāḥ，yādṛ śāśca te dharmāḥ，yallakṣ aṇāśca te dharmāḥ，yatsvabhāvāśca te dharmāḥ，ye ca yathā ca yādṛśāśca yallakṣaṇāśca yatsvabhāvāśca te dharmā iti ǀ teṣu dharmeṣu tathāgata eva pratyakṣo'parokṣaḥ ‖（Dr. P. L. Vaidya 校勘本第 2 章。蒋忠新，第 30—31 页；《改订梵文法华经》，第 29 页）此处罗什所译的"诸法实相"相当于 dharmān，故"实相"之语乃是罗什翻译时所添加。汉译引文参见《妙法莲华经》，《大正藏》第 9 册，No. 0262，第 5 页下。

（5）"我以相严身，光明照世间，无量众所尊，为说实相印。"梵文：

yathā hyahaṁ citritu lakṣ aṇehi

prabhāsayanto imu sarvalokam ǀ

puraskṛ taḥ prāṇiśatairanekai

rdeśemimāṁ dharmasvabhāvamudrām ‖ （Dr. P. L. Vaidya 校勘本第 2 章第 59 颂。蒋忠新，第 44 页；《改订梵文法华经》，第 44 页）此处罗什译文中的"实相印"相当于 dharmasvabhāvamudrām，故"实相"是 dharmasvabhāva。汉译引文参见《妙法莲华经》，《大正藏》第 9 册，No. 0262，第 7 页下。

（6）在《提婆达多品》中："演畅实相义，开阐一乘法，广导诸众生，令速成菩提。"梵文：

kaṁ vā dharmaṁ deśitavānasi tvaṁ

kiṁ vā sūtraṁ bodhimārgopadeśam ǀ

yacchrutvāmī bodhaye jātacittāḥ

sarvajñatve niścitaṁ labdhagādhāḥ ‖ （Dr. P. L. Vaidya 校勘本第 11 章第 48 颂。蒋忠新，第 221—222 页；《改订梵文法华经》，第 225 页）此处罗什译文的"实相义"相当于 dharmaṁ，故"实相"是 dharma。汉译引文参见《妙法莲华经》，《大正藏》第 9 册，No. 0262，第 35 页中。

（7）在《安乐行品》中："又见自身，在山林中，修习善法，证诸实相，深入禅定，见十方佛。"梵文：

punaśca so paśyati ātmabhāvaṁ

bhāventa dharmaṁ girikandareṣu ǀ

bhāvitva dharmaṁ ca spṛ śitva dharmatāṁ

samādhi so labdhu jinaṁ ca paśyati ‖ （Dr. P. L. Vaidya 校勘本第 13 章第 67 颂。蒋忠新，第 247 页；《改订梵文法华经》，第 251 页）此处罗什译文中的"证诸实相"相当于 spṛ śitva dharmatāṁ，故"实相"是 dharmatā。汉译引文参见《妙法莲华经》，《大正藏》第 9 册，No. 0262，第 39 页上。

（8）在《法师功德品》中："诸所说法，随其义趣，皆与实相不相违背。"梵文：yaṁ ca dharmaṁ bhāṣ iṣ yati，so'sya smṛto na sa saṁpramoṣaṁ yāsyati ǀ （Dr. P. L. Vaidya 校勘本第 18 章，蒋忠新，第 311 页；《改订梵文法华经》，第 315 页）此处罗什译文中的"实相"当为罗什所添加。汉译引文参见《妙法莲华经》，《大正藏》第 9 册，No. 0262，第 50 页上。

从以上 8 例看，鸠摩罗什《妙法莲华经》中"实相"译语所对应的原语，乃是 dharma、dharmatā、dharmasvabhāva、svabhāva、jñāna 等，有时则为罗什所添加而无对应的原语。

译及理解中，并非起着一般的语词的作用，而是作为一个固定的概念，显示其佛学思想的某种见解。

下面我们将罗什译《维摩诘所说经》有关的译语与现存其他二种汉译予以对勘，显示罗什译文的特点与用意，并进一步勘对有关的梵文原典，考察原语的意义，及罗什译文与其的异同。

第一例

【罗什】唯迦旃延！无以生灭心行说实相法。①

【支谦】惟迦旃延！无以待行有起之义为说法也。②

【玄奘】唯大尊者迦多衍那！无以生灭分别心行说实相法。③

勘对三种汉译，在支谦译为“说法”之处，罗什则译为“说实相法”，玄奘此处译文同于罗什。现存梵本此句如下：

mā bhadanta kātyāyana sapracārām utpādabhaṅghayuktāṃ dharmatāṃ nirdiśa | ④

【新译】大德迦旃延啊！请您不要开示带有活动的、与生灭有关的法性。⑤

法性（dharmatā，法之为法的抽象理则）不带有活动，与生灭无关。不带有活动，意思是指它不是带有活动的分别心识的对象；与生灭无关，意思是指不可在其当中施诸“生”（utpāda）与“灭”（bhaṅgha）的概念。三种汉译此处均以“法”字（dharma）译“法性”，不过现存梵语原典及藏文译

① 《维摩诘所说经》，《大正藏》第14册，No.0475，第541页上。

② 《佛说维摩诘经》，《大正藏》第14册，No.0474，第522页下。

③ 《说无垢称经》，《大正藏》第14册，No.0476，第563页上。

④ 《梵文维摩经》第三品第26段，第28页。

⑤ 高桥肖夫、西野翠：《梵文和译维摩经》，春秋社2011年刊行，第55页，以下简称《梵文和译维摩经》。

文“法性”或“法”字前均无其他字对应“实相”一语。① 支谦译文同此，而罗什、玄奘二译中则出现“实相”的译语。罗什此处是以“实相法”传译原语“法性”，大概用意在于显示此处的“法”不是指具体的事物，而是指“抽象的法的理则”这样一层意思。

第二例

【罗什】深达实相。②

【支谦】入深法要。③

【玄奘】深入法门。④

勘对三种汉译：支谦译文中的译语“法要”，在罗什的译文中是“实相”，在玄奘译文中是“法门”。今勘梵本，此句原文如下：

gambhīranayapratibhānapraviṣṭaḥ | ⑤

【新译】是关于深奥的旨趣已经悟入辩才的。

文中 gambhīranaya，意思是“深奥的旨趣”，或译为“深奥的道理”。文中 pratibhāna（辩才）一字，是分词 praviṣṭa 的宾语，但是三种汉译此处都未译出“辩才”一语，似将之省略处理。⑥ 所以汉译中此处“实相”“法要”

---

① 藏文本此处的译文同于现存梵本，参见 Lamotte 此处译文：“尊者大迦旃延啊，请你不要说具有活动，具有产生及消灭的法。” Etinene Lamotte, *The Teaching of Vimalakīrti*, trans by Sara Boin, London: The Pali Text Society, 1976, p. 64。以下简称 Lamotte 本。河口慧海此处译为：“尊者摩诃迦旃延！请你不要说具有活动、生、灭的法。”河口慧海：《汉藏对照国译维摩经》，世界文库刑行会 1928 年版，第 79 页，以下简称河口慧海本。

② 《维摩诘所说经》，《大正藏》第 14 册，No. 0475，第 544 页上。

③ 《佛说维摩诘经》，《大正藏》第 14 册，No. 0474，第 525 页中。

④ 《说无垢称经》《大正藏》第 14 册，No. 0476，第 567 页中。

⑤ 《梵文维摩经》第四章第 1 段，第 45 页。

⑥ Lamotte 译为：“关于深奥的规则，他拥有如此完美的雄辩。”（Lamotte 本，第 113 页）河口慧海：“关于深远的理趣他已最好地悟入雄辩。”（河口慧海本，第 134 页）另请参考《梵文和译维摩经》，第 87 页。

“法门”三个译语对应的原语，乃是文中的 naya（旨趣、宗旨、道理）。

第三例

【罗什】所以者何？见身实相者，不起见身及见灭身。①

【支谦】何则？从身生见，从见有身，是故有身，有毁灭杂。②

【玄奘】若诸菩萨知萨迦耶即萨迦耶灭，如是了知，毕竟不起萨迦耶见，于萨迦耶、萨迦耶灭，即无分别。③

此处译语中，惟有罗什的译文有“见身实相”的译语。勘对梵文原典，所引诸句对应的文字如下：

tat kasmād dhetoḥ | tathā hi sa satkāya iti dṛṣṭiṃ nopasthāpayati, yayā dṛṣṭyā satkāya iti vā satkāyanirodha iti vā kalpayati | ④

【新译】为什么呢？因为，此人不发起所谓“萨迦耶”见——因为那个见，人们才构想所谓“萨迦耶”，或者所谓“灭萨迦耶”。

可以看出:原语是由一问、一答两个句子组成的一个组句,其中答句则是一个复合句,而复合句的前半部分为主要子句,后半部分为从属子句。罗什此处译语中的“见身实相者”,相当于以复句形式出现的这个答句的主要子句部分,不过处理梵语的复合句一直是佛典汉译中的一个语言难点,此处罗什的译法与原语实难一一对应,只可理解为是意译而成,原典中无“实相”的对应字。

第四例

【罗什】见我实相者，不起二法。⑤

---

① 《维摩诘所说经》,《大正藏》第 14 册，No. 0475，第 551 页中。

② 《佛说维摩诘经》,《大正藏》第 14 册，No. 0474，第 531 页中。

③ 《说无垢称经》,《大正藏》第 14 册，No. 0476，第 578 页上。

④ 《梵文维摩经》第八章第 23 段，第 87 页。

⑤ 《维摩诘所说经》,《大正藏》第 14 册，No. 0475，第 551 页中。

【支谦】（阙文）

【玄奘】若诸菩萨知我实性，即不起二。[①]

勘对三种汉译：此句罗什译文中的“我实相”，与玄奘译文中的“我实性”相当，“实相”即“实性”。支谦译本中此句所在的整个段落阙译。今考梵本，此句原文为：

ātmaparijñātāvī dvayaṃ notthāpayati | [②]

【新译】一个完全理解自我者，就不发起二。

原文中仅有“我”（ātma，自我）字，无与“实相”对应的梵字，藏文本亦然，[③] 故此处罗什译文中的“实相”或玄奘译文中的“实性”，都是二译根据意译所添加。

第五例

【罗什】常求无念实相智慧行，于世间法少欲知足。[④]

【支谦】不以谋为法，渊慧有余，以少求而知足。[⑤]

【玄奘】为欲护持无上正法，离慢勤求善巧化智；为诸世间爱重受化，常乐习行少欲、知足。[⑥]

此处三种汉译差别甚大，今勘对现存梵本，此句如下：

---

① 《说无垢称经》，《大正藏》第 14 册，No. 0476，第 578 页中。

② 《梵文维摩经》第八章第 26 段，第 88 页。

③ 参考 Lamotte 此处的译语：“了解自我的真知识，则不寻求二。”Lamotte 本，第 300 页。另参考《梵文和译维摩经》，第 163 页。

④ 《维摩诘所说经》，《大正藏》第 14 册，No. 0475，第 554 页中。

⑤ 《佛说维摩诘经》，《大正藏》第 14 册，No. 0474，第 533 页上。

⑥ 《说无垢称经》，《大正藏》第 14 册，No. 0476，第 582 页中。

nirmānatā dharmaparyeṣṭyai, jñānaparyeṣṭidharmagrāhyatāyā alpecchasaṃtuṣṭitā[①]

可以看出，现存梵本中此处原文是两个短句。

【新译】他无有骄慢，以便求法；少欲、知足，以便求智、受法。

当然，此句现存梵本与藏文的读法存在相当的差异。[②] 这说明此句解读的困难，也说明在经典传承过程中，此句很可能出现了许多不同的读法，三种汉译彼此间的歧异可类此解释。现在参照现存原典，罗什此处译文中的“无念”，很可能对应原语中的 nirmānatā 一语（“无有骄慢”），所以是一个误译；“智慧”，应当对应原语中的 jñāna；则此处的“实相”，就应当是原语中“法”字（dharma）的译语。

第六例

【罗什】如自观身实相，观佛亦然。[③]
【支谦】（阙文）
【玄奘】我观如来，都无所见，如是而观。[④]

三种汉译中，仅罗什译语中出现了“实相”。勘梵本，此句原文是：

yadāhaṃ bhagavan tathāgatasya darśanakāmo bhavāmi, tadā tathāgat-

① 《梵文维摩经》第十章第 17 段，第 105 页。

② 参考 Lamotte 此处的译文：“为了摆脱欺骗，他追求知识；为了说法，他少欲知足。”（Lamotte 本，第 231 页）《梵文维摩经》的编校者，也有此种推定。（第 105 页注 3）据此，现存梵本的读法与藏文本也有一定差异。另参考《梵文和译维摩经》，第 194 页。

③ 《维摩诘所说经》，《大正藏》第 14 册，No. 0475，第 554 页下。

④ 《说无垢称经》，《大正藏》第 14 册，No. 0476，第 584 页上。

am apaśyanayā paśyāmi | [①]

【新译】薄伽梵啊！当我想要观见如来时，此时我就以无观的方式观见如来。

从现存梵本看,此句乃是一个复合句,前半句为从属子句,后半句为主要子句,句意乃是强调要以无观的方式(apaśyanayā)来观见如来。藏文本同此。[②] 支谦本未译此句有两种可能,一种可能是支谦所依据的梵本中尚无此句,另一种可能则是支谦因无法读解此句因而从略。鉴于罗什此处的译文是一个误读,我们推测第二种可能性也许更大一些。三种汉译中仅玄奘的译文正确地处理了此句。因之罗什不仅误读了此句,而且还添加了其中"实相"的译语。

第七例

【罗什】未曾闻此不可思议、自在神通、决定实相经典。[③]
【支谦】未有若此纯法化者也。[④]
【玄奘】而未曾闻如是所说不可思议自在神变解脱法门。[⑤]

勘对梵文原典，此句原文如下：

Na ca me jātv evam acintyavimokṣavikurvitadharmanayapraveśaśruta-pūrvo yādṛśa iha dharmaparyāye nirdiṣṭaḥ | [⑥]

【新译】我从前从未这样听闻过悟入不可思议的解脱神变法之旨趣，如此那般的悟入乃是在此处法门中被揭示的。

① 《梵文维摩经》第十一章第1段，第109页。
② 参见 Lamotte 本,第238页;河口慧海本,第338页。
③ 《维摩诘所说经》,《大正藏》第14册，No. 0475，第556页上。
④ 《佛说维摩诘经》,《大正藏》第14册，No. 0474，第535页中。
⑤ 《说无垢称经》,《大正藏》第14册，No. 0476，第585页下。
⑥ 《梵文维摩经》第12章第1段，第116页。

此处，罗什译文中的“不可思议”，相当于 acintya；“自在神通”，相当于 mokṣavikurvita；“决定实相”，相当于 dharmanayapraveśa。[①] 则“实相”在此处的对应语是 dharmanaya（法之旨趣或道理），同于前面的第二例。

第八例

【罗什】依于诸法实相之义。[②]

【支谦】为入有义法之正要。[③]

【玄奘】真实法义之所归依。[④]

勘对梵本，此处原文为：

bhūtārthadharmapratisaṃcitāvatārāṇāṃ | [⑤]

此句中的 pratisaṃcita，根据藏文本，可以读为 pratisaṃvid[⑥]，意思是：睿智认识、精深理解。故此句可以译为：它们（指诸经典，译者按）是使人悟入关于真实义法的睿智认识。不过，罗什此处译语中有“依于”，玄奘的译语中也有“归依”，显示二人可能读 pratisaṃcita 为 pratisaraṇa（依据，依赖）。如果根据罗什与玄奘的读法，则此句就可译为：它们是使人悟入依赖真实义法的。二人此处的译文可能省略了“悟入”一语（avatāra）。

罗什译文中“诸法实相之义”相当于原语中的 bhūtārthadharma（真实义法），因此在这里“实相”译语对应的梵字，可能是 bhūta（真实），

---

① Lamotte，“进入不可思议的奇迹的方法（或者规则）”（Lamotte 本，第 253 页）；河口慧海，“入不可思议的法之理趣”（河口慧海本，第 360 页）。

② 《维摩诘所说经》，《大正藏》第 14 册，No. 0475，第 556 页中。

③ 《佛说维摩诘经》，《大正藏》第 14 册，No. 0474，第 535 页下。

④ 《说无垢称经》，《大正藏》第 14 册，No. 0476，第 586 页中。

⑤ 《梵文维摩经》第 12 章第 11 段，第 120 页。

⑥ 参见 Lamotte 本，第 260 页注 20。《梵文维摩经》也作同样的见解，参见该书第 120 页注 3 的说明。

也可能是 bhūtārtha（真实义），甚至可能是 bhūtārthadharma（真实义法）。

小结：根据以上的比勘，我们可以把罗什《维摩诘经》译语中与“实相”对应的原典用语的情况归类为如下五种情况：（一）实相所对应的字是 dharmatā（法性）或者 dharma（法），如上引第 1、5 例；（二）实相对应的字是 naya（旨趣，道理），如上引第 2 例；（三）实相对应的字是 dharmanaya（法之旨趣，或法之道理），如上引第 7 例；（四）实相对应的字是 bhūta，或 bhūtārtha，或 bhūtārthadharma，如上引第 8 例；（五）无对应的梵字，为罗什翻译时根据意译所添加，如上引第 3、4、6 诸例。

进一步由以上的对勘，我们能发现或者体认到罗什在使用“实相”之译语时，大约意在传达三种涵义：其一，意在表示作为抽象的法的理则的“法性”之涵义，如第 1 例，第 5 例，及第 8 例；其二，意在表达此抽象的法的理则所赋有的旨趣、道理、规则等等，如第 2 例，第 7 例；其三，表示某种事物之本质、规则，如第 3、4、6 三例。[①] 要之，“实相”

① 关于罗什译文中“实相”译语的含义的考订，日本学者中村元先生曾就梵本《法华经》《八千颂般若》及《十万颂般若》与罗什的汉译佛典对照，将“实相”译语的原语归纳为五类，即（一）dharmatā；（二）sarvadharmatathatā；（三）bhūta；（四）dharmasvabhāva；（五）tattvasya lakṣ aṇa。参见其所著《〈华严经〉在思想上的意义》一文，此文收于川田熊太郎等著的《华严思想》一书中（可参考川田熊太郎、中村元等《华严思想》，李世杰译，法尔出版社 1989 年版，第 108—121 页）。天台思想研究的杰出学者陈英善女士引用过中村元先生的考订，并提出罗什“实相”译语的涵义如下：“罗什大师所翻译为‘实相’一语，乃指诸法相互依存的缘起关系而言，因此无论是 dharmatā（法性），或 sarvadharmatathatā（诸法实相）、或 bhūta（实际）、dharmasvabhāva（法的自性）、tattvasya lakṣ aṇa（真实相），皆是指诸法缘起之意。”（参见陈英善《天台缘起中道实相论》，台北东初出版社 1995 年版，第 10 页）此以“实相”为对于“缘起”的说明，这个意思也承自中村元。不过中村元先生认为：“从来，是把‘缘起’与‘实相’当做对立的概念处理着。可是两者是同一意趣的，诸法实相的任何原语，都是指着‘缘起的理法’。”（川田熊太朗、中村元等：《华严思想》，李世杰译，法尔出版社 1989 年版，第 117 页）“现在把以上所检讨的结果，挪用于前揭《华严经》的‘实相’或‘诸法实相’，似乎可照原样适用于它。于是吾人能得到重大的结论——即：将‘诸法实相’与‘缘起’作对立性思考之中国佛教以来的见解，对《华严经》本身是不得适用的。再说，对印度佛教结果也一样，是不能够适用的。”（川田熊太朗、中村元等：《华严思想》，李世杰译，法尔出版社 1989 年版，第 134 页）对于中村元以上的看法，陈英善女士明确表示不予认同：“基本上，笔者是无法同意此看法的。无法同意其对中国佛教作如此之诠释，如此之误解。”（参见陈英善《天台缘起中道实相论》，台北东初出版社 1995 年版，第 15 页）她所著《天台缘起中道实相论》即是通过对于天台的《法华经》实相释义的梳理，来澄清中国佛教关于实相的思想。笔者完全赞同其上述理念。本章重新辨正罗什《维摩经》实相译语，分析天台的疏解，正是在另一方向上从事同一性质的工作。

不是指具体的有生有灭的事物，而是指有生有灭的事物之抽象的规则、道理，此规则或道理不可以“生”与“灭”的范畴来规范，也超越世俗的感知与理性认识的范围。如果吾人根据传统的阿毗达摩学说来处理本问题，则我们应当高度重视罗什弟子僧肇所谓“实相无为法”[①]的意见，他明确地指出：罗什译语“实相”之所指，应当视为属于无为法的领域。

第三节　《注维摩诘经》中对于实相用例的解释

《注维摩诘所说经》是汉语佛教《维摩诘所说经》的注解之始，也是关于佛典汉译与理解问题一部较早期的具有重要思想史意义的汉语佛典注疏著作。此书重点收录了鸠摩罗什及其弟子僧肇对于该经的解释，故而我们于此处观察其“实相”释义，对于了解罗什及其弟子的实相观也就尤其重要。

第一例释义

> 时维摩诘来谓我言：唯迦旃延！无以生灭心行说实相法。
>
> 什曰：若无生灭，则无行处。无行处，乃至实相也。因其以生灭为实，故讥言“无以生灭说实相法”。
>
> 肇曰：心者何也？惑相所生。行者何也？造用之名。夫有形必有影，有相必有心；无形故无影，无相故无心。然则心随事转，行因用起。见法生灭，故心有生灭；悟法无生，则心无生灭。迦旃延闻无常义，谓法有生灭之相。法有生灭之相故，影响其心，同生灭也。夫实相幽深，妙绝常境，非有心之所知，非辨者之能言，如何以生灭心行而欲说乎？[②]

今按：原典中的这个句子动词采取命令式，动词前由否定词予以限制，如果我们将原句改为肯定表达式，则意思就更见显然：法性乃是不带

① 这是僧肇自己的说法：“肇曰：有为虚伪法，无常故名尽；实相无为法，常住故不尽。”《注维摩诘经》，《大正藏》第 38 册，No. 1775，第 397 页下。

② 《注维摩诘经》，《大正藏》第 38 册，No. 1775，第 353 页中。

有活动的，是非生非灭的。句中“不带有活动”“与生灭无关”两个短语，是并列关系的起形容词作用的短语，一起对于“法性”予以修饰、限制。罗什译文中的“心行”，意思是“心识活动”，指分别性的心识功能。法性不是分别性的心识活动的对象，所以说实相法是“不带有活动的”。“产生”与“消灭”乃是一切有为法的基本特征，此处的实相法指法的抽象的理则，它不是有为法，而是无为法，所以说它“与生灭无关”。

罗什释文中说“若无生灭，则无行处”，是把“无生灭”和“无行处”（即“无心行”）两个短语之间的关系处理成了条件关系。其次，罗什释文说如果没有分别性的心识活动，就达到了“实相”，所以他是把“实相”视为“实相法”的同义语的。这也证明我们前面的讨论：此处的“实相”，是指 dharmatā，事物之抽象的理则。还有，罗什的解释认为迦旃延“以生灭为实”，维摩诘则批评其“无以生灭说实相法”，一边是生灭的领域，一边是非生灭的领域，罗什这里表达着区分有为法、无为法的思想，而迦旃延的错误乃在于未能明晰两个世界的区分，所以把有为法领域的范畴误施于无为法的领域。罗什的译文（实相，或实相法）及解释彰显了无为法、有为法性质上相互区分的思想，而非意在表达二者之间的存有性对立。

僧肇此处的解释中提到“实相幽深，妙绝常境，非有心之所知，非辨者之能言，如何以生灭心行而欲说乎”，对于“实相”，采用“幽深”“妙绝”等词，予以正面的界说，似乎有把原文对于“实相法”的否定表达式转为经由肯定表达式来理解实相性质的趋势。僧肇疏文这种对于“实相”状态与性质的正面的描写以及其所使用的语汇，与老庄及玄学家对于“道”的描写当然非常相似。不过僧肇在这段疏文中提到“法有生灭之相”，也提到不可心知、不可言辩的“实相”，两种“相”的区分的意图显然，所以僧肇疏文的动机显然还是延续罗什的思路：着重彰显有为法、无为法两个领域的性质区分而非彰显二者之间的存有性对立。

第二例释义

深达实相。

肇曰：实相难测，而能深达。[①]

---

① 《注维摩诘经》，《大正藏》第 38 册，No. 1775，第 370 页下。

今按：《注维摩诘经》中未见罗什对于此句的解释。僧肇疏文中说“实相难测”，意思是说：“实相是难以测度的”，这是以“难测”这个形容词正面界说“实相”的状态与性质，其思维方式与上文的解释方式一致。

第三例释义

身即是身灭。所以者何？见身实相者，则不起见身及见灭身，身与灭身无二无分别，于其中不惊不惧者，是为入不二法门。

肇曰：诸法生时空生，灭时空灭。身存身亡，亦何以异，而怀惊惧于其中乎？①

今按：此处译语中“见身实相”之实相，乃为罗什意译所添加，句中“实相”的意思是“本质”，“身实相”即“身之本质”。不过所谓的“身之本质”究竟是指什么，经文中无进一步说明，罗什也未予以解释。

僧肇在疏文中提出“诸法生时空生，灭时空灭”的说法，意思是：一切事物的产生与消灭，无非是“空”在产生，“空”在消灭。众生之身体是一切事物中的一物，故而身体之产生与消亡亦然：身体之存活乃是“空”在存活，身体之死亡乃是“空”在死亡。所以僧肇在写下这段疏文时，其心目中所谓的“身实相”，正是“空”：空不仅是诸法的本质，也是身体的本质。

僧肇这里的疏文非常珍贵，它极其精确地揭示出了罗什实相思想的根本性质：罗什所理解的实相正是空，而不是别的什么。因此根据僧肇这段疏文，我们可以得出结论：无论是罗什译文的“实相”，还是僧肇理解的实相，其实质即空，所以罗什师弟的实相理解中并不存在那种把实相与缘起对立起来从而将实相予以实体化的任何可能。

第四例释义

华严菩萨曰：从我起二为二。见我实相者，不起二法。若不住二

① 《注维摩诘经》，《大正藏》第38册，No. 1775，第398页中—下。

法，则无有识；无所识者，是为入不二法门。

肇曰：因我故有彼，二名所以生。若见我实相，则彼、我之识，无由而起。[①]

今按：此处译语“见我实相者”中的“实相”，在原本中无对应语，同样为罗什翻译时所添加，同前例。罗什也没有解释此句。僧肇疏释：若不见我之实相，则因我而有彼，就产生了“二”；若见我之实相，则无彼、我之识，因而不产生“二”。虽然僧肇此处的疏文并未说明实相是什么，不过根据上述第三例释文，我们有理由推定此处的我之实相也正是“空”。

第五例释义

常求无念实相智慧。

什曰：无取相念也。凡夫行有念智慧，则高慢益甚。是故菩萨求无念智也。

肇曰：真智无缘，故无念为名。俗智有缘，故念想以生。

行少欲知足而不舍世法。

肇曰：不以无欲，而舍世法自异。[②]

今按：罗什解释经文译语中“求无念实相智慧”为“菩萨求无念智”，所以“无念智”即等于“无念实相智慧”。而“无念实相”的意思，是“无取相念”，即“不执着实相而念”。他认为凡夫与菩萨的区别是：凡夫施行有念智——执着实相的智慧，所以骄傲自满；菩萨则施行无念智——不执着实相的智慧，所以无有骄慢。因为此处的“实相”译语相当于原典中的“法”字，所以所谓“无取相念”，也就是“不执着于法”的意思。

---

① 《注维摩诘经》，《大正藏》第 38 册，No. 1775，第 398 页下。

② 同上书，第 408 页上。此处罗什释有“凡夫行有念智慧”一句，则罗什译文中“行”字应连接在“常求无念实相智慧”之后，后人不解，把“行”字误置于下句开头了。

僧肇在疏释时，把罗什所谓的“有念智”称为“俗智”，把罗什所谓的“无念智”称为“真智”。并提出两种智慧的区分是：“真智无缘，俗智有缘”，意思是：真智无有对象化的活动，俗智则是对象化的活动。显然实相只有通过真智才可以认识。如前已指出，罗什这句译文可能包含有误读，原文的重点在“无有骄慢”上，罗什的读法则集中于“智慧”上，并且由此衍生出“无念智”这样的说法。不过罗什师弟在解释中提出两种智慧的区分，并且澄清只有无有对象化活动的“无念智”或“真智”才能够认识“实相”，这样的解释可以说是从认识论的角度再度确认了实相的特殊性。

第六例释义

维摩诘言：如自观身实相，观佛亦然。

肇曰：佛者何也？盖穷理尽性大觉之称也。其道虚玄，固以妙绝常境，心不可以智知，形不以像测，同万物之为而居不为之域，处言数之内而止无言之乡，非有而不可为无，非无而不可为有，寂寞虚旷，物莫能测，不知所以名，故强谓之觉。其为至也，亦以极矣。何则？夫同于得者，得亦得之；同于失者，失亦得之。是以则真者同真，伪者同伪。如来灵照冥谐，一彼实相，实相之相，即如来相。故经曰“见实相法，为见佛”也。净名自观身实相，以为观如来相，义存于是。①

今按：考原典此句仅意指：应以无观的方式观佛。罗什的译文可能是一个误读，其中实相的译语也找不到对应的原语。罗什本人也未对此句提出解释。

僧肇在本段疏释中首先提出“何为佛”的问题，也就是提出“佛的本质为何”的问题。文中所谓“其道虚玄”的“其”指“佛”，“道”就是“本质”或“理则”之意。僧肇这里以“虚玄”“妙绝常境”“寂寞虚旷，物莫能测”等词汇，来描述佛之“道”的特殊性，其中“妙绝常境”

① 《注维摩诘经》，《大正藏》第38册，No. 1775，第410页上。

的用语，同于第一例中对于实相的解释；“物莫能测”的用语，同于第二例中对于实相的解释；而“虚玄”之用语，涵义也接近第一例中解释实相特征的“幽深”。所以僧肇这段疏文包含这样的认识：实相就是佛，佛就是实相。所以他说：“实相之相，即如来相”，此即言：实相就是如来。

我们在这段僧肇疏中，尚须注意两点：其一，僧肇在解释佛之“道”时，提到“同万物之为而居不为之域”一句，这里的“为”即“有为”，“不为”即“无为”，文中适用“同”及“而”二字，表达佛“道”之特殊性：既同于万物之有为，又居于无为之领域。我们觉得，此语已经清楚地揭示了僧肇彰显有为、无为的性质区分而非彰显其存有性对立的思想。其二，僧肇认为，如来是已经超越了得与失、真与伪的极致的觉者，所以他“灵照冥谐，一彼实相”，即如来乃是同一、统一了种种得失、真伪等的实相，正因为如来是此种实相，所以净名在自己的身体上观见到那无分别、无区划的实相，也就是观见了佛。僧肇这样的理解确实可以导致自己与佛陀不二的作为同一的大全的“实相”的概念，不过僧肇显然绝未把这个实相实体化。

第七例释义

尔时释提桓因于大众中白佛言：世尊！我虽从佛及文殊师利闻百千经，未曾闻此不可思议自在神通决定实相经典。

什曰：维摩诘接妙喜世界来入此境，及上来不思议事，皆昔来所见未有若此之奇也。《放光》等所明实相，广散难寻。此经略叙众经要义，明简易了，故叹未曾有也。亦云会我为妙，故叹未曾有也。

肇曰：说经将讫，舍利弗已庆美于上，帝释复欣其所遇而致叹也。此经言虽简约，而义包群典；坐不逾日，而备睹通变。大乘微远之言，神通感应之力，一时所遇，理无不尽。又以会我为妙，故叹未曾有也。①

今按：参照原典，此处的“实相”译语相当于 dharmanaya。罗什此

① 《注维摩诘经》，《大正藏》第38册，No. 1775，第413页下。

处的解释说明：《放光》等经对于实相的解释虽多，但广泛而散乱，使人难觅头绪；而《维摩诘经》则能简明扼要地阐述实相。这说明罗什认为《维摩诘经》对于实相的阐述，与《放光》等般若系统的经典一致，不过在说明实相的方式方法上，此经则有其简明扼要的特点。僧肇所谓“言虽简约，而义包群典”的说法，与罗什的说法完全一致。这个解释清楚地凸显了罗什师弟以实相观为中心、由《般若》系统而延展至《维摩诘经》的解经思路。

第八例释义

依于诸法实相之义。

什曰：经说实相，故经依于实相也。

肇曰：不依实相辩四非常者，非平等教也。依实相乃曰明也。①

今按：此处罗什译语中的实相，相当于“真实”，或“真实义”，或“真实义法”。罗什释义的重点是说明何为经典“依于实相”，僧肇的解释则侧重说明为什么经典要“依于实相”。

僧肇提出的理由是：如果不依据实相来讨论无常、苦、空、无我诸义（“不依实相辩四非常者”），那么这些关于无常等等的说教就成了非平等的说教（“非平等教也”）；而在僧肇看来，佛教当然是“平等教”，因此佛教的经典也就当然必须以“实相”作为依据。僧肇这段疏文并未对其所谓的“平等教”的观念做出进一步的解释，但他的理念表达得很清楚：作为“平等教”的佛教必须以“实相”的概念作为其教理的依据，也就是说，“实相”之义与“平等”之义二者之间存在某种必然的关系。

以上，我们详细梳理了罗什、僧肇对于《维摩诘所说经》中八个用例的解释，通过梳理，我们可以得出结论：

（一）罗什师弟对于《维摩诘经》中实相译语的理解是基于无为法的概念出发的，所以罗什师弟在疏文中彰显了实相的卓越性、特殊性，意在表现实相与生灭之相或者无为法与有为法的性质区分，而非意在彰显二者

① 《注维摩诘经》，《大正藏》第38册，No. 1775，第416页上。

之间的存有性对立。

（二）罗什师弟的佛典汉译与理解是在老庄思想与玄学思潮甚为盛行的时代背景下进行的，所以罗什的弟子例如僧肇引进老庄式的话语及思维方式对于实相予以理解，乃是情理之中的事，不过僧肇绝未对于“实相”予以实体化，这是吾人应当断然确定的。[①]

（三）罗什开启以实相思想为中心、由《般若经》延展至《维摩诘经》的解经思路，僧肇因此得以提出以“空”释实相的理念，凡此都证明罗什师弟的实相观根本不具备把实相与缘起对立因而将实相实体化的思想逻辑。

（四）僧肇还思考了实相与佛陀“平等教”的密切关系，实相是佛陀“平等教”的理论依据，这样的想法于天台在判教思想中进一步处理实相问题的思维方式而言，可谓是直接的先驱。

还有一点也须提及，罗什师弟并非仅仅在注解以上八个用例时，才注意及实相概念。根据统计，《注维摩诘经》中罗什师弟共提到实相概念80余次，于中罗什提出诸多重要的论说，如实相为法城，实相为灭罪之根据，实相为法身，等等，[②] 足证透过此经的疏解，实相已经成为佛典汉译暨理解的核

---

① 日本学者伊藤隆寿是继中村元之后，对于罗什的实相译语及其理解持激烈批判立场的学者。如他在考察了汇集庐山慧远与罗什答问的《大乘大义章》之第13问答后，说：“此种罗什的实相观，与中国哲学其中由《庄子》书所说的‘齐物’即万物齐同观，乃是非常类似的东西。然而，考虑到思考在中国传统思想中立脚的东西的中国佛教学者，则不知以上的说明。所谓‘齐物’，即齐一事物，即是万物本来是一。什门下的僧肇，就基于那样的思考，而理解般若以及涅槃。所谓《齐物论》可以说是中国的肯定现实的理论。”参见《佛教中国化的批判研究》，萧平、杨金萍译，经世文化出版社，第179页。不过如果我们在解读罗什、僧肇的实相论述时，考虑到僧肇区分有为法、无为法的思想，则其所有的批评实际上都是似是而非的。

② 以下酌举数例罗什的论说，以见一斑：（1）“什曰：法城即实相法也，使物无异见，故言护也。复次一切经法皆名法城，护持宣布，令不坏也。有能持正法者，亦兼护之也。”（《注维摩诘经》，《大正藏》第38册，No. 1775，第328页下）这是以“实相法”解释“法城”。（2）“什曰：诸佛智慧无与等者，而此佛与等。复次实相法无有等比，唯佛与等，菩萨邻而未得，故言近也。”（《注维摩诘经》，《大正藏》第38册，No. 1775，第330页上）此例认为佛与“实相法”等。（3）“什曰：犯律之人心常战惧，若定其罪相，复加以切之，则可谓心扰而罪增也。若闻实相，则心玄无寄，罪累自消。故言当直除灭也。”（《注维摩诘经》，《大正藏》第38册，No. 1775，第355页中）此例言实相是除罪之根据。（4）“什曰：心相，谓罗汉亦观众生心实相得解脱也。今问其成道时，第九解脱道中观实相时，宁见此中有垢不?”（《注维摩诘经》，《大正藏》第38册，No. 1775，第356页上）此例言观心实相而得解脱。（5）“出家法本为实相及涅槃，出家即是二法方便。”（《注维摩诘经》，《大正藏》第38册，No. 1775，第357页中）此例以实相、涅槃二者为“出家法”。（6）“什曰：法身有三种：一法化生身，金刚身是也；二五分法身；三诸法实相和合为佛。故实相亦名法（转下页注）

心概念之一。罗什师弟开启的这样的实相理解，也是天台实相学说的源泉。

第四节　天台《维摩诘经》实相用例之疏释

在天台的《维摩诘所说经》疏文中，除其实相之第五用例以外，对于其余7例均有疏释。以下我们将顺次对于天台的疏释予以简略的考察。

天台第一用例释

小乘入真，无言无说；从真出俗，则有心有说。是则以生灭心说实相法。既是生灭，不称实相。岂以此心而说实相？又四义是生，寂灭是灭。如此分别，非说实相。又出观心起是生，入观心忘是灭。实相不尔，

（接上页注）身也。”（《注维摩诘经》，《大正藏》第38册，No. 1775，第359页下）此例以实相为法身。（7）“实相是菩提因，亦名菩提也。”（《注维摩诘经》，《大正藏》第38册，No. 1775，第362页下）此例以实相为菩提之因。（8）“什曰：智慧是菩提，知他心也。实相是智之因，亦名知他心也。”（《注维摩诘经》，《大正藏》第38册，No. 1775，第363页上）此例言实相是智慧之因。（9）“什曰：小乘中说四谛，大乘中说一谛，今言谛是则一谛，一谛实相也。从一谛乃至诸法无我，是诸法实相，即一谛中异句异味也。由此一谛故佛道得成，一谛即是佛因故名道场也。”（《注维摩诘经》，《大正藏》第38册，No. 1775，第364页下）此例言实相为一谛。（10）“什曰：谓未能深入实相，见有众生，心生爱着，因此生悲，名为爱见大悲。爱见大悲虚妄不净，有能令人起疲厌想，故应舍离也。”（《注维摩诘经》，《大正藏》第38册，No. 1775，第378页上）此例以未深入实相为爱见大悲之缘故。（11）“什曰：穷智之原故称度，梵音中有母义，故以为母。亦云：智度虽以明照为体，成济万行比其功用不及方便，故以为母。正方便父，梵音中有父义。方便有二种：一深解空而不取相受证，二以实相理深，莫能信受，要须方便，诱引群生，令其渐悟。方便义深而功重，故为父也。”（《注维摩诘经》，《大正藏》第38册，No. 1775，第393页上）此例以实相理深为须有方便的根据。（12）“什曰：诸天以种种名药着海中，以宝山摩之，令成甘露，食之得仙，名不死药。佛法中以涅槃甘露令生死永断，是真不死药也。亦云：劫初地味甘露，食之则长生。佛法中则实相甘露，养其慧命，是真甘露食也。”（《注维摩诘经》，《大正藏》第38册，No. 1775，第395页上）此例释实相甘露。（13）“什曰：金刚置地，下至地际，然后乃止。实相慧要尽法性，然后乃止也。”（《注维摩诘经》，《大正藏》第38册，No. 1775，第397页中）此例释实相慧。（14）“什曰：三藏及杂藏、菩萨藏，五藏经也。上四藏取中深义，说实相等，故得为深经也。”（《注维摩诘经》，《大正藏》第38册，No. 1775，第415页中）此例释实相等义是深经之由。（15）“什曰：总持有无量，实相即总持之一。若经中说实相，实相即是印，以实相印封此经，则为深经也。复次印梵本言相实相也，以实相为经标相也。”（《注维摩诘经》，《大正藏》第38册，No. 1775，第415页上）此例释“实相印”。

何以此心说实相法？又旃延因有无入道，还约有无以说五义。生即是有，灭即是无。所说既是生灭有无，能说必尔，故云无以生灭心行说实相法。又声闻四门五义皆是析法生灭之观。故《中论》云："为钝根声闻，说因缘生灭。"是则四门虽异，皆是生灭心行说实相法。何者？一往通教八地已上，二谛双照，即真而说。别教初地道观双流，即寂而说。并恐是有教无人。唯圆初心即寂而说，如修罗琴，名非生灭说实相法。又旃延非但说法心非，亦不知根。此诸比丘必因通教巧度得道，不藉三藏。故大士呵其生灭，无定慧力，不见天他机，谬说迂拙之五义也。[①]

天台此段疏释《维摩诘经》中"无以生灭心行说实相法"一句。天台这段疏文的特点是引进其四教之判教诠释理论，来说明如何才可以说实相法：小乘或声闻主张因缘生灭，所以它虽然有四门（生门，灭门，非生非灭门，亦生亦灭门）、五义（无常、苦、空、无我、寂灭）的区分，但无非是以生灭心行说实相法；通教八地以上，即真而说实相法；别教初地，即寂而说实相法；惟有圆教初心即寂而说实相法，乃是真正非生灭而说实相法。

我们看到：罗什此处译语中的实相原本是要强调表达"法性是与生灭无关的，是不带有心行的"之意，其侧重点在于描述法性或法之理则的特征，也就是说译文传达的经意重心乃是"法是什么"的问题；而经过天台的疏释，这句经文的重心问题已经转成"如何说法"的问题。其次，天台疏文引用龙树《中论》"为钝根声闻，说因缘生灭"的说法，作为论证三藏教"以生灭心行说实相法"的根据，可以见出天台诉诸龙树《中论》以探寻《维摩诘经》实相释的学理依据。这一点与罗什诉诸《般若经》的实相释是一致的。

天台第二用例释

言"深达实相"，即实智深广。若三藏菩萨本不入实，岂判浅深？通教菩萨偏真实相，未足以难大士实智。别教登地托至等觉，但破十一品无明，未成深达。况有教无人，岂足敬难！今圆初住乃至等

① 《维摩经略疏》，《大正藏》第38册，No. 1778，第626页上。

觉，破四十一品无明，将穷源底，智邻妙觉，故言“深达”。①

天台此段疏释《维摩诘经》中“深达实相”一句。天台这段疏文同样引进其四教之判教诠释理论，来说明何谓“深达实相”：三藏教的菩萨本来就未悟入实相，所以对于三藏教菩萨的智慧无从判别其深浅；通教菩萨有所偏真地悟入实相，所以其智慧也就难以抗衡维摩诘大士的实智；别教菩萨的智慧，只是破除十一品无明，且有教而无人，所以也不足成其“深达”；惟有圆教菩萨的智慧，已破除四十一品无明，能够对于“实相”穷深源底，接近佛的圆满觉悟，所以圆教菩萨的智慧才成其“深达”。

天台这则疏文中“实相”与“实智”相对，实相是实智认识的对象，而其所谓的“实智”同于僧肇所谓的“真智”。

天台第三用例释

“心无碍”者，观三谛通达，无有挂碍。“身、身灭为二”者，若捡析此身，不见身者，即身因灭。因灭，则果灭，果灭即涅槃灭。灭，即与生死为二。今观身实相即是涅槃，故言即色是空，说涅槃即是色，我虽说涅槃，是亦非真灭。实相中尚不见身，何处论灭？即生死是涅槃，即涅槃是生死。何故尔？性不异故，不得因果之殊，不见身之与灭，故名入不二法门。②

天台此段疏文解释《维摩诘经》中“见身实相”一句。我们前面已经指出，此处的“实相”译语本是罗什意译所成，在原文中找不到对应的原语。僧肇在解释此句时，认为此处的实相就是“空”。天台此处的疏文，一方面承接了僧肇的上述解释方式，“故言即色是空”一句，就是其证。不过天台这段疏文的真正重心是在“今观身实相即是涅槃”一句，这是以“涅槃”解释此处的身之“实相”。罗什师弟以“空”释实相，代表他们的实相诠释延续般若性空思想的理路；天台同样继承般若性空实相释的解释进路，不过他进而以“涅槃”释实相，说明其实相诠释同时

① 《维摩经略疏》，《大正藏》第38册，No. 1778，第652页上。

② 同上书，第693页下。

含括了涅槃思想的思考进路，此点乃是天台《维摩诘经》实相理解的特色。

天台第四用例释

> “华严”者，举二十五三昧，破二十五有，达二十五有中我性，我性即佛性。佛性之我，即无有我与无我之异，是入不二门也。无识，则我、无我而不二。[①]

天台此段疏文是解释《维摩诘经》中“见我实相”一句。如前所论，此处“见我实相”中的“实相”译语同样为罗什汉译时所添加，罗什和僧肇的疏文都没有指明此处实相之含义。天台在疏文中引用了《涅槃经》的经文，作为解释《维摩诘经》相关经文的依据。如《涅槃》说：“得二十五三昧，坏二十五有。”[②] 天台则引为：“举二十五三昧，破二十五有。”同样，《涅槃经》中讨论过在二十五有中到底存在、不存在我的问题，并且明确提出，“我”就是“佛性”。[③] 天台疏文因此得出“达二十五有中

---

① 《维摩经略疏》，《大正藏》第 38 册，No. 1778，第 694 页上。

② “得二十五三昧，坏二十五有。善男子！得无垢三昧，能坏地狱有；得无退三昧，能坏畜生有；得心乐三昧，能坏饿鬼有；得欢喜三昧，能坏阿修罗有；得日光三昧，能断弗婆提有；得月光三昧，能断瞿耶尼有；得热炎三昧，能断郁单越有；得如幻三昧，能断阎浮提有；得一切法不动三昧，能断四天处有；得难伏三昧，能断三十三天处有；得悦意三昧，能断炎摩天有；得青色三昧，能断兜率天有；得黄色三昧，能断化乐天有；得赤色三昧，能断他化自在天有；得白色三昧，能断初禅有；得种种三昧，能断大梵王有；得双三昧，能断二禅有；得雷音三昧，能断三禅有；得澍雨三昧，能断四禅有；得如虚空三昧，能断无想有；得照镜三昧，能断净居阿那含有；得无碍三昧，能断空处有；得常三昧，能断识处有；得乐三昧，能断不用处有；得我三昧，能断非想非非想处有。善男子！是名菩萨得二十五三昧，断二十五有。善男子！如是二十五三昧，名诸三昧王。”参见《大般涅槃经》，《大正藏》第 12 册，No. 0375，第 690 页上。

③ “世尊！二十五有有我不耶？佛言：善男子！我者即是如来藏义，一切众生悉有佛性即是我义。如是我义从本已来常为无量烦恼所覆，是故众生不能得见。善男子！如贫女人舍内多有真金之藏，家人大小无有知者。时有异人善知方便，语贫女人：我今雇汝，汝可为我芸除草秽。女即答言：我不能也，汝若能示我子金藏，然后乃当速为汝作。是人复言：我知方便，能示汝子。女人答言：我家大小尚自不知，况汝能知？是人复言：我今审能。女人答言：我亦欲见，并可示我。是人即于其家掘出真金之藏。女人见已，心生欢喜，生奇特想，宗仰是人。善男子！众生佛性亦复如是，一切众生不能得见，如彼宝藏，贫人不知。善男子！我今普示一切众生所有佛性，为诸烦恼之所覆蔽。如彼贫人有真金藏，不能得见。如来今日普示众生诸觉宝藏，所谓佛性，而诸众生见是事已，心生欢喜，归仰如来。善方便者即是如来，贫女人者即是一切无量众生，真金藏者即佛性也。”参见《大般涅槃经》，《大正藏》第 12 册，No. 0374，第 407 页中。

我性，我性即佛性”的结论。[①] 也就是说，天台此处是以“佛性”诠指《维摩诘经》“见我实相”一句中的“实相”。佛性就是“我实相”，或“我实性”，是众生真正的我，即“佛性之我”。且因此佛性之我与一般人所执着的我存在本质上的不同，所以它可以说是我，也可以说是无我，因而我无我不二。这种以“佛性”诠释《维摩诘经》中实相的理解方式，是前例中以“涅槃”解释实相的理解方式的进一步发展，表明天台之《维摩诘经》实相理解，以《般若》中观的性空思想为基础，落实于基于《涅槃经》涅槃、佛性一系思想的理解思路。

天台第六用例释

> 总答中言“观身实相观佛亦然”者，祇自观己之实相与佛实相不殊，佛之实相与己无异。故《大品》云：“诸法如实相，即是佛实相，无来无去故。”此为三意：一者寻末取本，二者就位，三者观心。寻末取本者，明大士是金粟如来所得法身，与今释迦法身不异。故上文云“诸佛种性色身悉皆平等”，是故得知观己实相与佛实相一种无异，故言“观佛亦然”。二就位者，明大士位，居十地补处之位，邻次于佛，当绍尊位，祇十地之相与妙觉之尊所得实相复有何异。三观心者，如上文云“诸佛解脱当于众生心行中求”，一切众生心相即菩提相，众生如佛如一如无二，实相者即是佛。故经言“游心法界如虚空”，是人即能知诸佛之境界。观己心性既是实相，即是与诸佛心相义齐。[②]

此段疏文是天台解释《维摩诘经》“观身实相观佛亦然”一句。前已指出，罗什此处的译文可能出于误读，僧肇在疏文中是以实相诠指佛陀及

---

① 《妙法莲华经玄义》，《大正藏》第 33 册，No. 1716，第 718 页上：“得入此地，具二十五三昧，破二十五有，显二十五有我性，我性即实性，实性即佛性，开佛之知见，发真中道，断无明惑，显真、应二身，缘感即应百佛世界，现十法界身，入三世佛智地。能自利利他，真实大庆，名欢喜地也。此地具足四德，破二十五有烦恼名净，破二十五有业名我，不受二十五有报名乐，无二十五有生死名常。常乐我净，名为佛性显，即此意也。”

② 《维摩经略疏》，《大正藏》第 38 册，No. 1778，第 704 页上。

如来。天台此处的疏文引用《大品般若经》经文“诸法如实相，即是佛实相”，作为论证“己之实相与佛实相不殊，佛之实相与己无异”的根据，再次证明天台《维摩诘经》实相诠释的基本思路遵循《般若》系统的基本理念。天台疏文还引用“众生如佛如一如无二”的说法，这样的说法在《般若经》中也经常见到。[①] 天台这段引文中，也可能包括《维摩诘经》中这句相关的说法：“一切众生皆如也，一切法亦如也，众圣贤亦如也，至于弥勒亦如也”[②]，所以其最后也如僧肇那样，得出“实相者即是佛”的结论。这种以“实相”为“如性”（tathatā）的理解方式，并不符合罗什《维摩诘经》的译语体例，不过在《般若》《中论》等译典中，则确为罗什惯常的译法。凡此均可证明天台之《维摩诘经》实相诠释与《般若》系统的思想理念确实存在着不可分割的密切关系。

天台第七用例释

今用此无上法宝实相之经被下代众生，使无壅隔，季末有缘，皆令沾润。此是慈悲纯厚故也。

次叹实相之法。非法无以成人，非人无以显法。故须双叹。“百千经”者，即是初教《阿含》等经。《阿含》中亦授弥勒之记，何妨对文殊说法。复次通教、别教之中未曾闻此圆教法门具足之道，体用难思，昔所未闻。[③]

天台疏此段疏文是解释《维摩诘经》中“决定实相经典”一句。疏文认为经文前面出现的“百千经”，是“初教《阿含》等经”，这里所谓“初教”，是指“藏教”或“三藏教”；而且“通教、别教之中未曾闻此

① 如《小品般若》中：“又如来如，即是一切法如。一切法如，即是如来如。”“又如来如，一切法如，皆是一如，无二无别。”《小品般若波罗蜜经》，《大正藏》第8册，No. 0227，第562页中。

② 该句梵语原文为丨yā ca sarvasatvānāṃ tathatā, yā ca sarvadharmāṇāṃ tathatā, saiva maitreyasyāpi tathatā丨，可见罗什译语中的“如”，对应的梵文字是tathatā，而它也就是“实相”。参见《梵文维摩经》第三章第51段，第35页。

③ 《维摩经略疏》，《大正藏》第38册，No. 1778，第706页上。

圆教法门具足之道”，所以天台此段疏文仍然是根据四教之判教诠释，把作为“决定实相经典”的《维摩诘经》解释为“圆教法门具足之道”，也就是说，疏文认为《维摩诘经》包含了“圆教法门具足之道”。而此处认定《维摩诘经》包含圆教法门的根据，则在于经文中“决定实相”的译文。换言之，天台疏文认为《维摩诘经》是讨论实相的经典，因此它是圆教的经典。按照天台这样的诠释理路，则圆教与实相的关系显然。

天台第八用例释

> 依实相义者，若因若果，无得离于实相。约此实相，辨于偏、圆之教，故《法华》云“若深智者，为说此法”，即说于实相。又云“若不解此法，于如来余深法中示教利喜”，即是说偏、渐之教，宣说无我、住空、寂灭等也。[①]

天台此段疏文是解释《维摩诘经》中“依实相义”一句。僧肇的疏释已经指出，实相的概念是佛教之教为“平等教”的理论根据。若不依据实相，则举凡讨论苦、空、无常等思想的经典，都是“不平等教”。天台疏文由此进而提出，在作为平等之教的佛教中，亦存在藏、通、别、圆四教，实相乃是分辨其中圆教与偏教的根据，所以说“约此实相，辨于偏、圆之教”。天台也把“偏教”说为“偏、渐之教”，意思就是“非圆教”，指圆教以外的其他三教。天台疏文此处还引用了《法华经》[②]，来证明实相概念乃是辨别圆教及非圆教的依据。

结论：（一）天台《维摩诘经》实相概念的疏释，坚持延续罗什师弟归宗《般若》性空思想的解释传统，因此以空诠指实相是天台实相诠释的基本指针；（二）天台进而在《般若》中观思想的基础上，引进了《涅

---

① 《维摩经略疏》，《大正藏》第 38 册，No. 1778，第 707 页上。

② “所以者何？如来有大慈悲，无诸悭吝，亦无所畏，能与众生，佛之智慧、如来智慧、自然智慧，如来是一切众生之大施主。汝等亦应随学如来之法，勿生悭吝。于未来世，若有善男子、善女人，信如来智慧者，当为演说此《法华经》，使得闻知，为令其人得佛慧故。若有众生不信受者，当于如来余深法中，示教利喜。汝等若能如是，则为已报诸佛之恩。”参见《妙法莲华经》，《大正藏》第 9 册，No. 0262，第 52 页下。

槃经》中涅槃及佛性一系的思想进路，以“涅槃”及“佛性”分别诠指“实相”，这既是天台实相诠释的重要发展，也是其实相理解的显著特色；（三）天台《维摩诘经》实相诠释的另一个鲜明特色，是其在四教之判教诠释中处理实相思想，按照天台的疏释，对于实相体验的深浅乃是智慧深浅的根据，从而也是四教不同菩萨分级的根据，而是否宣说实相还是辨别其教是否圆教的根据。

在这里有一个问题需要提出：如果说在天台的《维摩诘经》实相义的疏释中包含着承自《般若》与《涅槃》的两种不同的思想传统，由此导致以“空性”及“佛性”诠释“实相”的两种不同的诠释进路，那么如此这般的两种诠释进路之间岂不是存在难以调和的矛盾？关于这个问题，我们应当记住智顗在《法华玄义》中的下述说法：“实相之体只是一法，佛说种种名，亦名妙有、真善妙色、实际，毕竟空、如如、涅槃，虚空佛性、如来藏、中实理心，非有非无中道、第一义谛、微妙寂灭等。无量异名悉是实相之别号。实相亦是诸名之异号耳。惑者迷滞，执名异解。”① 按照这个说法，“妙有”等是“实相”的别号，而“实相”也同样是“妙有”等的别号。这样虽然实相作为一个统摄的名称，在佛教的真理观及佛教哲学的建构中起着主导的作用，但这种统摄在智顗而言完全是一个虚的统摄，是形式的统摄，它丝毫并不意指实相具有超越“妙有”等的存有性的或者价值性的绝对优先性。② 智顗这一见解应当是从《法华》疏文到《维摩》疏文天台实相理解的一个基调，根据这个基调，天台也以自己独特的方式再一次杜绝了将实相予以实体化的任何可能，而同时经由这样的理解以空性及佛性诠释实相的两种诠释方式也就可以道并行而不相悖了。

---

① 《妙法莲华经玄义》，《大正藏》第 33 册，No. 1716，第 782 页中。

② 陈英善女士在自己的著作中也特别引用了智顗的这段话，并通过分析这段话揭示智顗的实相理解的内涵。她说：“从如是种种‘实相’的异名中，吾人不但可以看到如此丰富的‘实相’义涵，而且吾人也可因此了解到‘实相’之特色。‘实相’何以有如此无量之异名呢？乃由于实相本身是‘无相无不相，无不相无相’，即实相之相，本身是无相，因无相，所以是无不相，能由诸法中显示其义涵，‘实相’虽无不相，然毕竟是无相的。由‘无相’与‘无不相’中，充分显示了‘实相’非有定性，故是即‘无相’即‘无不相’，即‘无不相’即‘无相’。”参见陈英善《天台缘起中道实相论》，台北东初出版社 1995 年版，第 19—20 页。

第五节　中道实相与中道佛性

不过，天台学者《维摩诘经》注疏中有关实相理解的最有特色的一点，可能是其将“中道”与“实相”这两个概念关联在一起，组建成一个复合词式样的概念：“中道实相”。这样的用法在《玄疏》中出现1次，在《略疏》中则出现4次，而同样的用法在智者大师的《法华经玄义》中仅出现一次[①]，而在其《法华经文句》中则甚至没有出现过。由此显见“中道实相”之概念，已成为天台《维摩诘经》疏文中极有特色的概念。

下面我们对这几个用例稍作分析：

其一

> 释圆教者，圆以不偏为义。此教明不思议因缘中道实相之理。事理具足，不偏不别，但化最上利根大士，故名圆教也。所言圆教者，义乃多途。略说有八：一教圆，二理圆，三智圆，四断圆，五行圆，六位圆，七因圆，八果圆。教圆者，直说一实谛，言教不偏也。理圆者，一实即法界海，理不偏也。智圆者，一切种智也。断圆者，五住圆断也。行圆者，一行一切行也。位圆者，从初一地具足诸地功德也。因圆者，双照二谛自然流入也。果圆者，妙觉不思议三德之果不纵不横也。圆义有八，而但名圆教者，若不因圆教，则不知圆理，乃至得成圆果也。[②]

此例见于《玄疏》，智𫖮于此对于其所谓“圆教”作出界说。他认为所谓“圆”共有八义，即教圆、理圆、智圆、断圆、行圆、位圆、因圆、

---

① 这一例是智𫖮解释《法华经》“十如”一句时出现的：“天台师云：依义读文，凡有三转：一云：是相如，是性如，乃至是报如。二云：如是相，如是性，乃至如是报。三云：相如是，性如是，乃至报如是。若皆称如者，如名不异，即空义也。若作如是相、如是性者，点空相性名字施设逦迤不同，即假义也。若作相如是者，如于中道实相之是，即中义也。”《妙法莲华经玄义》，《大正藏》第33册，No. 1716，第693页中。

② 《维摩经玄疏》，《大正藏》第38册，No. 1777，第532页中。

果圆，“圆”虽有八义，不过此处只是讨论“圆教”而不及其他，那是因为只有因圆教才知晓圆理，乃至成就圆果。可见“教”之“圆”相对其他涵义的“圆”而言实具有基础的作用。八个“圆”义中，“圆教”与“圆理”其实是相互阐释的，因为阐释“不思议因缘中道实相”之圆理的就是圆教，反过来，圆教所阐释的理必是圆理。智顗此处把“圆理”界定为“不思议因缘中道实相之理”，疏文中也称其为“一实谛”，或“一实”。其中，“不思议”是整个词组的形容词；“因缘中道实相”可能意指“因缘即中道实相”，也可能意指“因缘之中道实相”，不管采取哪种读法，这个复合词都意在表达“中道实相”与“因缘”之间具有的密切关系；“中道实相”是又一个复合词组合，它可以解读为“中道即实相”，也可以解读为“中道之实相”，其涵义也是表达“实相”与“中道”之间的紧密关系，说明天台圆教所阐明的实相，乃是中道化的实相。

总之，从智顗在此处《维摩经》疏文中对于圆教、圆理的界说看，天台所说的中道实相不仅强调实相与缘起的不可分，也强调实相与中道的不可分。

其二

> 正分经者，经无大小，例有三段，谓序、正、流通。序者，大圣将欲说法，必先现瑞表发，以为由藉。如欲说《大品》，即放支节杂色之光，表欲说般若，以导诸行；欲说《法华》，放眉间光，表欲说中道实相。今经合盖现土，表欲说佛国因果。既由藉不同，正表教门赴机有异，发起物情，使咸信慕，归宗有在。故曰序也。①

此例见于《略疏》，是解释《维摩经》经文序分之旨趣。疏文认为：佛经的体例，在说法的开端，一定先示现瑞兆，以为论说的假借；而不同教化所应机之情况有所不同，因而“由藉”或假借也自然就有所不同；如此这般的不同揭示了经文宗旨的不同，使人们知道归宗之所在。疏文据

① 《维摩经略疏》，《大正藏》第38册，No. 1778，第562页下。

此种佛经发起之体例，讨论了《大品》《法华》及《维摩》诸经现瑞表发之差异及其宗旨之不同，认为《大品》开端之“放支节杂色之光”，表示“欲说般若”；《法华》开端之“放眉间光”，表示“欲说中道实相”；《维摩经》开端合盖现土，表示“欲说佛国因果”。

这段疏文中明确提出，“中道实相”乃是《法华经》一经的基本宗旨之所在。在《法华玄义》中，智𫖮已在“辨体”的部分，主张“正指实相以为正体”，即以“实相”为《法华经》之经体；而在“明宗”的部分，他也谈到“初修此实相之行名为佛因，道场所得名为佛果，略举如此因果，以为宗要”①，因而无论是“辨体”，还是“明宗”，智𫖮均业已阐明“实相”之于《法华经》之重要性。而在此处的《维摩经》疏文中，智𫖮则进一步清晰地阐述：“中道实相”乃是《法华经》的宗旨。

其三

> 二约教者：四不可说，赴机而说，则有四种：一生灭，二即空，三假名，四即中。一因缘生灭如是者：佛昔于波罗奈，说五阴生灭，俱邻等闻如是说，即得悟道；此经复土，求声闻人知有为法无常，得罗汉果及法眼净。二明即空如是者，如《大品》三乘同见无言说道而断烦恼；此经破迦旃延明五义，二百比丘闻如是说，心得解脱，即是示人无诤法。三假名如是者：如《无量义》云“摩诃般若、华严海空宣说菩萨历劫修行”；此经亦云“以无所受而受诸受”，“若闻如是说，得道种智，入菩萨位，知众生根”。四中道如是者：如《大品》说“佛以诸法实相故出现于世，化佛亦以诸法实相故出现于世”，《法华》云“诸法实相义，已为汝等说”；此经诸菩萨各说入不二法门，若菩萨闻如是说，即见佛性，开佛知见，住不思议解脱。佛法有此四种如是，故众经之初，皆安“如是”。《华严》顿教，有因缘、假名、中道三种如是，三藏但因缘生灭如是，若诸《方等》具有四种，摩诃般若则有三种。《法华》但有中道实相。若《大涅槃》

① 《妙法莲华经玄义》，《大正藏》第33册，No. 1716，第682页上。

> 明诸佛法界，亦具四种。此经犹是方等大乘生酥不定之说，具有四种，如上所引。[①]

此例亦见于《略疏》，是解释《维摩经》经文开头“如是”二字者。智𫖮的疏文根据其判教诠释理论，把佛典中的“不可说”区分为四种不可说，并与《中论》的“三是偈”加以配对，认为由不可说赴机而说，则有四种可说，于是得到四种“如是”：即“因缘生灭如是”，“即空如是”，“假名如是”，“中道如是”。疏文据此检讨整个藏经的“如是”：《阿含》明“因缘生灭如是”，《大品》明“即空如是”，《无量义》明“假名如是”，《法华》明“中道如是”，《大涅槃经》具有四种如是，《维摩经》亦然。

这段疏文中有两点尚须注意：其一，此段疏文再次强调了《法华经》的独特性：《法华经》与其他的大乘经不同，它的宗旨只是“中道实相”，所以它只包含一种“如是”，即“中道如是”。其二，在阐释《法华经》包含有“中道如是”的理由时，智𫖮引用了《法华经》中“诸法实相义，已为汝等说”的经文，而在阐释《维摩经》包含有“中道如是”的理由时，智𫖮则言“此经诸菩萨各说入不二法门，若菩萨闻如是说即见佛性，开佛知见，住不思议解脱”，这是以《维摩诘经》中《入不二法门品》宣说入不二法门、使诸菩萨见佛性开佛知见，为该经具有“中道如是”的理由。天台这样的论说不仅揭示了“不二”与“实相”的一致，也揭示了“实相”与“佛性”的关联。

其四

> 甘露是诸天妙药，服之不死。《中论》云“实相”，名天甘露，能令三乘同得圣道。实相甘露即有二种，一真，二中。众生应以何实得度，雨何甘露各令得益。此诸菩萨但说中道实相甘露，随其偏圆，所得不同。故《法华》云：“佛平等说，如一味雨，随众生性，所受

① 《维摩经略疏》，《大正藏》第38册，No. 1778，第568页中。

不同。”①

此例也见于《略疏》，疏文此处是解释《维摩经》经文“而雨甘露”一句。《中论》青目释中已出现以“甘露味”譬喻“实相法”的说法，而罗什在注解《维摩诘所说经》时则正式提出“实相甘露”之说②，以“甘露”譬喻“实相”。智𫖮此处显然是直接受到罗什的影响，并把罗什的“实相甘露”说发挥成了“中道实相甘露”说。“中道实相甘露”这个短语，意思就是“如同甘露的中道实相”。

其五

“乐实”者，是慕中道实相为名。实不实为二，不实是俗，实是真。以此为二，此则为别。今实相之中不得凡夫之不实名无俗，不得二乘之实故无真，即入不二门。非肉眼见，慧眼所见故。《涅槃》云“二乘之人虽有慧眼名为肉眼，学大乘者虽有肉眼名为佛眼”，二乘虽有慧眼，止断三界见思，不见佛性。以不见故，虽有慧眼，名为肉眼。若圆教中六根净位，虽是父母所生肉眼，尔时已断分段见思。是故二乘之人虽以慧眼断惑，止齐圆教六根。故言二乘之人名为肉眼。此六根清净在方便位，已观中道，虽是肉眼，名为佛眼。但大乘见佛性不同。若约别教为语，正观中道未见佛性为慧眼，照二谛为法眼，三谛同观为佛眼。就圆教为语，铜轮之中即得佛眼，三谛同观。故《涅槃》云“学大乘者虽有肉眼名为佛眼”，此语似指六根清净之肉眼名为佛眼，况初住耶。得此佛眼之观，岂复分别是实不实，名为入

① 《维摩经略疏》，《大正藏》第38册，No. 1778，第577页下。

② 《中论》之《观法品》有“是名诸世尊，教化甘露味”的颂文，其注释则说：“问曰：若如是解有何等利？答曰：若行道者能通达如是义，则于一切法，不一、不异、不断、不常，若能如是，即得灭诸烦恼戏论，得常乐涅槃。是故说诸佛以甘露味教化，如世间言得天甘露浆，则无老病死无诸衰恼。此实相法是真甘露味。”《大正藏》第30册，No. 1564，第25页上。罗什则据此有“实相甘露”的说法：“什曰：诸天以种种名药着海中，以宝山摩之，令成甘露，食之得仙，名不死药。佛法中以涅槃甘露令生死永断，是真不死药也。亦云：劫初地味甘露，食之则长生。佛法中则实相甘露养其慧命，是真甘露食也。”《注维摩诘经》，《大正藏》第38册，No. 1775，第395页上。

不二法门。①

这是《略疏》中最后一例，解释经文中《入不二法门品》乐实菩萨一段文字。疏文在解释“乐实”菩萨之名义时，认为这个菩萨的名字“乐实”，涵义就是“慕中道实相”。疏文进而以“不二”诠释“中道实相”：如果存在“实”与“不实”的分别执着，则是“二”；如果见到佛性，获得佛眼，开佛知见，那么就不得凡夫之“不实”，不得二乘之“实”，故无俗、无真，入于不二，这也就是见到“中道实相”。

在天台之《维摩经》疏文中，除了上述中道实相的概念外，还同时提出一个“中道佛性”的概念，二者同为天台《维摩经》疏文中最富有特色的概念。同样的用法在《法华经》注疏中虽然少见，却也确实已见端倪。② 而在天台《维摩经》疏文中，这个概念出现的频率则极高，如在《维摩经玄疏》中它出现了 7 例，而在《略疏》中它也出现了 8 例。其使用频率甚至高出“中道实相”，说明此概念确已成为天台学者《维摩经》疏文的核心概念之一，且也说明晚年的智𫖮于此概念确实给予颇多的关切。我们现在也取《略疏》中的八例略作观察。

其一

一约三藏明我者：依萨婆多，我但有名；依昙无德，说有假我；犊子，明我在第五藏。是等虽殊，悉破外人计神我性，说假名我。二通教者，如《大品》云：“色性如我性，我性如色性。我之与色，但有名字，皆如幻化。”三别教者，以自在为我，善于知见，得无挂碍，即我义也。又《摄大乘》明自他差别识，亦名似我识，皆是别

---

① 《维摩经略疏》，《大正藏》第 38 册，No. 1778，第 694 页中。

② 《玄义》中的一例是：“又云：‘如来非苦非集，非灭非道非谛，是实。虚空非苦非谛，是实。’非苦者，非虚妄生死；非谛者，非二乘涅槃；是实者，即是实相中道佛性也。”《妙法莲华经玄义》，《大正藏》第 33 册，No. 1716，第 707 页上。这个例子中非常有趣的一点是，此处不仅有“中道佛性”的说法，甚至把“实相”也放进这个短语，因而出现了“实相中道佛性”这样奇特的说法。《玄义》中还有另一例：“《仁王》云‘入理般若名为住’，即是十番进发无漏，同见中道佛性第一义理。以不住法，从浅至深，住佛三德及一切佛法，故名十住位。”同上书，第 732 页中。

义也。四圆教者，中道佛性，即我义也。《中论》云“佛或时说我，或时说无我。于佛正法中，无我无非我”，此经云“于我无我而不二”，是真无我义。大经云“无我法中有真我”，又云“我与无我其性不二，不二之性即是实性，实性者是二十五有真我”也。前三是权我，圆教是实我。①

此例引进“中道佛性”的概念，以解释“我”。疏文区分了几种形式的“我”：外道所执着的我，是“神我”；三藏、通教及别教所理解的我，乃是“权我”；而圆教所理解的我，则是“实我”。疏文具体分析四教所理解的我的区别：三藏教所说的我，都是假名我；通教所说之我，与色一般，幻化而无自性；别教以“自在”为我；圆教则以“中道佛性”为我。

此段疏文在对“中道佛性”的论证中，分别提出《中论》《维摩经》及《大涅槃经》中的三个经证，这可以帮助吾人理解天台中道佛性概念的来源：天台的这个概念正是出自《涅槃经》的佛性概念及《中论》的中道概念，经由《维摩经》“我无我不二”的不二思想的中介之后，在智𫖮思想中呈现的新的结合。

其二

“不有不无”者，中道法也。不有故非俗，不无故非真。然说法本约二谛，既非二边，说何等法？当知正说大乘中道。何者？凡夫者有，二乘者无，菩萨正观中道佛性，是故《方等》为诸菩萨多说中道不二法门，故言不有亦不无也。②

此例解释《维摩经》经文中“说法不有亦不无”一句。在疏文中，几个连续出现的词汇，如“中道法”“大乘中道”“中道不二法门”“不有不无”等，与“中道佛性”都可作为同义语来使用。

---

① 《维摩经略疏》，《大正藏》第38册，No. 1778，第568页下。

② 同上书，第585页下。

其三

> 今约所化，故言“众生之类是菩萨佛土”。众生义如前辨十界中说。所言类者，即气类也。气类无边，无其正要，不出二种：一有为缘集，二无为缘集。言有为者，即是界内染净国土，迷真滞有，而起结业，禀分段生死，皆其类也。二无为者，即是界外有余果报及开中下寂光，此三土众生迷中道佛性，滞无为缘集，赴诸结业，受变易生死，皆是此类。①

此例解释经文中“众生之类”。疏文认为众生可类分为二种，一是有为，二是无为。前者指三界内的众生，后者指三界外的众生。前者迷真滞有而起结业，后者则迷“中道佛性”而起结业。所谓“迷中道佛性”，当指这些众生未见、未知“中道佛性”的道理。

其四

> 四教各有四无量心。三藏生灭法缘四无量心，通教无生法缘，别教界外藏识恒沙佛法法缘，圆教中道佛性无缘之法缘。如磁石吸铁，即无作也。后成佛时，五种慈悲喜舍众生来生其国。②

此例解释经文中的“四无量心”。疏文认为四教的四无量心各有不同：三藏教的四无量心以生灭法作为对象，通教的四无量心以无生法作为对象，别教的四无量心以“界外藏识恒沙佛法”作为对象，圆教的四无量心则以中道佛性作为对象。疏文还指出，圆教这种以中道佛性作为对象的缘法，与前三教四无量心的缘法根本不同，它是无缘而缘，这种缘虑方式，就好比磁石吸铁一样，完全无意志，无对象，所以称为“无作”。

① 《维摩经略疏》，《大正藏》第38册，No. 1778，第589页上。

② 同上书，第593页上。

其五

从真实生，从不放逸生。藏、通观生、无生，入偏真理，名为真实。别、圆观无量、无作，入中道佛性，名为真实。四教菩萨观真若极，证四佛果，故言从真实生。[①]

此例解释经文“从真实生”一句。疏文认为：四教菩萨所观的“真实”是不同的：藏教、通教观照生灭、无生二种四谛，悟入“偏真理”的真实，别教、圆教观照无量、无作二种四谛，悟入“中道佛性”的真实。

其六

“法无有人，前后际断故”者，若约事解，前际是生死，后际是涅槃。约理者，心及诸法即是法性，何有生死涅槃、前后？若法性非二法者，即是中道佛性岂有前后？即以本无，目之为断。次实慧者，良以无明不了，妄计谓有，若体法即法性，不同凡夫生死，不同二乘涅槃。故云前后际断。[②]

此例解释“法无有人，前后际断故”一句。疏文认为，中道佛性无前后，这是因为心及诸法即是法性的缘故；如果心及诸法不是法性，法性也不是心及心法，那么中道佛性也就有前有后了。从疏文的理路可以看出，此处乃是把生死、涅槃之不二，理解为“中道佛性”。

其七

今言为众生说如斯法是真实慈者，菩萨证大涅槃，知不生不生不

① 《维摩经略疏》，《大正藏》第38册，No. 1778，第607页中。
② 同上书，第614页上。

可说，赴缘说之，即是智德；令物见性，得涅槃乐，即是慈能与乐。大经云“慈即如来”，慈即解脱，解脱者，即见中道佛性，住大涅槃，成百句解脱。此即观空彻至中道，中道即法身无缘大慈，如磁石吸铁，离此更无真慈。①

此例解释“真实慈”一句。疏文认为：菩萨观空，至于透彻地理解了中道，而此中道即是“法身无缘大慈”，这就是“真实慈”。所以“真实慈”与“中道”有关，而“中道”即“中道佛性”。

其八

问：若尔者，三藏中有有为生灭，有无为不生不灭门，与此不生不灭何异？答：三藏所说非生非灭门，此乃悟有作四谛偏真之理，计有涅槃，染着于法，非悟中道佛性双亡有无不生不灭之门。②

此例解释三藏教中不生不灭门与圆教中不生不灭门的差异。天台将四谛区分为四个层次，即四种四谛，认为三藏教的非生非灭门是领悟“有作四谛偏真之理”，而圆教的不生不灭门，则是领悟“中道佛性”因而“双亡有无”的非生非灭之门。

第六节　结　论

以上我们先讨论鸠摩罗什大师的《维摩诘经》实相译语，进而考察罗什师弟的实相理解，在此基础上吾人梳理了智顗《维摩诘经》实相诠释的基本思路，并对其关于中道实相及中道佛性的有关论说给予了说明。至此，吾人以《维摩诘经》的汉译暨理解为例，对于汉语佛教中以实相为中心的一系思想的历史开展及其理论逻辑予以了较为深入细致的观察和论究。罗什《维摩诘经》汉译的实相译语以及罗什师弟在《注维摩诘经》

① 《维摩经略疏》，《大正藏》第38册，No. 1778，第674页中。

② 同上书，第691页上。

中对于这一译语的阐释，是汉语佛教实相思想发展中的重要一步，在这一步实相作为一个表示法的抽象的理则的概念被广泛地运用，显示出汉语佛教独具特色的真理观念及其哲学架构；同时实相作为无为法被把握，它与有生有灭的法的区分被彰显，而即便经由了老庄玄学思维方式的激荡，它也从未被实体化。天台对于《法华经》《维摩诘经》两部经典的注疏，尤其是智𫖮以《维摩诘经》注疏著作作为其人生终端的实相诠释，则是汉语佛教实相思想发展的圆熟形式，在这一形式中，无论是作为《法华经》的“经体”、宗旨，还是作为一般而言的圆教之为圆教的基本理据（实相、佛性；中道实相、中道佛性），实相都成了汉语佛教中佛教哲学的最高概念，成为汉语佛教真理观的基石。

我们知道，智𫖮思想的构成，有几个重要的来源，它们分别是罗什所译《般若》、中观思想，南北朝时期《法华》《涅槃》等大乘佛教经典思想，以及他个人特殊的禅定修持经验及经由这样的经验对于《中论》中道思想的特殊解悟。大体上与以上三个思想资源相应，实相、佛性、中道三个概念，自然也就成为智𫖮晚年思想尤其是晚年解经思想的几个基本概念。现在我们以天台《维摩诘经》注疏著作为例：在《维摩经玄疏》中，实相一语出现 91 次，佛性一语出现 99 次，中道一语出现 75 次；而在《维摩经略疏》中，实相一语出现 168 次，佛性一语出现 118 次，中道一语出现 163 次；两者合计，实相 259 次，佛性 217 次，中道 238 次，可见实相出现的次数最多，其次是中道，再次是佛性。而在天台《法华经》注疏中，情况也大体如此：以《法华玄义》为例，实相一语出现 272 次，佛性一语出现 172 次，中道一语出现 144 次；在《法华文句》中，实相一语出现 164 次，佛性一语出现 39 次，中道一语出现 100 次；两者合计，实相 436 次，佛性 211 次，中道 244 次，同样实相出现的次数超过中道，中道出现的次数超过佛性。

上面的统计数字或许可以说明两点：

其一，无论在天台的《法华经》注疏还是《维摩经》注疏著作中，实相、中道、佛性这三个概念，都是最重要、最核心的概念；

其二，在天台的两系经典注疏著作中，实相一语出现的次数都是最多的，中道次之，佛性更次之，这在一定程度上可以反映这三个概念在天台两系注疏中占据的权重。

由此可见，虽然《维摩经》注疏著作是智𫖮最晚期阶段的作品，且基本应视为智𫖮亲自撰写的作品，而《法华玄义》《法华文句》等著作则大都经过智𫖮弟子章安大师的一再增订与润色，以致吾人当然应当把天台《维摩诘经》注疏著作视为研究智𫖮最晚期思想的最重要文献之一，但是我们研究以上三个概念在天台两系注疏著作中使用的情况可发现，从《法华经》注疏著作再到《维摩诘经》注疏著作，智𫖮以实相、中道、佛性三个核心概念作为基础建构起来的天台佛典理解及佛学思想乃是一贯的。

不过，非常有趣且值得注意的是，在天台《维摩经》注疏著作中出现了如我们前文已经讨论过的“中道实相”及“中道佛性”这样的说法，而在天台《法华经》注疏著作中这样的说法则只是初现端倪，而不甚明显，所以，我们在此推论：虽然吾人认为从《法华经》注疏到《维摩经》注疏，天台的三大核心概念（实相、中道、佛性）以及环绕这三大核心概念构建的天台的佛典理解及佛学思想前后一贯，显示出智𫖮晚年成熟思想的一贯性与连续性，不过在《法华经》注疏系统中以中道贯通实相、佛性的论说方式尚不明显，而在《维摩诘经》注疏系统中天台这一论说倾向则表现得相当明显。或许这一点才应被视为天台《维摩诘经》注疏思想的真正进展及其特色吧。

第十三章　对窥基关于罗什《维摩经》汉译的批评的再反思

本章的主题是考察慈恩大师窥基关于《维摩经》新旧译问题的研究，尤其是对于他在这一研究中展开的关于罗什《维摩经》译经的激烈批评予以系统的再反思。我们发现窥基并未真正依据“梵本”展开其新旧汉译的比对研究，而是以玄奘新译的《说无垢称经》的经文作为讨论的准绳；窥基在关于罗什旧译《维摩经》经名的讨论中，由对经名译文的审正遽尔上升到对罗什人品德性的非议；而在关于《维摩经》品名的讨论中，我们发现窥基佛学思想方法的基本特征是拟定观念考辨与梵本考辨的绝对统一。在上述再反思的基础上，笔者提出应当对鸠摩罗什法师译经伟业进行全新的再考虑与再评估。

第一节　简要的引言

本章主题是考察慈恩大师窥基关于《维摩经》新旧译问题的研究，实乃笔者此前一篇拙文的姊妹篇。在那篇文章中，笔者曾专题检讨窥基对《维摩经》(《说无垢称经》)“宗绪”即思想主旨问题的讨论。[①] 该文得出如下的结论：

> 我们赞同慈恩大师是为中国佛教的知性实践奠定基础的一位重要的佛学大师，通过对于他的《说无垢称经疏》的解读，吾人也可感

① 程恭让：《慈恩大师关于〈说无垢称经〉宗绪问题的讨论》，此文在杭州佛学院主办的2012年“海峡两岸唯识学高峰论坛”会议上宣读，并收入会议结集的论文集。

受到他在这方面的种种努力，以及他所取得的几乎无与伦比的学术成就。但是窥基不仅没有放弃汉语佛教的判教思维，而且还以某种近乎固执的态度守护《解深密经》的判教模式，其宗派的情结甚至使得他无法欣赏及利用汉语佛教判教思维中固有的灵活、开放和容纳历史性的一些优点。所以我们觉得慈恩大师的佛教思想的诠释工作中确实存在理性主义、历史主义因素与宗派思维之间的紧张，而这种紧张在相当程度上有可能瓦解他自己所追求的那种重建汉语佛教知性实践基础的努力。

对“中国佛教知性实践的基础”予以“方法论的构建”，是尊敬的邓伟仁教授在其研究窥基的著作中建构的一个十分富有启发意义的观点。[①] 笔者深心认同这样的理解方式对于长久以来仅以唯识学者身份看待慈恩大师、而不能把其有关的佛教思想及佛教学术工作放在汉传佛教理论、实践的整体平台上予以审视、观察的传统理解模式，确实具有重要的突破意义。不过我们在深入反思窥基有关《维摩经》宗绪问题的讨论、阐释之后，却不难发现“宗派思维”纠结于窥基思想的深处，正是这种思维常常瓦解其那种致力于“方法论的构建”的正能量，显示其佛教诠释理性并未获得充分的极成。

关于《维摩经》“宗绪”问题的探讨是一个佛教哲学或佛教思想方向的课题，而本章针对窥基《维摩经》新旧译比较研究的再反思，尤其是针对其关于罗什“旧译”《维摩经》的批评的再反思，则基本上是一个佛教语言或佛教文献方向的课题。我们在此拟针对窥基关于罗什《维摩经》汉译问题的批评予以整体地考虑，在这一考虑中，我们主要关心的问题如下：

（1）窥基新旧译《维摩经》比较研究的根据为何？

（2）窥基这种比较研究的客观性或科学性怎样？

（3）制导窥基这一批评研究的思想方法具有什么样的特征？

---

① 参见邓伟仁先生博士学位论文，*Recontextualization*，*Exegesis*，*and Logic*：*Kuiji's*（632—682）*Methodological Restructuring of Chinese Buddhism*，Harvard University，Cambridge，Massachusetts，July 2010。

(4) 窥基对罗什《维摩经》译经问题的批评的学术价值应当如何评估?

以及,(5) 透过上述针对窥基关于罗什旧译《维摩经》的批评的再反思,我们对于罗什译经问题以及与此密切相关的佛典汉译及理解问题,将有可能获得怎样新的学术亮光?

笔者还期待通过这一个案的研究,将有助于进一步印证及深化我们在此前那篇文章中业已展开的讨论。

第二节　窥基对罗什译《维摩经》经文的批评

窥基在所作《说无垢称经疏》中,对于玄奘新译《说无垢称经》与罗什旧译《维摩诘经》经文的具体差异,曾做过十分仔细的比对。窥基这部注疏共分6卷(每卷又分本、末二部),其中提到“旧经”的地方,第1卷,共8处;第2卷,共24处;第3卷,共16处;第4卷,共21处;第5卷,共3处;第六卷,共19处。全疏提到“旧经”的地方,凡91处,此所谓的“旧经”,均指罗什所译的《维摩诘经》。此外,疏中还多次提到“旧”字,其中相当一部分也是指罗什所译的这部经典。因此可以说窥基对于《维摩经》的新、旧译文,确实做过相当彻底的比对与比较的研究工作。他的这些比对、比较,不仅用功极勤,而且巨细无遗,所以无论对于当时的佛教学人了解新、旧二译的差异,还是对于我们今天重新展开《维摩经》新旧译文的比较研究,都提供了无与伦比的便利。这是窥基在这个佛学课题上所取得的重要的成就,也是我们在本研究一开始,就应当郑重地予以提出并表彰的。

不过,窥基此种比对、比较研究的学术性质究竟如何,其所取得的学术价值又究竟如何呢?关于这个问题,我们拟举一个典型的例子来说明。

文献一

经:“皆为一切众生所识。”

赞曰:自下第二彰叹功德。于中总有四十一句,初四十句,别叹功德;后一句,总结德深广,卒陈难尽。旧经但有三十八句。此中第十句“念定总持无不圆满”，第十一句“建立无彰解脱智门”，旧经合云“心常安住无碍解脱”。此第三十一句“正直审谛柔和微密”，旧经脱之。此第三十四句“获无等等佛智灌顶”，第三十五句“近力无畏不共佛法”，旧经合云“近无等等佛自在慧十力无畏十八不共”，所以但有三十八句。古人亦有十地别科，此中但赞八地以上。或第十地因位究竟，非赞前位，非七地前神通成办、永离障缠、总持等满故。其间文句疏谬，至文当释。此中，初有四十句，别叹德中，分为二十一种殊胜功德。初二句，他悉外化德。次二句，他护自护德。次三句，利他继他德。利他中有二，说法、善友为二句故。次二句，降恶人法德。次三句，内德外辨德。内德有二：能发、所发为二句故。念定总持为能发因，解脱智门为所发果，智由念定总持起故。次二句，行成智满德。六度，行成；三无生忍，智满。次二句，说法达理德。次二句，知根能伏德。次三句，因严果遂德。果遂有二：获妙体、离恶严为二句故。次二句，名高信重德。次二句，法胜音妙德。次一句，离边会中德。次二句，决定深大德。次一句，超出情计德。次二句，积善离恶德。次二句，达理证真德。次二句，绍位继道德。次二句，不住二边德。除恶趣，越深坑，弃缘起，分生死，为二类。并不住生死边。示现趣生，不住涅槃边。次一句，应病说药德。次一句，内外二严德。次一句，自他不虚德。准义依文，且为此制。诸有智者，如理应知。又四十一句别叹德中，应一一为名“皆为一切众望所识”，此叹菩萨德大位高智者所识殊胜功德。国王大臣长者居士，诸有德艺所推望者，即是翘楚。鉴别人物，名为众望。今诸菩萨为此一切众推望者之所识知，譬如垂耳长鸣，王良见识。此诸菩萨位大德高人物所识，亦复如是。非诸凡愚所能识悉。纵余识悉，未以为珍。如《智度论》云“天王、人王、大人所识”，今此要在人物所识。又此菩萨皆为一切大众瞻望，大众识悉。二义俱得。旧云众所识知，乃无此义。①

为使下文的讨论明了清晰计，今以新发现《维摩经》梵本的相关段

① 《说无垢称经疏》，《大正藏》第 38 册，No. 1782，第 1007 页下。

落与罗什、玄奘的译文[①]比对如下：

序号	梵本文句	罗什译文	玄奘译文
1	Dvātriṃśatā ca bodhisatvasahasrair abhijñānābhijñātaiḥ	菩萨三万二千，一一众所知识	菩萨摩诃萨三万二千，皆为一切众望所识
2	Sarvair mahābhijñāparikarmaniryātaiḥ	大智本行皆悉成就，大神通业修已成办	
3	buddhādhiṣṭhānādhiṣṭhitaiḥ	诸佛威神之所建立	诸佛威德常所加持
4	saddharmanagarapālaiḥ	为护法城	善护法城
5	saddharmaparigrāhakair	受持正法	能摄正法
6	mahāsiṃhanādanādibhiḥ	能师子吼	为大师子吼声敷演
7	daśadigvighuṣṭaśabdaiḥ	名闻十方	美音遐振周遍十方
8	sarvasatvānadhyeṣitakalyāṇamitraiḥ	众人不请友而安之	为诸众生不请善友
9	triratnavaṃśānupacchetṛbhiḥ	绍隆三宝能使不绝	绍三宝种能使不绝
10	nihatamārapratyarthikaiḥ	降伏魔怨	降伏魔怨
11	sarvaparapravādyanabhibhūtaiḥ	制诸外道	制诸外道
12	smṛtisamādhidhāraṇīsaṃpannaiḥ	悉已清净（?）	念、定、总持无不圆满（13）
13	sarvanivaraṇaparyutthānavigataiḥ	永离盖缠	永离一切障及盖缠（12）

① 《梵文维摩经》，第1—2页；《维摩诘所说经》，《大正藏》第14册，No. 0475，第537页上；《说无垢称经》，《大正藏》第14册，No. 0476，第557页下。

续表

序号	梵本文句	罗什译文	玄奘译文
14	anāvaraṇavimokṣapratiṣṭhitaiḥ	心常安住无碍解脱	建立无障解脱智门
15	anācchedyapratibhānaiḥ	念定总持（?）辩才不断	逮得一切无断殊胜念慧等持陀罗尼辩
16	dānadamaniyamasaṃyamaśīlakṣ-āntivīryadhyānaprajñopāyaniryātaiḥ	布施、持戒、忍辱、精进、禅定、智慧及方便力无不具足	皆获第一布施、调伏、寂静、尸罗、安忍、正勤、静虑、般若、方便善巧、妙愿、力、智波罗蜜多
17	anupalaṃbhānutpattikadharmakṣ-āntisamanvāgataiḥ	逮无所得、不起法忍	成无所得、不起法忍
18	avaivarttikadharmacakrapravarttakaiḥ	已能随顺转不退轮	已能随转不退法轮
19	alakṣaṇamudrāmudritaiḥ	善解法相（?）	咸得无相妙印所印
20	sarvasatvendriyajñānakuśalaiḥ	知众生根	善知有情诸根胜劣
21	sarvaparṣadanabhibhūtavaiśāradya-vikrāmibhiḥ	盖诸大众、得无所畏	一切大众所不能伏而能调御；得无所畏
22	mahāpuṇyajñānasaṃbhāropacitaiḥ	功德、智慧以修其心	已积无尽福智资粮
23	lakṣaṇānuvyañjanasamalaṃkṛtakāyaiḥ	相好严身	相好严身
24	paramarūpadhāribhiḥ	色像第一	色像第一
25	apagatabhūṣaṇaiḥ	舍诸世间所有饰好	舍诸世间所有饰好

续表

序号	梵本文句	罗什译文	玄奘译文
26	meruśikharābhyudgatayaśaḥkīrttisam-udgataiḥ	名称高远，逾于须弥	名称高远，逾于帝释
27	dṛḍavajrādhyāśayābhedyabuddhad-harmaprasādapratilabdhaiḥ	深信坚固，犹若金刚	意乐坚固犹若金刚， 于诸佛法得不坏信
28	dharmaratnavikaraṇāmṛtajalasaṃpra-varṣakaiḥ	法宝普照而雨甘露	流法宝光，澍甘露雨
29	sarvasatvarutaravitasvarāṅgaghoṣaviś-uddhasvaraiḥ	于众言音，微妙第一	于众言音，微妙第一
30	gaṃbhīradharmapratītyāvatārāntānan-tadṛṣṭivāsanānusandhisamucchinnaiḥ	深入缘起，断诸邪见有无二边，无复余习	于深法义广大缘起已断二边见、习相续
31	vigatabhayasiṃhopamanādibhiḥ	演法无畏犹师子吼	演法无畏犹师子吼
32	tulyātulyasamatikrāntaiḥ	其所讲说乃如雷震（?），无有量、已过量	其所讲说乃如雷震（?） 不可称量过称量境
33	dharmaratnaprajñāsamudānītamahāsā-rthavāhaiḥ	集众法宝如海导师	集法宝慧为大导师
34	ṛjusūkṣmamṛdudurdṛśaduranubodhasar-vadharmakuśalaiḥ	了达诸法深妙之义	正直审谛柔和微密， 妙达诸法难见难知甚深实义
35	āgatisatvāśayamatim – anupraviṣṭajñā-naviṣayibhiḥ	善知众生往来所趣及心所行	随入一切 有趣无趣意乐所归

续表

序号	梵本文句	罗什译文	玄奘译文
36	asamasamabuddhajñānābhiṣekābhiṣik-taiḥ	近无等等佛自在慧	获无等等佛智灌顶
37	daśabalavaiśāradyāveṇikabuddhadha-rmādhyāśayagataiḥ	十力、无畏、十八不共	近力无畏不共佛法
38	sarvāpāyadurgativināpātotkṣiptapari-khaiḥ	关闭一切诸恶趣门	已除所有怖畏恶趣， 复超一切险秽深坑
39	saṃcintyabhavagatyupapattisaṃdarśa-yitṛbhiḥ	而生五道以现其身	永弃缘起金刚刀仗（?）， 常思示现诸有趣生
40	mahāvaidyarājaiḥ	为大医王	为大医王
41	sarvasatvavinayavidhijñaiḥ	善疗众病	善知方术
42	yathārhadharmabhaiṣajyaprayogapray-uktaiḥ	应病与药令得服行	应病与药愈疾施安
43	anantaguṇākarasamanvāgataiḥ	无量功德皆成就	无量功德皆成就
44	anantabuddhakṣetraguṇavyūhasama-laṃkṛtaiḥ	无量佛土皆严净	无量佛土皆严净
45	amoghaśravaṇadarśanaiḥ	其见闻者无不蒙益	其见闻者无不蒙益
46	amoghapadavikramair	诸有所作亦不唐捐	诸有所作亦不唐捐
47	aparimitakalpakoṭīniyutaśatasahasra-guṇaparikīrttanāparyantaguṇaughaiḥ	如是一切功德皆悉具足	设经无量百千俱胝那庾多劫赞其功德亦不能尽

根据以上今存梵本、罗什译本、玄奘译本的三本对勘，我们可以看出：

（1）罗什、玄奘两家此经的译文，确有详略之不同，不过如果我们细致比对，不难看出不仅玄奘这段译文的绝大部分内容与今存梵本的内容完全相应，罗什译文的绝大部分内容也同样与今存梵本的内容相应。这说明无论是玄奘的翻译还是罗什的翻译都是非常忠实的翻译，二家译文容有详略之区分，但二家译文对于所据底本的忠实性都是没有疑问的。

（2）在三本对勘中，还有一些突出的现象需要引起我们的注意：如 Dr. P. L. Vaidya 校勘本第 16 句叙述菩萨具有布施等十德，罗什本为七德，玄奘本则为具足 12 种波罗蜜多；罗什本有“其所讲说乃如雷震”一句，玄奘本同样有此句，支谦的汉译本中同样有“乃如雷震”一句，[1] 藏文本同此，[2] 唯独今传梵本中没有此句；还有玄奘本有“永弃缘起金刚刀仗”一句，则无论是支谦、罗什的汉译本，还是藏文本、[3] 今传梵本，均无此句。本段中的这几处显例，还有《维摩经》其他地方诸多类似的例子，说明此经的经文在历史传承过程中确实有所差异，因此如果仅依据其中的一种传本来审视其他的本子，这样的做法当然就是不科学的。

（3）此段为经中赞叹随行佛陀的三万二千菩萨的功德，为诸大乘经之固有表达格式。然而诸大乘经典这一赞叹菩萨功德的格式中，究竟包含多少菩萨功德，不同的经典并不统一；至于功德的具体德目，不同的经典也有所差异。在此处赞叹菩萨功德的句子，据今存梵本看，首尾俱算在内，一共是 47 句。而按照窥基的说法，玄奘此处所译经文是 41 句，罗什则为 38 句，显然，窥基的说法完全是据两家汉译本的断句及比对而言，而并非根据梵本立说。

（4）还有一个现象是可以从上表看得极为清楚的：那就是玄奘的很多译文都直接继承罗什的译文，或是在罗什译文的基础上稍加改译，因此玄奘与罗什的译文其实存在很深厚的继承关系，而这一点其实不仅在玄奘、罗什的新旧译之间是如此，在其他新旧译家之间也大都如此。所谓的

① 《佛说维摩诘经》，《大正藏》第 14 册，No. 0474，第 519 页上。

② Lamotte 本，第 3 页。

③ 同上书，第 4 页。

比对、比较式研究，有侧重其相同者，有侧重其相异者，而事实上只有既注意其相同之处，又注意其相异之处，才能对于所资以比较的研究对象之间的关系获得较为公允的认识。我们看到，其实罗什与玄奘二家的译文有同有异而同大于异，如果过于强调二家翻译的差异，那么评判和认识就会偏离这个基本的事实。遗憾的是，我们在窥基的比较研究中看到的正是后一种情形。

在了解以上的背景后，我们就可针对窥基上段中的有关说法，略作分析：

（1）窥基在这段话中说："此中第十句'念定总持无不圆满'，第十一句'建立无彰解脱智门'，旧经合云'心常安住无碍解脱'。"参考今存梵本，他的说法是错误的。原来玄奘译文的"念定总持无不圆满"一句，同其前一句"永离一切障及盖缠"，与现存梵本的第 12、13 两句是对应的：smṛtisamādhidhāraṇīsaṃpannaiḥsarvanivaraṇaparyutthānavigataiḥ，只是奘译的顺序与后者正好相反。同时上述两句与罗什译文的"悉已清净，永离盖缠"两句对应。虽然罗什此处是否用"悉已清净"翻译梵文第 12 句，还可以再讨论；但罗什用"永离盖缠"翻译梵文第 13 句，应无疑问。尤其是，罗什此处的译文有"永离盖缠"，而玄奘的译文是"永离一切障及盖缠"，显然后者是从罗什的译法发展而来。

还有窥基认为玄奘第 10、11 二句的译文对应罗什的"心常安住无碍解脱"，而罗什"心常安住无碍解脱"一句，明明对应玄奘"建立无障解脱智门"一句，这是不需要什么梵本知识，单凭汉译文字就可以推定的。今传梵本此句是 anāvaraṇavimokṣapratiṣṭhitaiḥ，罗什译文中的"安住"，正是玄奘译文中的"建立"，对应梵文的 pratiṣṭhita；罗什译文的"无碍"，正是玄奘译文中的"无障"，对应梵本的 anāvaraṇa；罗什译文中的"解脱"，在玄奘译文中同样是"解脱"，对应梵本的 vimokṣa；罗什译文添加了"心常"二字，玄奘译文则添加了"智门"二字。窥基这里的比对说明：他其实并未真正依据梵本展开新旧译文的比较研究。我们知道："见到梵本"是一回事，而"依据梵本展开新旧译比较研究"则是另一回事。窥基未能基于梵本展开新旧译文的对勘，且轻率断言，所以导致了上述一连串的错误。

（2）窥基在这段话中说：“此第三十一句‘正直审谛柔和微密’，旧经脱之。”我们从今传梵本来看，发现玄奘此处的译文“正直审谛柔和微密”，下一句“妙达诸法难见难知”，以及再下面的“甚深实义”，应当放在一起连读，即“正直审谛柔和微密，妙达诸法难见难知甚深实义”，这才对应梵本中 rjusūkṣmamṛdudurdṛśaduranubodhasarvadharmakuśalaiḥ 一句。[①]而罗什的“了达诸法深妙之义”一句，虽然很简单，省略了很多句子成分，但却也还是能勉强传达此句梵文的大意。其中“了达”一词，对应梵本的 kuśala（精通），也是玄奘译语“妙达”一词的来源；其“诸法”二字，两汉译同，对应梵本 sarvadharma（一切法）；其“深妙”一词，应是 rjusūkṣmamṛdudurdṛśaduranubodha 的意译，后者正是“正确、微妙、柔和、难见、难知”之意，玄奘的译语中的“正直审谛柔和微密”及“难见难知甚深”与之相当；其“义”字与玄奘译文中的“实义”相当，在梵本中均无对应的字。原来罗什是以表示对格关系的依主释复合词解读这个短语，玄奘则以相违释复合词处理之。窥基不仅读错玄奘这部分译语，且误以为罗什的译文漏脱了一句。

（3）窥基在这段话中说：“此第三十四句‘获无等等佛智灌顶’，第三十五句‘近力无畏不共佛法’，旧经合云‘近无等等佛自在慧十力无畏十八不共’。”根据今存梵本，此处应为两句，前句意思是：诸菩萨为无与伦等的佛的智慧灌顶所灌顶；后一句的意思是：诸菩萨决心接近十力、四种无畏、十八种不共的佛法。[②] 虽然罗什相关的解释并不能证明他把两句确实合成了一句，但是从他的译文处置以及其弟子僧肇的理解看，[③] 这两句在罗什的译文中很可能成了一句。所以窥基此处的分析是正确的。

---

① 从玄奘的译文看，他是将这个短语读为 rjusūkṣ mamṛ du 及 durdṛ śaduranubodhasarvadharmakuśala 两段，这是采取并列复合词的读法。而其译文中的“甚深实义”数字，应为其所添加。Lamotte 则根据藏文本推测此句梵文应为：ṛ jukaśāntasūkṣ amamṛ dudurdṛ śadurvigāhyadharmanayakuśala，且认为此复合词应为表示对格关系的复合词。参见 Lamotte 本，第 3 页。

② 此处参考 Lamotte 本，第 3 页。

③ 此如下面的记载：“什曰：诸佛智慧无与等者，而此佛与等。复次实相法无有等比，唯佛与等。菩萨邻而未得，故言近也。肇曰：佛道超绝无与等者，唯佛佛自等，故言无等等。所以辩其等者，明第一大道理无不极，平若虚空。岂外降之有也。自在慧者，十力、四无所畏、十八不共，即其事也。大士虽未全具佛慧，且以近矣。”看得出来，罗什并未把两句连在一起解释，不过僧肇则确实如此理解。参见《注维摩诘经》，《大正藏》第 38 册，No. 1775，第 330 页上。

（4）还有，窥基在这段话中认为："又四十一句，别叹德中，应一一为名'皆为一切众望所识'。"意思是说"皆为一切众望所识"一句，对于其余诸句应具统领性。从今传梵本来看，此段第一句及第二句为：Dvātriṃśatā ca bodhisatvasahasrair abhijñānābhijñātaiḥsarvair mahābhijñāparikarmaniryātaiḥ，罗什的译文为"菩萨三万二千，一一众所知识。大智本行皆悉成就"，玄奘的译文为"菩萨摩诃萨三万二千，皆为一切众望所识。大神通业修已成办"，显然两位译家都将此二句读为：abhijñānābhijñātaiḥ sarvair，mahābhijñāparikarmaniryātaiḥ，也就是说 sarva 这个字都被连读到上一句去了（罗什："一一众所"；玄奘："为一切所"）。不过如果我们参考大乘经中赞叹菩萨功德的格式，[1] 则此处较为正确的读法应是：Dvātrimśatā ca bodhisatvasahasrair abhijñānābhijñātaiḥ，sarvair mahābhijñāparikarmaniryātaiḥ。我们可以把两句译为："［佛陀］又同三万二千位以神通著称的菩萨在一起，所有的［这些菩萨］都已成功修炼大神通。"

此处前句的原语是 abhijñātātbhijñātaiḥ，有些校订者建议改为

---

① 我们举两部大乘经赞叹菩萨功德的格式，即可见其一斑。如《悲华经》开头赞叹菩萨功德的句子：aś ītibhiś ca bodhisattvasahasraiḥ sarvair avaivartikair ekajātipratibaddhairyadutānuttarā-yāṁ samyaksaṁ boddhau dhāraṇīpratilabdhairmahāpratibhānapratiṣ ṭ hitair avaivartyadharmacakrapravartakair bahubuddhaś atasahasraparyupāsitair Bahubuddhaś atasahasrāvaropitakuś alamūlair bahubuddhaś atasahasrasaṁ stutair maitrīparibhāvitakāya-cittaistathāgatajñānāvatāraṇakuśalair mahāprajñaiḥ prajñāpāramitāgatim · gatair bahulokadhātuśatasahasravi-śrutair bahuprāṇakoṭ īniyutaśatasahasrasaṁ pālakaiḥ ।（《梵文悲华经》Vol. Ⅱ，第2页）译文可为："［佛陀］又与八万菩萨在一起，所有的［这些菩萨］都是不退转者……"

又如《法华经》开头赞叹菩萨功德的句子：aśītyā ca bodhisattvasahasraiḥ sārdhaṁ sarvair avaivartikair ekajātipratib-addhairyaduta anuttarāyāṁ samyaksaṁ bodhau，dhāraṇīpratilabdhairmahāpratibhānapratiṣṭ hitair avaivartyadharmacakrapravartakair bahubuddhaśataparyupāsitair bahubuddha śatasahasrāvaropitakuś alamūlair buddhas ´ atasahasrasaṁ stutair maitrīparibhāvitakāyacittaistathāgatajñānāvatāraṇakus ´ alair mahāprajñaiḥ prajñā-pāramitāgatiṁ gatair bahulokadhātuśatasahasraviśrutair bahuprāṇikoṭ īnayutaśatasahasrasaṁ tārakaiḥ ।（《改订梵本法华经》，第2页）译文可为："［佛陀］又与八万菩萨在一起，所有的［这些菩萨］都是不退转者……"在两例中，sarvair 明显连着下文读，其后应认为省略了 bodhisattvaiḥ（诸菩萨）。

abhijñānābhijñātaiḥ。[1] 这个短语此处作为赞叹菩萨功德的短语，而通常则是用来赞叹声闻功德的。[2] 这也可以进一步支持我们的读法：短语 abhijñānābhijñātaiḥ在此处并非用来指菩萨的特殊品德，而 sarvair 以下的部分，才是真正赞叹菩萨功德的句子。鉴于此，我们可以确定窥基"别叹德中，应一一为名'皆为一切众望所识'"的想法是可以商榷的，无论是他所称赞的玄奘的译文，还是他所批评的罗什的译文，其实此处判读似乎都有一些不足，而玄奘此处的读法很有可能就是承继罗什而来。凡此等等，可能窥基未曾仔细思量。

根据以上的考察，我们看到窥基《维摩经》新、旧译比较研究的两个特点：其一，他在对新旧二译的比较研究中，侧重探讨二者之差异，而非侧重探讨二者之相通，由于这样的研究视角，窥基确实巨细无遗地为我们发掘出新、旧译文的所有差异，不过这样的研究风格同时使得他倾向夸大新、旧译家的差异，而不能对于新、旧二译之间的继承创新关系予以公允的揭示，也必然难以客观体认旧译的不凡价值；其次，我们也看到，窥基资以决定汉译正误的标准，似乎并不是对于梵本的考虑，或者将诸多《维摩经》译本予以平等地比较研究，以定其得失，而是不加批判地以玄奘的新译经文作为准据，用以评判罗什旧译的得失。鉴于《维摩经》梵本传承的历史复杂性，这种以玄奘新译作为标准检讨旧译经文的研究方法，常常不一定是客观的，甚至有时会表现得相当主观。正是带着这样的结论，我们进入窥基关于罗什所译《维摩经》经名、品名翻译的考察。

第三节　窥基对罗什译《维摩经》经名的批评

窥基在《说无垢称经疏》的开头，以六门分别作为解释经文的大纲："合以六门分别。一、经起所因，二、经之宗绪，三、明经体性，四、叙

---

① 《梵文维摩经》，第 1 页注（2）。

② 令人尊敬的博学的 Lamotte 先生首先指出了此点，参见 Lamotte 本，第 2 页注文 3。他在注文 3 中提到这一点，并举出《法华经》中赞叹声闻功德的例子。我们认为他的说法是值得参考的，有关《法华经》以 abhijñānābhijñāta 赞叹声闻功德的说法，可参见《改订梵文法华经》，第 1 页。

经不同，五、科品所从，六、释本文义。”[1] 其中第四部分“叙经不同”，又有二种“分别”：“一、教名不同，二、品名不同。”所谓“教名不同”，是指佛典汉译历史上《维摩经》经名的差异；所谓“品名不同”，是指佛典汉译历史上《维摩经》品名的差异。窥基这一部分讨论《维摩经》经名、品名的文字，表面上只是考察玄奘新译及罗什旧译《维摩经》经名、品名的差异，不过在其相关考察中实际上牵涉到他对罗什所译《维摩经》学术价值的总体评判，因而值得我们继续认真地予以再反思。

以下我们就据其有关《维摩经》经名考察的相关材料予以再反思。

文献二

教名不同者，此经前后，虽复七翻。严佛调，汉，翻于白马；支恭明，吴，译于武康；法护、叔兰、蜜多三士，东西两晋，各传本教；罗什翻于秦朝；和上畅于唐。曰：除罗什外，或名《维摩诘经》，或云《无垢称经》，或云《说维摩诘经》，或云《说无垢称经》，或云《毗摩罗诘经》，唯罗什法师独云《维摩诘所说经》，仍云“一名《不可思议解脱》”。准依梵本，初首题云“阿费摩罗枳里底”，阿之言无，摩罗云垢，如云阿摩罗识，此云无垢识，今既加费字，故是称也。即云无垢称。枳里底者，说也。梵音多倒，如云衣着饭吃，今云无垢称边说也。即此经中，无垢称是所说，顺唐音，正云说无垢称经。什公不依汉译，存其梵音者，意许维摩亦得说经。良以身婴俗妄，久离僧流，恐傍议而多生，所以许其说经。如鹿女所说经。经说鹿女事，非鹿女能说经。若对佛前，佛所印可，乃至天魔外道，亦得说经。虽许彼说，仍名佛说经，余人不得说经。《瑜伽论》云：“十二部中，弟子唯得说论议经，理不违佛故。余十一部，皆不许说。”改换佛言，师资别故。若不尔者，师资何异。三藏之中，唯得说阿毗达磨，不得说余二。师资既别，故知净名、妙德，不得说经；亦非彼经上下皆净名说，何得云维摩诘说。其维摩得云净名，义即可然，言则不可。单言维摩，但是垢称，阙少阿罗二字。诘者，枳

---

[1] 《说无垢称经疏》，《大正藏》第38册，No. 1782，第993页中。

里底，说也。更云所说，重言何用。但是什公出自龟兹，不解中国梵语，不但浇讹不正，亦乃义意未融故也。①

今存《维摩经》梵本各品末后题名中，都只是举出品名，而未提及此经之具体名字。不过在这部经典的结束部分，有一段文字：bhagavān āha：tasmāt tarhi tvam ānanda imaṃ dharmaparyāyaṃ vimalakīrtinirdeśaṃ yamakapuṭavyatyastanihāram acintyadharmavimokṣaparivartam ity api dhārayemaṃ dharmaparyāyam，其中提到“这个法门是 vimalakīrtinirdeśa”，这就是《维摩经》经名汉译的由来。

在这个经名中，vimala，音译为“毗摩罗”，或“维摩”，意译为“无垢”；kīrti，音译为“诘”，意译为“称”，指名声、名称，故古来将此二字译为“维摩诘”，“毗摩罗诘”，或“无垢称”，作为在这部经典中担负主要角色的维摩诘菩萨的名字。nirdeśa，意为“谈论、指示、教导、演说”，与前面的短语合在一起，古人译为“说维摩诘经”或“说无垢称经”，或译为“维摩诘所说经”。如果译为“说维摩诘经”或“说无垢称经”，则是将经名的整个短语读为表示对格关系的依主释复合词；如果译为“维摩诘所说经”，则是将经名短语读为表示具格关系的依主释复合词。总的看来，关于这部经的经题 vimalakīrtinirdeśa，汉译分为三类：一类是译为“维摩诘经”，或“毗摩罗诘经”，或“无垢称经”，这三种译法实质上是一致的，即都将经题中的 nirdeśa（说）字省略了；第二种译法是将经题译为“说维摩诘经”，或“说无垢称经”，这是以表示对格关系的依主释复合词来处理经题短语；第三种是译为“维摩诘所说经”，这是以表示具格关系的依主释复合词来处理经题短语，这是罗什的译法。

窥基在这段话中说：“准依梵本，初首题云‘阿费摩罗枳里底’，阿之言无，摩罗云垢，如云阿摩罗识，此云无垢识，今既加费字，故是称也，即云无垢称。”说明他所见的梵本（玄奘翻译的工作底本）开头题写的经名应当是 avimalakīrti，故窥基认为“阿”（a）音表示“无”，“摩罗”音表示“垢”，“费”音表示“称”。其实，即以窥基所见的这个梵

① 《说无垢称经疏》，《大正藏》第 38 册，No. 1782，第 993 页中。

本的初首题名而言，真正表示“称”的音，也是“枳里底”（kīrti），而不是“费”（vi）。窥基见到的题名或许没有 nirdeśa（说）一字，所以他把“费”读为“称”，也就把“枳里底”读为了“说”：“枳里底者，说也。”至于真正表示“说”的音 nirdeśa，他似乎全然不知。所以，如果单以对经题的解释来看，我们觉得窥基是否亲眼见到梵本，颇可存疑。因为如果他亲见梵本，竟然读“费”为“称”，读“枳里底”为“说”，则以其梵文知识就实在说不过去。

根据梵文语法，此处罗什对于经名短语的解读，至少是不违背梵语复合词一般解读规则的一种读法。这也就是为什么把此经藏文本译介到西方世界的著名佛教学者 Lamotte 坚持将此经的经名译为“维摩诘的教导”（The Teaching of Vimalakīrti）的理由所在。[①]

当然，对于罗什这种解读方法从语法学的角度提出质疑是可以的，尤其是考虑到无论在罗什之前，或是在罗什之后，汉传佛教中都存在根据表示对格关系的依主释复合词处理这个经名短语的翻译传统。然而，我们从窥基的批评方向来看，他并不是从梵语语法学的角度出发，质疑罗什经题翻译的正确性，而是把罗什的这种经题处理方式，很快就同罗什个人的道德品性的问题联系在了一起，此即其以下著名的而失之轻率的断言：

> 什公不依汉译，存其梵音者，意许维摩亦得说经。良以身婴俗妄，久离僧流，恐傍议而多生，所以许其说经。

也就是认为罗什的译法是希望表达“维摩亦得说经”这层意思，而之所以采取这样的译法，是要对自己“身婴俗妄，久离僧流”的尴尬的人生处境，思有所辩护。窥基在这里提起的，便是汉传佛教史上所谓的“罗什破戒问题”。[②] 我们认为罗什法师是否“身婴俗妄，久离僧

---

① Lamotte 本，第 272 页。

② 关于鸠摩罗什是否“破戒”的问题，最早有关的资料见诸罗什的两个传记，即南朝梁僧祐撰《出三藏记集》卷十四的《鸠摩罗什传》，梁慧皎撰《高僧传》卷二的《晋长安鸠摩罗什》，此外则有唐代所编的《晋书》卷九十五《艺术传·鸠摩罗什》。现代学者对此问题的态度莫衷一是，有关情况请参见霍旭初《鸠摩罗什‘破戒’问题琐议》，《新疆大学学报》2007 年第 4 期。

流”，那是另外一个问题，历史学者及佛教史学者尚可继续讨论。即便罗什曾经因为复杂的社会文化及政治环境而被迫“破戒”，但其“破戒”问题是否应当与其所译经论的学术性、思想性关联在一起呢？汉传佛教发展的历史以及吾人内在的理性都告诉我们，答案应当是否定的。因此窥基此处仅据与玄奘大师不一样的经题处理方式，就推定罗什有凭借译经为自己“破戒”行为自我辩护的嫌疑，这样的推定方式未免轻率、武断，让后世的读者即使在千载之后重读这段文字，都不能不顿觉不寒而栗！

在上引这段话的末尾，窥基还提到“什公出自龟兹，不解中国梵语，不但浇讹不正，亦乃义意未融”，所谓“中国梵语”，意思是印度的梵语，也就是“正宗梵语”的意思。玄奘大师所习得的梵语当然是“中国梵语”，联系窥基这段话对“说无垢称经”经题几个字错误百出的解释来看，我们很难说窥基因为是伟大的玄奘的核心弟子因而就已经掌握“中国梵语”。不过窥基自己显然正是这样认为的！

文献三

> 一名不可思议解脱者，准依梵本，题在卷末。卷末佛言：此经名为《说无垢称不可思议自在神变解脱法门》。若唯谈人，但云阿费摩罗枳里底；若唯谈法，脚注云亦名不可思议解脱。旧经佛告有二名，此乃译经之人别开，非梵本如此。若以如有二故，并悉题之，《胜鬘》有十五名，《无量义经》有十七名，并应具载，何故都题不并题也？俱以什公见注之号，遂即经首题之。无本脚注，后人连题粗写，遂令万代连唱释之，理不然也。依此注中诠不可思议解脱之事，是故名之。①

按：前面已经提到，这部经每品末尾并未提到经名，汉译经名是译经家根据本经末尾的记载所拟出。我们前面已经引用那段梵语，支谦把这段话汉译为：“佛告阿难：是名为《维摩诘所说》，亦名为《不可思议法门》

---

① 《说无垢称经疏》，《大正藏》第38册，No. 1782，第993页中。

之称，当奉持之。”[①] 罗什译为：“佛言：‘阿难！是经名为《维摩诘所说》，亦名《不可思议解脱法门》，如是受持。’”[②] 二译基本相同，佛陀告诫阿难陀可以用两个名称受持此法门，两个名称中的一个是“维摩诘所说”，另一个是“不可思议解脱法门”。第一个名称的汉译，支谦本与罗什本相同；第二个名称的汉译，罗什本多出“解脱”二字。玄奘此处的译文则为：“世尊告曰：‘如是名为《说无垢称不可思议自在神变解脱法门》’，应如是持。”[③] 也就是说，玄奘大师将此处的法门名称处理为一个名称，而支谦及罗什的汉译则将法门名称处理为两个名称。

我们再仔细考虑一下今传梵本中的这段话：

> bhagavān āha：tasmāt tarhi tvam ānanda imaṃ dharmaparyāyaṃ vimalakīrtinirdeśaṃ yamakapuṭavyatyastanihāram acintyadharmavimokṣaparivartam ity api dhārayemaṃ dharmaparyāyam。[④]

今传梵本这段话实际上提到了法门的三个名字，一为 vimalakīrtinirde-śa（“维摩诘所说”，或“说无垢称”），一为 yamakapuṭavyatyastanihāra（“成就对偶与反转”），一为 acintyadharmavimokṣaparivarta（“不可思议解脱品”）。[⑤] 这段话中作为宾语的 imaṃ dharmaparyāyaṃ 出现了两次，而且还有一个 api（也），提示这段话所提到的法门名称至少可以处理为两个。由此而论，支谦及罗什将此经经名（法门的名称）处理为两个经名甚至多个经名的做法，以现存梵本为参证，其实并无问题。[⑥] 因此窥基的说法，所谓“旧经佛告有二名，此乃译经之人别开，非梵本如此”，至少不被今存梵本所证实。奘师译文所依据的底本此处与今存梵本未必尽同，不过也不可能有太大的差异。因此窥基此一批评与其说是根据“梵本”考辨的结论，毋宁说是根据奘译

① 《佛说维摩诘经》,《大正藏》第 14 册，No. 0474，第 536 页下。

② 《维摩诘所说经》,《大正藏》第 14 册，No. 0475，第 557 页中。

③ 《说无垢称经》,《大正藏》第 14 册，No. 0476 ，第 588 页上。

④ 《梵文维摩经》，第 125 页。

⑤ Lamotte 根据藏文本，也认为此段有三个名称，第 272—273 页。

⑥ 关于该经经名的详细的解说，请参见 Lamotte 本的序言，见中文版《维摩诘经序论》，第 54 页。

考辨的结论。而他之所以要在经名问题上反复纠缠，无非出于一个动机，那就是要贬低罗什译而捍卫奘译的绝对权威性。

第四节　窥基对罗什译《维摩经》品名的批评

文献四

品名不同者：经十四品，头数虽同，名或有异。

第一，今名序品，什公云佛国品。契经正说维摩诘事。欲明其事，先谈由序，何故不名序品，乃名佛国？若以宝性问佛，佛说严净佛土，乃名佛国，直欲别明佛国之义，不是序述说净名之由序也。如《法华经·序品》，明说无量义等七种成熟事，应名成就品，何故名序品？又诸经皆有序品，此何独无？又以后准前，后名嘱累，何故初无序品？①

按：自此以下共有9段文字，是窥基批评罗什此经品名的翻译问题。此为第一段，讨论第一品品名之翻译。《维摩经》Dr. P. L. Vaidya 校勘本第一品，三种汉译中，支谦、罗什译为“佛国品”，玄奘译为“序品”。

今传 Dr. P. L. Vaidya 校勘本第一品末尾所题品名为：buddhakṣetrapariś uddhinidānapariva-rtaḥprathamaḥ，可以译为：“第一品：净化佛国因缘品”，其中短语 buddhakṣetrapariś uddhinidāna 与 parivartaḥ构成一个持业释复合词，表示同位格关系；而复合词的前一部分中，buddhakṣetrapariś uddhi（“净化佛国”）与 nidāna（“因缘”）亦为表示同位格关系的持业释复合词，意指“净化佛国”即“因缘”，“因缘”即“净化佛国”，因而这一品名的意思是：它是净化佛国品即因缘品。也即，此品内容是“净化佛国”，而同时“净化佛国”也就是本经发起的因缘，即序品。

参考今存梵本，我们可以推测：支谦、罗什此品品名的翻译与玄奘此品品名的翻译，很可能各取梵本中的一个方面：玄奘强调这一品是发起本经的序品，而支谦、罗什则着重表达本品的内容是“净化佛国”，所以二

① 《说无垢称经疏》，《大正藏》第38册，No. 1782，第993页中。

种风格的翻译可谓各有侧重，各自也都不够完整。

窥基此处的批评一共提出了四个理由，来论证此品的品名应当译为“序品”，不应译为“净化佛国品”。从窥基的整个批评看，他是见过这部经的“梵本”，但他此处的文字并未告诉我们他是否亲见梵本此品的品名，或是根据梵本的品名以立论；此处的论证以逻辑而言，属于佛教观念思想的论证。我们无法根据其上述文字推测玄奘译经底本中这一品品名的原貌，也无法判断究竟是玄奘将梵本的品名予以了简略化的处理，还是玄奘所据底本此处本来就是 nidānaparivartaḥprathamaḥ（第一品：序品）。

文献五

> 第二，今名显不可思议方便善巧品，什公但名方便品。方便之义，理通大小。今显大故，应言显不思议，何得但言方便？又大乘中，方便通权实。此显权而不实，下位不知妙用莫方，云不思议善巧。简小、简实，不应但名方便品。又梵本有显不思议善巧，什公何以单名？[①]

此为第二段讨论《维摩经》品名翻译的文字，这里讨论的是《维摩经》第二品品名翻译问题。支谦译此品品名为“善权品”，罗什译为“方便品”，玄奘译为“显不思议方便善巧品”。

今存梵本此品末尾题名为：acintyopāyakauśalyaparivarto nāma dvitīyaḥ，[②] 可以译为：“第二品：不思议善巧方便品”，若以今存梵本的品名为据，则支谦、罗什都未译出 acintya（“不思议”）一字，支谦以“善权”（kauśalya）译“善巧方便”（upāya）；罗什译出了“方便”，而未译“善巧”（kauśalya）。罗什、支谦此处的译法都的确过于简略。

不过另一方面，我们也需要考虑，罗什在专门名词或短语的翻译上，一直存在简略化的习惯，故此处的翻译也当是其省略性的译法，而不应视为一种错误。更何况考诸初期大乘佛教经典，善巧方便，每每可以省称为

---

① 《说无垢称经疏》，《大正藏》第 38 册，No. 1782，第 993 页中。

② 《梵文维摩经》，第 19 页。

方便。所以，罗什的译名，严格地说，虽简略而可行。

我们在这段文字中，可以鲜明地见到窥基批评罗什《维摩经》品名翻译的特点。窥基先是提出两条理论：一是“方便之义，理通大小”，就是说无论是小乘或大乘，都有方便之义，因此有小乘方便，也有大乘方便；二是“大乘中，方便通权实”，即说在大乘方便中，有权方便及实方便的区分。那么《维摩经》第二品所彰显的方便是哪种方便呢？窥基认为，《维摩经》第二品的方便是大乘方便，而在大乘中则是权方便。根据以上的观念，则译家不应当把这个品名译为“方便品”，而应当如玄奘那样译为“显不思议方便善巧品”。理由是：如果仅译为“方便品”，则不能显示此经的方便为大乘方便；而如果仅译为“显不思议方便”，则不能显示此经的大乘方便其实是大乘的权方便。因此结论是：这品经文的品名应译为“不思议方便善巧”。我们看到，窥基此处对《维摩经》经文品名的推定，以及对罗什《维摩经》品名翻译的批评，建立在自己对“方便”这一佛学概念及《维摩经》思想的理解之上，这种讨论及批评可以说是其基于佛学观念的考辨。

在这段批评文字的末尾，窥基又提出：“又梵本有显不思议善巧”，他因此批评罗什只是将品名译为“方便品”，而不根据“梵本”译为“显不思议方便善巧品”。这第二种考辨以对“梵本”的理解和知识为基础，所以可以说是基于梵本的考辨。

基于观念的考辨是在佛教哲学或佛教思想研究范式下进行的佛学研究，基于梵本的考辨是在佛教语言或语言文献研究范式下进行的佛学研究，把二者结合在一起，正是窥基分析、检讨罗什《维摩经》品名翻译问题时使用的基本方法。佛教哲学、佛教思想的论证与佛教语言文献的事实相互支持，互相加强，使得窥基的有关批评显得合理而有力！

然而，玄奘大师此处将品题中的 upāyakauśalya 译为“方便善巧”，而鉴于这个短语是一个表示对格关系的依主释复合词，所以其更恰当的译法可能是“善巧方便”（此概念即“精通方法”“精通策略”之意，指佛菩萨圣者自度、度众时都必须掌握的一种智慧，此智慧以了解众生的根性及筹度达成目标的方法作为特征）。玄奘读此短语为“方便善巧”，似乎根据“相违释”来处理“方便”“善巧”之间的关系，这样的译法使得窥基得以把其基于观念的考辨与基于梵本的考辨轻易结合起来：不思议方便，显示

“大乘方便”；不思议善巧，显示“大乘权方便”。而如果我们解读这个复合词为“善巧方便”，则窥基又将如何施展其基于观念的考辨工作呢？

文献六

第三声闻品，什公名弟子品。菩萨、声闻，二俱弟子，声闻何故独得弟子之名？以小对大，应名声闻，不应名弟子。何况梵本无弟子之言。①

此为第三段讨论《维摩经》品名翻译的文字，所讨论的是 Dr. P. L. Vaidya 校勘本第三品品名的翻译问题。今传此品梵本末题：śrāvakabodhisatvavisarjanapraśno nāma tṛtīyaḥparivartaḥ，可以译为：“第三品：声闻、菩萨问答品”，梵本此品对应三种汉译的第三、第四二品，支谦、罗什把第三品、第四品的品名分别译为“弟子品”“菩萨品”，玄奘则将二品的品名分别译为“声闻品”“菩萨品”。所以这里窥基所针对的只是汉系三译中第三品品名的译法。

按 śrāvaka 一字，作为名词使用，正是“听闻者”“弟子”之意，这是佛教经典中通用的说法，以之专指佛在世时亲自听闻其教法的弟子。大乘佛教兴起之后，有声闻乘、菩萨乘之说，足见在当时人们心目中“声闻”与“菩萨”是有所不同的。所以支谦、罗什此处的翻译本无不妥之处。

窥基此处的批评方法如上一条一样，也是先进行基于观念的批评，然后再进行基于梵本的考辨。不过此处基于梵本的考辨似是而非，因为 śrāvaka 一字本已具备“声闻”及“弟子”二意，所以梵本中本有 śrāvaka（弟子）一字，窥基却申言“本无弟子之言”，实属自相矛盾。

文献七

第五，今名问疾品，什公名文殊师利问疾品。什公以吉祥称首，

① 《说无垢称经疏》，《大正藏》第 38 册，No. 1782，第 993 页中。

标以为名。今者不唯一人，所以总言问疾。既依梵本，实亦无之。[1]

此为第四段讨论《维摩经》品名翻译的文字，所讨论的是《维摩经》Dr. P. L. Vaidya 校勘本第四品即汉译第五品品名的翻译。支谦译此品为“诸法言品”，罗什译为“文殊师利问疾品”，玄奘译为“问疾品”。据今传梵本，此品品名为：glānapratisaṃmodanāparivartaścaturthaḥ，可以译为：“第四品:问疾品”,玄奘此处的译名与今存梵本一致，而其他二种汉译的品名则有所不同，尤其支谦的译名与其他传本更有明显差异。

窥基此处的批评同样包括基于观念的考辨和基于梵本的考辨两个方面。就前者而言，他认为此处随文殊问疾者“不唯一人”，所以不能说“文殊问疾”，而应笼统说为“问疾”。就后者而言，他指出梵本中此处实无“文殊”之字。

我们知道此经 Dr. P. L. Vaidya 校勘本第三品到第四品都是处理声闻、菩萨有关问疾维摩诘的问题。其中 Dr. P. L. Vaidya 校勘本第三品分别处理声闻弟子及诸多菩萨与佛陀之间关于问疾问题的问答，而 Dr. P. L. Vaidya 校勘本第四品则专门处理文殊师利菩萨与佛陀关于问疾问题的问答，以及文殊师利探问维摩诘疾病的故事。所以这一品问疾的主角当然是文殊师利菩萨。如果从观念的角度考虑，则将此品命名为“文殊师利问疾品”，至少比命名为“问疾品”不会更不合理！

所以，如果以今传“梵本”为据，我们可以同意罗什此处的翻译不如玄奘精确（不过这里必须强调“今传梵本”，因为罗什、玄奘的底本此处究竟为何，我们不得而知）；而如果从观念角度出发考虑问题，我们立即就会发现即便关于同一件事实，不同方向的观念总是可能的，这就是观念的多元性。出自“观念”的推论与“梵本”中发现的事实有时一致，有时则未必一致，因此公允的翻译史的检讨，应当在语言文献学视角及佛教理论视角二者之间维持必要的分疏。而“观念”的多元特质，更是说明这种分疏确实有其必要性。我们在这里看到窥基的理念中存在的最重要的一个问题是：他不仅构想基于观念的考辨与基于梵本的考辨两种研究方式结果的绝对一致性，且设定自己的有关思想观念为唯一正确的

---

① 《说无垢称经疏》，《大正藏》第 38 册，No. 1782，第 993 页中。

思想观念。①

文献八

> 第七，今名观有情品，什公名观众生品。卉木无识，亦名众生。有识名情，不通草木。况梵云摩呼缮那，可云众生。既云萨埵，故言有情。②

梵本《维摩经》第四品后，接下去是第五品（acintyavimokṣasaṃdarśanaparivartaḥpañcamaḥ）、第六品（devatāparivartaḥṣaṣṭhaḥ），可分别译为“第五品：示现不可思议解脱品”，及“第六品：天女品”，分别对应汉系译本的第六、第七二品。其中 Dr. P. L. Vaidya 校勘本第五品品名，汉传三译均译为“不思议品”，因为三译文同，所以窥基未作评论。这再次显示我们前面已指出的事实：窥基的有关考辨工作重在求异，而非求同；而其之所以求异而不求同，目的则在于力证玄奘之是及罗什之非。如果窥基能够稍稍跳出新、旧译是非之争的格局，那么握“梵本”于手的他，应当不难发现包括玄奘在内汉传三译第五品品名的翻译，其实都有严重的不足：三译的译

① 隋净影寺慧远（523—592 年）在讨论《维摩经》品名问题时，曾提出如下的观点：“诸经立品，大例有三：一是从广，如《菩萨行品》等是。彼品初首非菩萨行，从其后广，名《菩萨行》。二者从略，如下文中《观生品》，初首少许经文明观众生，余者悉非。摄广从略，名《观众生》。三者当相，如下文中《弟子品》等。今言《佛国》，从广为名；若从初略，应名《序品》。”（参见《维摩义记》，《大正藏》第 38 册，No. 1776，第 422 页中）慧远提出佛经确立品名，有“从广”“从略”及“当相”三种体例，且根据这三种体例来分析《维摩经》的品名。所谓“从广”，意思是根据一品中大部分经文的文义确定经文的品名，如《维摩经》之《菩萨行品》就是根据这一体例确立品名的；所谓“从略”，意思是根据经文中少部分经文的文义确定经文的品名，如《维摩经》中《观众生品》的品名根据这一体例而确立；所谓“当相”，意思是根据经文中的事相确立品名，如《维摩经》中《弟子品》等的品名。慧远这段话还分析了《维摩经》第一品品名确立的缘故，认为第一品名为《佛国品》，是根据“从广”的原则确立品名；若是根据“从略”的原则确立品名，则应名为《序品》。慧远的以上论说似乎并没有参照梵本的研究，不过他不是从观念出发推定《维摩经》诸品的品名应当是什么，而是通过对经文汉译本的内容的细致研究，总结出《维摩经》乃至全体佛经的品名确立的基本体例。我们看到慧远根据这种理性的治学方法，早于窥基一百年前得出的结论，事实上要比窥基关于佛经品名问题的结论客观得多。

② 《说无垢称经疏》，《大正藏》第 38 册，No. 1782，第 993 页中。

文都没有译 saṃdarśana（“示现”）这个字，尤其严重的是，三译都缺译 vimokṣa（“解脱”）一字，而从梵本要传达的理念可以看出：此处“解脱”是意思的中心，所以不可或缺，即便三系汉译的底本这里都没有此字，译家也应考虑予以增补。我们这里之所以指出这一点，是想说明省略文字的译法本是佛典汉译的一个传统，正如添加文字的译法是佛典汉译的另外一个传统一样，因此我们实不可仅据省字或添字简单断言佛典汉译的是非正误。我们从这个事实还可以清楚地看到，窥基关于《维摩经》新旧译品名的讨论与勘定，其实并不是或不完全是真正基于“梵本”而作出的全面公允客观的讨论与勘定，而更多的是以奘译品名作为准绳的讨论与勘定。

今传 Dr. P. L. Vaidya 校勘本第 6 品品名为“天女品”（devatāparivartaḥṣaṣṭhaḥ），而对应的三种汉译则分别是“观人物品”（支谦），“观众生品”（罗什），及“观有情品”（玄奘），三种汉译的品名与今传梵本的品名确实存在很大差异。这一显例再次说明《维摩经》传本在其发展、传承过程中确实存在一定的变化，也再次提示研究者关于此经的翻译及语义的研究有予以“综合的考虑”及“整体的考虑”的必要性。至于此品品名的汉译，是当以“众生”来译“萨埵”还是当以“有情”来译“萨埵”的问题，我们可以指出两点：一是中国佛教的译经家大都接受以“众生”翻译“萨埵”的佛典汉译传统；二是当译家在以“众生”来译“萨埵”时，他们对于以“萨埵”表示“有情”（“具有情识者”）这样一层涵义都了然于胸。[1] 所以从这个角度讲，窥基根据奘译的“有情”概念

---

① 我们可以举《金刚经》中核心一段的翻译为例。此段为：bhagavānasyaitadavocatiha subhūte bodhisattvayānasaṁ prasthitenaiva cittamutpādayitavyam – yāvantaḥ subhūte sattvāḥ sattvadhātau sattvasaṁ graheṇa saṁ gṛ hītā aṇḍ ajā vā jarāyujā vā saṁ svedajā vā aupapādukā vā rūpiṇo vā arūpiṇo vā saṁ jñino vā asaṁ jñino vā naivasaṁ jñino nāsaṁ jñino vā, yāvān kaś citsattvadhātuḥ prajñapyamānaḥ prajñapyate, te ca mayā sarve′nupadhiś eṣ e nirvāṇadhātau parinirvāpayitavyāḥ | evamaparimāṇānapi sattvān parinirvāpya na kaścitsattvaḥ parinirvāpito bhavati |（《梵本能断金刚经》，第 75 页）罗什译此段话为：“佛告须菩提：诸菩萨摩诃萨应如是降伏其心：所有一切众生之类，若卵生、若胎生、若湿生、若化生，若有色、若无色，若有想、若无想、若非有想非无想，我皆令入无余涅槃而灭度之。’如是灭度无量无数无边众生，实无众生得灭度者。”（《金刚般若波罗蜜经》，《大正藏》第 8 册，No. 0235，第 749 页上）菩提留支的译文：“佛告须菩提：诸菩萨生如是心：‘所有一切众生，众生所摄，若卵生、若胎生、若湿生、若化生，若有色、若无色，若有想、若无想、若非有想非无想，所有众生界，众生所摄，我皆令入无余涅槃而灭度之。’如是灭度无量（转下页注）

指责旧译的“人物”或“众生”概念不够准确，其实并无道理。

文献九

第八，今名菩提分品，什公名佛道品。菩提觉义，当来佛果。分是因义，此等众行，成觉之因。又菩提觉义，即是妙慧。分是支义，此是妙慧之支分也。言佛道者，佛是佛果，道是因名，道路之义，取佛之道，义虽可尔。然肇公意，欲以老子之道同佛之道，而以为名。菩提觉义，未伽道义。梵音既违，义亦有滥，岂在佛位而无道也。故应正云菩提分品。①

此为窥基第六段讨论《维摩经》品名翻译的文字，所讨论的是 Dr. P. L. Vaidya 校勘本第七品即汉译第八品的品名翻译问题。支谦译此品品名为“如来种品”，罗什译为“佛道品”，玄奘译为“菩提分品”。

按今存 Dr. P. L. Vaidya 校勘本第七品末题为：tathāgatagotraparivarttaḥsapta maḥ,②可以译为“第七品：如来种姓品”，支谦译名与今存梵本一致，罗

（接上页注）无边众生，实无众生得灭度者。”（《金刚般若波罗蜜经》，《大正藏》第 8 册，No. 0236，第 753 页上）隋三藏笈多译文：“世尊于此言：此，善实！菩萨乘发行，如是心发生应：‘所有，善实！众生，众生摄摄已，卵生、若胎生、若湿生、若化生，若色、若无色，若想、若无想、若非想非无想，所有众生界施设已，彼我一切无受余涅槃界灭度应。’如是无量虽众生灭度，无有一众生灭度有。”（《金刚能断般若波罗蜜经》，《大正藏》第 8 册，No. 0238，第 767 页上）唐义净译文：“佛告妙生：若有发趣菩萨乘者，当生如是心：‘所有一切众生之类，若卵生、胎生、湿生、化生，若有色、若无色，有想、无想、非有想非无想，尽诸世界所有众生，如是一切，我皆令入无余涅槃而灭度之。’虽令如是无量众生证圆寂已，而无有一众生入圆寂者。”（《佛说能断金刚般若波罗蜜多经》，《大正藏》第 8 册，No. 0239，第 772 页上）唐玄奘译文：“佛言：善现！诸有发趣菩萨乘者，应当发起如是之心：‘所有诸有情，有情摄所摄，若卵生、若胎生、若湿生、若化生，若有色、若无色，若有想、若无想、若非有想非无想，乃至有情界施设所施设，如是一切，我当皆令于无余依妙涅槃界而般涅槃。’虽度如是无量有情令灭度已，而无有情得灭度者。”（《大般若波罗蜜多经》卷第五百七十七《第九能断金刚分》，《大正藏》第 7 册，No. 0220，第 980 页中）可以看到以上五种汉译中，仅玄奘译文以“有情”翻译 sattvāḥ，而其余四种翻译都以“众生”翻译 sattvāḥ。足见这个译语已为汉传佛教广为接受，是约定俗成的译法，所以不必改，即使玄奘改译了，也不必以他译为误译。

① 《说无垢称经疏》，《大正藏》第 38 册，No. 1782，第 993 页中。

② 《梵文维摩经》，第 83 页。

什、玄奘二种译名彼此不同，且与今存梵本差异甚大。

窥基在这段文字中说“道是因名，道路之义”，及“菩提觉义，末伽道义”，说明窥基认为罗什这个品名中的“道”是指“道路”（末伽，mārga）。考罗什此品除了品题中的“佛道”译语外，还另外使用了6次，而对应的梵字亦有相当复杂的情况，以致我们要想准确推定他品名“佛道”中“道”字的内涵，其实有相当的难度。[①] 不过，罗什解释本品时说

---

① 罗什译本中此品除了标题之外，还有六处出现“佛道”之译语：（1）“尔时文殊师利问维摩诘言：‘菩萨云何通达佛道？’”（《大正藏》第14册，No. 0475，第548页下）今存梵本此句为：atha khalu mañjuśrīḥ kumārabhūto vimalakīrtiṃ licchavim evam āha：kathaṃ kulaputra bodhisatvo gatiṃgato bhavati buddhadharmeṣu（《梵文维摩经》，第76页），此处“通达佛道”这个短语，是“gatiṃgato bhavati buddhadharmeṣu”这个短语的汉译，可见此处“佛道”对应于原文中的buddhadharmeṣu gatiṃ，意思是“根据佛法（或在佛法中），道路”。（2）“维摩诘言：‘若菩萨行于非道，是为通达佛道。’”（《大正藏》第14册，No. 0475，第549页上）梵本此句为：āha：yadā mañjuśrīḥ bodhisatvo ' gatigamanaṃ gacchati，tadā bodhisatvo gatiṃgato bhavati buddhadharmeṣu（《梵文维摩经》，第76页），同样，此处“通达佛道”是短语gatiṃgato bhavati buddhadharmeṣu的对译，“佛道”一语的涵义与前例相同。（3）“文殊师利！菩萨能如是行于非道，是为通达佛道。”（《大正藏》第14册，No. 0475，第549页上）梵本为：evaṃ mañjuśrīḥ bodhisatvo ' gatigamanaṃ gacchati，gatiṃgataśca bhavati sarvabuddhadharmeṣu（《梵文维摩经》，第77页），情况与前二例基本一致，只是“佛法”在此被换成了“一切佛法”。（4）此品诗偈部分之第20颂，“无数亿众生，俱来请菩萨，一时到其舍，化令向佛道。”（《大正藏》第14册，No. 0475第549页中）梵本对应的文字为：satvakoṭīsahasrebhir ekarāṣṭre nimantritāḥ । sarveṣāṃ gṛhi bhuñjanti sarvān nāmenti bodhaye（《梵文维摩经》，第81页。）诗偈中“佛道”对应的字是“菩提”：bodhi。（5）又第32颂：“或现作淫女，引诸好色者，先以欲钩牵，后令入佛道。”（此译文宋、元、明、圣本，均作“佛智”，大正本，则作“佛道”）梵本为：saṃcintya gaṇikā bhonti puṃsām ākarṣaṇāya te । rāgāṅkuśena lobhetvā buddhajñāne sthapenti te（《梵文维摩经》，第82页）可见此处“佛道”，其实是“佛智”（buddhajñāna）。（6）第39颂：“随彼之所须，得入于佛道，以善方便力，皆能给足之。”梵本为：yena yenaiva cāṅgena satvā dharmaratā bhave । darśenti hi kriyāḥ sarvā mahopāyasuśikṣitāḥ（《梵文维摩经》，第83页），原文satvā dharmaratā bhave，意思是：众生喜悦于法，“入于佛道”，意思就是“使之喜悦于法”，可见这句中的“佛道”基本上就是指“法”（dharma）。以上六例中除第5例以外，其余五例罗什此品经文译语中的“佛道”可有三种情况：一是（1）（2）（3）三例中的情况，“佛道”是“buddhadharmeṣu gati”这一短语的意思的糅译，“佛”是指“佛法”，“道”是指“道路（趣向，行走）”，因而此“佛道”本为一个短语糅合而成，并非指一个抽象的概念；二是为抽象概念，代表“菩提”，如例（4）中的情况；三也是抽象概念，代指“法”。所以罗什译文此品中的“佛道”，具有表示“道路、趣向”，“菩提”以及“法”三项涵义。那么罗什品题中的“佛道”，是与正文中“佛道”三义的某一意义相应，为三种意义的综合，还是另指一新的意义呢？我们觉得这一点是很难确定的。

过："什曰：因上章天女随愿受身，流通佛法，故广圆应之迹，以明通达之功也。"[①] 说明他认为《观众生品》与《佛道品》存在着意义上的密切关联，前者表示天女"随愿受身，流通佛法"，后者因而"广圆应之迹，以明通达之功"，也就是说，《观众生品》显示佛菩萨圣者发愿在各种情况下流通佛法，《佛道品》则表示佛菩萨圣者通达其所处的各种道路、趋向。据此我们推测"佛道"的"佛"，相当于罗什解释时说的"佛法"；"道"，则指道路、趋向，相当于罗什这里说的"迹"。因此罗什品题中的"佛道"的"道"字很可能是指正文中的道路、趋向（gati），而不是指道路、方法（"末伽"，mārga）。

罗什弟子僧肇多次提到"菩提道"，以"诸佛之道"为"菩提道"，所以在僧肇的观念中，菩提 = 佛道。[②] 因此僧肇对于"佛道"的释义与罗什未必完全一致。其次，僧肇说过："上云诸佛之道以无得为得，此道虚玄，非常行之所通。通之必有以，故问所以通也。"[③] 僧肇认为菩提之道（"佛道"）有"无得为得"的性质，他以"虚玄"两个字来描述它的这种特性。窥基未能客观推定罗什、僧肇师徒所理解的"佛道"其实各有不同的侧重点，也未能客观地推定僧肇所说的"佛道"是指"菩提"之义，断言僧肇"欲以老子之道同佛之道"，不能不说是对僧肇思想特质的过度诠释。

还有，玄奘此处的品名为"菩提分品"，菩提分，是 bodhipakṣa，包括三十七种法（四念住、四正勤、四如意足、五根、五力、七觉支、八

---

① 《注维摩诘经》，《大正藏》第 38 册，No. 1775 ，第 390 页上。

② 僧肇在解释罗什译《维摩诘经》之《佛道品》"舍利弗问天汝久如当得阿耨多罗三藐三菩提"一句时，说："身相没生，可如幻化。菩提真道，必应有实。故问久如当成。"此中提出"菩提真道"的说法。在解释经文"天曰：我得阿耨多罗三藐三菩提，亦无是处"一句时说："彼圣人为凡夫，我成菩提道，无处一也。"这里有"菩提道"的说法。在解释"所以者何？菩提无住处，是故无有得者"一句时，提出："菩提之道，无为无相，自无住处。谁有得者。"也有"菩提之道"的说法。在解释"天曰：皆以世俗文字数故，说有三世；非谓菩提，有去来今"一句时，说："世俗言数，有三世得耳。非谓菩提第一真道，有去来今也。"这里提出"菩提第一真道"的说法。（参见《注维摩诘经》，《大正藏》第 38 册，No. 1775 ，第 390 页上）根据这些例证，可知僧肇所理解的"佛道"与罗什所理解的"佛道"有所不同，罗什所理解的佛道主要是指佛菩萨的应化之迹，是指各种不同的道路、趋向，而僧肇所理解的佛道，则主要是指"菩提"。不过由此品正文所揭示的佛道的三义看，僧肇的解释也是题中当有之义。

③ 《注维摩诘经》，《大正藏》第 38 册，No. 1775，第 390 页中。

正道等），它们是与菩提有关者，是显示菩提者。可以看到，玄奘传本的这一品题以及相应的对这一品主题思想的理解，应当与两种汉译本、现存梵本及藏文本都有很大的差异。我们于此再一次看到《维摩经》传本的复杂性。

文献十

> 第九，今名不二法门品，什公名入不二法门品。今明不二法门道理，何劳更置入言。什公以净名不言，谓入不二。妙德等有言，应是入二。总彰不二义，故不须入言。梵本经无入字。[1]

按：此为第七段讨论《维摩经》译本品名的文字，所讨论的是《维摩经》Dr. P. L. Vaidya 校勘本第八品的品名翻译问题。此品对应汉译第九品，支谦译品名为“不二入品”，罗什译品名为“入不二法门品”，两家的译文都有一个相同的特征，即都有一个“入”字。而玄奘则译品名为“不二法门品”，没有出现“入”字。

据今存梵本，此品末题为：advayadharmamukhapraveśaparivarto ’ṣṭamaḥ,[2] 可以译为“第八品：入不二法门品”，可以看到，前二种汉译与今存梵本此品的品名是一致的。

窥基在这段分析中提到“梵本经无入字”的说法，我们不能确定：他这句话是指此品经文的尾题中无“入”字，还是指此品经文的正文中无“入”字？第二种情况是不可能存在的。因为我们可以从玄奘自己的翻译中印证这一点，玄奘在品题上虽译为“不二法门品”，然而在正文当中凡涉及这个短语的地方，一律都有“悟入不二法门”[3] 的译语，这里，“悟入”即“入”（praveśa）。足见在此品正文中，相关的短语是 advayadharmamukhapraveśa（入不二法门），而不是 advayadharmamukha（不二法门）。

我们认为经文品题出现 advayadharmamukha（不二法门）的情况是可

---

① 《说无垢称经疏》，《大正藏》第 38 册，No. 1782，第 993 页中。

② 《梵文维摩经》，第 89 页。

③ 《说无垢称经》，《大正藏》第 14 册，No. 0476，第 577 上—578 页下。

能的。不过鉴于正文中相关的短语都是“入不二法门”，因此，即便品题当中确实无“入”字，这个品题的涵义，还是应当理解为“入不二法门”，而不是“不二法门”。也就是说，并非如窥基所言，“今明不二法门道理，何劳更置入言”，这品经文的重心恰恰不是在阐释何为“不二法门”（不二法门道理），而是在阐释如何理解、领悟、进入“不二法门”。所以这个“入”字，不仅重要，而且必须。

窥基因为奘译的品名是“不二法门品”，没有“入”字，罗什的品名是“入不二法门品”，多出“入”字，相信玄奘的翻译一定比罗什正确，所以不仅提示梵本无“入”字的证明（我们刚才已经看到，这个证明并不成功），而且还以观念上的论证（今明不二法门道理，何劳更置入言）加强“梵本”的证据。我们在这里看到其针对罗什《维摩经》汉译品名的批评中，一个无论是基于观念的考虑还是基于“梵本”的考虑其实都不足以成立的例证。

文献十一

> 第十，今名香台品，什公云香积品。佛身香体高妙，类于香台。但言香积，积香所成，而无妙高之义。显佛土体妙高大故，应名香台。[①]

按：此为第八段，讨论 Dr. P. L. Vaidya 校勘本第九品的品名翻译问题。此品对应汉译第十品，支谦、罗什都译为“香积佛品”，玄奘译为“香台佛品”。

今传梵本此品末尾题为：nirmitabhojanānayanaparivarto nāma navamaḥ,[②] 可以译为：“第十品：幻化者取来食物品”，这一尾题与藏文本一致[③]，说明今存梵本、藏文传本与汉传三本此品的尾题差异甚大。

在此品经文中，佛陀为大众显示“众香国”（罗什、支谦译文），其

① 《说无垢称经疏》，《大正藏》第 38 册，No. 1782，第 993 页中。

② 《梵文维摩经》，第 98 页。

③ Lamotte 本，第 204 页。

国中有佛，名为“香积”（罗什、支谦译文）。与此相应的国名及佛名，玄奘分别译为“一切妙香”及“香台”。按“众香”或“一切妙香”，在今传梵本中是 sarvagandhasugandhaṃ nāma lokadhātuṃ；“香积”或“香台”，在今传梵本中是 gandhottamakūṭo nāma tathāgata[①]。kūṭo 一字，译为“积”（堆积）或“台”（楼阁），均无不可。故窥基这一批评基本上没有什么实质意义。

文献十二

> 第十二，今名观如来品，什公云阿闳佛品。彼品佛问维摩诘：云何观于如来？说观法身如来等品。后因鹙子请问，方说净名从阿闳佛国来，不唯明阿闳佛。今唯言阿闳佛，失彼品经宗之意。何但违于梵音，但以方言，隔正理亏。义既乖其本宗，名亦如何不谬也。[②]

此为第九段，所讨论的是 Dr. P. L. Vaidya 校勘本第十一品的品名翻译问题。此品相当于汉译第十二品，支谦、罗什的译本均译为“见阿闳佛品”，玄奘的译文为“观如来品”。

今传梵本此品经文末尾题：abhiratilokadhātvānayanākṣobhyatathāgatadarśanaparivarta ekādaśaḥ，[③] 可以译为：“第十一品：取来妙喜世界、观见阿闳佛”。故若以今传梵本为据，支谦、罗什的译名“见阿闳佛品”虽然有所省略，但其实正确无误。

我们当然不应据今传梵本此品的品名，推定玄奘大师此处的译名有误；同样我们也不能根据玄奘“观如来品”这个译名，推定其他二种汉译的译名为误。窥基这段话没有告诉我们他所据之“梵本”此处的品名究竟是什么，他这里的批评基本属于基于观念的考虑：他认为在此品经文的开头有“如何观如来”的问答，所以这一品的“经宗”是“观法身如来”，因之此品经文的品名应当是“观如来品”。译家确定一品经文的品名，当然主要应当依据经文传本本身的题名；至于这个题名与经文中所传

---

① 《梵文维摩经》，第 90 页。

② 《说无垢称经疏》，《大正藏》第 38 册，No. 1782，第 993 页中。

③ 《梵文维摩经》，第 115 页。

达的中心思想（“经宗”）是否必然一致，那是另外一回事。我们在这里看到窥基纯粹从佛学思想出发论断《维摩经》经文品名并据而批评罗什旧译品名的一个显例。

五　结论：关于罗什汉译佛典学术价值的再评估

在自汉至唐的汉传佛教理论与实践的历史中，窥基是那种甚为稀有的优秀佛教学者，他不仅因玄奘大师的特殊师承，受到过印度佛教思想的完整训练，而且能够有条件直接根据“梵本”从事佛典汉译及其理解问题的研究。因为窥基手握此双重的“利器”，所以其《说无垢称经疏》中针对罗什“旧译”《维摩经》的考辨工作自然就具有极大的杀伤力，也自然就会发生持久、深刻的历史影响。①

不过我们根据以上诸节细致的再反思，发现在关于罗什《维摩经》译文的讨论中，窥基似乎并未真正依据梵本展开新旧汉译的比对研究以及

---

① 唐道宣律师（596—667年）在其著作《律相感通传》中记：“余问：什师一代所翻之经，至今若新，受持转盛，何耶？答曰：其人聪明，善解大乘，以下诸人，并皆俊乂，一代之宝也。绝后光前，仰之所不及。故其所译，以悟达为先，得佛遗寄之意也。又从毗婆尸佛已来译经。又问：俗中常论，以沧陷戒检为言。答：此不须评，非悠悠者所议。什师今位阶三贤，所在通化。然其译经，删补繁阙，随机而作。故大论一部，十分略九。自余经论，例此可知。自出经后，至今盛诵，无有替废。冥祥感降，历代弥新。以此证量，深会圣旨及文殊指授，令其删定，特异恒伦。岂以别室见讥，顿忘玄致，殊不足涉言也。”（《律相感通传》，《大正藏》第45册，No. 1898，第875页中）道宣律师这部书作于唐乾封二年（667年），是他逝世前夕之作，此年距玄奘大师圆寂已3年，而道宣此书中称罗什“一代所翻之经”仍然“至今若新，受持转盛”，足见虽经玄奘大师（602—664年）回国后二十年间（645—664年）极力提倡新译经论，但罗什译经仍然在佛教界发挥巨大的影响力。乃至在玄奘大师去世8年、道宣律师去世5年之后（672年），窥基在讲演此经时，仍被信众“追讲”罗什旧译《维摩经》，而玄奘大师新译《说无垢称经》并不为时人所接受。这样的事实，或许可以解释为什么窥基要用其手握的学术“利器”，摧毁人们对于罗什所译“旧经”根深蒂固的信心。道宣律师上述记载中说“俗中常论，以沧陷戒检为言”，指出其时佛教界及世俗社会关于罗什译经问题的一个主要批评，乃是因其“破戒”问题而怀疑罗什译经的权威性。我们看到窥基数年后在《说无垢称经疏》中针对罗什旧译《维摩经》所做的批评工作，其实正是赋予此种“俗中常论”一个新的学术形式，那就是把基于观念的考辨与基于梵本的考辨结合起来的似乎完美的佛教学术形式。有趣的是，我们在20世纪初期日本学者河口慧海基于藏文传本《维摩经》批评罗什汉译《维摩经》的著作《汉藏对照国译〈维摩经〉》中，再一次有机会看到窥基此种罗什批评模式的一个现代版。区别仅仅在于，在河口慧海的新一轮罗什批评中，窥基基于梵文研究的佛教文献学方法，因为时空转换，变成了河口基于藏文研究的佛教文献学方法。我们通过这个例子可以体会到窥基对罗什所译《维摩经》的批评，以及窥基在这一批评中所使用的学术方法，是有着持久而深远的历史影响的。参考河口慧海本，尤其此书第72—75页。

《维摩经》诸多传本的综合研究，而是基本上以其师新译的《说无垢称经》的经文作为圭臬；在关于罗什旧译《维摩经》经名的讨论中，窥基由对经名译文的审正遽尔上升到对罗什人品德性的攻击，把“学术问题”与“人品问题”断然挂钩，让人深觉诧异及遗憾；而在关于《维摩经》品名的讨论中，我们发现窥基佛学思想方法的基本特征是拟定观念考辨与梵本考辨的绝对统一，这样的思想方法虽然会赋予窥基新旧译比对研究以巨大学术力量的外观，然而其不足与缺陷其实也难以掩饰。

这是因为佛教文献学研究与佛教思想研究确实具有且必须具有适度的工作界限及学科分疏，如果不顾及此种内在的界限与分疏，不加批判地坚持基于观念的理论考辨与基于梵本的语言考辨的绝对一致性，就不仅会伤及佛教语言文献研究固有的客观质量，也会伤及佛教思想研究应有的开放性及多元性。

我们这里还可以补充一个例子：

文献十三

经：“时无垢称”（至）“而作是言”。

赞曰：下显他词。文皆有二：初陈至轨，后正陈词。此初文也。无垢德望虽高，形随凡俗。声闻道居下位，貌像如来。故随类以化群生，来仪稽首。罗什词屈姚主，景染欲尘。入俗为长者之客，预僧作沙弥之服。不能屈折高德，下礼僧流，遂删来者之仪，略无稽首之说。准依梵本，皆悉有之。①

窥基这段阐释所针对的《维摩经》经文，在三个汉译本中分别译为：

【支译】时，维摩诘来，谓我言。②

【什译】时，维摩诘来，谓我言。③

① 《说无垢称经疏》，《大正藏》第38册，No.1782，第1041页中。

② 《佛说维摩诘经》，《大正藏》第14册，No.0474，第521页下。

③ 《维摩诘所说经》，《大正藏》第14册，No.0475，第539页下。

【奘译】时，无垢称来到彼所，稽首我足，而作是言。①

可以看到，此处支谦及罗什两个旧译比较简单，没有玄奘新译“稽首我足”几个字。“稽首我足”，是“顶礼”之义，这是印度古人表达尊敬的礼仪，窥基在释文中称之为“至轨”，认为此经《声闻品》中凡叙述佛陀诸长老弟子与维摩诘菩萨的见面及问答，都应“初陈至轨，后正陈词”，即都应先叙述维摩诘菩萨向长老弟子顶礼的仪轨，然后再提出对长老弟子的陈词。可是上引的经文是描述第一位长老弟子舍利弗与维摩诘见面的情景，支谦的译本和罗什的译本却都缺少“至轨”的内容。情况何以会如此呢？窥基提出的解释如下：

罗什词屈姚主，景染欲尘。入俗为长者之客，预僧作沙弥之服。不能屈折高德，下礼僧流，遂删来者之仪，略无稽首之说。

窥基再次明确判定：因为罗什自己的道德品行有亏，他不能向“高德”“僧流”表达礼敬，所以就删去了经文中居士向长老弟子敬礼的礼节，以保护自己尴尬的身份。

这又是一段根据经文翻译直接推断译家人品的文字。然而我们试看此经的今存梵本，此段文字所对应的梵文是：

vimalakīrtiśca licchavir yena tad vṛkṣamūlaṃ tenopasaṃkramya mām etad avocat。②

我们看到，今存梵本与支谦、罗什二家的译文完全一致，三者都没有维摩诘菩萨向长老弟子舍利弗行礼的“至轨”！不仅如此，藏文译本的同一段落也没有发现表达“至轨”的文字。③

窥基这一段罗什批评还是遵循这样的逻辑：一、从理论上讲经文肯定

① 《说无垢称经》，《大正藏》第14册，No. 0476，第561页中。

② 《梵文维摩经》，第20页。

③ Lamotte本，第43页。

有表示菩萨敬礼长老弟子的礼仪；二、从梵本来讲也确实有菩萨敬礼长老弟子的礼仪（“准依梵本，皆悉有之”）。可是支谦本、罗什本、今存梵本及藏文本四个《维摩经》传本此处都无表示“至轨”文字的事实，已经可以铁证如山地向世人证明：罗什在这里确实没有“删来者之仪”以便为自己品行辩护的意图，在支谦、罗什等译家所依据的底本中，此处根本就不存在窥基所谓的表示“至轨”的文字。

所以我们不能不说，窥基挟师门之威势，宗派情结及学霸作风都甚严重，其以通过学术方法摧破罗什的基本人格尊严从而瓦解旧译佛学权威性的做法，把学术问题、思想问题以及人品问题混为一谈，无限上纲，施莫须有，实可谓肇开汉传佛教史上“文化革命”之先河！

窥基上述做法的用意是一贯的，那就是企图摧破人们对于罗什“旧译”的信心，强势地建立起玄奘“新译”的绝对权威性。① 公元7世纪中

---

① 我们这里之所以称窥基的“用意”是“一贯”的，是从检讨窥基其他相关著作得出的客观的看法。如窥基在解释《法华经》的著作中，就曾针对罗什所译《法华经》，提出过如下的判断：“第四、显经品废立者，案此经根本，秦姚兴时，鸠摩罗什所翻二十七品，无《提婆达多品》。沙门道慧《宗齐录》云：‘上定林寺释法献，于于阗国得此经梵本，有此一品。瓦官寺沙门法意，以齐永明八年十二月译出此品，犹未安置《法华经》内。至梁末，有西天竺优禅尼国沙门拘罗那陀，此云家依，亦云婆罗末陀，此云真谛，又翻此品，始安《见宝塔》后。复有炖煌沙门竺法护，于晋武之世，译《正法华》，其《提婆达多品》亦安在《见宝塔品》后。’什公本无之者，古传解云：‘葱岭已西多有此品，已东多无。什公既在龟兹，故无此品。’若尔，法献于于阗国如何得此品？于阗亦在葱岭东故。又有解云：‘《塔品》命持，而《持品》应命，言势相接。而忽间以《天授》，则文势疏断。什公恐末叶多惑，所以删之。’若尔，即取舍真文，并由罗什；删繁好丑，并在一人，斯为未可。释道安以翻经者多略经文，乃作五失三不易云：‘结集之罗汉，兢兢若此；末代之凡夫，平平若是。改千代之上微言，同百王之下末俗，岂不痛哉！’故《天授品》梵本皆有。又《天授品》显已重法，为床以求。经力势大，龙宫涌出。经威速疾，龙女道成，赞劝于人。何不此后即有持品？但知梵本有之，而什公本阙。随本翻译，故无此品。既非以东西判定，亦不可义越删之。但是什公梵本差脱，边国讹鄙多脱错故。”（参见《妙法莲华经玄赞》，《大正藏》第34册，No.1723，第659页上）此处所讨论的是《法华经》中《提婆达多》一品的翻译问题。据黄国清的介绍，日本学者冢本启祥曾考察各种现存《法华经》梵文写本，发现尼泊尔本由二十七品构成，《提婆品》的对应部分并入《宝塔品》；克什米尔的基尔吉特（Gilgit）本的一本同前，另一本《提婆品》的对应部分已独立出来，但无题名；西域本有两类，一种同尼泊尔本，但由斯坦因（M. A. Stein）所搜集的一本则在《宝塔品》后直接接上《劝持品》，其间未插入《提婆品》的对应部分。故黄先生的结论是：“在不同系统的梵本中对《提婆达多品》的对应部分即有不同的处理方式，或将其独立出来，或并入《见宝塔品》，甚至有完全不见此品内容者。”（参见氏著，第117—120页）今存《法华经》梵本的这种情形证明，如果罗什确实未译出《提婆达多品》的相关内容（关于这一点，还是可以继续讨论的），则其所反映的应恰恰是在其时代及地域，《法华经》本的实际情况。不过窥基在以上的讨论中，重点却是提出“但是什公梵本差脱，边国讹鄙多脱错故”，以“边国”的“脱错”来解说罗什未译《提婆达多品》的原因，这样的解释同样不能客观看待罗什译经所反映的《法华经》传本具体形态的有关历史事实，同样有消解罗什译典底本权威性的意图。

叶以后，以玄奘大师回国从事佛典翻译事业作为标志，中国佛教再次进入一个新、旧译相争的时代，此乃是汉传佛教新一轮的知识、思想及信仰重新整合的时代。在这个过程中先后出现了道宣（596—667 年）、窥基（632—682 年）、法藏（643—712 年）三位重要人物，其中道宣通过汉传佛教戒律的系统整理与建设，法藏通过对三系大乘思想的系统总结与诠释，分别为这一时代中国佛教的知识整合与思想构建作出了历史性的贡献；而因玄奘大师的师承关系本来应当更有条件为此一整合运动提供特殊业绩的窥基，则反而没有搭建起足以与其学术、思想地位相称，且足以垂范后世久远的汉传佛教知识、信仰的新整合系统。推究其故，我们不能不说与其为过于强烈的宗派立场引至歧途因而诠释理性未能极成的上述那种不无缺陷的佛学思想方法，存在着相当程度的内在关联。这是窥基个人之大不幸，亦是汉传佛教之大不幸。而 7 世纪中后叶未能在玄奘传来的知识与思想的基础上完成新旧译的佛教整合，在相当的意义上，亦为唐宋之间中华文化之大不幸。这是吾人在检讨 7 世纪中叶以后的佛教新旧译比较研究以及与之相关的佛典汉译及理解问题研究的课题时，不能不予以郑重指出的。

有趣的是，到了 20 世纪，这部在中国 7 世纪以前的思想世界曾经发生过重要影响的《维摩经》，再次引起了具有代表性的中国现代佛教思想家的高度关注。20 世纪汉传佛教中几位著名的人间佛教理论实践的导师，例如太虚大师、星云大师、圣严法师等，莫不对于《维摩经》所示之人间净土思想及其所彰显的人间佛教理论实践之卓越的现代意义，反复致意，且再三揭橥；而他们所依据的，仍然还是那部受到窥基激烈批评的著名的罗什“旧译”。[①] 另一方面，学者们从未设想过的《维摩经》的梵本，居然也在 21 世纪的最初十年突然现身，让有心之士有机会对这部经典的翻译及其思想之研究、检讨，获得知识上的新依据。所有这些，似乎在偶然之中彰显了一种必然的因缘：该到驱除迷

① 程恭让：《〈维摩诘经〉之〈方便品〉与人间佛教思想》，《玄奘佛学研究》第十八期，2012 年 9 月，第 189 页注 38；另请参见程恭让《太虚、圣严、星云：现当代汉传佛教三导师的〈维摩经〉诠释》，此论文在佛光大学佛教研究中心开幕研讨会“汉传佛教研究的过去、现在、未来”（2013 年 4 月 15—20 日）上宣读。

雾，拨乱反正，对“伟大的佛教学者，译经大师，在佛经汉译、佛教学说在中国的传播与发展上做出过划时代的杰出贡献”① 的鸠摩罗什法师译经伟业进行全新再考虑、再评估的时候了。②

① 周齐：《译经大师鸠摩罗什》，《佛教文化》1994 年第 1 期。

② 金克木先生在《怎样读汉译佛典——略介鸠摩罗什兼谈文体》一文中，曾以包括《维摩诘所说经》在内的四部罗什译经（《阿弥陀经》，《法华经》，《金刚经》，《维摩诘所说经》）为例，阐述鸠摩罗什佛经翻译的特点与成就，文中说：“前面提到的四部经，三部都已发现原本。《维摩诘所说经》虽未见原本，但有玄奘的另译，可见并非杜撰。现在发现的这几种原本不一定是鸠摩罗什翻译的底本。因为当时书籍只有传抄和背诵，所以传写本不会没有歧异。例如‘观世音’或‘观音’就被玄奘改译为‘观自在’，两个原词音别不大，意义却不同，好像是鸠摩罗什弄错了，将原词看漏了一个小点子，或重复了两个音；但仍不能排除他也有根据，据说中亚写本中也有他这样提法。即使只以发现的原本和鸠摩罗什译本对照，检查其忠实程度，也可以说，比起严复译《天演论》和林纾译《茶花女遗事》，鸠摩罗什对于他认为神圣的经典真是忠实得多了。因此我们可以将译本比对原文。若将原文和译文各自放在梵文学及汉文学中去比较双方读者的感受，可以说，译文的地位超过原文。”［《梵竺庐集（丙）梵佛探》，江西教育出版社 1999 年版，第 414、418 页］个人觉得，这是现代学者根据罗什译经“原本”检讨罗什的汉译佛典得出的较为客观、公允的结论，这一结论可以作为我们“全新再考虑、再评估”罗什译经伟业的起点。本章的研究即据新出现的《维摩经》梵本审察窥基的有关罗什批评，不仅发现窥基的有关批评基本站不住脚，也为鸠摩罗什佛典汉译事业的再考虑、再评估问题进一步奠定坚实的学术基础。

第十四章　《维摩诘经·入不二法门品》关于“二”与“不二”问题的考量

《维摩经》之《入不二法门品》，在大乘佛教思想史上，一直享有盛誉。中国佛教的《维摩经》诠释，甚至倾向以此品作为反映《维摩经》核心主旨思想的中心一品。关于《入不二法门品》的汉译及其在中国佛教思想中的诠释问题，笔者曾在过去的论文中专门涉及过。而在这里，则主要借由佛典汉译、理解及诠释问题这一主线，继续以《维摩经》的这一品作为中心，研究印度佛教思想史上关于“二”与“不二”思想议题的理论发展线索。

第一节　《维摩诘经·入不二法门品》梵本新译

以下我们提供一个《维摩经·入不二法门品》的梵汉对勘，及本书作者的新译本。其中：（1）支谦本，见《大正藏》第14册，No. 0474，《佛说维摩诘经·不二入品第九》，第530页下—531页下；（2）罗什本，见《大正藏》第14册，No. 0475，《维摩诘所说经·入不二法门品第九》，第550页中—551页下；（3）玄奘本，见《大正藏》第14册，No. 0476，《说无垢称经·不二法门品第九》，第577页上—578页下。梵本，则使用日本大正大学综合佛教研究所及梵语佛典研究会所校勘该经的梵本：《梵文维摩经》，Vimalakīrtinirdeśa，*A Sanskrit Edition Based upon the Manuscript Nearly Found at the Potala Palace*，大正大学出版社，东京，2006，第84—89页。下引汉译各本及梵本，不再一一加注。新译主要依据梵文本，并酌情参考诸种汉译。笔者的基本原则，是择善而从。也借此机会，对早年笔者所作此品之新汉译，稍微加以修订。

§1

【梵本】

atha vimalakīrtir licchavis tān bodhisatvān āmantrayate sma: pratibhātu satpuruṣāḥkatamo bodhisatvānām advayadharmamukhapraveśaḥ।

tatra dharmavikurvaṇo nāma bodhisatvaḥsaṃnipatitaḥ। sa evam āha: utpādabhaṅgau kulaputra dvayam । yan na jātaṃ notpannaṃ na tasya kaścid bhaṅgaḥ। anutpādadharmakṣāntipratilambho ’ dvayapraveśaḥ।

【支谦】维摩诘经不二入品第九

于是，维摩诘问众菩萨曰：“诸正士！所乐菩萨不二入法门者为何谓也？”座中有名法作菩萨，答曰：“族姓子！起分为二。不起不生，则无有二。得不起法忍者，是不二入。”

【罗什】维摩诘所说经入不二法门品第九

尔时，维摩诘谓众菩萨言：“诸仁者！云何菩萨入不二法门？各随所乐说之。”会中有菩萨，名法自在，说言：“诸仁者！生、灭为二。法本不生，今则无灭。得此无生法忍，是为入不二法门。”

【玄奘】说无垢称经不二法门品第九

时，无垢称普问众中诸菩萨曰：“云何菩萨善能悟入不二法门？仁者皆应任己辩才，各随乐说。”

时，众会中有诸菩萨，各随所乐，次第而说。时，有菩萨名法自在，作如是言：“生、灭为二。若诸菩萨了知诸法本来无生，亦无有灭。证得如是无生法忍，是为悟入不二法门。”

【新译】当时，离车族人维摩诘召唤这些菩萨：“诸位善士啊！现在请你们谈谈：何为诸菩萨的悟入不二法门呢？”

有位名为法自在的菩萨当时与会。他这样说：“良家之子啊！认为‘存在产生、消灭二者’，此是二。若不出生，则无往生。对其人而言，则无任何消灭，获得无生法忍，是悟入不二。”

§2

【梵本】

śrīgupto bodhisatva āha: ahaṃ mameti dvayam etat | ātmāsamāropān mameti na bhavati | yaścāsamāropo ’ yam advayapraveśaḥ |

【支谦】首闭菩萨曰:“吾我为二。如不有二不同像,则无吾我。以无吾我,无所同像者,是不二入。”

【罗什】德守菩萨曰:“我、我所为二。因有我故,便有我所。若无有我,则无我所。是为入不二法门。”

【玄奘】复有菩萨名曰胜密,作如是言:“我及我所分别为二。因计我故,便计我所。若了无我,亦无我所。是为悟入不二法门。”

【新译】德守菩萨说:“认为‘有自我,有我所’,此是二。如果人们不增益‘自我’,那么也就不形成所谓‘我所’。而且,不增益,就是悟入不二。”

§3

【梵本】

śrīkūṭo bodhisatva āha: saṃkleśo vyavadānam iti dvayam etat | saṃkleśaparijñānād vyavadānamananā na bhavati | sarvamananāsamudghātā sārūpyagāminī pratipad ayam advayapraveśaḥ |

【支谦】首立菩萨曰:“劳、生为二。为劳乘者,其于生也弗知、弗乐。以过众知而受色欲者,是不二入。”

【罗什】德顶菩萨曰:“垢、净为二。见垢实性,则无净相。顺于灭相,是为入不二法门。”

【玄奘】复有菩萨名曰胜峰,作如是言:“杂染、清净分别为二。若诸菩萨了知杂染、清净无二,则无分别。永断分别,趣寂灭迹,是为悟入不二法门。”

【新译】德顶菩萨说：“认为‘有杂染，有清净’，此是二。由于遍知杂染，就不形成关于清净的思量。[①] 根绝一切思量的，是能够达到寂灭的道。这种道是悟入不二。”

§4

【梵本】

sunakṣatro bodhisatva āha：iñjanā mananeti dvayam etat । yat punar neñjate na manasikaroty anadhikāraḥ，adhikāravirahito ’ yam advayapraveśaḥ ।

【支谦】善宿菩萨曰：“虑、知为二。当以不虑、不知，于诸法念作，而行不念作者，是不二入。

【罗什】善宿菩萨曰：“是动、是念为二。不动则无念，无念则无分别。通达此者，是为入不二法门。”

【玄奘】复有菩萨名曰妙星，作如是言：“散动、思惟分别为二。若诸菩萨了知一切，无有散动，无所思惟，则无作意，住无散动。无所思惟、无有作意，是为悟入不二法门。”

【新译】善宿菩萨说：“认为‘有散乱，有专注’，此是二。一个人因为无有支配，已经舍弃支配，则不散乱，不作意。这是悟入不二。”

§5

【梵本】

subāhur bodhisatva āha：bodhicittaṃśrāvakacittam iti dvayam etat । yā punar māyācittasamadarśanatā tatra na bodhicittaṃ na śrāvakacittam । yā cittasamalakṣaṇatāyam advayapraveśaḥ ।

① 参考《梵文维摩经》，第 84 页。

【支谦】善多菩萨曰："菩萨意、弟子意为二。如我以等意，于所更乐，无菩萨意，无弟子意。与无意同相者，是不二入。"

【罗什】妙臂菩萨曰："菩萨心、声闻心为二。观心相空如幻化者，无菩萨心，无声闻心。是为入不二法门。"

【玄奘】复有菩萨名曰妙臂，作如是言："菩萨、声闻二心为二。若诸菩萨了知二心性空如幻，无菩萨心，无声闻心。如是二心其相平等，皆同幻化，是为悟入不二法门。"

【新译】妙臂菩萨说："认为'有菩提①之心，有声闻之心'，此是二。若是平等地观见如幻的心，那么在此种平等的观见中，则无菩提之心，无声闻之心。心之平等相，是悟入不二。"

§6

【梵本】

animiṣo bodhisatva āha：upādānam anupādānam iti dvayam etat | yan nopādadāti tan nopalabhate，tatrohāpohaṃ na karoti | akaraṇam avyāpattiḥsarvadharmāṇām ayam advayapraveśaḥ |

【支谦】不眴菩萨曰："有受为二。如不受，则无得。无得者，不作渊。以无作、无驰骋者，是不二入。"

【罗什】不眴菩萨曰："受、不受为二。若法不受，则不可得。以不可得故，无取、无舍，无作、无行，是为入不二法门。"

【玄奘】复有菩萨名曰无瞬，作如是言："有取、无取分别为二。若诸菩萨了知无取，则无所得。无所得故，则无增、减。无作、无息，于一切法，无所执着，是为悟入不二法门。"

【新译】不眴菩萨说："认为'有取，有无取'，此是二。若不执取，则不获得，这样，就不增加、减少。对于一切诸法，都既不创作，也不损害，这是悟入不二。"

---

① 此处梵本作 bodhicittaṃ，三种汉文译本，皆解读为"菩萨心"。不过，在早期般若经典中，"菩提心"的说法多用，而"菩萨心"的说法较少使用，所以今仍然从梵本直译。

§ 7

【梵本】

sunetro bodhisatva āha: ekalakṣaṇam alakṣaṇam iti dvayam etat । yat punar na lakṣayati na vikalpayati, naikalakṣaṇaṃ karoti nālakṣaṇam । yal lakṣaṇavilakṣaṇasamalakṣaṇapraveśo ' yam advayapraveśaḥ ।

【支谦】善眼菩萨曰："一相、不相为二。若都不视，不熟视、不暂视，不作一相，亦不暂相。于视、不视以等视者，是不二入。"

【罗什】善眼菩萨曰："一相、无相为二。若知一相即是无相，亦不取无相，入于平等，是为入不二法门。"

【玄奘】复有菩萨名曰妙眼，作如是言："一相、无相分别为二。若诸菩萨了知诸法无有一相，无有异相，亦无无相，则知如是一相、异相、无相平等，是为悟入不二法门。"

【新译】善眼菩萨说："认为'有一相，有无相[1]'，此是二。若不表象，则不分别，[2]（即）不构造一相，不构造无相。悟入相、离相之平等相，是悟入不二。"

§ 8

【梵本】

puṣyo bodhisatva āha: kuśalam akuśalam iti dvayam etat । yā kuśalākuśalasyānupasthānatā tad animittam । animittakoṭyāścādvayatā । yqtra nistīraṇatāyam advayapraveśaḥ ।

【支谦】奉养菩萨曰："善、不善为二。于善、不善，如无所

---

① 梵本此处阙文。然三种汉译此处均译有"不相"或"无相"。日本校勘本根据藏文本建议此处增补 alakṣ aṇam（无相）。今从之。参考《梵文维摩经》，第 84 页。

② 此处建议增补 tad。

兴，是谓无想。以无想立者，而不为二。都于其中而无度者，是不二入。”

【罗什】弗沙菩萨曰：“善、不善为二。若不起善、不善，入无相际而通达者，是为入不二法门。”

【玄奘】复有菩萨名曰育养，作如是言：“善及不善分别为二。若诸菩萨了知善性及不善性，无所发起，相与无相二句平等，无取、无舍，是为悟入不二法门。”

【新译】弗沙菩萨说：“认为‘有良善，有不善’，此是二。若不参与良善、不善①，则是无相。无相之极致，则有不二性。在这里成就，是悟入不二。”

§9

【梵本】

siṃho bodhisatva āha：avadyatānavadyateti dvayam etat । yat punar vajranibaddhajñānatayā na badhyate na mucyate ’ yam advayapraveśaḥ ।

【支谦】师子意菩萨曰：“一切不受为二。当如金刚而无觉知，不为愚行，亦不解者，是不二入。”

【罗什】师子菩萨曰：“罪、福为二。若达罪性，则与福无异，以金刚慧决了此相，无缚、无解者，是为入不二法门。”

【玄奘】复有菩萨名曰师子，作如是言：“有罪、无罪分别为二。若诸菩萨了知有罪及与无罪二皆平等，以金刚慧通达诸法，无缚、无解，是为悟入不二法门。”

【新译】狮子菩萨说：“认为‘有罪性，有非罪性’，此是二。若以金刚缚智性②，既不系缚，也不解脱，则是悟入不二。”

---

① 此字为 anupasthānatā，支谦译为“无所兴”，罗什译为“不起”，玄奘译为“无所发起”，upasthāna 是接近、承事之意，故今改译为“参与”。

② 此处原文作 vajranibaddhajñānatayā，罗什、玄奘都译为“金刚慧”。宋代施护所译《佛说一切如来金刚三业最上秘密大教王经》卷第三中，提到“金刚缚智印”，这里金刚缚智应该同之。

§10

【梵本】

siṃhamatir bodhisatva āha：idaṃ sāsravam idam anāsravam iti dvayam etat | yat punaḥ samatādharmaprāptaḥ sāsravānāsravasaṃjñaṃ na karoti，na vāsaṃjñāprāptaḥ，na cāsaṃjñāsamatāyāṃ samatāprāptaḥ，na saṃjñāgrathitaḥ | ya evaṃ praveśo ’ yam advayapraveśaḥ |

【支谦】勇意菩萨曰：“漏、不漏为二。如得正法，则其意等，已得等者，终不为漏、不漏想。亦不以无想而得，不以想受而住者，是不二入。”

【罗什】师子意菩萨曰：“有漏、无漏为二。若得诸法等，则不起漏、不漏想。不着于相，亦不住无相，是为入不二法门。”

【玄奘】复有菩萨名师子慧，作如是言：“有漏、无漏分别为二。若诸菩萨知一切法性皆平等，于漏、无漏不起二想。不着有想、不着无想，是为悟入不二法门。”

【新译】狮子意菩萨说：“认为‘这些是有漏，那些是无漏’，此是二。而一个证得平等性法者，就不构造有漏、无漏的概念，他不证得无概念，也不因无概念之平等性而证得平等性，他不纠结于概念。这样悟入，是悟入不二。”

§11

【梵本】

sukhādhimukto bodhisatva āha：idaṃ sukham idam asukham iti dvayam etat | yat punaḥ sarvasaukhyāpagato gaganasamabuddhiḥ suviśuddhajñānatayā na sañjaty ayam advayapraveśaḥ |

【支谦】净解菩萨曰：“此有数、此无数，为二。若离一切数，则道与空等，意都已解，无所著者；是不二入。”

【罗什】净解菩萨曰：“有为、无为为二。若离一切数，则心如虚空，以清净慧无所碍者；是为入不二法门。”

【玄奘】复有菩萨名净胜解，作如是言：“有为、无为分别为二。若诸菩萨了知二法性皆平等，远离诸行，觉慧如空，智善清净，无执无遣；是为悟入不二法门。”

【新译】净解菩萨说：“认为‘此是快乐，那是不乐’，此是二。而当其消除了一切的愉悦，平等觉慧如同虚空时，由于极为净化的智慧，此人则不粘着。此是悟入不二。”

§12

【梵本】

nārāyaṇo bodhisatva āha: idaṃ laukikam idaṃ lokottaram iti dvayam etat | yā laukikasya prakṛtiśūnyatā, na tatra kiṃcid uttīryate nāvatīryate na sāryate na visāryate | yatra nottaraṇaṃ nāvataraṇaṃ na saraṇaṃ na visaraṇam ayam advayapraveśaḥ |

【支谦】人乘菩萨曰：“是世间、是世尊，为二。若世间意空，于其中，不舍、不念、不依、尊上者，是不二入。”

【罗什】那罗延菩萨曰：“世间、出世间为二。世间性空，即是出世间。于其中，不入、不出、不溢、不散，是为入不二法门。”

【玄奘】复有菩萨名那罗延，作如是言：“世、出世间分别为二。若诸菩萨了知世间本性空寂，无入，无出，无流，无散，亦不执着，是为悟入不二法门。”

【新译】那罗延那菩萨说：“认为‘此是世俗的，彼是出世的’，此是二。世俗事物都有自性空性，在这种自性空性中，就没有任何东西还要被超出，被深入，被漂流，被漂散。若于其中无有超出，无有深入，无有漂流，无有漂散①，则此是悟入不二。”

① 此句根据罗什、玄奘译本增补。日本校勘本也据藏文本增补此句。

§ 13

【梵本】

dāntamatir bodhisatva āha: saṃsāro nirvāṇam iti dvayam etat | saṃsārasvabhāvadarśanān na saṃsarati na parinirvāti | yaivaṃ budhyanāyam advayapraveśaḥ |

【支谦】（阙文）

【罗什】善意菩萨曰："生死、涅槃为二。若见生死性，则无生死，无缚、无解，不生、不灭。如是解者，是为入不二法门。"

【玄奘】复有菩萨名调顺慧，作如是言："生死、涅槃分别为二。若诸菩萨了知生死其性本空，无有流转，亦无寂灭，是为悟入不二法门。"

【新译】善调意菩萨说："认为'有生死，有涅槃'，此是二。由于照见生死之自体，就不生死，不入灭。像这样地觉知，是悟入不二。"

§ 14

【梵本】

pratyakṣadarśī bodhisatva āha: kṣayo ' kṣaya iti dvayam etat | kṣayo ' tyantakṣīṇaḥ | yaścātyantakṣīṇaḥsa na kṣapayitavyaḥ | tenocyate ' kṣaya iti | yaścākṣayaḥsa kṣaṇikaḥ | kṣanikasya nāsti kṣayaḥ | evaṃ praviṣṭo ' dvayadharmamukhapraviṣṭo vaktavyaḥ |

【支谦】目见菩萨曰："尽、不尽为二。尽者，都尽。都尽者，不可尽。是谓'无尽'。无所尽故曰尽，曰尽者无有尽。如斯入者，是不二入。"

【罗什】现见菩萨曰："尽、不尽为二法。若究竟尽，若不尽，皆是无尽相。无尽相即是空，空则无有尽、不尽相。如是入者，是为入不二法门。”

【玄奘】复有菩萨名曰现见，作如是言：“有尽、无尽分别为二。若诸菩萨了知都无有尽、无尽，要究竟尽，乃名为‘尽’。若究竟尽，不复当尽，则名‘无尽’。又有尽者，谓一刹那、一刹那中，定无有尽，则是无尽。有尽无故，无尽亦无。了知有尽、无尽性空，是为悟入不二法门。”

【新译】现见菩萨说：“认为‘有销尽，有不尽’，此是二。销尽，是指彻底地消灭。而若是彻底消灭的东西，就不是还需要使之销尽者，因而，被称为‘不尽’（译者按：不需要使之销尽）。其次，是‘不尽’的东西，都是刹那性的。凡是具有刹那性者，都不存在销尽。这样悟入者，可以称其为‘悟入不二法门者’。”

§15

【梵本】

samantagupto bodhisatva āha：ātmā nirātmeti dvayam etat ｜ yas tām ātmatāṃ nopalabhate，sa kiṃ nirātmīkariṣyati ｜ ātmasvabhāvadarśī dvayaṃ na karoty ayam advayapraveśaḥ｜

【支谦】普闭菩萨曰：“我、非我为二。如我之不得，非我何可得？于我自然而不作者，是不二入。”

【罗什】普守菩萨曰：“我、无我为二。我尚不可得，非我何可得？见我实性者，不复起二，是为入不二法门。”

【玄奘】复有菩萨名曰普密，作如是言：“有我、无我分别为二。若诸菩萨了知有我尚不可得，何况无我？见我、无我其性无二，是为悟入不二法门。”

【新译】普守菩萨说：“认为‘有我，有无我’，此是二。若是不获得此种自我性，他还会构想无我吗？见到自我之自体者，就不构作‘二’。此是悟入不二。”

§ 16

【梵本】

vidyuddevo bodhisatva āha: vidyāvidyeti dvayam etat | avidyāprakṛtikaiva vidyā | yā cāvidyā sā prakṛtikāgaṇanā gaṇanāpathasamatikrāntā | yo ' trābhisamayo ' dvayābhisamayo ' yam advayapraveśaḥ |

【支谦】明天菩萨曰：“明、不明为二。不明滋多，是故有明。若是不用、不计，以作等计，于其中而平等，不以二得要者，是不二入。”

【罗什】电天菩萨曰：“明、无明为二。无明实性即是明。明亦不可取，离一切数。于其中，平等无二者，是为入不二法门。”

【玄奘】复有菩萨名曰电天，作如是言：“明与无明分别为二。若诸菩萨了知无明本性是明，明与无明俱不可得，不可算计，超算计路。于中现观，平等无二，是为悟入不二法门。”

【新译】电天菩萨说：“认为‘有明，有无明’，此是二。作为无明之本性的东西，就是明。而且，若是无明，则无有本性，无有计算，超出算术。若在这里是现观，即现观不二①，则是悟入不二。”

§ 17

【梵本】

priyadarśano bodhisatva āha: rūpaṃśūnyam iti dvayam etat | rupam eva hi śūnyatā | na rūpavināśāc chūnyatā, rūpaprakṛtir eva śūnyatā | evaṃvedanā saṃjñā saṃskārā vijñānaṃśūñam iti dvayam etat | vijñānam eva hi śūnyatā | na vijñānavināśāc chūnyatā, vijñānaprakṛtir eva śūnyatā |

---

① 参考《梵文维摩经》，第 86 页。然藏文本此处仅是“若于其中，乃是现观”之意，日本校订者似乎受到汉译强烈影响，做出这个改订。今姑存疑。

yo ’ tra pañcasūpādānaskandheṣv evaṃ jñānānubodho ’ yam advayapraveśaḥ |

【支谦】爱觐菩萨曰：“世间空耳，作之为二。色空，不色败空，色之性空。如是，痛、想、行、识空，而作之为二。识空，不识败空，识之性空。彼于五阴，知其性者，是不二入。”

【罗什】喜见菩萨曰：“色、色空为二。色即是空，非色灭空，色性自空。如是，受、想、行、识、识空，为二。识即是空，非识灭空，识性自空。于其中，而通达者，是为入不二法门。”

【玄奘】复有菩萨名曰憙见，作如是言：“色、受、想、行及识，与空分别，为二。若知取蕴性本是空，即是色空，非色灭空。乃至识蕴，亦复如是。是为悟入不二法门。”

【新译】喜见菩萨说：“认为‘有色相，有空’，此是二。因为，色相就是空性。并非由于消灭色相，而有空性，色相之本性就是空性。同样，认为‘有感受，有概念，有行为，有心识；有空’，此是二。因为，心识就是空性。并非由于消灭心识，而有空性，心识之本性就是空性。若在这里，关于五种取蕴，是这样地智慧领悟，则是悟入不二。”

§ 18

【梵本】

prabhāketur bodhisatva āha: anye catvāro dhātavo ’ nya ākāśadhātur iti dvayam etat | ākāśasvabhāvā eva catvāro dhātavaḥ | pūrvāntata ākāśasvabhāvā aparāntata ākāśasvabhāvās tathā pratyutpannato ’ py ākāśasvabhāvāḥ | yac caivaṃ dhātupraveśajñānam ayam advayapraveśaḥ |

【支谦】光造菩萨曰：“四种异、空种异，为二。空种自然，四大亦尔。本空自然，末空自然。知此种者，是不二入。”

【罗什】明相菩萨曰：“四种异、空种异，为二。四种性即是空种性。如前际、后际空故，中际亦空。若能如是知诸种性者，是为入不二法门。”

【玄奘】复有菩萨名曰光幢，作如是言：“四界与空分别为二。若诸菩萨了知四界即虚空性，前、中、后际，四界与空性皆无倒。悟入诸界，是为悟入不二法门。”

【新译】光彗星菩萨说：“认为‘有不同于空界的四种界，有不同于四种界的空界’，此是二。以空（界）作为自体的，正是四种界。此四种界，在前际，以空（界）作为自体；在后际，以空（界）作为自体；同样，现在，也以空（界）作为自体。这样悟入（诸）界的智慧，是悟入不二。”

§19

【梵本】

sumatir bodhisatva āha: cakṣū rūpaṃ ca dvayam etat | yat punaścakṣuḥparijñātāvī rūpeṣu na rajyati na duṣyati na muhyati, sa ucyate śānta iti | śrotraṃśabdāśca ghrāṇaṃ gandhāśca jihvā rasāśca kāyaḥspraṣṭavyāni ca mano dharmāśca dvayam etat | yat punar manaḥparijñātāvī dharmeṣu na rajyate na duṣyati na muhyati, sa ucyate śānta iti | evaṃśāntasthitasyādvayapraveśaḥ |

【支谦】善意菩萨曰：“眼、色为二。其知眼者，见色不染、不怒、不痴，是谓‘清净’。如是，耳、声，鼻、香，舌、味，身、更，心、法，为二。其知心者，于法不染、不怒、不痴，是谓‘清净’。如此住者，是不二入。”

【罗什】妙意菩萨曰：“眼、色为二。若知眼性，于色不贪、不恚、不痴，是名‘寂灭’。如是，耳、声，鼻、香，舌、味，身、触，意、法，为二。若知意性，于法不贪、不恚、不痴，是名‘寂灭’。安住其中，是为入不二法门。”

【玄奘】复有菩萨名曰妙慧，作如是言：“眼、色，耳、声，鼻、香，舌、味，身、触，意、法分别，为二。若诸菩萨了知一切其性皆空，见眼自性，于色无贪、无瞋、无痴；如是，乃至见意自性，于法无贪、无瞋、无痴，此则为空。如是见已，寂静安住，是为悟入不二法门。”

【新译】妙意菩萨说：“认为‘有眼睛，有色相’，此是二。而一个完全了解眼睛者，对于诸色相，则不贪着，不厌恶，不愚惑，此种境界被称为‘寂静’。认为‘有耳朵，有诸声；有鼻子，有诸香；有舌头，有诸味；有身体，有诸触；有意，有诸法’，此是二。而一个完全了解意者[①]，对于诸法，则不贪着，不厌恶，不愚惑，此种境界被称为‘寂静’。一个这样住于寂静者，则是悟入不二。”

§ 20

【梵本】

akṣayamatir bodhisatva āha: dānaṃ sarvajñatāyāṃ pariṇāmayatīti dvayam etat । dānasvabhāvaiva sarvajñatā, sarvajñatāsvabhāva eva pariṇāmaḥ । evaṃśīlaṃ kṣāntiṃ vīryaṃ dhyānaṃ prajñāṃ sarvajñatāyāṃ pariṇāmayatīti dvayam etat । prajñāsvabhāvaiva sarvajñatā, sarvajñatāsvabhāva eva pariṇāmaḥ । yo ’traikanayapraveśo ’yam advayapraveśaḥ ।

【支谦】无尽意菩萨曰：“布施、一切智而分布，为二。布施而自然，一切智亦尔，一切智自然，布施亦尔。如是，持戒、忍辱、精进、一心、智慧、一切智而分布，为二。智慧而自然，一切智亦尔，一切智自然，智慧亦尔。于其中，而一入者，是不二入。”

【罗什】无尽意菩萨曰：“布施、回向一切智，为二。布施性即是回向一切智性。如是，持戒、忍辱、精进、禅定、智慧，回向一切智，为二。智慧性即是回向一切智性。于其中，入一相者，是为入不二法门。”

【玄奘】复有菩萨名无尽慧，作如是言：“布施、回向一切智性

---

① 梵本作 dharma，应改为 manaḥ 。三种汉译本都支持这种解读，日本校勘者亦然。参考《梵文维摩经》，第 86 页。

各别，为二。如是，分别戒、忍、精进、静虑、般若，及与回向一切智性各别，为二。若了布施即所回向一切智性，此所回向一切智性即是布施。如是，乃至般若自性即所回向一切智性，此所回向一切智性即是般若。了此一理，是为悟入不二法门。”

【新译】无尽意菩萨说：“认为‘要把布施回向一切知性’，此是二。以布施作为自体的，正是一切知性；以一切知性作为自体的，正是回向。同样，认为‘要把戒律、安忍、精进、禅定、般若回向一切知性’，此是二。以般若作为自体的，正是一切知性；以一切知性作为自体的，正是回向。若在这里悟入同一的旨趣，则是悟入不二。”

§ 21

【梵本】

gambhīrabuddhir bodhisatva āha: anyāśūnyatānyad animittam anyad apraṇihitam iti dvayam etat | yad dhi śūnyaṃ tatra na kiṃcin nimittam | animitte ’ praṇihitam | apraṇihite na cittaṃ na mano na manovijñānaṃ pracarati | yatraikaṃ vimokṣamukhaṃ tatra sarvāṇi vimokṣamukhāni draṣṭavyāny ayam advayapraveśaḥ |

【支谦】深妙菩萨曰：“空异，无相异，无愿异，为二。如空，则无相。无相，则无愿。无愿者，不意、不心、不识不行。其以一向，行众解门者，是不二入。”

【罗什】深慧菩萨曰：“是空，是无相，是无作，为二。空即无相，无相即无作。若空、无相、无作，则无心、意、识。于一解脱门，即是三解脱门者。是为入不二法门。”

【玄奘】复有菩萨名甚深觉，作如是言：“空、无相、无愿分别为二。若诸菩萨了知：空中都无有相，此无相中亦无有愿，此无愿中无心、无意、无识可转。如是，即于一解脱门，具摄一切三解脱门。若此通达，是为悟入不二法门。”

【新译】深慧菩萨说：“认为‘有不同于无相、无愿的空性，有不同于空性、无愿的无相，有不同于空性、无相的无愿’，此是二。

因为，若是空性，则于其中，没有任何征相。若无征相时，则无任何誓愿。一旦无有誓愿，那么心就不活动，意就不活动，意识就不活动。若于其中是一个解脱门，则于其中就可见到所有的解脱门。此是悟入不二。”

§ 22

【梵本】

śāntendriyo bodhisatva āha: buddho dharmaḥsaṃgha iti dvayam etat | buddhasya hi dharmaḥ, dharmaprakṛtikaśca saṃghaḥ | sarvāṇy etāni ratnāny asaṃskṛtāni, asaṃskṛtaṃ cākāśam, ākāśasamaśca sarvadharmanayaḥ | ya evam anugamo ' yam advayapraveśaḥ |

【支谦】寂根菩萨曰：“佛、法、众为二。佛性则法，法性则众。一切是三宝，无有数。无数则朴，朴则正诸法。乐随此者，是不二入。”

【罗什】寂根菩萨曰：“佛、法、众为二。佛即是法，法即是众。是三宝皆无为相。与虚空等，一切法亦尔。能随此行者，是为入不二法门。”

【玄奘】复有菩萨名寂静根，作如是言：“佛、法、僧宝分别为二。若诸菩萨了知佛性即是法性，法即僧性。如是三宝，皆无为相。与虚空等，诸法亦尔。若此通达，是为悟入不二法门。”

【新译】寂根菩萨说：“认为‘有佛陀，有教法，有僧伽’，此是二。因为，作为佛陀之本性的，就是教法[①]；作为教法之本性的，就是僧伽。所有这些三宝都是无为的。其次，则有无为的虚空，及与虚空相等的一切诸法之宗旨。这样的理解，是悟入不二。”

---

① 此句梵本作 buddhasya hi dharmaḥ，可以译为“佛就是法”。日本校刊者根据藏文本建议前面一个词可能读为：buddhaprakṛ tika，意思无实质区别。本译据而翻译。

§ 23

【梵本】

apratihatacakṣur bodhisatva āha: satkāyaḥsatkāyanirodha iti dvayam etat | satkāya eva hi nirodhaḥ | tat kasmād dhetoḥ | tathā hi sa satkāya iti dṛṣṭiṃ nopasthāpayati, yayā dṛṣṭyā satkāya iti vā satkāyanirodha iti vā kalpayati | so 'kalpo 'vikalpo 'tyantāvikalpo nirodhasvabhāvaprāptaḥ, na saṃbhavati na vibhavaty ayam advayapraveśaḥ |

【支谦】不毁根菩萨曰："有身与有身尽为二。有身则有尽。何则？从身生见，从见有身。是故有身有毁灭杂。彼以无杂，自然如灭，而不迷、不惑者。是不二入。"

【罗什】心无碍菩萨曰："身、身灭为二。身即是身灭。所以者何？见身实相者，不起见身，及见灭身，身与灭身无二，无分别，于其中不惊、不惧者。是为入不二法门。"

【玄奘】复有菩萨名无碍眼，作如是言："是萨迦耶及萨迦耶灭分别为二。若诸菩萨知萨迦耶即萨迦耶灭，如是了知，毕竟不起萨迦耶见，于萨迦耶、萨迦耶灭，即无分别，无异分别，证得此二究竟灭性，无所猜疑，无惊、无惧。是为悟入不二法门。"

【新译】无碍眼菩萨说："认为'有实有身，有灭实有身'，此是二。因为，实有身，就是灭（实有身）。为什么呢？因为，他不使所谓'实有身'这种见发起——因为那种见，人们才会构想所谓'实有身'，或者所谓'灭实有身'——，他没有想象，没有分别，彻底不分别，当他证得灭实有身之自体时，他既不建构，也不消解。此是悟入不二。"

§ 24

【梵本】

suvinīto bodhisatva āha: kāyavāṅmanaḥsaṃvara iti dvayam etat | tat kasmād dhetoḥ | anabhisaṃskāralakṣanā hy ete dharmāḥ | yā kāyasyānabhisaṃskāratā tallakṣaṇaiva vāganabhisaṃskāratā tallakṣaṇaiva mano' nabhisaṃskāratā | yā ca sarvadharmāṇām anabhisaṃskāratā, sā jñātavyānugantavyā | yad atrānabhisaṃskārajñānam ayam advayapraveśaḥ |

【支谦】善断菩萨曰："身、口、心为二。所以者何？是身则无为之相也，如身之无为，口相亦无为；如口之无为，心相亦无为。如其心之无为，一切法亦无为。其以无二，无三事者，是不二入。"

【罗什】上善菩萨曰："身、口、意善为二。是三业皆无作相。身无作相即口无作相，口无作相即意无作相，是三业无作相即一切法无作相。能如是随无作慧者，是为入不二法门。"

【玄奘】复有菩萨名善调顺，作如是言："是身、语、意三种律仪分别为二。若诸菩萨了知如是三种律仪皆无作相，其相无二。所以者何？此三业道，皆无作相：身无作相即语无作相，语无作相即意无作相，意无作相即一切法俱无作相。若能随入无造作相，是为悟入不二法门。"

【新译】善调顺菩萨说："认为'有身律仪，有语律仪，有意律仪'，此是二。为什么呢？因为，这些诸法都以不造作作为特征。是身体之不造作性，就是有此特征的语言之不造作性，就是有此特征的心意之不造作性。而且，一切诸法的这种不造作性，我们应当认识它，应当随顺它。在这里，不造作这种智慧，是悟入不二。"

§ 25

【梵本】

puṇyakṣetro bodhisatva āha: puṇyāpuṇyāniñjyān saṃskāran abhisaṃskarotīti dvayam etat | yat punaḥ puṇyāpuṇyāniñjyānabhisaṃskāratā sādvayā | yā ca puṇyāpuṇyāniñjyānāṃ saṃskārāṇāṃ svalakṣaṇaśūnyatā na tatra puṇyāpuṇyāniñjyāḥsaṃskārāḥ | yaivam anumārjanāyam advayapraveśaḥ |

【支谦】福土菩萨曰：“福与不福为、与不知为，为二。于福、不福，如不知为，如不有为，是则无二。其于罪、福，不以知为，如自然相，以空知者，不是福、不非福、亦不无知。觉如此者，是不二入。”

【罗什】福田菩萨曰：“福行、罪行、不动行为二。三行实性即是空，空则无福行，无罪行，无不动行。于此三行而不起者，是为入不二法门。”

【玄奘】复有菩萨名曰福田，作如是言：“罪行、福行及不动行分别为二。若诸菩萨了知罪行、福及不动皆无作相，其相无二。所以者何？罪、福、不动如是三行性相皆空，空中无有罪、福、不动三行差别。这样通达，是为悟入不二法门。”

【新译】福土菩萨说：“认为‘造作福行、非福行、不动行’，此是二。而不造作福行、非福行、不动行，则是不二。其次，若福行、非福行、不动行，有自相空性，那么根据自相空性，则无福行、非福行、不动行。这样地随顺清洁，是悟入不二。”

§ 26

【梵本】

padmavyūho bodhisatva āha: ātmasamutthānasamutthitaṃ dvayam | ātmaparijñātāvī dvayaṃ notthāpayati | advayasthitasya vijñāptir nāsti | avijñaptikaścādvayapraveśaḥ |

【支谦】（阙文）

【罗什】华严菩萨曰：“从我起二为二。见我实相者，不起二法。若不住二法，则无有识。无所识者，是为入不二法门。”

【玄奘】复有菩萨名曰华严，作如是言：“一切二法，皆从我起。若诸菩萨知我实性，即不起二。不起二故，即无了别。无了别故，无所了别，是为悟入不二法门。”

【新译】华严菩萨说：“认为‘通过自我这种发起所发起的’，此是二。一个完全了解自我者，则不使二发起。一个住于不二者，则无有了别。而无有了别者，是悟入不二。”

§ 27

【梵本】

śrīgarbho bodhisatva āha：upalambhaprabhāvitaṃ dvayam । yan na labhate tan nopalabhate，tan nāyūhati na niryūhati । tatra nāyūho na niryūho’ yam advayapraveśaḥ ।

【支谦】（阙文）

【罗什】德藏菩萨曰：“有所得相，为二。若无所得，则无取、舍。无取、舍者，是为入不二法门。”

【玄奘】复有菩萨名曰胜藏，作如是言：“一切二法，有所得起。若诸菩萨了知诸法都无所得，则无取、舍。既无取、舍，是为悟入不二法门。”

【新译】德藏菩萨说：“认为‘由获得而产生’，此是二。若不获得，则不取得，因而既不取来，也不舍去。若于其中不取来，不舍去，则是悟入不二。”

§ 28

【梵本】

candrottaro bodhisatva āha：tamaḥprakāśa iti dvayam etat । atamo’ prakāśa ity advayam । tat kasmād dhetoḥ । tathā hi nirodhasamāpannasya na tamo na prakāśaḥ । evaṃlakṣaṇāśca sarvadharmāḥ । yo’ tra samatāpraveśo’ yam advayapraveśaḥ ।

【支谦】月盛菩萨曰：“暗与明为二。不暗、不明，乃无有二。何则？如灭定者，无暗、无明。如诸法相。而等入者，是不二入。”

【罗什】月上菩萨曰：“暗与明为二。无暗、无明，则无有二。所以者何？如入灭受想定，无暗、无明。一切法相，亦复如是。于其中，平等入者，是为入不二法门。”

【玄奘】复有菩萨名曰月上，作如是言：“明之与暗分别为二。若诸菩萨了知实相，无暗，无明，其性无二。所以者何？譬如苾刍入灭尽定，无暗，无明。一切诸法，其相亦尔。如是妙契诸法平等，是为悟入不二法门。”

【新译】月上菩萨说：“认为‘有黑暗，有光明’，此是二。认为‘没有黑暗，没有光明’，此是不二。为什么呢？因为，一个实证灭尽定者，就没有黑暗，没有光明。而且，一切诸法也都有这样的特征。若在这里，悟入平等性，则是悟入不二。”

§29

【梵本】

ratnamudrāhasto bodhisatva āha: nirvāṇe ’ bhiratiḥsaṃsāre ’ nabhiratir iti dvayam etat | yasya na nirvāṇe ’ bhiratir na saṃsāre ’ nabhiratir idam advayam | tat kasmād dhetoḥ | baddhasya hi sato mokṣaḥprabhāvyate | yo ’ tyantam evābaddhaḥsa kiṃ mokṣaṃ paryeṣiṣyate | abaddho ’ mukto bhikṣur na ratim utpādayati nāratim ayam advayapraveśaḥ |

【支谦】宝印手菩萨曰：“其乐泥洹、不乐生死为二。如不乐泥洹，不恶生死，乃无有二。何则？在生死缚，彼乃求解。若都无缚，其谁求解？如无缚、无解，无乐、无不乐者，是不二入。”

【罗什】宝印手菩萨曰：“乐涅槃、不乐世间为二。若不乐涅槃，不厌世间，则无有二。所以者何？若有缚，则有解。若本无缚，其谁求解？无缚、无解，则无乐、厌，是为入不二法门。”

【玄奘】复有菩萨名宝印手，作如是言：“欣、厌涅槃、生死为二。若诸菩萨了知涅槃及与生死，不生欣、厌，则无有二。所以者何？若为生死之所系缚，则求解脱。若知毕竟无生死缚，何为更求涅槃解脱？如是通达，无缚、无解，不欣涅槃，不厌生死，是为悟入不二法门。”

【新译】宝印手菩萨说：“认为‘欣乐涅槃，不乐生死’，此是二。若是对于涅槃没有欣乐，对于生死没有不乐①，此是不二。为什么呢？因为，一个确实系缚者，才修行解脱，若是一个彻底无缚者②，他还会追求解脱吗？一个不系缚、不解脱的比丘，既不使（对于涅槃的）欣乐产生，也不使（对于生死的）不乐产生。此是悟入不二。”

§30

【梵本】

maṇikūṭarājo bodhisatva āha: mārgaḥ kumārga iti dvayam etat | mārgapratipannasya na kumārgaḥsamudācarati | asamudācārasthitasya na mārgasaṃjñā bhavati na kumārgasaṃjñā | saṃjñāparijñātāvino hi dvaye buddhir nākrāmaty ayam asyādvayapraveśaḥ |

【支谦】心珠立菩萨曰：“大道、小道为二。依大道者，不乐小道，亦不习尘。无大道相，无小道相。如如想之士无以行道者，是不二入。”

【罗什】珠顶王菩萨曰：“正道、邪道为二。住正道者，则不分别是邪、是正。离此二者，是为入不二法门。”

【玄奘】复有菩萨名珠髻王，作如是言：“正道、邪道分别为二。若诸菩萨善能安住正道，邪道究竟不行。以不行故，则无正道、邪道二相。除二相故，则无二觉。若无二觉，是为悟入不二法门。”

【新译】珠髻王菩萨说：“认为‘有正道，有邪道’，此是二。一个践行正道者，则无邪道现行。一个在邪道不现行中已经住立者，则不形成关于正道的概念，也不形成关于邪道的概念。因为，一个完全懂得概念者，其觉慧不在二中践履。这是此人之悟入不二。”

---

① 此半句梵本无，然汉传三译均有此句。日本校勘本根据藏文本增补，今从之。

② 参考《梵文维摩经》，第88页。

§ 31

【梵本】

satyanandī bodhisatva āha: satyaṃ mṛṣeti dvayam etat | satyadarśī satyam eva na samanupaśyati, kuto mṛṣā drakṣyati | tat kasmād dhetoḥ | na hi sa māṃsacakṣuṣā paśyati, prajñācakṣuṣā paśyati | tathā ca paśyati, na vipaśyati ① | yatra ca na paśyanā na vipaśyanāyam advayapraveśaḥ |

【支谦】诚乐仰菩萨曰:“诚、不诚为二。诚见者,不见诚,奚欺伪之能见!何则?非肉眼所见也,以慧见。乃而见,其以如见。无见、无不见者,是不二入。”

【罗什】乐实菩萨曰:“实、不实为二。实见者尚不见实,何况非实!所以者何?非肉眼所见,慧眼乃能见。而此慧眼,无见、无不见,是为入不二法门。”

【玄奘】复有菩萨名曰谛实,作如是言:“虚之与实分别为二。若诸菩萨观谛实性,尚不见实,何况见虚!所以者何?此性非是肉眼所见,慧眼乃见。如是见时,于一切法无见、无不见,是为悟入不二法门。”

【新译】乐实菩萨说道:“认为‘有真实,有虚妄’,此是二。一个见到真实者,尚且不观见真实,更何况观见虚妄呢!为什么呢?因为,此人不用肉眼观见,他用智眼观见。而且,如不观见,不明察,其人这样观见。若于其中,不观见,不明察,则是悟入不二。”

§ 32

【梵本】

ity evaṃ te bodhisatvāḥ svakasvakān nirdeśān nirdiśya mañjuśriyam

① 根据日本校勘本,此处,藏文本为:tathā ca paśyati yathā na paśyati na vipaśyati,第89页。

kumārabhūtam etad avocat: katamo mañjuśrīḥbodhisatvasyādvayapraveśaḥ |

mañjuśrīr āha: subhāṣitaṃ yuṣmākaṃ satpuruṣāḥsarveṣām | api tu yāvad yuṣmābhir nirdiṣṭaṃ sarvam etad dvayam | ekanirdeśaṃ sthāpayitvā yaḥsarvadharmāṇām anudāhāro ' pravyāhāro ' nudīranākīrtanānabhilapanam aprajñapanam ayam advayapraveśaḥ |

【支谦】如是诸菩萨各各说已，又问文殊师利："何谓菩萨不二入法门者?"文殊师利曰："如彼所言，皆各建行。于一切法如无所取，无度，无得，无思，无知，无见，无闻，是谓不二入。"

【罗什】如是诸菩萨各各说已，问文殊师利："何等是菩萨入不二法门?"文殊师利曰："如我意者，于一切法无言，无说，无示，无识，离诸问答，是为入不二法门。"

【玄奘】如是会中有诸菩萨，随所了知，各别说已，同时发问妙吉祥言："云何菩萨名为悟入不二法门?"时，妙吉祥告诸菩萨："汝等所言虽皆是善，如我意者，汝等此说，犹名为二。若诸菩萨于一切法，无言，无说，无表，无示，离诸戏论，绝于分别，是为悟入不二法门。"

【新译】这样，在这些菩萨发表了（关于入不二法门）各自的说法之后，（维摩诘）就对童子文殊师利说："文殊师利啊！菩萨（您）的悟入不二是怎样的?"

文殊师利回答："诸位正士！所有的你们都说得很好！不过，只要是你们已经说出的所有这些（悟入不二法门），都是二。只有一种说法除外：对于一切诸法都无有例证，无有演示，无有称道，无有言说，无有谈论，无有了知，是悟入不二。"

§ 33

【梵本】

atha khalu mañjuśrīḥkumārabhūto vimalakīrtiṃ licchavim etad avocat: nirdiṣṭo 'smābhiḥkulaputra svakasvako nirdeśaḥ | pratibhātu tavāpy advayadharmapraveśanirdeśaḥ |

atha vimalakīrtir licchavis tūṣṇīm abhūt |

atha mañjuśrīḥ kumārabhūto vimalakīrter licchaveḥ sādhukāram adāt: sādhu sādhu kulaputra ayaṃ bodhisatvānām advayadharmamukhapraveśo yatra nākṣararutaravitavijñaptipracāraḥ |

iha nirdeśe nirdiśyamāne pañcānāṃ bodhisatvasahasrāṇām advayadharmamukhapraveśād anutpattikadharmakṣāntipratilambho ' bhūt ‖ ‖

advayadharmamukhapraveśaparivarto ' ṣṭamaḥ ‖

【支谦】（阙文）

【罗什】于是，文殊师利问维摩诘：“我等各自说已，仁者当说何等是菩萨入不二法门?”时，维摩诘默然无言。文殊师利叹曰：“善哉，善哉！乃至无有文字、语言，是真入不二法门!”说是入不二法门品时，于此众中，五千菩萨皆入不二法门，得无生法忍。

维摩诘所说经卷中

【玄奘】时，妙吉祥复问菩萨无垢称言：“我等随意各别说已，仁者当说云何菩萨名为悟入不二法门?”时，无垢称默然无说。妙吉祥言：“善哉，善哉！如是菩萨，是真悟入不二法门，于中都无一切文字、言说、分别。”此诸菩萨说是法时，于众会中，五千菩萨皆得悟入不二法门，俱时证会无生法忍。

说无垢称经卷第四

【新译】于是，童子文殊师利就对离车维摩诘说：“良家之子啊！我们已经发表（关于入不二法门）各自的说法。也请您谈谈您关于悟入不二法的说法吧。”

当时，离车族人维摩诘默然不言。

于是，童子文殊师利就赞叹离车族人维摩诘：“太好了，太好了！良家之子啊！这（才）是诸菩萨的悟入不二法门，在那个法门中，没有字母、发声、发音、了别之活动!”

当在那里（关于悟入不二法门的）发表正在发表的时候，有五千位菩萨，因为悟入不二法门，获得了无生法忍。

第八品：悟入不二法门品

第二节 《维摩》《般若》相参详:《大般若经》中关于“二”与“不二”议题之讨论

《维摩经》之《入不二法门品》，思想主旨是讨论“二”与“不二”。其中的“二”，代表人类日常思维、认识活动的本质特征，这种认识、思维，由于含有虚妄不实的分别，包括了对待、对立与对峙，因而是一种错误的思维方式和认识方式，从佛教认识论及佛法智慧学的根本立场而言，这样的认识方式和思维活动，可以说是“颠倒的”；“不二”，则是表达舍弃主观的虚妄分别，舍弃认识活动过程中的对待、对立、对峙的一种思维方式和认识方式，同样基于佛教认识论及佛法智慧学的立场而言，这种认识方式及思维方式可以说是正确的，是与人生的真实和事物的实相相应的。关于这样的思想，即关于两种不同的人类思维方式、认识方式——一种是日常的认识方式、思维方式，一种是净化的认识方式、思维方式——的问题，在“二”及“不二”两个范畴下予以概括，且展开专题的讨论，其实我们在《大般若经》中，也能找到类似的经文和义理。

例如，在由玄奘大师（602—664 年）所译《大般若经》之第二分《遍学品第七十二》中，我们能够发现如下的一段：

> 具寿善现复白佛言：“何等是有？何等是非有？”
>
> 佛告善现：“二是有，不二是非有。”
>
> 善现复问：“云何为二？云何为不二？”
>
> 世尊告曰：“色想乃至识想为二，色想空乃至识想空为不二；眼处想乃至意处想为二，眼处想空乃至意处想空为不二；色处想乃至法处想为二，色处想空乃至法处想空为不二；眼界想乃至意界想为二，眼界想空乃至意界想空为不二；色界想乃至法界想为二，色界想空乃至法界想空为不二；眼识界想乃至意识界想为二，眼识界想空乃至意识界想空为不二；眼触想乃至意触想为二，眼触想空乃至意触想空为不二；眼触为缘所生诸受想乃至意触为缘所生诸受想为二，眼触为缘所生诸受想空乃至意触为缘所生诸受想空为不二；地界想乃至识界想为二，地界想空乃至识界想空为不二；因缘想乃至增上缘想为二，因

缘想空乃至增上缘想空为不二；无明想乃至老死想为二，无明想空乃至老死想空为不二；布施波罗蜜多想乃至般若波罗蜜多想为二，布施波罗蜜多想空乃至般若波罗蜜多想空为不二；内空想乃至无性自性空想为二，内空想空乃至无性自性空想空为不二；真如想乃至不思议界想为二，真如想空乃至不思议界想空为不二；苦、集、灭、道圣谛想为二，苦、集、灭、道圣谛想空为不二；四念住想乃至八圣道支想为二，四念住想空乃至八圣道支想空为不二；四静虑、四无量、四无色定想为二，四静虑、四无量、四无色定想空为不二；八解脱想乃至十遍处想为二，八解脱想空乃至十遍处想空为不二；空、无相、无愿解脱门想为二，空、无相、无愿解脱门想空为不二；净观地想乃至如来地想为二，净观地想空乃至如来地想空为不二；极喜地想乃至法云地想为二，极喜地想空乃至法云地想空为不二；陀罗尼门、三摩地门想为二，陀罗尼门、三摩地门想空为不二；五眼、六神通想为二，五眼、六神通想空为不二；如来十力想乃至十八佛不共法想为二，如来十力想空乃至十八佛不共法想空为不二；三十二大士相、八十随好想为二，三十二大士相、八十随好想空为不二；无忘失法、恒住舍性想为二，无忘失法、恒住舍性想空为不二；一切智、道相智、一切相智想为二，一切智、道相智、一切相智想空为不二；预流果想乃至独觉菩提想为二，预流果想空乃至独觉菩提想空为不二；一切菩萨摩诃萨行、诸佛无上正等菩提想为二，一切菩萨摩诃萨行、诸佛无上正等菩提想空为不二；有为界、无为界想为二，有为界、无为界想空为不二。

“善现！乃至一切想皆为二，乃至一切二皆是有，乃至一切有皆有生死，有生死者不能解脱生老病死愁叹苦忧恼。善现！诸想空者皆为不二，诸不二者皆是非有，诸非有者皆无生死，无生死者便能解脱生老病死愁叹苦忧恼。善现！由是因缘当知：一切有二想者，定无布施、净戒、安忍、精进、静虑、般若波罗蜜多，无得、无现观，下至顺忍彼尚非有，况能遍知色、受、想、行、识！如是乃至况能遍知一切智智！彼尚不能修四念住乃至八圣道支，况能得预流果乃至独觉菩提！况复能得一切智智，及能永断一切烦恼习气相续！”①

---

① 《大般若波罗蜜多经》，《大正藏》第7册，No.0220，第352页中—下。

在梵文《二万五千颂般若经》中，我们能够找到与上面这段译文相对应的原文。[①] 现在为清晰起见，我们根据原语，把这几段话翻译在下面：

这样说罢，长老须菩提问薄伽梵：薄伽梵啊！有是指什么，非有是指什么呢？

薄伽梵答：须菩提！二是有，不二是非有。

须菩提问：薄伽梵啊！那么二是指什么，不二是指什么呢？

薄伽梵答：须菩提！色想者有二，受、想、行、识想者有二；眼想者有二，同样，耳、鼻、舌、身、意想者有二；色想者有二，同样，声、香、味、触、法想者有二；眼识想者有二，眼触想者有二，眼触为缘受想者有二，同样，耳、鼻、舌、身、意识想者有二，意触想者有二，意触为缘受想者有二；地界想者有二，同样，水界、火界、风界、空界、识界想者有二；缘起想者有二，无明想者有二，同样，行、识、名色、六处、触、受、爱、取、有、生、老、死、忧、悲、苦、恼、愁想者有二；波罗蜜多想者有二，一切空性想者有二，菩提分法、圣谛、无量、禅那、无色、解脱、三摩地、三摩钵底、陀罗尼门想者有二，空性、无相、无愿想者有二，神通、十力、无畏、明解、不共佛法想者有二，预流想者有二，一来、不来、阿罗汉想者有二，独觉想者有二，菩萨想者有二，无上正等觉想者有二，有为界想者有二，无为界想者有二。

须菩提！只要是一切想者则有二，只要是非一切想者则有不二，只要是二则是有，只要是有则是诸行，只要是诸行，则诸众生不得解脱生、老、病、死，忧、悲、苦、恼、愁。因此，须菩提！以这种方式，应当这样理解：二想者则无布施，则无戒律、无安忍、无精进、无禅那、无般若，无道、无智、无现观，乃至无随顺忍，更何况遍知色，何况遍知受、想、行、识，何况遍知蕴、界、处、诸缘起环节，何况遍知诸波罗蜜多，何况遍知诸空性门，何况遍知三十七种菩提分支法，何况遍知圣谛、无量、禅那、无色、解脱、三摩地、三摩钵底、陀罗尼门，何况遍知空性、

---

① Pañcaviṃś atisāhasrikā Prajñāpāramitā, V, edited by Takayasu Kimura, Sankibo Busshorin Publishing Co., Ltd. Tokyo, 1992, pp. 165 - 166.

无相、无愿、神通、十力、无畏、明解、不共佛法，何况遍知一切种智？若人无有修道，此人何从有预流果，何从有一来果，何从有不来果，何从有阿罗汉性果，何从有独觉性，何从有一切习气、结、烦恼之断除呢？

新译中"须菩提！只要是一切想者则有二，只要是非一切想者则有不二，只要是二则是有，只要是有则是诸行，只要是诸行，则诸众生不得解脱生、老、病、死，忧、悲、苦、恼、愁"，这几句话，可谓是这段讨论的精要。我们对勘这几句原语如下：yāvat Subhūte sarvasaṃjñino dvayam，yāvad asarvasaṃjñino advyaṃ，yāvad dvayaṃ tāvad bhāvo，yāvad bhāvaṃ tāvat saṃskārā，yāvat saṃskārās tāvat sattvā na parimucyante jātyā jarayā vyādhinā maraṇena śokaparidevaduḥkhadaurmanasyopāyāsaiḥ.① 可见，凡对任何法或任何事物还存有想（观念）者，则有二；凡对任何法或任何事物已经无有想（观念）者，则有不二。有二，则于生死，不得解脱；有不二，则从生死，终得解脱。这几句所对应玄奘大师的译文是："善现！乃至一切想皆为二，乃至一切二皆是有，乃至一切有皆有生死，有生死者不能解脱生老病死愁叹苦忧恼。善现！诸想空者皆为不二，诸不二者皆是非有，诸非有者皆无生死，无生死者便能解脱生老病死愁叹苦忧恼。"两相对照，可以看出玄奘这里译文的精神，与《二万五千颂般若经》的精神是一致的，不过，玄奘的译语阐释"不二"部分的文字，与阐释"二"部分的文字，可谓旗鼓相当，而在《二万五千颂般若经》中，关于"不二"的部分，只有"凡对任何法或任何事物已经无有想（观念）者，则有不二"一句；而且，玄奘译文中阐释"不二"的部分，有"空"这一概念出现。比较整个梵本和玄奘译文，基本的情况也都一致。

所以玄奘大师的译本，应当有更为晚期的原语底据，所阐述的内容，也更为丰富，更为全面系统，但是完全可以肯定：《大般若经》的相关部分，是由《二万五千颂般若经》的文字、义理发展而来，所以在将"二"的概念与"想"的概念联结起来，将"不二"的概念与"非想"的概念

① Pañcaviṃśatisāhasrikā Prajñāpāramitā，V，edited by Takayasu Kimura，Sankibo Busshorin Publishing Co.，Ltd. Tokyo，1992，p. 166.

联结起来，从而以“想”界定“二”、以“非想”界定“不二”的理念方面，《二万五千颂般若经》与《大般若经》相关部分的论述，完全一致。所以，我们在《维摩经》的《入不二法门品》和《般若经》对于“二”与“不二”问题的讨论中，可以发现一条明确的思想脉络，这是大乘佛教关于认识理论和思维方式问题的重要思想脉络。

而根据梵本《二万五千颂般若经》的原语，及玄奘大师的译语可以看出，这里梵本中以“想”规定“二”，以“非想”规定“不二”的做法，应当就是玄奘大师在其《维摩经·不二法门品》的译语中，处处加上“分别”这一译语的依据。①

而这种反对想、舍弃想的理念，实际上更是渗透在全部的般若经典中。在《般若经》中，“二”几乎是“想”的同义语，“不二”几乎是“非想”的同义语。因此，在般若系的经典中，想是指概念，也是指以概念思维为特征的人类认知活动。所以以想为本质的人类认知活动，正是“二”的认识方式；以“非想”为本质的人类认知活动，正是非二、不二的人类认识方式。整个《般若经》都可以说是对两类人类认识活动的考量，而上引《般若经》讨论“二”与“不二”问题的部分，以及《维摩经》的《入不二法门品》，则是大乘佛教经典对于两类人类认识活动的专题考量。

第三节　溯源于原始佛教:《杂阿含经》关于“二法”问题的讨论

我们如果从初期大乘经典向原始佛教经典回溯，立刻就可以发现：其实，在反映最早期原始佛教思想的《杂阿含经》中，就已经包含了讨论“二”的问题的经典。如由南朝宋代求那跋陀罗所译的《杂阿含经》中，就有这样三部小经，其编号分别为：第 213 经，第 273 经，第 306 经。②这三部经典的思想大义相同，都是基于“二”的问题展开讨论。如其中

---

① 参见程恭让《〈维摩诘经·入不二法门品〉梵本新译及其相关问题的研究》，《哲学研究》2006 年第 2 期。

② 《杂阿含经》，《大正藏》第 2 册，No. 0099，第 54 页上、72 页中、87 页下。

的第213经：

如是我闻：

一时，佛住舍卫国祇树给孤独园。

尔时，世尊告诸比丘："当为汝等演说二法。谛听，善思。何等为二？眼、色为二。耳声、鼻香、舌味、身触、意法为二，是名二法。

"若有沙门、婆罗门，作如是说：'是非二者，沙门瞿昙所说二法，此非为二。'彼自以意说二法者，但有言说，闻已不知，增其疑惑，以非其境界故。

"所以者何？缘眼、色，眼识生，三事和合缘触，触生受，若苦、若乐、不苦不乐，若于此受集、受灭、受味、受患、受离不如实知者，种贪欲身触、种瞋恚身触、种戒取身触、种我见身触，亦种殖增长诸恶不善法。如是纯大苦集皆从集生，如是耳、鼻、舌、身，意，法缘，生意识，三事和合触。'广说如上。

"复次，眼缘色，生眼识，三事和合触，触缘受，若苦、若乐、不苦不乐，于此诸受集、灭、味、患、离如是知。如是知已，不种贪欲身触、不种瞋恚身触、不种戒取身触、不种我见身触、不种诸恶不善法。如是诸恶不善法灭，纯大苦聚灭。耳、鼻、舌、身、意法亦复如是。"

佛说此经已，诸比丘闻佛所说，欢喜奉行。[①]

我们在南传大藏经相应部IV《六处篇》之《六处相应》中，同样可以发现下面两部小经：经题分别为《第一二经》及《第二二经》,[②] 所讨论的内容，也正是关于"二"的议题：

9. Paṭhamadvayasuttaṃ

92. " Dvayaṃ vo, bhikkhave, desessāmi. Taṃ suṇātha. Kiñca,

① 《杂阿含经》,《大正藏》第2册，No. 0099，第54页上。

② 参见元亨寺汉译南传大藏经《相应部经典四》，译者云庵，元亨寺妙林出版社1993年版，第90—91页。

bhikkhave, dvayaṃ? Cakkhuñceva rūpā ca, sotañceva saddā ca, ghānañceva gandhā ca, jivhā ceva rasā ca, kāyo ceva phoṭṭhabbā ca, mano ceva dhammā ca – idaṃ vuccati, bhikkhave, dvayaṃ.

"Yo, bhikkhave, evaṃ vadeyya – 'ahametaṃ dvayaṃ paccakkhāya aññaṃ dvayaṃ paññapessāmī' ti, tassa vācāvatthukamevassa. Puṭṭho ca na sampāyeyya. Uttariñca vighātaṃ āpajjeyya. Taṃ kissa hetu? Yathā taṃ, bhikkhave, avisayasmi" nti. Navamaṃ.

10. Dutiyadvayasuttaṃ

93. "Dvayaṃ, bhikkhave, paṭicca viññāṇaṃ sambhoti. Kathañca, bhikkhave, dvayaṃ paṭicca viññāṇaṃ sambhoti? Cakkhuñca paṭicca rūpe ca uppajjati cakkhuviññāṇaṃ. Cakkhu aniccaṃ vipariṇāmi aññathābhāvi. Rūpā aniccā vipariṇāmino aññathābhāvino. Itthetaṃ dvayaṃ calañceva byathañca aniccaṃ vipariṇāmi aññathābhāvi. Cakkhuviññāṇaṃ aniccaṃ vipariṇāmi aññathābhāvi. Yopi hetu yopi paccayo cakkhuviññāṇassa uppādāya, sopi hetu sopi paccayo anicco vipariṇāmī aññathābhāvī. Aniccaṃ kho pana, bhikkhave, paccayaṃ paṭicca uppannaṃ cakkhuviññāṇaṃ kuto niccaṃ bhavissati! Yā kho, bhikkhave, imesaṃ tiṇṇaṃ dhammānaṃ saṅgati sannipāto samavāyo, ayaṃ vuccati cakkhusamphasso. Cakkhusamphassopi anicco vipariṇāmī aññathābhāvī. Yopi hetu yopi paccayo cakkhusamphassassa uppādāya, sopi hetu sopi paccayo anicco vipariṇāmī aññathābhāvī. Aniccaṃ kho pana, bhikkhave, paccayaṃ paṭicca uppanno cakkhusamphasso kuto nicco bhavissati! Phuṭṭho, bhikkhave, vedeti, phuṭṭho ceteti, phuṭṭho sañjānāti. Itthetepi dhammā calā ceva byathā ca aniccā vipariṇāmino aññathābhāvino. Sotaṃ…pe….

"Jivhañca paṭicca rase ca uppajjati jivhāviññāṇaṃ. Jivhā aniccā vipariṇāmī aññathābhāvī [vipariṇāminī aññathābhāvinī (?)]. Rasā aniccā vipariṇāmino aññathābhāvino. Itthetaṃ dvayaṃ calañceva byathañca aniccaṃ vipariṇāmi aññathābhāvi. Jivhāviññāṇaṃ aniccaṃ vipariṇāmi aññathābhāvi. Yopi hetu yopi paccayo jivhāviññāṇassa uppādāya, sopi hetu sopi paccayo anicco vipariṇāmī aññathābhāvī. Aniccaṃ kho pana, bhikkhave, paccayaṃ paṭicca uppannaṃ jivhāviññāṇaṃ, kuto niccaṃ bhavissati! Yā kho, bhikkhave, imesaṃ tiṇṇaṃ dhammānaṃ saṅgati sannipāto samavāyo, ayaṃ vuccati jivhāsamphasso. Jivhāsamphassopi anicco vipariṇāmī aññathābhāvī. Yopi hetu yopi paccayo jivhāsamphassassa uppādāya, sopi hetu sopi paccayo anicco vipariṇāmī aññathābhāvī. Aniccaṃ kho pana, bhikkhave, paccayaṃ paṭicca uppanno jivhāsamphasso, kuto nicco bhavissati! Phuṭṭho, bhikkhave, vedeti, phuṭṭho ceteti, phuṭṭho sañjānāti. Itthetepi dhammā calā ceva byathā ca aniccā vipariṇāmino aññathābhāvino. Kāyaṃ…pe….

“Manañca paṭicca dhamme ca uppajjati manoviññāṇaṃ. Mano anicco vipariṇāmī aññathābhāvī. Dhammā aniccā vipariṇāmino aññathābhāvino. Itthetaṃ dvayaṃ calañceva byathañca aniccaṃ vipariṇāmi aññathābhāvi. Manoviññāṇaṃ aniccaṃ vipariṇāmi aññathābhāvi. Yopi hetu yopi paccayo manoviññāṇassa uppādāya, sopi hetu sopi paccayo anicco vipariṇāmī aññathābhāvī. Aniccaṃ kho pana, bhikkhave, paccayaṃ paṭicca uppannaṃ manoviññāṇaṃ, kuto niccaṃ bhavissati! Yā kho, bhikkhave, imesaṃ tiṇṇaṃ dhammānaṃ saṅgati sannipāto samavāyo, ayaṃ vuccati manosamphasso. Manosamphassopi anicco vipariṇāmī aññathābhāvī. Yopi hetu yopi paccayo manosamphassassa uppādāya, sopi hetu sopi paccayo anicco vipariṇāmī aññathābhāvī. Aniccaṃ kho pana, bhikkhave, paccayaṃ paṭicca uppanno manosamphasso, kuto nicco bhavissati! Phuṭṭho, bhikkhave, vedeti, phuṭṭho ceteti, phuṭṭho sañjānāti. Itthetepi dhammā calā ceva byathā ca aniccā vipariṇāmino aññathābhāvino. Evaṃ kho, bhikkhave, dvayaṃ paṭicca viññāṇaṃ sambhotī” ti. Dasamaṃ. ①

我们在此拟新译如下：

① PCED, saṃyuttanikāya, saḷāyatanavaggapāḷi, saḷāyatanasaṃyuttaṃ, 9. channavaggo, pp. 92 - 93.

9. 第一二经

92.

“诸位比丘！我跟你们谈谈二。请你们谛听。

“诸位比丘！何为二呢？有眼，有诸色；有耳，有诸声；有鼻，有诸香；有舌，有诸味；有身，有诸触；有意，有诸法——诸位比丘，这就被称为二。

“诸位比丘！若是有人这样说：‘我拒绝这种二，要让大家理解其他的二。’那么，此人的此种说法毫无根据。如果此人被提问，他不能回答，而且要经历更多的苦恼。为什么呢？诸位比丘！因为那不是其境界。”以上为第九经。①

10. 第二二经

93. “诸位比丘！以二为条件，则识出现。诸位比丘！怎样以二为条件，则识出现呢？以眼睛及诸色为条件，则眼识出现。眼睛是无常的，变化的，有变异性；诸色是无常的，变化的，有变异性。在这里，此二，是摇动的，不稳定的，无常的，变化的，有变异性；眼识，是无常的，变化的，有变异性。若导致眼识生起的因、缘，是无常的，变化的，有变异性，那么，诸位比丘！以无常的缘为条件所生的眼识，如何又可成为恒常的呢！

“再者，诸位比丘！若是上述三种法的结合，相遇，组合，称为眼触，那么眼触也是无常的，变化的，有变异性。若导致眼触生起的因、缘，是无常的，变化的，有变异性，那么，诸位比丘！以无常的缘为条件所生起的眼触，如何又可成为恒常的！

“诸位比丘！一个接触者则感受，一个接触者则感知，一个接触者则知觉。在这里，这些诸法也是摇动的，不稳定的，无常的，变化的，有变异性。

① *The Connected Discourses of the Buddha*, *A Translation of the* Saṃyutta Nikāya, *by* Bhikkhu Bodhi, IV. *The Book of the Six Sense Bases*, 35. *Salāyatanasaṃyutta*, Wisdom Publications 1999, pp. 1171 – 1172.

“以耳朵及诸声为条件，则耳识出现……以舌头及诸味为条件，则舌识出现。舌头，是无常的，变化的，有变异性；诸味，是无常的，变化的，有变异性。在这里，此二，是摇动的，不稳定的，无常的，变化的，有变异性；舌识，是无常的，变化的，有变异性。若导致舌识生起的因、缘是无常的，变化的，有变异性，那么，诸位比丘！以无常的缘为条件所生起的舌识，如何又可成为恒常的呢！诸位比丘！若是上述三者的结合，相遇，组合，被称为舌触，那么舌触也是无常的，变化的，有变异性。若导致舌触生起的因、缘，是无常的，变化的，有变异性，那么，诸位比丘！以此无常的缘为条件所生起的舌触，如何又可成为恒常的！诸位比丘！一个接触者感受，一个接触者感知，一个接触者知觉。在这里，这些诸法也是摇动的，不稳定的，无常的，变化的，有变异性。

“以身体及所触为条件，则身识生起……以意根及诸法为条件，则意识生起。意根是无常的，变化的，有变异性；诸法是无常的，变化的，有变异性。在这里，此二，是摇动的，不稳定的，无常的，变化的，有变异性；意识，是无常的，变化的，有变异性。若导致意识生起的因、缘，是无常的，变化的，有变异性，那么，诸位比丘！以无常的缘为条件所生起的意识，如何又可成为恒常的呢！诸位比丘！若上述三者的结合，相遇，组合，被称为意触，那么意触也是无常的，变化的，有变异性。若导致意触生起的因、缘，是无常的，变化的，有变异性，那么，诸位比丘！以此无常的缘为条件所生起的意触，如何又可成为恒常的！诸位比丘！一个接触者感受，一个接触者感知，一个接触者知觉。在这里，这些诸法也是摇动的，不稳定的，无常的，变化的，有变异性。诸位比丘！就是这样，以二为条件，则识出现。”以上是第十经。①

比较北传《杂阿含经》的三部经典，和南传大藏经中的以上二经，可以看出，两个系统相关经文的主旨部分，是对应的。即南、北传两系相关经文皆以“有眼睛，有诸色”这种情况，为“二”，以二为条件，则产

① *The Connected Discourses of the Buddha*, *A Translation of the Saṃyutta Nikqya*, *by* Bhikkhu Bodhi, IV. *The Book of the Six Sense Bases*, 35. *Salāyatanasaṃyutta*, Wisdom Publications 1999, pp. 1172 – 1173.

生识；以眼、色、识为缘，则产生触，以触为缘，则产生感受等诸种心理活动。因为眼睛、色相、眼识、眼触，这四者都是无常的，变化的，有变异性，因而以其为条件所生起的感受等诸法，也同样都是无常的、变化的，有变异性。可以看出，汉系佛教所传《杂阿含经》或南传大藏经相应部以上经典关于“二”或“二法”的讨论，是以“二”或“二法”指代眼色、耳声、鼻香、舌味、身触、意法这六对相互有着对应、关联的诸法，而还没有把“二”或“二法”，提升、抽象为指代各对诸法彼此之间的矛盾性、对立性、分歧性，更没有进一步把“二”或“二法”视为人类思维意识所具有的那种经常引向不清净，因而需要予以坚决克服的本质性的特征。正因为这里的“二”的概念，还没有完成上述意义上的抽象，所以汉译经典将“二”译为“二法”，借以表示“二”即此处所代表的诸法的具体性，这种译法是可行的，合适的。也正是因此，此处经文中也还缺乏对于与“二”相对应的概念——“不二”或“无二”——的明确意识或处理。

不过，《阿含经》这一“二”的理论议题，显然启发了初期大乘佛教的思考。特别是在《维摩经》关于“二”与“不二”问题的讨论中，我们看到三十三位菩萨的发表中，妙意菩萨的发表是：“妙意菩萨曰：‘眼色为二。若知眼性，于色不贪、不恚、不痴，是名寂灭。如是耳声、鼻香、舌味、身触、意法为二，若知意性，于法不贪、不恚、不痴，是名寂灭，安住其中，是为入不二法门。’”① 不难看出，妙意菩萨所发表对于“二”与“不二”的智慧，正是对于阿含经典中“眼色为二”及“耳声、鼻香、舌味、身触、意法为二”这一传统思想议题的理论再反思！

在《般若经》中，我们也同样看到引申自《阿含经》的这一议题，发展到何等的思想高度。如在《二万五千颂般若经》最早的汉译本《放光般若经》中，可以读到下面这段译文：“‘云何为倚？云何为不倚？’佛言：‘二者为倚，一者为不倚。’‘云何为二？云何为一？’佛言：‘眼色为二，六入念法为二，道与佛为二，是为二。’”② 无罗叉的译文比较古拙，文字的内涵，可以参考鸠摩罗什所译《摩诃般若波罗蜜经》中下面这段

① 《维摩诘所说经》，《大正藏》第 14 册，No. 0475，第 551 页上。

② 《放光般若经》，《大正藏》第 8 册，No. 0221，第 112 页下。

文字：“须菩提白佛言：‘世尊！云何名有所得？云何名无所得？’佛告须菩提：‘诸有二者，是有所得；无有二者，是无所得。’‘世尊！何等是二有所得？何等是不二无所得？’佛言：‘眼色为二，乃至意、法为二，乃至阿耨多罗三藐三菩提、佛为二，是名为二。’”① 根据竺罗叉、鸠摩罗什的译文可以读出：《般若经》这里是以“有所得”来定义“二”，以“无所得”来定义“不二”，所谓“有所得”是指认识活动中主客观对立尚存的认识方式，而“无所得”则是反映消除了认识活动中主客观对立的认识方式。所以可见，《般若经》在这里已经完成把“二”与“不二”两个概念提升为专指两种认识方式的转变。

此后，在《般若经》继续结集、扩展的过程中，此一思想理论模式，继续得以系统化。我们在玄奘大师所译的《大般若经》中，可以清楚地看到这种理论完善的趋势。如在该经第426卷，有与上述二译相关内容对应的一段文字：“具寿善现白言：‘世尊！云何名有所得？云何名无所得？’佛言：‘善现！诸有二者，名有所得；诸无二者，名无所得。’具寿善现复白佛言：‘云何有二，名有所得？云何无二，名无所得？’佛告善现：‘眼色为二，乃至意、法为二；有色、无色为二，有见、无见为二，有对、无对为二，有漏、无漏为二，有为、无为为二，世间、出世间为二，生死、涅槃为二，异生法、异生为二，预流法、预流为二，乃至独觉菩提、独觉为二，菩萨摩诃萨行、菩萨摩诃萨为二，佛无上正等菩提、佛为二；如是一切有戏论者，皆名为二，诸有二者皆有所得。善现！非眼、非色为无二，乃至非意、非法为无二，如是乃至非佛无上正等菩提、非佛为无二，如是一切离戏论者皆名无二；诸无二者，皆无所得。”② 该经第525卷中，同样有一段对应的文字：“佛告善现：‘诸有二者，名有所得；诸无二者，名无所得。’具寿善现复白佛言：‘云何有二，名有所得？云何无二，名无所得？’佛告善现：‘眼、色为二，乃至意、法为二，广说乃至诸佛无上正等菩提、诸佛为二；如是一切有戏论者，皆名为二；诸有二者，皆有所得。非眼、非色，为无二；乃至非意、非法，为无二；广说乃至非佛无上正等菩提、非佛，为无二；如是一切离戏论者，皆名无二；

---

① 《摩诃般若波罗蜜经》，《大正藏》第8册，No.0223，第373页下。

② 《大般若波罗蜜多经》，《大正藏》第7册，No.0220，第334页中。

诸无二者，皆无所得。'"[①] 将这两段文字，与前述竺罗叉、鸠摩罗什的两段译文比对，可知四译的相关文字在理念上属于同源，即都是以前面所论述之《阿含经》"眼色为二"等的理论议题为基础，而不断予以概念的抽象提升，及内容的系统化和完善化。

所以，从《杂阿含经》所代表的原始佛教关于"二法"的思想议题，到《维摩经》及《般若经》关于"二"及"不二"的认识论及智慧论的深刻及系统的理论阐述，我们看到佛教认识论及佛法智慧学思想理论显现出了一条清晰的传承线索。

第四节　申论:不二智慧与善巧方便

最后，尚有一点，在此处可以顺便提及：我们上面所引证的《大般若经》的两段文字，分别出自《大般若经》第二会的第 68 品，即《巧便品》，及第三会的第 26 品，即《方便善巧品》；所引竺罗叉的那段译文，出自其译第七十品，即《沤惒品》；所引鸠摩罗什的那段译文，出自其译第 70 品，即《三慧品》，而《三慧品》的前面一品，同样是《方便品》！这种情况提示我们，《般若》经典这一系经文关于"二"与"不二"议题的佛教认识论及佛法智慧学，同样需要放在"善巧方便"这一佛菩萨圣者品德的层面上，予以理解。这为我们理解从原始佛教到初期大乘善巧方便概念思想的发展，提供了一个新的思想线索和理论空间。而关于这一点的深化讨论，只能俟诸将来了。

---

① 《大般若波罗蜜多经》，《大正藏》第 7 册，No. 0220，第 692 页下。

第十五章　鸠摩罗什《维摩经》“净土”译语考辨

第一节　鸠摩罗什《维摩经》“净土”译语用例之审察

在鸠摩罗什所译《维摩经》——《维摩诘所说经》中，以下几个译语，如净土、清净土、净国、清净佛土，从汉语的字面意义讲，当然都表示“净土”——清净的佛国、佛土，即业已净化的佛国、佛土。但是如果根据《维摩经》今存梵本对勘，我们就会发现罗什这些“净土”译语的对应原语其实存在颇为复杂的情况。以下我们就从梵汉对勘角度对什译《维摩经》34 个“净土”译语的用例予以分析考察。

（一）第一类译语：净土、清净土

在《佛国品》中，共有 20 例。

第 1—2 例

> 尔时长者子宝积说此偈已，白佛言：世尊！是五百长者子，皆已发阿耨多罗三藐三菩提心，愿闻得佛国土清净，唯愿世尊说诸菩萨净土之行！佛言：善哉！宝积！乃能为诸菩萨，问于如来净土之行。谛听，谛听！善思念之，当为汝说！于是宝积及五百长者子受教而听。①

① 鸠摩罗什译：《维摩诘所说经》，《大正藏》第 14 册，No. 0475，第 538 页上。

按此段话即著名的宝积长者子净佛国土之问，在今存梵本中是第一品§11：

atha ratnākaro licchavikumāro bhagavantam ābhir gāthābhir abhiṣṭutya bhagavantam etad avocat: imāni bhagavan pañcamātrāṇi licchavikumāraśatāni sarvāṇy anuttarāyāṃ samyakṣaṃbodhau saṃprasthitāni | tāni cemāni buddhakṣetrapariśuddhiṃ paripṛcchanti_ katamā bodhisatvānāṃ buddhakṣetrapariśuddhir iti | tat sādhu bhagavan deśayatu tathāgato' mīṣāṃ bodhisatvānāṃ buddhakṣetrapariśuddhim |

evam ukte bhagavān ratnākarāya licchavikumārāya sādhukāram adāt: sādhu sādhu kumāra | sādhu khalu punas tvaṃ kumāra yas tvaṃ buddhakṣetrapariśuddhim ārabhya tathāgataṃ paripṛcchasi | tena hi kumāra śṛṇu sādhu ca suṣṭhu ca manasikuru | bhāṣiṣye' haṃ te yathā bodhisatvānāṃ buddhakṣetrapariśuddhim ārabhya |

sādhu bhagavan iti ratnākaro liccharikumāras tāni ca pañcamātrāṇi licchavikumāraśatāni bhagavataḥpratyaśrauṣuḥ | ①

宝积的问题是：katamā bodhisatvānāṃ buddhakṣetrapariśuddhir，可译为：何谓诸菩萨的净佛国土？句中短语 buddhakṣetrapariśuddhir，是表示对格关系的依主释复合词，可译为“净佛国土”；短语 buddhakṣetra，是表示属格关系的依主释复合词，可译为“佛国”“佛土”，或“佛国土”，意为佛陀统治或教化之区域、领地。宝积的提问中三次出现 buddhakṣetrapariśuddhi，佛陀的答词中两次出现 buddhakṣetrapariśuddhi。罗什在问辞中分别译为“佛国土清净”“净土之行”，在答辞中一译此词，译为“净土之行”。其中“佛国土清净”承自支谦的译法，是按照梵文语序来处理此短语；②“净土之行”，支谦译为“佛国清净之行”，③ 可见罗什改“佛

① 《梵文维摩经》，第8页。

② 支谦：《佛说维摩诘经》，《大正藏》第14册，No. 0474，第520页上。

③ 同上。

国清净”为“净土”，证明此处的“净土”原是对 buddhakṣetrapariśuddhi 短语的省略性处理，因此与什译此后经文的“净土”有所不同。

第 3—19 例

宝积当知！直心是菩萨净土，菩萨成佛时，不谄众生来生其国；深心是菩萨净土，菩萨成佛时，具足功德众生来生其国；菩提心是菩萨净土，菩萨成佛时，大乘众生来生其国；布施是菩萨净土，菩萨成佛时，一切能舍众生来生其国；持戒是菩萨净土，菩萨成佛时，行十善道满愿众生来生其国；忍辱是菩萨净土，菩萨成佛时，三十二相庄严众生来生其国；精进是菩萨净土，菩萨成佛时，勤修一切功德众生来生其国；禅定是菩萨净土，菩萨成佛时，摄心不乱众生来生其国；智慧是菩萨净土，菩萨成佛时，正定众生来生其国；四无量心是菩萨净土，菩萨成佛时，成就慈悲喜舍众生来生其国；四摄法是菩萨净土，菩萨成佛时，解脱所摄众生来生其国；方便是菩萨净土，菩萨成佛时，于一切法方便无碍众生来生其国；三十七道品是菩萨净土，菩萨成佛时，念处、正勤、神足、根、力、觉、道众生来生其国；回向心是菩萨净土，菩萨成佛时，得一切具足功德国土；说除八难是菩萨净土，菩萨成佛时，国土无有三恶八难；自守戒行、不讥彼阙是菩萨净土，菩萨成佛时，国土无有犯禁之名；十善是菩萨净土，菩萨成佛时，命不中夭、大富、梵行、所言诚谛、常以软语、眷属不离、善和诤讼、言必饶益、不嫉、不恚、正见众生，来生其国。①

此段对应今存 Dr. P. L. Vaidya 校勘本第一品 § 13：

āśayakṣetraṃ bodhisatvasya buddhakṣetram, tasya bodhiprāptasyāśaṭhā amāyāvinaḥsatvā buddhakṣetra upapadyante ।

adhyāśayakṣetraṃ kulaputra bodhisatvasya buddhakṣetram, tasya bodhiprāptasya sarvakuśalasaṃbhāropacitāḥsatvā buddhakṣetre saṃbhavanti ।

① 鸠摩罗什译：《维摩诘所说经》，《大正藏》第 14 册，No. 0475，第 538 页上。

prayogakṣetraṃ bodhisatvasya buddhakṣetram, tasya bodhiprāptasya sarvakuśaladharmopasthitāḥsatvās tatra buddhakṣetra upapadyante I

udāro bodhisatvasya bodhicittotpādo buddhakṣetram, tasya bodhiprāptasya mahāyānasaṃprasthitāḥsatvās tatra buddhakṣetre saṃbhavanti I

dānakṣetraṃ bodhisatvasya buddhakṣetram, tasya bodhiprāptasya sarvaparityāginaḥsatvās tatra buddhakṣetre saṃbhavanti I

śīlakṣetraṃ bodhisatvasya buddhakṣetram, tasya bodhiprāptasya sarvābhiprāyasaṃpannā daśakuśalakarmapathasaṃrakṣakāḥsatvās tatra buddhakṣetre saṃbhavanti I

kṣāntikṣetraṃ kulaputra bodhisatvasya buddhakṣetram, tasya bodhiprāptasya dvātriṃśallakṣaṇālaṃkṛtāḥkṣāntidamaśamathapāramiprāptāḥsatvā buddhakṣetre saṃbhavanti I

vīryakṣetraṃ bodhisatvasya buddhakṣetram, tasya bodhiprāptasya sarvakuśalaparyeṣṭiṣv ārabdhavīryāḥsatvā buddhakṣetre saṃbhavanti I

dhyānakṣetraṃ bodhisatvasya buddhakṣetram, tasya bodhiprāptasya smṛtisaṃprajanyasamāhitāḥsatvā buddhakṣetre saṃbhavanti I

prajñākṣetraṃ bodhisatvasya buddhakṣetram, tasya bodhiprāptasya samyaktvaniyatāḥsatvā buddhakṣetre saṃbhavanti I

catvāry apramāṇāni ca bodhisatvasya buddhakṣetram, tasya bodhiprāptasya maitrīkaruṇāmuditopekṣāvihāriṇaḥ satvā buddhakṣetre saṃbhavanti I

catvāri saṃgrahavastūni kulaputra bodhisatvasya buddhakṣetram, tasya bodhiprāptasya sarvavimuktisaṃgṛhītāḥ satvā buddhakṣetre saṃbhavanti I

upāyakauśalyaṃ bodhisatvasya buddhakṣetram, tasya bodhiprāptasya sarvopāyamīmāṃsākuśalāḥsatvā buddhakṣetre saṃbhavanti I

saptatriṃśadbodhipakṣā dharmā bodhisatvasya buddhakṣetram, tasya bodhiprāptasya samyaksmṛtyupasthānasamyakprahāṇarddhipādendriyabalabodhyaṅgamārgavidhijñāḥsatvā buddhakṣetre saṃbhavanti ｜

pariṇāmanācittaṃ bodhisatvasya buddhakṣetram, tasya bodhiprāptasya sarvaguṇālaṃkāraṃ buddhakṣetraṃ dṛśyate ｜

aṣṭākṣaṇapraśamadeśanā kulaputra bodhisatvasya buddhakṣetram, tasya bodhiprāptasya savrāpāyasamucchinnam aṣṭākṣaṇavigataṃ buddhakṣetraṃ saṃbhavanti ｜

svayaṃ śikṣāpadeṣu vartamānā parāpattyacodanatā bodhisatvasya buddhakṣetram, tasya bodhiprāptasyāpattiśabdo ' pi buddhakṣetre na saṃbhavati ｜

daśakuśalakarmapathapariśuddhiḥkulaputra bodhisatvasya buddhakṣetram, tasya bodhiprāptasya niyatāyuṣo mahābhogā brahmacāriṇaḥsatyānuparivartinyā vācālaṃkṛtā madhuravacanā abhinnaparṣado bhinnasaṃdhānakuśalā īrṣyāvigatā avyāpannacittāḥsamyagdṛṣṭisamanvāgatāḥsatvā buddhakṣetre saṃbhavanti ｜①

根据今存梵本，此段（§13）承接“众生土是菩萨佛土”（satvakṣetraṃ kulaputra bodhisatvasya buddhakṣetram）一段（§12）而来，两段话都旨在说明“何谓佛土”的问题，即回答“佛国土之本质是什么”这一问题。§12 说明众生土就是佛土，即佛土的本质就是众生土，故佛土不在众生土以外；§13 则说明从直心土（āśayakṣetra），到净化十善业道（daśakuśalakarmapathapariśuddhi）都是佛土，也就是说佛土的本质就是直心土，乃至就是“净化十善业道”，故佛土不在直心土以外，乃至不在净化十善业道以外。今存梵本中尚有加行土（prayogakṣetraṃ）一句，罗什译本未见。从梵本可知：本段每句两次出现“佛土”（buddhakṣetra）之词，以第一句为例：āśayakṣetraṃ bodhisatvasya buddhakṣetram, tasya bodhiprāptasyāśaṭhā amāyāvinaḥsatvā buddhakṣetra upapadyante，可译为：直心土是菩萨之佛土，［因为］此菩萨证得菩提时，不谄、不骗的诸众生出生在

① 《梵文维摩经》，第 10—11 页。

其佛土中。前半句说明“何为佛土”，后半句解释“菩萨如何建设佛土”。罗什把每句前半中的 buddhakṣetra，都译为“净土”，而把后半中的 buddhakṣetra 译为“国”或“国土”。此段译文中“净土”一词出现达 17 次之多，足证罗什有把“佛土”（buddhakṣetra）直接解读为“净土”（pariśuddhabuddhakṣetra）的强烈倾向。

第 20 例

如是，宝积！菩萨随其直心，则能发行；随其发行，则得深心；随其深心，则意调伏；随意调伏，则如说行；随如说行，则能回向；随其回向，则有方便；随其方便，则成就众生；随成就众生，则佛土净；随佛土净，则说法净；随说法净，则智慧净；随智慧净，则其心净；随其心净，则一切功德净。是故宝积！若菩萨欲得净土，当净其心；随其心净，则佛土净。①

此段对应今存 Dr. P. L. Vaidya 校勘本第一品 § 14：

iti hi kulaputra, yāvanto bodhisatvasya prayogqs tāvanta āśayāḥ | yāvanta āśayās tāvanto ' dhyāśayāḥ | yāvanto ' dhyāśayās tāvantyo nidhyaptayaḥ | yāvantyo nidhyaptayas tāvantyaḥpratipattayaḥ | yāvantyaḥpratipattayas tāvantyaḥ pariṇāmanāḥ | yāvantyaḥ pariṇāmanās tāvanta upāyāḥ | yāvanta upāyās tāvantyaḥkṣetrapariśuddhayaḥ | yādṛśī kṣetrapariśuddhis tādṛśī satvapariśuddhiḥ | yādṛśī satvapariśuddhis tādṛśī jñānapariśuddhiḥ | yādṛśī jñānapariśuddhis tādṛśī deśanāpariśuddhiḥ | yādṛśī deśanāpariśuddhis tādṛśī jñānapratipattipariśuddhiḥ | yādṛśī jñānapratipattipariśuddhis tādṛśī svacittapariśuddhiḥ |

tasmāt tarhi kulaputra buddhakṣetraṃ pariśodhāyitukāmena bodhisatvena svacittapariśodhane yatnaḥkaraṇīyaḥ | tat kasya hetoḥ | yādṛśī bodhi-

① 鸠摩罗什译：《维摩诘所说经》，《大正藏》第 14 册，No. 0475，第 538 页中。

satvasya cittapariśuddhis tādṛśī buddhakṣetrapariśuddhiḥsaṃbhavati | ①

根据今存梵本，佛陀对于宝积“净佛国土”之问的回答，逻辑上分成两个层次，其中第一层次答复“何谓佛土”，第二层次答复“如何净化佛土”。§12—13 两段可以说是第一层次的回答，本段（§14）则是第二层次的回答。第二层次的回答是佛陀指示菩萨们净化佛土的方法和过程。经文中说净化佛土的方法有直心、发行、深心、意调伏、如说行、回向、方便、成就众生、净化佛土、净化说法、净化智慧、净化自心、净化一切功德。今存梵本此段之语序与罗什译文有一定差异，不过主要的思想内容一致：其一：净化佛土是一个持续的、关联的过程；其二，在净化佛土的过程中，净化自心具有极端重要及极为关键的意义。文中 buddhakṣetraṃ pariśodhāyitukāmena bodhisatvena，可译为：欲净化佛土的菩萨。罗什译为“菩萨欲得净土”，原文中 pariśodhāyitukāma（欲净）起动词作用，buddhakṣetra（佛土）为其作用之对象，罗什译语似把此词译为“欲得”，所以仍解读其前的 buddhakṣetrakṣetra 为“净土”。

在《弟子品》中，有 1 例。

第 21 例

无令大威德诸天，及他方净土诸来菩萨得闻斯语。②

此句对应的梵文是：

mā mahaujaskā devaputrā anyabuddhakṣetrasaṃnipatitāśca bodhisatvāḥśroṣyanti | ③

文中 anyabuddhakṣetrasaṃnipatitāś，可译为：从其他佛土来的。罗什

① 《梵文维摩经》，第 11—12 页。

② 鸠摩罗什译：《维摩诘所说经》，《大正藏》第 14 册，No. 0475，第 542 页上。

③ 《梵文维摩经》，第 33 页。

译为“他方净土”，也是把 buddhakṣetra（佛土）直接译为“净土”。

在《观众生品》中，有 1 例。

第 22 例

此室一切诸天严饰宫殿，诸佛净土，皆于中现，是为八未曾有难得之法。①

所对应梵文如下：

punar aparaṃ bhadanta śāriputra iha gṛhe sarvadevabhavanavyūhāḥsarvabuddhakṣetraguṇavyūhāśca saṃdṛśyante ｜ ayam aṣṭama āścaryādbhuto dharmaḥ｜②

文中 sarvabuddhakṣetraguṇavyūhāś，可译为：一切佛土之功德装饰。罗什译 sarvadevabhavanavyūhāḥ（一切天神宫殿之装饰）为“一切诸天严饰宫殿”，译 sarvabuddhakṣetraguṇavyūhāś（一切佛土之功德装饰）为“诸佛净土”，译例应当相似，故此处应是把 kṣetra（土）与 guṇavyūhā（功德装饰）合成为“净土”。

在《佛道品》中，有 1 例。

第 23 例

虽知诸佛国　及与众生空　而常修净土　教化于群生③

此颂对应今存 Dr. P. L. Vaidya 校勘本第七品第 15 颂：

buddhakṣetrāṇi śodhenti satvānāṃ caritaṃ yathā ｜

① 鸠摩罗什译：《维摩诘所说经》，《大正藏》第 14 册，No. 0475，第 548 页上。

② 《梵文维摩经》，第 72 页。

③ 鸠摩罗什译：《维摩诘所说经》，《大正藏》第 14 册，No. 0475，第 549 页中。

ākāśakṣetrānuprāptā na satve satvasaṃjñinaḥ ‖ ①

可译为：他们证得如同虚空的国土，关于众生无有众生概念；根据诸众生的心行，他们净化诸佛土。罗什译文中的“净土”，对应原文中的“诸佛土”：buddhakṣetrāṇi。

在《香积佛品》中，有4例。

第24例

所以者何？十方国土，皆如虚空。又诸佛为欲化诸乐小法者，不尽现其清净土耳！②

此句对应的梵本如下：

tat kasmād dhetoḥ । ākāśakṣetrāṇi hi buddhakṣetrāṇi, satvaparipākāya tu buddhā bhagavanto na sarvaṃ buddhaviṣayaṃ saṃdarśayanti । ③

可译为：为什么呢？因为，诸佛国土如虚空土，而为了成熟众生，诸佛薄伽梵不使所有的佛境显现出来。此句“诸佛国土如虚空土”，意在说明诸佛之国土幅员广大，无障无碍。原文中 sarvaṃ buddhaviṣayaṃ，意思是：所有的佛之境界、领域。可知罗什是将前半句中的 buddhakṣetrāṇi（佛土）译为“国土”，而“清净土”在原文中并无对应语汇，是罗什对于后半句中 buddhaviṣayaṃ（佛境）的意译。

第25例

所以者何？此娑婆世界有十事善法，诸余净土之所无有。④

① 《梵文维摩经》，第81页。

② 鸠摩罗什译：《维摩诘所说经》，《大正藏》第14册，No.0475，第552页中。

③ 《梵文维摩经》，第93页。

④ 鸠摩罗什译：《维摩诘所说经》，《大正藏》第14册，No.0475，第553页上。

此句对应的梵文是：

tat kasmād dhetoḥ । iha hi satpuruṣāḥsahe lokadhātau daśa kuśaloccayā dharmāḥ，ye ’ nyeṣu buddhakṣetreṣu na saṃvidyante，yāṃśca te parigṛhṇanti ।①

文中 anyeṣu buddhakṣetreṣu，意思是“在其他佛土中”，指此娑婆世界以外的诸佛国土。罗什译为“诸余净土”，也是以“净土”来译 buddhakṣetra。但娑婆世界以外的佛土，既有净土，也有秽土，梵本经文表示十事善法只是在娑婆世界中有，在其他佛土中无，而罗什的译法则表示：十事善法在娑婆世界中有，在诸净土中无；其次，此译文中“余”字，所简别者指示不明。因此罗什此处的译文其实存在一些问题。

第 26—27 例

彼菩萨曰：菩萨成就几法，于此世界行无疮疣，生于净土？维摩诘言：菩萨成就八法，于此世界行无疮疣，生于净土。②

对应的梵文如下：

te bodhisatvā āhuḥ：katamair dharmaiḥsamanvāgato bodhisatvo ’ kṣato ’ nupahataḥsahāl lokadhātoścyutvā pariśuddhaṃ buddhakṣetraṃ gacchati ।

vimalakīrtir āha：aṣṭābhiḥkulaputraḥdharmaiḥsamanvāgato bodhisatvaḥsahāl lokadhātoścyutvākṣaṭo ’ nupahataḥpariśuddhaṃ buddhakṣetraṃ gacchati ।③

① 《梵文维摩经》，第 97 页。

② 鸠摩罗什译：《维摩诘所说经》，《大正藏》第 14 册，No. 0475，第 553 页上。

③ 《梵文维摩经》，第 97 页。

可译为：一个成就哪些法的菩萨，是无伤无害的，他们从娑婆世界死去后，往生到清净的佛国？维摩诘回答：一个成就了八种法的菩萨是无伤无害的，他们从娑婆世界死去后，往生到清净的佛国。提问及答词中两次出现 pariśuddhaṃ buddhakṣetraṃ，可译为“清净的佛国”，也正是指净土。

在《见阿閦佛品》中，有 2 例。

第 28 例

舍利弗言：未曾有也，世尊！是人乃能舍清净土而来，乐此多怒害处。①

对应的梵文如下：

āha：āścaryaṃ bhagavan yad eṣa satpuruṣas tāvatpariśuddhād buddhakṣetrād āgatyehaivaṃ bahudoṣaduṣṭe buddhakṣetre ' bhiramate ｜②

文中 tāvatpariśuddhād buddhakṣetrād，可译为：从如此清净的佛土。罗什舍去 tāvat，译 pariśuddhād buddhakṣetrād 为“清净土”，所以，其译语中，清净土 = 净土。“此多怒害处”，意思是指“此多有过失、恶事的佛土”，即指娑婆世界。

第 29 例

唯然已见，世尊！愿使一切众生得清净土，如无动佛；获神通力，如维摩诘。③

对应的梵文如下：

āha：dṛṣṭā me bhagavan ｜ sarvasatvānāṃ tādṛś́ā buddhakṣetra-

---

① 鸠摩罗什译：《维摩诘所说经》，《大正藏》第 14 册，No. 0475，第 555 页中。

② 《梵文维摩经》，第 111 页。

③ 鸠摩罗什译：《维摩诘所说经》，《大正藏》第 14 册，No. 0475，第 555 页下。

guṇavyūhā bhavantu | sarvasatvāś cedṛś yarddhyā samanvāgatā bhavantāṃ yādṛśyā vimalakīrtir licchaviḥkulaputraḥ |

罗什译文中“愿使一切众生得清净土”，是译 sarvasatvānāṃ tādṛś ā buddhakṣetraguṇavyūhā bhavantu 一句，原文意思是：希望一切众生都能够成就如此这般的佛土之功德装饰。此处“清净土”之译语，可以理解为如第 22 用例一样，是罗什将短语 buddhakṣetraguṇavyūhā 予以意译之结果。

（二）第二类译语：净国

在《佛国品》中，有 1 例。

第 30 例

所以者何？菩萨取于净国，皆为饶益诸众生故。譬如有人，欲于空地，造立宫室，随意无碍；若于虚空，终不能成！菩萨如是，为成就众生故，愿取佛国，愿取佛国者，非于空也。①

此段话对应的梵文如下：

tat kasya hetoḥ | satvārthanirjātaṃ hi kulaputra bodhisatvānāṃ buddhakṣetram | tadyathā ratnākara yādṛśam icched ākāśaṃ māpayituṃ tādṛśaṃ māpayeta, na cākāśaṃśakyate māpayituṃ nāpy alaṃkartum | evam eva ratnākara ākāśasamān sarvadharmāñ jñātvā, yādṛśam icched bodhisatvaḥ satvaparipākāya buddhakṣ etraṃ māpayituṃ tādṛśaṃ buddhakṣetraṃ māpayati, na ca buddhakṣetrākāśatāśakyaṃ māpayituṃ nāpy alaṃkartum | ②

① 鸠摩罗什译：《维摩诘所说经》，《大正藏》第 14 册，No. 0475，第 538 页上。

② 《梵文维摩经》，第 111 页。

文中 satvārthanirjātaṃ hi kulaputra bodhisatvānāṃ buddhakṣetram 一句，可译为：因为，善男子！菩萨们的佛土是由利益众生成办的。其中“佛土”（buddhakṣetra），罗什译为“净国”。此段后面的文字中三次出现 buddhakṣetra，罗什译出两次，且两次都译为“佛国”。可见在其译例中，“净国”就是“佛国”。

在《菩萨行品》，有 1 例。

第 31 例

> 以诸净国严饰之事，成己佛土。[①]

此句对应的梵文如下：

> sarvabuddhakṣetraguṇānāṃ svakṣetraniṣpādanatā |

意思是：把一切佛土之功德都在自己的国土中成办出来。罗什这里也是直接把 buddhakṣetra 译成了“净国”。

（三）第三类译语：清净佛土

在《文殊师利问疾品》中，有 1 例。

第 32 例

> 虽观诸佛国土永寂如空，而现种种清净佛土，是菩萨行。[②]

此句对应梵文如下：

> yad atyantāsaṃvartavivartākāśasvabhāvasarvabuddhakṣetrapratyavekṣa-

---

① 鸠摩罗什译：《维摩诘所说经》，《大正藏》第 14 册，No. 0475，第 554 页中。

② 同上书，第 545 页中。

ṇagocaraśca nānāvyūhānekavyūhabuddhakṣetraguṇavyūhasaṃdarśanagocaraśca, ayaṃ bodhisatvasya gocaraḥ । ①

文中前一个短语中的 sarvabuddhakṣetra，罗什译为“诸佛国土”；后一个短语中的 buddhakṣetraguṇavyūha，罗什译为“清净佛土”。此处的“清净佛土”，如第 22、29 两个译例，也可以理解为罗什对于 buddhakṣetra 与 guṇavyūha 两个短语意译性的合成。

在《香积佛品》中，有 1 例。

第 33 例

或有清净佛土，寂寞无言、无说、无示、无识、无作、无为，而作佛事。②

对应的梵文如下：

santy ānanda buddhakṣetrāṇi tādṛśāni pariśuddhāni yatrānudāhāratāpravyāhāratānirdeśatānabhilāpyatā teṣāṃ satvānāṃ buddhakṛtyaṃ karoti । ③

文中 santy buddhakṣetrāṇi tādṛśāni pariśuddhāni，意思是：有那样清净的诸佛土。罗什译为“清净佛土”，pariśuddhāni，正是“清净”之义。

在《见阿闳佛品》中，有 1 例。

第 34 例

佛言：若菩萨欲得如是清净佛土，当学无动如来所行之道。④

① 《梵文维摩经》，第 55 页。

② 鸠摩罗什译：《维摩诘所说经》，《大正藏》第 14 册，No. 0475，第 553 页下。

③ 《梵文维摩经》，第 102 页。

④ 鸠摩罗什译：《维摩诘所说经》，《大正藏》第 14 册，No. 0475，第 555 页下。

此句对应梵文：

āha：īdṛśaṃ mārsāḥbuddhakṣetraṃ parigrahītukāmena bodhisatvenākṣobhyasya tathāgatasya bodhisatvacaryāyām anuśikṣitavyam। ①

文中 īdṛśaṃ buddhakṣetraṃ，意思是“如是佛土”，罗什译为“如是清净佛土”，“清净”二字是他所加入，所以此例出自罗什的意译。

我们把罗什《维摩经》“净土”译语以上 34 个用例综合起来，可以看到以下几种情况：

第一种情况：原文有明确表示“清净的佛土”（pariśuddhabuddhakṣetra）的语汇，罗什译为“净土”“清净土”或“清净佛土”，如第 26、27、28、33 四例；

第二种情况：原文有“佛土”之对应语汇，无“清净”之对应语汇，罗什把“佛土”短语与其他短语（如 guzavyūha，功德装饰）合成在一起，意译为“净土”，如 22、29、32 三例；

第三种情况：原文完全没有与“清净”对应的语汇，甚至也无相关的语汇，罗什根据上下文涵义，纯粹意译为“清净土”或“清净佛土”，如第 24、34 二例；

第四种情况：是第 1—2 例，原文为“净佛国土”（buddhakṣetrapariśuddhi），罗什将其省略地读为“净土”，且意译为“净土之行”，此译法很容易与同一译经中的术语“净土”（pariśuddhabuddhakṣetra）相混淆；

第五种情况：原文仅为“佛土”（buddhakṣetra），而罗什直接译为“净土”（pariśuddhabuddhakṣetra），如第 3—19 诸例，第 20—21 例，第 23 例，第 25 例，第 30—31 例。

我们从《维摩经》第一品宝积与佛陀的问答可以确定，此经佛国思想的中心课题乃是“净佛国土”这一主题。关于这个主题，我们在经文其他地方也能看到。如：

---

① 《梵文维摩经》，第 114 页。

buddhakṣetrasya viśodhanāratiḥ | ①

此例，罗什译为：乐净佛国土。② 今可译为“净佛国土乐”。

Kṣetrapariśuddhiyā | ③

此例，罗什译为：净佛国土。④

buddhakṣetrapariśuddhyartham asaṃskṛte na pratitiṣṭhati，buddhādhiṣṭhānatvāt saṃskṛtaṃ na kṣapayati | ⑤

此例，支谦译为：“不尽数者，为净佛土；不住无数者，为佛立故。”⑥ 玄奘译为：“修治佛土究竟满故，不住无为；佛身安住常无尽故，不尽有为。”⑦ 罗什本此处缺译。今可译为：为了净佛国土，菩萨不住无为；由于有为佛陀所加持性，所以菩萨不尽有为。

我们认为：《维摩经》确实是一部具有浓厚佛国思想的经典，《维摩经》的佛国思想以此方佛国即娑婆世界作为讨论的中心，而非以他方佛国作为讨论的中心；与此相应，《维摩经》的佛国思想是以净化佛土作为主要的理论关怀，而非以清净佛土作为主要的理论关怀。所以《维摩经》佛国思想的重心及核心，可以说是“净佛国土”（buddhakṣetrapariśuddhi），而非“净土”（pariśuddhabuddhakṣetra）。当然净佛国土与清净佛土并不矛盾，前者是过程，是方法，后者则是结果，是目标。我们看到罗什《维摩经》汉译的“净土”译语大大强化了净土概念的使用，因而使《维摩经》的佛国思想呈现出有以“清净佛土”作为重心的佛国思想及净土思

---

① 《梵文维摩经》，第 40 页。
② 鸠摩罗什译：《维摩诘所说经》，《大正藏》第 14 册，No. 0475，第 543 页上。
③ 《梵文维摩经》，第 103 页。
④ 鸠摩罗什译：《维摩诘所说经》，《大正藏》第 14 册，No. 0475，第 554 页上。
⑤ 《梵文维摩经》，第 107 页。
⑥ 支谦译：《佛说维摩诘经》，《大正藏》第 14 册，No. 0474，第 534 页上。
⑦ 玄奘译：《说无垢称经》，《大正藏》第 14 册，No. 0476，第 583 页下。

想的明显倾向。

第二节　鸠摩罗什《维摩经》“净土”译语及其理解对净土思想的历史影响

以上我们从翻译史角度，详细梳理了罗什《维摩经》译文中的“净土”用例，发现并确认在罗什的《维摩经》汉译中，存在非常明显大量使用及强化“净土”概念的事实。

我们在罗什所译另一部著名大乘经典《法华经》中，也能找到三个“净土”译例。我们对这些译例也略加观察。

第一例

富楼那比丘　功德悉成满　当得斯净土　贤圣众甚多　如是无量事　我今但略说[①]

此颂对应梵本如下：

etādṛśaṃ kṣetravaraṃ bhavaṣyati
Pūrṇasya saṃpūrṇaguṇānvitasyta |
Ākīrṃa sattvehi subhadrakehi
Yatkiṃcitmātraṃ pi idaṃ prakāśitam ‖ （20）[②]

此为《法华经》Dr. P. L. Vaidya 校勘本第八品《五百弟子受记品》之第20颂，颂文中 kṣetravara，原意是“上妙的国土”，罗什译为：净土。

① 鸠摩罗什译：《妙法莲华经》，《大正藏》第9册，No. 0262，第28页上。
② 《改订梵文法华经》，第182页。

第二例

诸有能受持　妙法华经者　舍于清净土　悯众故生此①

此颂对应梵本如下：

upapattiṃ śubhaṃ tyaktvā sa dhīra iha āgataḥ ।

Sattvānāṃ anukampārthaṃ sūtraṃ yo dhārayed idam ‖ （4）②

此为《法华经》Dr. P. L. Vaidya 校勘本第 10 品《法师品》之第 4 颂，颂文中 upapattiṃ śubhaṃ，原意是“洁净的出生”，罗什译为：清净土。

第三例

我净土不毁　而众见烧尽　忧怖诸苦恼　如是悉充满③

此颂对应梵本如下：

evaṃ ca me kṣetram idaṃ sadā sthitaṃ

Anye ca kalpent' imu dahyamqnam ।

Subhairavaṃ paśyiṣu lokadhātuṃ

Upadrutaṃ śokaśatābhikīrṇam ‖ （14）④

此为《法华经》Dr. P. L. Vaidya 校勘本第 15 品即《如来寿量品》之第 14 颂，颂文中 kṣetra 意思是“国土”，罗什译为：净土。

---

① 鸠摩罗什译：《妙法莲华经》，《大正藏》第 9 册，No. 0262，第 31 页上。

② 《改订梵文法华经》，第 199 页。

③ 鸠摩罗什译：《妙法莲华经》，《大正藏》第 9 册，No. 0262，第 43 页中。

④ 《改订梵文法华经》，第 277 页。

我们看到：《法华经》上述三处，原文中也都不存在“净土”概念，但是罗什在这些地方都使用了“净土”或“清净土”之译语，这明显反映其强化使用净土概念的用意。这种翻译的倾向与其在《维摩经》汉译中大量使用“净土”译语的倾向完全一致。

我们知道：《法华经》及《维摩经》都是罗什于弘始八年（406 年）所译出，他于后秦弘始三年（401 年）入关，次年即译出提倡西方净土思想的《阿弥陀经》，时隔 5 年才译出这两部佛经。① 而这两部佛经，尤其是《维摩经》，是明确地以此方娑婆佛国作为探讨中心的经典，其佛国净土思想与《阿弥陀经》的佛国净土思想在旨趣上存在重大的差异。因此在罗什《维摩经》及《法华经》汉译中“净土”译语的大量出现，应当不仅标示罗什个人佛国净土思想的成熟，也在一定的意义上标示其试图通过这部译典强化娑婆佛国净土思想的考量。

我们从罗什本人及其弟子、后学的相关论述中，可以感受到罗什这种汉译方式及翻译策略，是其自觉、主动选择的结果。

如在《注维摩诘经》中，记有罗什及其弟子僧肇的下述说法：

> 什曰：经始终由于净国，故以佛国冠于篇也。②
>
> 肇曰：微远幽深，二乘不能测，不思议也。纵任无碍，尘累不能拘，解脱也。此经始自于《净土》，终于《法供养》，其中所明虽殊，然其不思议解脱一也，故总以为名焉。③

这两段话中，罗什提出“经始终由于净国”的观念，用以解释为什么《维摩经》以“佛国”作为第一品的品名。这一说法表明，罗什心目中认为应当把有关“净国”的思想理解为本经首尾一贯的重要思想。罗什这句话中对于“净国”“佛国”两个概念交叉运用，也可揭示在其观念中存在这样的倾向：“净国” = “佛国”。引文中僧肇“此经始自于《净土》”的说法，表明僧肇认同罗什“佛国”等于“净土”的理念。

---

① 参考汤用彤《汉魏两晋南北朝佛教史》下册，中华书局 1983 年版，第 270—272 页。

② 僧肇：《注维摩诘经》，《大正藏》第 38 册，No. 1775，第 328 页上。

③ 同上书，第 327 页下。

我们在后世之吉藏的著作中，可以看到他也引用了僧肇的这句话，[①]并且在对本经的诠释中，吉藏也明确地提出："此经始末盛谈净土。"[②] 所以经过罗什、僧肇，再到吉藏，罗什以"净土"等同"佛土"的《维摩经》"净土"译语，对于净土概念大量的强化使用，以及以净土思想作为重心及指向的《维摩经》佛国思想之理解方式，已经形成一个非常稳定的佛典汉译及理解的知识与思想的传统，依据这一传统，也就自然形成了《维摩经》是一部阐释净土思想的重要佛典的认识。我们在隋代慧远关于净土的释名中看到下面的叙述：

> 第一释名。言净土者，经中或时名佛刹，或称佛界，或云佛国，或云佛土，或复说为净刹、净界、净国、净土。刹者，是其天竺人语，此方无翻，盖乃处处之别名也。约佛辨处，故云佛刹。佛世界者，世谓世间国土境界，盛众生处，名器世间；界是界别，佛所居处，异于余人，故名界别。又佛随化，住处各异，亦名界别。约佛辨界，名佛世界。言佛国者，摄人之所，目之为国。约佛辨国，故名佛国。言佛土者，安身之处，号之为土。约佛辨土，名为佛土。若论其国，王领者有，不王者无。土即不尔，有身皆有。刹之与界，其义则通。此无杂秽，故悉名净。净刹性海莲花须弥，诸如是等宽狭别称。问曰：国土众生共俱，何故偏名佛国土乎？今明佛土，不说余故；又佛是主，故名佛土。名义如是。[③]

慧远认为佛刹、佛界、佛国、佛土，以及净刹、净界、净国、净土这些名字，在经文中统统都是指称"净土"。这一解释显然把表示一般意义上佛土概念的buddhakṣetra（佛土），和表示清净佛土概念的 pariśuddhabuddhakṣetra（净土），完全理解为同一个概念了。不难看出慧远此种对于佛国净土思想的认识受到了罗什《维摩经》"净土"译语的深刻影响。

---

① 吉藏："故肇师云：始自净土，终讫供养，其文虽殊，不思议一也。"引文见吉藏《法华玄论》，《大正藏》第 34 册，No. 1720，第 375 页上。

② 吉藏：《净名玄论》，《大正藏》第 38 册，No. 1780，第 904 页下。

③ 慧远：《大乘义章》，《大正藏》第 44 册，No. 1851，第 834 页上。

罗什此种以净国、净土为佛国、佛土的理解方式，其实可以从经文本身找到内在的理据。经文在宝积与佛陀关于“净佛国土”问题的讨论后，有一段舍利弗与佛陀之间及舍利弗与螺髻梵王之间的著名对话，这段对话表面上由于净化佛土的方法问题所引起，其实隐伏着一个更大的佛土论的背景，那就是作为依报的佛国或佛土的真实性质的问题。此段经文的结论：“佛语舍利弗：我佛国土常净若此，为欲度斯下劣人故，示是众恶不净土耳！譬如诸天，共宝器食，随其福德，饭色有异。如是，舍利弗！若人心净，便见此土功德庄严。”① 一方面释迦牟尼的佛土是“常净”的；另一方面因为救度众生的需要，佛陀又把它示现为“不净”的，故娑婆世界其实是“常净佛土”与“不净佛土”的统一，而娑婆佛土究竟是以净的面相还是以不净的面相向众生展现，关键视众生之自心是净是垢。这是《维摩经》中提出的一种典型的佛土论模式。

罗什在解释这段经文时，阐释了自己对于这一佛土论模式的看法：

> 什曰：佛土清净，阶降不同。或如四天王，乃至如六天；或如梵天，乃至如净居；或有过净居天。过净居天者，唯补处菩萨生此国也。称适众心，故现国不同。螺髻所见如自在天宫者，复是其所应见耳，而未尽其净也。下言譬如宝庄严佛国，始是释迦真报应净国。净国即在此世界，如《法华经·寿量品》中说。此净秽同处而不相杂。犹如下一器中有二种食，应二种众生。②

罗什这里明确主张：佛土是清净的（佛土清净），不过随众生之根性差异而显示不同的清净层级（阶降不同）。文中提出“释迦真报应净国”的说法，就是强调释迦佛土的清净性。罗什同时指出“净国即在此世界”，释迦的净国与此娑婆世界在同一个场所展开，所以就存在空间而言佛土不在此娑婆世界之外。罗什用“净秽同处而不相杂”概括其对佛土的真实性质问题的看法：“净秽同处”，表示清净佛国不在此娑婆世界之外；“而不相杂”，表示佛土拥有绝对清净的存在特质。罗什在这段话中

---

① 鸠摩罗什译：《维摩诘所说经》，《大正藏》第14册，No. 0475，第538页下。

② 僧肇：《注维摩诘经》，《大正藏》第38册，No. 1775，第337页下。

非常引人注目地引用了《法华经·寿量品》的佛国净土思想，来佐证自己对《维摩经》佛国净土思想的理解。

隋慧远曾评论罗什师弟之间关于凡圣净土有无问题的争论，据言道生主张“众生有土，诸佛则无”，罗什主张“诸佛有土，众生全无”，僧叡主张“佛与众生，各别有土”。[①] 而罗什这一观点，据称也是其在解释同一段经文时阐发的：

> 什公所立异：诸佛有土，众生全无，但佛随化，现土不同。故《维摩》云：为化众生故，现此土为不净耳。[②]

此记载说明罗什主张“佛土”隶属诸佛，众生则“全无”“佛土”。既然佛土只是属于诸佛，则它们当然就是绝对清净的。所以罗什的这一说法再度强调了佛土的绝对清净性。

因此罗什关于佛国、佛土的基本思想是：就存在性质而言，真正意义的“佛国”是释迦的真报应国，它具有绝对清净的性质；娑婆世界不是真正意义的“佛国”，而只是佛陀的随缘示现。就存在方式而言，真正意义的佛国不在娑婆秽土之外，而就处在娑婆秽土当中，但是它与秽土虽同处而不杂乱。所以我们看到罗什一方面坚持此方佛国的理念，一方面坚持此方佛国的绝对清净性，这样就建立起一个此方佛国净土思想的完整的佛土论理解。而以“净土”翻译“佛土”的译法，可以说正好体现了“佛土是绝对清净的”及“清净佛土不离娑婆世界”这样一个此方佛国净土思想的双重理论需求。

就佛教哲学思想的基本框架而言，佛土理论是关于依报的理论，佛身理论是关于正报的理论。在大乘思想的进展中，佛身论逐步发展出法身、报身、应化身的三身理论，与此相应，作为佛身的存在之所及教化区域的佛土，也相应被展开为多重的佛土，例如三类佛土。[③] 吉藏指出罗什之后

---

① 参考望月信亨《中国净土教理史》，释印海译，《世界佛学名著译丛》51，华宇出版社1987年版，第28页。

② 慧远：《大乘义章》，《大正藏》第44册，No. 1851，第837页上。

③ 望月信亨：《净土教概论》，释印海译，《世界佛学名著译丛》52，华宇出版社1988年版，第102页。

佛土思想随着佛身理论的演变而演变的轨迹：

评曰：佛或开三身，或名为本、迹二身。以身例土，亦有三土，及与二土。法身栖中道第一义土，如《瓔珞》所辨。又如《仁王》云："三贤十圣住果报，唯佛一人居净土。"又《摄大乘论》明真如即是佛所住土也。晚见《法华论》，亦明真如常住为土也。二舍那报身，化诸菩萨，处于净土。故有四净：化主净，国土净，徒众净，教门净。此四皆由菩萨心器净故，有此四净。故舍那化菩萨也。三者释迦化二乘，即是秽土。谓二乘人天心器不净，故感四种不净也。若合三身为本、迹二身者，法身托本土、余二托迹土也。若然者，什公以土沙为秽，宝玉为净，明异质同处者，此是迹身净土耳。生公著七珍论，此是《法身无净土论》。今请评之。若言法身不托土沙之秽，复不在宝玉之净，故云无土者，如前所判也。若取法身栖形实相中道之法，亦无此土者，是义不然。详生公意，但是无宝玉之土也，非无中道之土也。若尔生公得法身土，则失迹土。什公得于迹土，失于本土。若二师各明一义者，无所失。以今文具明三身，则具明三土。以昔未开三身，今始开之。三土亦然也。①

我们在《注维摩诘经》中，读到如下一段话：

肇曰：夫至人空洞无象，应物故形，形无常体，况国土之有恒乎。夫以群生万端，业行不同，殊化异被，致令报应不一。是以净者应之以宝玉，秽者应之以沙砾。美恶自彼，于我无定。无定之土，乃曰真土。然则土之净秽，系于众生，故曰众生之类是菩萨佛土也。或谓土之净秽系于众生者，则是众生报应之土，非如来土。此盖未喻报应之殊方耳。尝试论之：夫如来所修净土以无方为体，故令杂行众生同视异见。异见故净秽所以生，无方故真土所以形。若夫取其净秽，众生之报也。本其无方，佛土之真也。岂曰殊域异处，凡圣二土，然

---

① 吉藏：《法华玄论》，《大正藏》第 34 册，No. 1720，第 441 页下。

后辨其净秽哉?[①]

这段话标识“肇曰”，应是僧肇之语。僧肇提出“净者应之以宝玉，秽者应之以沙砾”，吉藏在上引那段话中说“什公以土沙为秽，宝玉为净，明异质同处”，可见是把僧肇这段话归为罗什之语，且据此判定罗什的佛土理论为“异质同处”之说。吉藏认为罗什之所以有此种看法，是因罗什尚未见到开展三身之说的经文，也未见到三土之论。而现在佛经已经明确开展三身、三土的理论，所以罗什“异质同处”的佛土之说，就应当在“迹土”——报身、化身依托之佛土——之视角下理解。吉藏同时批评竺道生的“法身无净土论”，认为这样的佛土论应当在“本土”——法身依托之佛土——的视角下理解。吉藏的讨论提示我们应当在佛身、佛土思想发展史的视域中审视罗什《维摩经》“净土”译语及其理解的问题。

尽管在罗什《维摩经》“净土”译语及其理解背后，确实存在吉藏所指出的佛身、佛土思想的时代差异的问题，罗什这一汉译及其理解对于中国佛教净土思想的影响则极为巨大。我们看罗什自己对于宝积与佛陀“净佛国土”问答的解释：

> 什曰：宝积问净土之相，故以净相答之。净相即净土因缘。净土因缘有三事：一菩萨功德，二众生，三众生功德。三因既净，则得净土。今言众生则是者，因中说果。下释义中具三因缘也。[②]

罗什指出：宝积的提问是问“净土之相”，也即是问“净土之因缘”。而净土之因缘有菩萨功德、众生、众生功德三件事，所以下文所有的答词也都要扣紧这三件事予以解释。文中之所以特别就“众生”事予以解释，则是“因中说果”的回答方式。罗什这段解释提出构建净土的三种因缘，是其佛国净土思想的核心内容，这一思想对于后世的影响是深刻的。

我们在吉藏的注释中读到：

---

① 僧肇：《注维摩诘经》，《大正藏》第38册，No.1775，第334页中。

② 同上。

为佛国中，有三章经。初云：众生之类是菩萨佛土。次章云：直心是菩萨佛土。此之二章，虽是一品之文，乃大明净土之洪辂也。[1]

吉藏提出《维摩经》上述两段文字“乃大明净土之洪辂也”，认为这两段文字所启示的净土思想是净土理论的纲领。这样的理解大大凸显了《维摩经》相关思想对于佛教净土思想的重要理论价值，是对罗什有关观念的明显继承。

在罗什师弟的传承以外，我们同样看到罗什《维摩经》“净土”译语及其理解的历史影响。例如，可以智𫖮为例。智者大师晚年以名、体、宗、用、教的释经体例注疏《维摩经》，认为《维摩经》的“宗”（根本思想旨趣）就是“佛国因果”。他说：

第二正明因果辨此经宗者，以佛国因果当宗，今故以佛国标名。

今经双举佛国因果，是故佛国因果以当宗也。所以者何？如长者子献盖云“愿闻得佛国土清净”，即问果；唯愿世尊说诸菩萨净土之行，即是问因。佛答云“直心是菩萨净土”，即是答因；“不谄众生来生其国”，即是答果。命宗之始双问因果，答亦俱答因果。[2]

智𫖮此处同样通过对宝积与佛陀“净佛国土”问答的解释，论述此经“佛国因果”之思想宗旨。不仅此也，由于认为佛国思想是此经的思想宗旨，所以智𫖮在本经的注疏中特别阐发了其有关佛国的系统思想：

此经既以佛国为宗，必须明识佛国之义。今略为八重：一总明佛国，二别明佛国，三明修佛国因，四明见佛国不同，五明往生，六明说教，七约观心，八用佛国义通释此经。[3]

智𫖮这里阐发的“佛国之义”，是一个非常完整的佛国净土思想的大

---

① 吉藏：《净名玄论》，《大正藏》第 38 册，No. 1780，第 904 页下。

② 智𫖮：《维摩经玄疏》，《大正藏》第 38 册，No. 1777，第 519 页中、559 页中。

③ 湛然略：《维摩经略疏》，《大正藏》第 38 册，No. 1778，第 562 页下。

纲，其对中国佛教净土思想的影响不言而喻。

玄奘大师弟子窥基同样重视《维摩经》的研究及讲解。窥基在讲解《维摩经》时使用罗什译本，而在修订的经疏中则依据玄奘所译《说无垢称经》，对罗什译文有所批评。如上面一再提及的宝积“净佛国土”之问，玄奘的译文是：

> 尔时宝性说此伽他赞世尊已，复白佛言：如是五百童子菩萨皆已发趣阿耨多罗三藐三菩提，彼咸问我严净佛土。唯愿如来哀愍为说净佛土相，云何菩萨修净佛土。①

窥基提出：

> 彼咸问我严净佛土，此有二义。所严清净土，即土相状；能严修净佛土，即土之因。故问有二。一问净佛土状相，二问修彼之因。旧经愿闻净土行问，唯问因，不问土相。②

我们根据前面的勘对，已知宝积所问是“净佛国土”之问题，并且整个提问所涉及的只是此问题，而非如窥基所理解，这里存在两个问题。所以窥基此处对于玄奘译文的解读，以及对罗什译文的批评，其实并不精确。

不过，窥基事实上受到罗什译文的深刻影响。我们在窥基《说无垢称经疏》中读到他以八门分别佛土义的章节，③ 而同一部分也出现在《法苑义林》之第六《佛土章》中。④ 这样的安排足以证明窥基认为《维摩经》的佛国净土思想在佛国思想及净土思想中占据重要地位。而这样一种认识恰恰就是承自罗什《维摩经》“净土”译语及其理解的佛国净土思想传统而来的。

---

① 玄奘译：《说无垢称经》，《大正藏》第 14 册，No. 0476，第 559 页上。

② 窥基：《说无垢称经疏》，《大正藏》第 38 册，No. 1782，第 1023 页上。

③ 窥基：“赞曰：自下第三，佛现净土。佛土义，以八门分别：一显差别，二出体性，三显因行，四彰果相，五释分量，六解处所，七共不共，八诸门辨。”《大正藏》第 38 册，No. 1782，《说无垢称经疏》，第 1027 页下。

④ 窥基：《大乘法苑义林章》，《大正藏》第 45 册，No. 1861，第 369 页中。

第十六章 《宝性论》引用《胜鬘经》经文疏释

第一节 从《宝性论》所引用佛经看《胜鬘经》之殊胜

《宝性论》是印度大乘佛教中从理论上系统论证、建立如来藏一系思想的一部重要论典，在如来藏学系发展的历史上具有里程碑的意义。此论造论的特点之一，是依经造论——即凡论中有所理论建构，必依据佛经，引用佛经的说法来证成。所以这是一部典型的佛教释经学的经典，《宝性论》这一“依经而造”的特点，已经为现代学者所注意到。[①]

《宝性论》所引用的佛经甚多，根据日本学者高崎直道的考察，一共有 20 多种。这些引用在《宝性论》自身中的意义，高崎直道有如下论述：

> 《宝性论》中所使用的佛教经典，计有 20 多种，这些引用，或有所改变的圣书中的段落，看上去占据整个文本的三分之一的篇幅。在一定意义上可以这样讲，《宝性论》只是有关经典中涉及如来藏理论的圣书段落的汇编。[②]

高崎直道这里的描述，不仅概要地指出了《宝性论》行文大量征引佛教经典的事实，也指明《宝性论》的这些征引，有一个十分明确的目

---

① 例如，可以参看印顺导师《如来藏之研究》，《印顺法师佛学著作全集》卷十八，中华书局 2009 年版，第 145 页。

② Jikido Takasaki（高崎直道）：*A Study on the Ratnagotravibhāga*（*uttaratantra*），*Being a Treatise on the tathāgatagarbho Theory of Mahayana Buddhism*，Serie Orientale Roma，XXXIII，Introduction，p. 32.

标，那就是直接围绕如来藏学说的建构而展开。当然，《宝性论》并不只是单纯地引用这些佛经，而是一切引用都按照其理论逻辑展开。上述高崎直道的说法，只不过强调《宝性论》大量引用佛教经典的事实。作为一部佛教思想史上具有独特思想价值及鲜明论证风格的释经学著作，我们实际上是绝对不能把《宝性论》仅仅看成经典圣书段落的一种“汇编”的。

关于《宝性论》引用佛教经典的详细情况，高崎直道在其《宝性论研究》一书中，有概要的描述。这里我们把他的观察简要胪列如下。

首先，与《宝性论》论颂部分相关的被引用的经典，在《宝性论》中被看成是最重要的一类引用的经典，它们包括：

（1）《陀罗尼自在王经》（论中开篇引用，以证成“七个金刚句”的合理性）；

（2）《如来藏经》（Dr. P. L. Vaidya 校勘本第一部分，引用该经如来藏九个譬喻，证成如来藏为烦恼所缠之说）；

（3）《宝女经》（Dr. P. L. Vaidya 校勘本第三部分，引用该经证成佛陀具有 64 种非同一般的品德）；

（4）《智光庄严经》（Dr. P. L. Vaidya 校勘本第四部分，引用该经证成说明佛业的 9 种譬喻）。

在上述四部经典中，《如来藏经》是最重要的一部，因为它主要讲述关于如来藏的理论，并且其基本的教义构成这部《宝性论》的理论核心。

其次，上述四部经典之外，《宝性论》所引用的最重要经典资源，乃是：

（5）《胜鬘经》；

（6）《不增不减经》；

（7）《如来出现品》（华严经）；

（8）《大涅槃经》（大乘）；

（9）《海慧问经》；

（10）《虚空藏菩萨问经》；

（11）《宝髻经》（以上三部经典都属于《大集经》系统）。

上述这些经典或多或少都包含有如来藏理论，而在《宝性论》的引用中，尤其以（5）（6）（8）三部经典为重要。

然后，则是：

（12）《大乘阿毗达摩经》；

（13）《庄严大乘经论》。

这两部经典本是属于瑜伽行派的重要经论，《宝性论》引用其相关部分证成其如来藏系理论，但是《宝性论》并不取其关于法相、唯识的特殊学说。

还包括：

（14）《金刚般若经》；

（15）《八千颂般若经》，这二种经典在《宝性论》中皆有所引用。

此外，还需要提到：

（16）《坚固意念经》；

（17）《佛华严入如来智德不思议境界经》；

（18）《迦叶波品》（宝积经）；

（19）《六根聚经》。

这些经典在《宝性论》中，也有所引用。另外，还有八种以上不清楚经典来源的引用，其中包括一种用巴利文写成的经典的部分。①

还有《般若波罗蜜多经》及《法华经》，这是大乘佛教中最早结集的两部重要经典，《宝性论》虽然对其没有明确的引用，但提到了它们，由此可以看出两部早期大乘经典之思想对《宝性论》的影响。

从我们今天的研究视角来看，“依经而造”，即广泛引用佛教经典来证成其说，其实并不是《宝性论》这一部论典所特有的特征，毋宁说它是印度佛教论书创作的一般特征，甚至广而言之可以说是反映了古代印度宗教、哲学经典创造的一般性特征。不过，由于《宝性论》不仅是印度佛教最重要、最系统、理论品格也最强的一部建构如来藏学说的论书，也是幸运地现在存有其梵本的一部重要大乘思想名著，上述这种广泛征引其他经典的造论特点，就不仅使得《宝性论》在历史上成为佛教经典诠释学的一个典范，而且也透过这部论典对于相关佛经的引用，在今日起到客观上保留很多佛经引文、满足佛学原语勘定的作用，所以它也是一部在当

---

① 以上参考 Jikido Takasaki（高崎直道）：*A Study on the Ratnagotravibhāga*（*uttaratantra*），*Being a Treatise on the tathāgatagarbho Theory of Mahayana Buddhism*，Serie Orientale Roma，XXXIII，Introduction，pp. 32 - 33。印顺法师在所著《如来藏研究》一书中，也列出了《宝性论》所引用的佛教经典的名称，参考该书第146—147页。

代有特殊学术意义的佛学著作。

在《宝性论》所引用的20多种佛教经典中，就如来藏思想的建构而言，其中最重要的一部，应当是《胜鬘经》。中国古代佛教学者中诠释过此经的吉藏法师（549—623年），曾经这样描述《胜鬘经》的性质：

> 此经过《大品》，包《法华》，与《涅槃》齐极。虽以一乘为体，而显言常住，故得与涅槃理同；虽说一体三归，而以一乘为致，故包《法华》之说。既义适两教，故属无方。又是别应于机，非双林之说，故异《涅槃》。①

吉藏在这里把《胜鬘经》与《大品》《法华》《大涅槃经》相互比较，认为《胜鬘经》超过了《大品》，与《法华》《涅槃》这两部公认的重要大乘佛典处在同一个思想层次上。《胜鬘经》的思想得以包容上述著名经典的思想，同时又保持自己教法思想的特殊个性。可见在吉藏看来，此经在佛教思想史上具有特殊重要的地位。

关于《胜鬘经》的核心思想究竟是什么，法藏的看法是：

> 次明宗旨门。此中有二：一、正明宗旨；二、明同异。此经章虽十五，统其旨趣，以一乘为宗。所以然者，凡有二义。一者，凡欲识经宗，宜观经题。若舒之，章有十五；若卷之，则归乎一乘，是故用一乘为经旨也。二者，如《法华》云：三世诸佛略明五乘，广则八万法藏，虽有广略不同，而意唯为显一理，教乎一人。故《譬喻品》云："诸有所说，皆为无上菩提，悉为化菩萨故。今当复以譬喻，更明此义。"更明此义者，更明唯有一理，唯教一人。故知若法、若譬，若语、若默，诸有所作，为明一乘。《法华》既尔，此经亦然。②

所以我们看到：吉藏对《胜鬘经》的这部注疏，是以"一乘"思想

① 《胜鬘宝窟》，《大正藏》第37册，No. 1744，第5页中。

② 同上书，第4页下。

为重心，来展开讨论《胜鬘经》的思想，而不是以如来藏思想为重心，来展开对《胜鬘经》思想的讨论。吉藏对于《胜鬘经》思想的理解，受其对《法华经》思想理解的重要牵引；而吉藏对于《法华经》思想的理解，则又深受魏晋南北朝以来《法华经》诠释、理解传统的影响。由于对《法华经》及《胜鬘经》的这种理解，吉藏在他这部著作中，虽然也多次引用过《宝性论》的一些说法，但是他没有能够指出《宝性论》与《胜鬘经》之间学术思想的上述内在密切关联。

事实上，《胜鬘经》的核心思想，乃是如来藏思想，这是基于现代客观性学术研究的方法，完全可以确证的。关于《胜鬘经》的这种思想特质，及其与《宝性论》的思想关联，诚如高崎直道在其书中所分析：

> 以比《如来藏经》更加发展的形式，深度研究如来藏的特质，在建立如来藏理论方面有更加重要的角色的，是《胜鬘经》。它经常在《宝性论》中被引用。相对别的被引用的经典而言，考虑到其更加哲学化的道路，此经比《如来藏经》在《宝性论》中占据重要得多的地位。①

高崎直道的意见是：考虑到《胜鬘经》在如来藏学思想发展历程上的特殊角色，及其在《宝性论》中被引用的事实，可以断定在《宝性论》系统化、理论化如来藏思想的努力中，《胜鬘经》比《如来藏经》占据更加重要和特殊的地位。我们认为，高崎直道的上述意见是客观的、公允的。

根据考订，可以发现《宝性论》对于《胜鬘经》的引用，前后达到22次之多，因而我们完全可以确证《宝性论》如来藏思想建构与《胜鬘经》如来藏思想之间的密切关联。

《胜鬘经》的古代汉译有二种：

---

① Jikido Takasaki（高崎直道）：*A Study on the Ratnagotravibhāga*（*uttaratantra*），*Being a Treatise on the tathāgatagarbho Theory of Mahayana Buddhism*，Serie Orientale Roma，XXXIII，Introduction，p. 37.

（1）《胜鬘师子吼一乘大方便方广经》，宋中印度三藏求那跋陀罗译，此译将经文分为十五章，前面所言隋代吉藏法师的注疏本，即是对此译的注疏。另外隋慧远的《胜鬘经义记》，唐窥基的《胜鬘经述记》，也都是对宋译的注疏。所以宋译《胜鬘经》是该经的通行版本。

（2）《胜鬘夫人会第四十八》，载于《大宝积经》卷第一百一十九，唐代译经家菩提流志所译，此译虽然文字流畅得多，但因较为后出，所以未能成为《胜鬘经》的流通版本。

另外一点，我们知道现在《胜鬘经》的梵本不传，故对这部大乘佛教及如来藏系重要经典的理解、诠释，一直存在很大的困难。所以勒那摩提古译《宝性论》中对于《胜鬘经》的大量引用，也就为我们今日更加准确地解读《胜鬘》文句、思想，提供了最宝贵的第一手资料。

因此，本章将整理《宝性论》对《胜鬘经》的这些引用资料，希望借此，我们可以更好地理解《胜鬘经》的有关思想，可以加深对《宝性论》与《胜鬘经》相互关系的认识，可以更好地理解印度大乘佛教中如来藏一系的思想，也可以更好地理解印度佛教经典诠释学的一些内在特征。

第二节　《宝性论》中引用《胜鬘经》经文疏证

以下，我们将疏证《宝性论》引用《胜鬘经》的 22 段经文。这 22 段引用中，内容有不少互相重复的地方，但考虑《宝性论》对《胜鬘经》的引用，在二书研究的文献上，都具有十分珍贵的意义，所以我们不厌其烦，先后全部列出。也因为《宝性论》引用的《胜鬘经》经文，有时内容极短，如果不根据《宝性论》的上下文，实在难以精确理解引语的涵义，所以我们就尽量将所涉及的上下文，也一并录出，纳入这一疏证的范围。

在疏证中，笔者先后列出：（1）勒那摩提译《宝性论》，这里略称“宝译”；（2）求那跋陀罗所译《胜鬘经》，略称“宋译”；（3）菩提流志所译《胜鬘夫人会》，略称“唐译”；（4）依据日本学者中村瑞隆先生所校勘《宝性论》梵本，提供相关段落的梵本对勘，略称“梵本”；以及，

(5) 最后，我们提供的新译，略称“新译”。新译文字，同时也参考另外一位日本学者、唯识学及如来藏思想研究专家高崎直道先生的英文译本。此外，Alex Wayman 和 Hideko Wayman 所做的《胜鬘经》研究及其英文译本，也被列为我们的重要参考文献。

第一段

【梵本】

yathoktam｜ na khalu bhagavan dharmavināśo duḥkhanirodhaḥ｜ duḥkhanirodhanāmnā bhagavannanādikāliko'kṛto'jāto'nutpanno'kṣayaḥkṣayāpagataḥnityo dhruvaḥśivaḥśāśvataḥprakṛtipariśuddhaḥsarvakleśakośavinirmukto gaṅ gāvālikāvyativṛttairavinirbhāgairacintyairbuddhadharmaiḥ samanvāgatastathāgatadharmakāyo deśitaḥ｜ ayameva ca bhagavaṁstathāgatadharmakāyo'vinirmuktakleśakośastathāgatagarbhaḥsūcyate｜ iti sarvavistareṇa yathāsūtrameva duḥkhanirodhasatyavyavasthānamanugantavyam｜[①]

【宝译】是故《圣者胜鬘经》言：“世尊！非灭法故，名苦灭谛。世尊！所言苦灭者，名无始、无作、无起、无尽、离尽，常、恒、清凉、不变，自性清净，离一切烦恼藏所缠。世尊！过于恒沙不离、不脱、不异、不思议佛法毕竟成就，说如来法身。世尊！如是如来法身不离烦恼藏所缠，名如来藏。”如是等，《胜鬘经》中广说灭谛应知。[②]

【宋译】世尊！非坏法故，名为苦灭。所言苦灭者，名无始、无作、无起、无尽、离尽、常、住、自性清净、离一切烦恼藏。世尊！过于恒沙不离、不脱、不异、不思议佛法成就，说如来法身。世尊！如是如来法身不离烦恼藏，名如来藏。[③]（法身章第八）

---

① 中村瑞隆：《梵汉对照究竟一乘宝性论》，《世界佛学名著译丛》76，华宇出版社 1989 年版，第 21 页。

② 《究竟一乘宝性论》，《大正藏》第 31 册，No. 1611，第 823 页下。

③ 《胜鬘师子吼一乘大方便方广经》，《大正藏》第 12 册，No. 0353，第 221 页下。

【唐译】世尊！非灭法故，名为苦灭。何以故？言苦灭者，无始、无作、无起、无尽、常、住、不动、本性清净、出烦恼鷇。世尊！如来成就过于恒沙、具解脱智、不思议法，说名法身。世尊！如是法身不离烦恼，名如来藏。①

【新译】如经中所说：

“薄伽梵！苦灭（圣谛）意思并非：使法消灭。薄伽梵啊！以‘苦灭’这个名称，您揭示了如来之法身：它是无始、无作、不出生、不往生、无尽、摆脱了销尽、恒常、坚固、吉祥、持续、自性清净、摆脱一切烦恼藏，具足超过恒河沙、不离（法）、不可思议的佛之诸法。而且，薄伽梵啊！同样正是这个如来之法身，被传达为是尚未摆脱烦恼藏的如来藏。”因此，根据（这部）经，我们可以最详尽地理解关于苦灭圣谛的建立。②

第二段

【梵本】

ata āha । kṣaṇikaṁbhagavan kuśalaṁcittam । na kleśaiḥsaṁkliśyate । kṣaṇikamakuśalaṁ cittam । na saṁ kliṣṭameva taccittaṁ kleś aiḥ । na bhagavan kleśāstaccittaṁspṛśanti । kathamatra bhagavannasparśanadharmi cittaṁtamaḥkliṣṭaṁbhavati । asti ca bhagavannupakleśaḥ । astyupakliṣṭaṁ cittam । atha ca punarbhagavan prakṛtipariśuddhasya cittasyopakleśārtho duṣprativedhyaḥ । iti vistareṇa yathāvadbhāvikatāmārabhya duṣpratividhārthanirdeśo yathāsūtramanugantavyaḥ । ③

① 《大宝积经》，《大正藏》第 11 册，No. 0310，第 675 页下。

② 参考 Jikido Takasaki（高崎直道）：*A Study on the Ratnagotravibhāga*（*uttaratantra*），*Being a Treatise on the tathāgatagarbho Theory of Mahayana Buddhism*，Serie Orientale Roma，XXXIII，pp. 167 – 178，可参考 *The Lion's Roar of Queen śrīmālā*，*A Buddhist Scripture on the tathāgatagarbho Theory*，translated，with introduction and Notes by Alex Wayman and Hideko Wayman，Motilal Banarsidass Publishers Privated Limited，Delhi，1998，2007，p. 98。

③ 中村瑞隆：《梵汉对照究竟一乘宝性论》，《世界佛学名著译丛》76，华宇出版社 1989 年版，第 25 页。

【宝译】是故《圣者胜鬘经》言："世尊！刹尼迦善心，非烦恼所染；刹尼迦不善心，亦非烦恼所染。烦恼不触心，心不触烦恼。云何不触法，而能得染心？世尊！然有烦恼，有烦恼染心。自性清净心而有染者，难可了知。"如是等，《圣者胜鬘经》中广说自性清净心及烦恼所染应知。[①]

【宋译】何以故？刹那善心，非烦恼所染；刹那不善心，亦非烦恼所染。烦恼不触心，心不触烦恼。云何不触法，而能得染心？世尊！然有烦恼，有烦恼染心，自性清净心而有染者，难可了知。[②]（自性清净章第十三）

【唐译】何以故？世尊！刹那刹那善不善心，客尘烦恼所不能染。何以故？烦恼不触心，心不触烦恼。云何不触法，而能得染心？世尊！由有烦恼，有随染心。随烦恼染，难解难了。[③]

【新译】因此，经中说：

"薄伽梵啊！善心是刹那性的，它不被诸烦恼所污染；不善心是刹那性的，此种心也不被（诸烦恼）所污染。薄伽梵！诸烦恼并不触及这些心。心也不触及诸烦恼。[④] 薄伽梵啊！在这里，具有不触及性质的心如何被冥暗所污染呢？可是，薄伽梵啊！存在着随染，存在着被污染的心。再者，薄伽梵啊！我们难以理解本来清净的心之随染义。"如此云云，乃至广说。这样，基于如实而有性，对于"难以理解的意义"所作的解说，可以按照（这部）经来理解。[⑤]

第三段

【梵本】

Yasmādarhatāmapi kṣīṇapunarbhavānāmaprahīṇatvādvāsanāyāḥsatatas-

---

① 《究竟一乘宝性论》，《大正藏》第 31 册，No. 1611，第 824 页下。

② 《胜鬘师子吼一乘大方便方广经》，《大正藏》第 12 册，No. 0353，第 222 页中。

③ 《大宝积经》，《大正藏》第 11 册，No. 0310，第 677 页下。

④ 根据诸本，应补入此句。

⑤ 参考 Jikido Takasaki（高崎直道）：*A Study on the Ratnagotravibhāga*（*uttaratantra*），*Being a Treatise on the tathāgatagarbho Theory of Mahayana Buddhism*，Serie Orientale Roma，XXXIII，pp. 174 – 175。可参考 *The Lion's Roar of Queen śrīmālā*，*A Buddhist Scripture on the tathāgatagarbho Theory*，translated，with introduction and Notes by Alex Wayman and Hideko Wayman，p. 106。

amitaṁsarvasaṁskāreṣu tīvrā bhayasaṁjñā pratyupasthitā bhavati syādyathāpi nāmotkṣiptāsike vadhakapuruṣe tasmātte′pi nātyantasukhaniḥsaraṇamadhigatāḥ। na hi śaraṇaṁ śaraṇaṁ paryeṣate। yathaivāśaraṇāḥsattvā yena tena bhayena bhītāstatastato niḥsaraṇaṁ paryeṣante tadvadarhatāmapyasti tadbhayaṁyataste bhayādbhītāstathāgatameva śaraṇamupagacchanti। ①

【宝译】是故《圣者胜鬘经》言："阿罗汉有恐怖。何以故？阿罗汉于一切无行，怖畏想住，如人执剑，欲来害己，是故阿罗汉无究竟乐。何以故？世尊！依不求依，如众生无依，彼彼恐怖，以恐怖故，则求归依。如是阿罗汉有怖畏，以恐怖故，归依如来。"②

【宋译】阿罗汉归依于佛，阿罗汉有恐怖。何以故？阿罗汉于一切无行，怖畏想住，如人执剑，欲来害己，是故阿罗汉无究竟乐。何以故？世尊！依不求依，如众生无依，彼彼恐怖，以恐怖故，则求归依。如阿罗汉有怖畏，以怖畏故，依于如来。（一乘章第五）

【唐译】阿罗汉有怖畏想，归依如来。何以故？阿罗汉于一切行，住怖畏想，如人执剑，欲来害己，是故阿罗汉不证出离究竟安乐。世尊！依不求依，如诸众生无有归依，彼彼恐怖，为安隐故，求于归依。世尊！如是阿罗汉有恐怖故，归依如来。

【新译】因为，即便已经灭尽后有的阿罗汉们，也由于尚未断除习气，所以常常、经常地，对于一切诸行，都表现出强烈的畏惧的想法，就好比是对于一个举刀的屠夫那样。所以，即使这些阿罗汉，也还没有实证究竟快乐的出离。确实，（是）皈依（者）则不追求皈依（其他）。就好比尚未皈依的众生，若是由于这种、那种畏惧而心怀畏惧，就总是追求由这种、那种畏惧脱离出来；同样的道理，诸阿罗汉也存在对于这些诸行

① 中村瑞隆：《梵汉对照究竟一乘宝性论》，《世界佛学名著译丛》76，华宇出版社 1989 年版，第 35—36 页。

② 《究竟一乘宝性论》，《大正藏》第 31 册，No. 1611，第 826 页上。

的畏惧，于是为这些畏惧所畏惧的他们，就追求如来作为其皈依。[①]

第四段

【梵本】

anena tu pūrvoktena vidhinānutpādānirodhaprabhāvitasya munervyavadānasatyadvayavirāgadharmakāyatvād dharmakāyaviśuddhiniṣṭhādhigamaparyavasānatvācca traiyānikasya gaṇasya pāramārthikamevātrāṇe′śaraṇe loke′parāntakoṭisamamakṣayaśaraṇaṁnityaśaraṇaṁdhruvaśaraṇaṁyaduta tathāgatā arhantaḥsamyaksaṁbuddhāḥ। eva ca nityadhruvaśivaśāśvataikaśaraṇanirdeśo vistareṇāryaśrīmālāsūtrānusāreṇānugantavyaḥ। [②]

【宝译】此偈明何义？如向所说，诸佛如来不生、不灭、寂静、不二、离垢、法身故，以唯一法身究竟清净处故，又三乘之人无有救者、无归依者，以唯有彼岸、无始本际、毕竟无尽，是可归依，恒可归依，所谓唯是诸佛如来故，如是常恒清凉不变，故可归依。《圣者胜鬘经》中广说应知。[③]

【宋译】世尊！如来无有限齐时住，如来、应、等正觉后际等住。如来无限齐大悲，亦无限齐安慰世间。无限大悲、无限安慰世间，作是说者，是名善说如来。若复说言无尽法、常住法，一切世间之所归依者，亦名善说如来。是故于未度世间、无依世间，与后际等，作无尽归依、常住归依者，谓如来、应、等正觉也。[④]（一乘章

---

① 参考 Jikido Takasaki（高崎直道）：*A Study on the Ratnagotravibhāga（uttaratantra），Being a Treatise on the tathāgatagarbho Theory of Mahayana Buddhism*，Serie Orientale Roma，XXXIII，p. 183。可参考 *The Lion's Roar of Queen śrīmālā，A Buddhist Scripture on the tathāgatagarbho Theory*，translated，with introduction and Notes by Alex Wayman and Hideko Wayman，p. 80。不过此书译者此处译为“阿罗汉及诸独觉”，而根据梵本，这里只是谈到“阿罗汉”。

② 中村瑞隆：《梵汉对照究竟一乘宝性论》，《世界佛学名著译丛》76，华宇出版社 1989 年版，第 37 页。

③ 《究竟一乘宝性论》，《大正藏》第 31 册，No. 1611，第 826 页中。

④ 《胜鬘师子吼一乘大方便方广经》，《大正藏》第 12 册，No. 0353，第 220 页下。

第五）

【唐译】何以故？世尊！如来住时无有限量，等于后际，如来能以无限大悲、无限誓愿利益世间，作是说者是名善说。若复说言，如来是常、是无尽法、一切世间究竟依者，亦名善说。是故能于无护世间、无依世间与等后际，作无尽归依、常住归依、究竟归依者，谓如来、应、正等觉。①

【新译】而根据前面已经说过的这个规则，由于以无生、无灭彰显出来的牟尼，具有以净化、二谛及离贪为法身性，以及由于三乘大众都以证得此究竟清净的法身作为最后目标，所以在此无有救度、无有皈依的世间，胜义的及与究竟的后际相等的无尽的皈依，永恒的皈依，坚固的皈依，乃是诸如来、阿罗汉、正等觉者。上述关于“永恒、坚固、吉祥、永久、唯一的皈依”的解说，我们可以根据《胜鬘经》来详细理解。②

第五段

【梵本】

yata āha | dvāvimau devi dharmau duṣprativedhyau | prakṛtipariśuddhicittaṁ duṣprativedhyam | tasyaiva cittasyopakliṣṭatā duṣprativedhyā | anayordevi dharmayoḥśrotā tvaṁvā bhaver athavā mahādharmasamanvāgatā bodhisattvāḥ | śeṣāṇāṁdevi sarvaśrāvakapratyekabuddhānāṁtathāgataśraddhāgamanīyāvevaitav dharmāviti | ③

【宝译】是故《圣者胜鬘经》中，佛告胜鬘言：天女！自性清净心而有染污难可了知。有二法难可了知：谓自性清净心难可了知，彼

① 《大宝积经》，《大正藏》第11册，No. 0310，第675页下。

② 参考 Jikido Takasaki（高崎直道）：*A Study on the Ratnagotravibhāga*（*uttaratantra*），*Being a Treatise on the tathāgatagarbho Theory of Mahayana Buddhism*，Serie Orientale Roma，XXXIII，pp. 184 - 185。可参考 *The Lion's Roar of Queen śrīmālā*，*A Buddhist Scripture on the tathāgatagarbho Theory*，translated，with introduction and Notes by Alex Wayman and Hideko Wayman，p. 92。

③ 中村瑞隆：《梵汉对照究竟一乘宝性论》，《世界佛学名著译丛》76，华宇出版社1989年版，第41页。

心为烦恼所染亦难了知。天女！如此二法，汝及成就大法菩萨摩诃萨乃能听受。诸余声闻、辟支佛等，唯依佛语信此二法故。偈言“染净相应处”故。①

【宋译】胜鬘夫人说是难解之法问于佛时，佛即随喜：如是如是！自性清净心而有染污难可了知。有二法难可了知：谓自性清净心难可了知，彼心为烦恼所染亦难了知。如此二法，汝及成就大法菩萨摩诃萨乃能听受。诸余声闻，唯信佛语。②（自性清净章第十三）

【唐译】尔时世尊叹胜鬘夫人言：善哉善哉，如汝所说，性清净心随烦恼染难可了知。复次，胜鬘！有二种法难可了知。何等为二？谓性清净心难可了知，彼心为烦恼染亦难了知。如此二法，汝及成就大法菩萨乃能听受，诸余声闻由信能解。③

【新译】因此，经中说道：

“王妃啊！这二种法难以被理解：本来清净的心难以被理解，此本来清净的心之被污染难以被理解。王妃啊！你，或者成就大法的菩萨们，是此二法之听闻者。王妃啊！其余一切声闻、独觉，都只有以信崇如来的方式才可以理解此二法。”④

第六段

【梵本】

eṣa ca grantho vistareṇa yathāsūtramanugantavyaḥ | viparyastā bhagavan sattvā upātteṣu pañcasūpādānaskandheṣu | te bhavantyanitye nityasaṁjñinaḥ | duḥkhe sukhasaṁjñinaḥ | anātmanyātmasaṁjñinaḥ | aśubhe sub-

---

① 《究竟一乘宝性论》，《大正藏》第31册，No.1611，第827页上。

② 《胜鬘师子吼一乘大方便方广经》，《大正藏》第12册，No.0353，第222页下。

③ 《大宝积经》，《大正藏》第11册，No.0310，第678页上。

④ 参考 Jikido Takasaki（高崎直道）：*A Study on the Ratnagotravibhāga*（*uttaratantra*），*Being a Treatise on the tathāgatagarbho Theory of Mahayana Buddhism*，Serie Orientale Roma，XXXIII，p. 188。可参考 *The Lion's Roar of Queen Śrīmālā*，*A Buddhist Scripture on the tathāgatagarbho Theory*，translated，with introduction and Notes by Alex Wayman and Hideko Wayman，p. 107。译者只是译出“声闻们”，而此处梵本是“声闻、独觉们”。

hasaṁjñinaḥ | sarvaśrāvakapratyekabuddhā api bhagavan śūnyatājñānenādṛṣṭapūrve sarvajñajñānaviṣaye tathāgatadharmakāye viparyastāḥ | ye bhagavan sattvāḥsyurbhagavataḥputrā aurasā nityasaṁjñina ātmasaṁjñinaḥ sukhasaṁjñinaḥśubhasaṁjñinaste bhagavan sattvāḥsyuraviparyastāḥ | syuste bhagavan samyagdarśinaḥ | tat kasmāddhetoḥ | tathāgatadharmakāya eva bhagavan nityapāramitā sukhapāramitāātmapāramitāśubhapāramitā | ye bhagavan sattvāstathāgatadharmakāyamevaṁpaśyanti te samyak paśyanti | ye samyaka paśyanti te bhagavataḥputrā aurasā iti vistaraḥ | ①

【宝译】是故《圣者胜鬘经》言：世尊！凡夫众生于五阴法，起颠倒想，谓无常常想，苦有乐想，无我我想，不净净想。世尊！一切阿罗汉、辟支佛，空智者于一切智境界及如来法身本所不见。若有众生，信佛语故，于如来法身起常想、乐想、我想、净想，世尊！彼诸众生非颠倒见，是名正见。何以故？唯如来法身，是常波罗蜜、乐波罗蜜、我波罗蜜、净波罗蜜。世尊！若有众生于佛法身作是见者，是名正见。世尊！正见者，是佛真子，从佛口生，从正法生，从法化生，得法余财。如是等。②

【宋译】颠倒众生，于五受阴，无常常想，苦有乐想，无我我想，不净净想。一切阿罗汉、辟支佛，净智者于一切智境界及如来法身，本所不见。或有众生，信佛语故，起常想、乐想、我想、净想，非颠倒见，是名正见。何以故？如来法身是常波罗蜜、乐波罗蜜、我波罗蜜、净波罗蜜。于佛法身，作是见者，是名正见。正见者，是佛真子，从佛口生，从正法生，从法化生，得法余财。③（颠倒真实章第十二）

【唐译】世尊！颠倒有情于五取蕴，无常常想，苦为乐想，无我我想，不净净想。声闻、独觉，所有净智于如来境及佛法身所未曾

---

① 中村瑞隆：《梵汉对照究竟一乘宝性论》，《世界佛学名著译丛》76，华宇出版社 1989 年版，第 59 页。

② 《究竟一乘宝性论》，《大正藏》第 31 册，No. 1611，第 829 页中。

③ 《胜鬘师子吼一乘大方便方广经》，《大正藏》第 12 册，No. 0353，第 222 页上。

见。或有众生信如来故，于如来所起于常想、乐想、我想及于净想，非颠倒见，即是正见。何以故？如来法身是常波罗蜜、乐波罗蜜、我波罗蜜、净波罗蜜。若诸有情作如是见，是名正见。若正见者，名真佛子，从佛口生，从正法生，从法化生，得佛法分。[①]

【新译】而且，这些言辞可以依据经得以详细理解：

"薄伽梵啊！众生关于所执受的五种取蕴，乃是颠倒的。他们对于无常的取蕴，有恒常的想法；对于苦的取蕴，有乐的想法；对于无我的取蕴，有我的想法；对于不净的取蕴，有净的想法。

"薄伽梵啊！即使一切的声闻、独觉，对于其空性智前所未见、作为一切知者智慧之境界的如来之法身，也是颠倒的。

"薄伽梵啊！若是薄伽梵亲生的诸子，他们拥有常想、我想、乐想、净想，薄伽梵啊！这些众生应当是不颠倒的。薄伽梵啊！这些众生应当是正确观见者。

"为什么呢？因为，薄伽梵！在如来之法身中，有常波罗蜜多，乐波罗蜜多，我波罗蜜多，净波罗蜜多。薄伽梵啊！这样看待如来法身的众生，正确地看待如来之法身；薄伽梵啊！正确地看待如来之法身的众生，才是薄伽梵的亲生诸子。"如此云云，乃至更详。[②]

第七段

【梵本】

eṣa ca grantho vistareṇa yathāsūtramanugantavyaḥ । syādyathāpi nāma bhagavannupādānapratyayāḥsāsravakarmahetukāstrayo bhavāḥsaṁbhavanti । evameva bhagavannavidyāvāsabhūmipratyayāanāsravakarmahetukā arhatāṁ pratyekabuddhānāṁvaśitāprāptānāṁca bodhisattvānāṁmanomayāstrayaḥ kā-

① 《大宝积经》，《大正藏》第 11 册，No. 0310，第 677 页中。

② 参考 Jikido Takasaki（高崎直道）：*A Study on the Ratnagotravibhāga*（*uttaratantra*），*Being a Treatise on the tathāgatagarbho Theory of Mahayana Buddhism*，Serie Orientale Roma，XXXIII，p. 209。可参考 *The Lion's Roar of Queen śrīmālā*，*A Buddhist Scripture on the tathāgatagarbho Theory*，translated，with introduction and Notes by Alex Wayman and Hideko Wayman，pp. 101 - 102。

yāḥsaṁbhavanti । āsu bhagavan tisṛṣu bhūmiṣveṣāṁtrayāṇāṁmanomayānāṁ kāyānāṁsaṁbhavāyānāsravasya ca karmaṇo'bhinirvṛttaye pratyayo bhavatyavidyāvāsabhūmiriti vistaraḥ । ①

【宝译】如《圣者胜鬘经》言：世尊！譬如取缘，有漏业因，而生三有。如是，世尊！依无明住地缘，无漏业因，生阿罗汉、辟支佛、大力菩萨三种意生身。世尊！此三乘地，三种意生身生，及无漏业生，依无明住地，有缘非无缘。如是等，《胜鬘经》中广说应知。②

【宋译】世尊！又如取缘，有漏业因，而生三有。如是，无明住地缘，无漏业因，生阿罗汉、辟支佛、大力菩萨三种意生身。此三地，彼三种意生身生，及无漏业生，依无明住地，有缘非无缘。是故三种意生及无漏业，缘无明住地。③（一乘章第五）

【唐译】世尊！如取为缘，有漏业因，而生三有。如是，无明住地为缘，无漏业因，能生阿罗汉及辟支佛、大力菩萨随意生身。此之三地，随意生身，及无漏业，皆以无明住地为所依处。彼虽有缘，亦能为缘。世尊！是故三种随意生身及无漏业，皆以无明住地为缘。④

【新译】以上这些言辞，可以根据经来详细理解：

"薄伽梵啊！就好比以取为缘、以有漏的作业为因，就出现三有，同样的道理，薄伽梵啊！以无明住地为缘，以无漏的作业为因，阿罗汉、独觉及获得自在的菩萨，就有三种意生身出现。薄伽梵啊！为了在此三地中，三种意生身之出现，就有无明住地，它成为使无漏的作业显现出来的缘。"如此云云，乃至详说。⑤

---

① 中村瑞隆：《梵汉对照究竟一乘宝性论》，《世界佛学名著译丛》76，华宇出版社1989年版，第65页。

② 《究竟一乘宝性论》，《大正藏》第31册，No. 1611，第829页下。

③ 《胜鬘师子吼一乘大方便方广经》，《大正藏》第12册，No. 0353，第220页上。

④ 《大宝积经》，《大正藏》第11册，No. 0310，第675页上。

⑤ 参考 Jikido Takasaki（高崎直道）：*A Study on the Ratnagotravibhāga* (*uttaratantra*), *Being a Treatise on the tathāgatagarbho Theory of Mahayana Buddhism*, Serie Orientale Roma, XXXIII, p. 217。可参考 *The Lion's Roar of Queen Śrīmālā, A Buddhist Scripture on the tathāgatagarbho Theory*, translated, with introduction and Notes by Alex Wayman and Hideko Wayman, p. 85。

第八段

【梵本】

yata eteṣu triṣu manomayeṣvarhatpratyekabuddhabodhisattvakāyeṣu subhātmasukhanityatvaguṇapāramitā na saṁvidyante tasmāt tathāgatadharmakāya eva nityapāramitā sukhapāramitātmapāramitāśubhapāramitetyuktam | [①]

【宝译】复次，以声闻、辟支佛、大力菩萨三种意生身中无净、我、乐、常波罗蜜彼岸功德身，是故《圣者胜鬘经》言："唯如来法身是常波罗蜜、乐波罗蜜、我波罗蜜、净波罗蜜。"如是等故。[②]

【宋译】如来法身是常波罗蜜、乐波罗蜜、我波罗蜜、净波罗蜜。[③]（颠倒真实章第十二）

【唐译】如来法身是常波罗蜜、乐波罗蜜、我波罗蜜、净波罗蜜。[④]

【新译】因此，由于在阿罗汉、独觉、菩萨之三种意生身中，都不存在净、我、乐、常诸品德波罗蜜多，所以，经中说言："只有在如来的法身中，才有常波罗蜜多，乐波罗蜜多，我波罗蜜多，净波罗蜜多。"[⑤]

第九段

【梵本】

dvābhyāṁ kāraṇābhyāṁ nityapāramitā veditavyā | anityasaṁ sāranapa-

---

① 中村瑞隆：《梵汉对照究竟一乘宝性论》，《世界佛学名著译丛》76，华宇出版社 1989 年版，第 65 页。

② 《究竟一乘宝性论》，《大正藏》第 31 册，No. 1611，第 829 页下。

③ 《胜鬘师子吼一乘大方便方广经》，《大正藏》第 12 册，No. 0353，第 222 页上。

④ 《大宝积经》，《大正藏》第 11 册，No. 0310，第 677 页中。

⑤ 参考 Jikido Takasaki（高崎直道）：*A Study on the Ratnagotravibhāga*（*uttaratantra*），*Being a Treatise on the tathāgatagarbho Theory of Mahayana Buddhism*，Serie Orientale Roma，XXXIII，p. 217。可参考 *The Lion's Roar of Queen śrīmālā*，*A Buddhist Scripture on the tathāgatagarbho Theory*，translated，with introduction and Notes by Alex Wayman and Hideko Wayman，p. 102。

karṣaṇātaścocchedāntāpatanān nityanirvāṇāsamāropaṇataśca śāśvatāntāpatanāt । yathoktam । anītyāḥsaṁskārā iti ced bhagavan paśyeta sāsya syāducchedadṛṣṭiḥ । sāsya syānna samyagdṛṣṭiḥ । nityaṁ nirvāṇamiti ced bhagavan paśyeta sāsya syācchāśvatadṛṣṭiḥ । sāsya syānna samyagdṛṣṭiriti । ①

【宝译】有二种法，依此二法，如来法身有常波罗蜜应知。何等为二？一者不灭一切诸有为行，以离断见边故；二者不取无为涅槃，以离常见边故。以是义故，《圣者胜鬘经》中说言：世尊！见诸行无常，是断见，非正见；见涅槃常，是常见，非正见。妄想见故，作如是见故。②

【宋译】所谓常见、断见，见诸行无常，是断见，非正见；见涅槃常，是常见，非正见。妄想见故，作如是见。③（颠倒真实章第十二）

【唐译】边见有二，何者为二？所谓常见及以断见。世尊！若复有见生死无常，涅槃是常。非断常见，是名正见。④

【新译】可以根据两个理由理解常波罗蜜多：

（一）以不减损无常的轮回，不陷入切断这一极端；（二）以不增益恒常的涅槃，不陷入恒常这一极端。如经中所说："薄伽梵啊！假使一个人认为：'诸行无常'，那么此人的这种看法会是断见，此人的这种看法不会是正见；薄伽梵啊！假使一个人认为：'涅槃恒常'，那么此人的这种看法会是常见，此人的这种看法不会是正见。"⑤

---

① 中村瑞隆：《梵汉对照究竟一乘宝性论》，《世界佛学名著译丛》76，华宇出版社 1989 年版，第 67 页。

② 《究竟一乘宝性论》，《大正藏》第 31 册，No. 1611，第 830 页下。

③ 《胜鬘师子吼一乘大方便方广经》，《大正藏》第 12 册，No. 0353，第 222 页上。

④ 《大宝积经》，《大正藏》第 11 册，No. 0310，第 677 页中。

⑤ 参考 Jikido Takasaki（高崎直道）：*A Study on the Ratnagotravibhāga*（*uttaratantra*），*Being a Treatise on the tathāgatagarbho Theory of Mahayana Buddhism*，Serie Orientale Roma，XXXIII，p. 219。可参考 *The Lion's Roar of Queen Śrīmālā*，*A Buddhist Scripture on the tathāgatagarbho Theory*，translated，with introduction and Notes by Alex Wayman and Hideko Wayman，p. 101。

第十段

【梵本】

tathā coktam | tathāgatagarbhaścedbhagavanna syānna syādduḥkhe'pi nirvinna nirvāṇa icchā vā prārthanā vā praṇidhirveti | ①

【宝译】以是义故，《圣者胜鬘经》言："世尊！若无如来藏者，不得厌苦，乐求涅槃，亦无欲涅槃，亦不愿求。"如是等。②

【宋译】世尊！若无如来藏者，不得厌苦，乐求涅槃。③（自性清净章第十三）

【唐译】世尊！若无如来藏者，应无厌苦，乐求涅槃。④

【新译】经中这样说：

"薄伽梵啊！假使没有如来藏，人们对苦就不会厌弃，对涅槃也就不会乐欲、希求、誓愿。"⑤

第十一段

【梵本】

Ebhirapi mṛtyuvyādhijarāgnibhiravikāratvamārabhya tathāgatadhātoraśuddhāvasthāyāmidamuktam | lokavyavahāra eva bhagavan mṛta iti vā jāta iti vā | mṛta iti bhagavannindriyoparodha eṣaḥ | jāta iti bhagavan navān-

① 中村瑞隆：《梵汉对照究竟一乘宝性论》，《世界佛学名著译丛》76，华宇出版社 1989 年版，第 69 页。

② 《究竟一乘宝性论》，《大正藏》第 31 册，No. 1611，第 831 页上。

③ 《胜鬘师子吼一乘大方便方广经》，《大正藏》第 12 册，No. 0353，第 222 页中。

④ 《大宝积经》，《大正藏》第 11 册，No. 0310，第 677 页中。

⑤ 参考 Jikido Takasaki（高崎直道）：*A Study on the Ratnagotravibhāga（uttaratantra），Being a Treatise on the tathāgatagarbho Theory of Mahayana Buddhism*, Serie Orientale Roma, XXXIII, p. 221。可参考 *The Lion's Roar of Queen śrīmālā, A Buddhist Scripture on the tathāgatagarbho Theory*, translated, with introduction and Notes by Alex Wayman and Hideko Wayman, p. 105。

āmindriyāṇāmprādurbhāva eṣa | na punarbhagavaṁstathāgatagarbho jāyate vā jīryati vā mriyate vā cyavate votpadyate vātatkasmāddheto | saṁskṛtalakṣaṇaviṣayavyativṛtto bhagavaṁstathāgatagarbho nityo dhruvaḥśivaḥśāśvata iti | ①

【宝译】于不净时中不能变异彼如来藏，是故《圣者胜鬘经》言："世尊！生死者，依世谛故，说有生死。世尊！死者，诸根坏；世尊！生者，新诸根起。世尊！而如来藏不生、不死、不老、不变。何以故？世尊！如来藏者，离有为相境界。世尊！如来藏者，常、恒、清凉、不变故。已说依不净时不变不异。"②

【宋译】世尊！生死者，此二法是如来藏世间言说故。有死有生，死者谓根坏，生者新诸根起，非如来藏有生有死。如来藏者离有为相，如来藏常住不变。③（自性清净章第十三）

【唐译】世尊！生死二法，是如来藏于世俗法，名为生死。世尊！死者诸受根灭，生者诸受根起，如来藏者则不生不死、不升不坠，离有为相。世尊！如来藏者常恒不坏。④

【新译】基于在不清净的分位中，如来界，也不因上述死亡、疾病、衰老诸火，而有所变化，经中说过此话：

"薄伽梵啊！所谓'死亡'，或者'出生'，这些都只是世间的世俗说法。薄伽梵啊！所谓'死亡'，这是指诸根的破坏。薄伽梵啊！所谓'出生'，这是指诸种新根的出现。薄伽梵啊！而如来藏不出生，不衰老，不死亡，不消逝，不往生。这是何故？薄伽梵啊！如来藏排除有为相的境界，所以它恒常，坚固，吉祥，永续。"⑤

① 中村瑞隆：《梵汉对照究竟一乘宝性论》，《世界佛学名著译丛》76，华宇出版社 1989 年版，第 89 页。

② 《究竟一乘宝性论》，《大正藏》第 31 册，No. 1611，第 833 页中。

③ 《胜鬘师子吼一乘大方便方广经》，《大正藏》第 12 册，No. 0353，第 222 页中。

④ 《大宝积经》，《大正藏》第 11 册，No. 0310，第 677 页下。

⑤ 参考 Jikido Takasaki（高崎直道）：*A Study on the Ratnagotravibhāga* （*uttaratantra*），*Being a Treatise on the tathāgatagarbho Theory of Mahayana Buddhism*，Serie Orientale Roma，XXXIII，pp. 242－243。可参考 *The Lion's Roar of Queen śrīmālā*，*A Buddhist Scripture on the tathāgatagarbho Theory*，translated，with introduction and Notes by Alex Wayman and Hideko Wayman，pp. 104－105。

第十二段

【梵本】

saṁsāraḥpunariha traidhātukapratibimbakamanāsravadhātau manomayaṁkāyatrayamabhipretam | taddhyanāsravakuśalamūlābhisaṁskṛtatvāt saṁsāraḥ | sāsravakarmakleśānabhisaṁskṛtatvānnirvāṇamapi tat | yadadhikṛtyāha | tasmādbhagavannasti saṁskṛto'pyasaṁskṛto'pi saṁsāraḥ | asti saṁskṛtamapyasaṁskṛtamapi nirvāṇamiti | tatra saṁskṛtā saṁskṛtasaṁsṛṣṭacittacaitasikasamudācārayogād iyam aśuddhaśuddhāvasthetyucyate | sā punarāsravakṣayābhijñābhimukhyasaṅgaprajñāpāramitabhāvanayā mahākaruṇābhāvanayā ca sarvasattvadhātuparitrāṇāya tadasākṣātkaraṇādābhimukhyāṁ bodhisattvabhūmau prādhānyena vyavasthāpyate | ①

【宝译】又复云何名为世间？以三界相似镜像法故。此明何义？依无漏法界中，有三种意生身应知。彼因无漏善根所作，名为世间。以离有漏诸业烦恼所作世间法故，亦名涅槃。依此义故，《圣者胜鬘经》言："世尊！有有为世间，有无为世间。世尊！有有为涅槃，有无为涅槃"故。又有为、无为心心数法相应法故，故说名为净不净时，此义于第六菩萨现前地说。彼诸漏尽、无障碍般若波罗蜜解脱现前，修行大悲以为救护一切众生，故不取证。②

【宋译】何等为说二圣谛义？谓说作圣谛义，说无作圣谛义。说作圣谛义者，是说有量四圣谛。何以故？非因他能，知一切苦、断一切集、证一切灭、修一切道。是故世尊！有有为生死、无为生死。涅槃亦如是，有余及无余。说无作圣谛义者，说无量四圣谛义。何以故？能以自力，知一切受苦、断一切受集、证一切受灭、修一切受灭

---

① 中村瑞隆：《梵汉对照究竟一乘宝性论》，《世界佛学名著译丛》76，华宇出版社1989年版，第97页。

② 《究竟一乘宝性论》，《大正藏》第31册，No. 1611，第834页上。

道。如是八圣谛，如来说四圣谛。如是四无作圣谛义，唯如来应等正觉事究竟，非阿罗汉、辟支佛事究竟。[①]（法身章第八）

【唐译】何等名为二圣谛义？所谓有作及以无作。作圣谛者，是不圆满四圣谛义。何以故？由他护故，而不能得知一切苦、断一切集、证一切灭、修一切道，是故不知有为、无为及于涅槃。世尊！无作谛者，是说圆满四圣谛义。何以故？能自护故，知一切苦、断一切集、证一切灭、修一切道。如是所说八圣谛义，如来但以四圣谛说。于此无作四圣谛义，唯有如来、应、正等觉作事究竟，非阿罗汉及辟支佛力所能及。[②]

【新译】再者，在此处，轮回，被认为是在无漏界中意成的三身，它宛如三界的一个镜像。确实，它，由于由无漏的善根所构成，所以是轮回；由于它并非由有漏的作业、烦恼所构成，因而也是涅槃。基于这个意义，所以经中说道："因此，薄伽梵！存在有为的轮回，也存在无为的轮回；存在有为的涅槃，也存在无为的涅槃。"

由于在此分位中，出现有为、无为混杂的诸心、心所的关系，因而此分位被称为"不净净分位"。而这个分位，因为通过修持面向漏尽通的无着的般若波罗蜜多，及通过修持大悲，对其（涅槃）并不实际作证，以便救度众生界，因而主要是被建制于现前菩萨地上。[③]

第十三段

【梵本】

buddhadharmāvinirbhāgārthaḥ । yamadhikṛtyoktam । aśūnyo bhagavaṁstathāgatagarbho gaṅgāanadīvālukāvyativṛttairavinirbhāgairamuktajñairaci-

---

① 《胜鬘师子吼一乘大方便方广经》，《大正藏》第 12 册，No. 0353，第 221 页中。

② 《大宝积经》，《大正藏》第 11 册，No. 0310，第 675 页下。

③ 参考 Jikido Takasaki（高崎直道）：*A Study on the Ratnagotravibhāga*（*uttaratantra*），*Being a Treatise on the tathāgatagarbho Theory of Mahayana Buddhism*，Serie Orientale Roma，XXXIII，p. 250。可参考 *The Lion's Roar of Queen Śrīmālā*，*A Buddhist Scripture on the tathāgatagarbho Theory*，translated，with introduction and Notes by Alex Wayman and Hideko Wayman，p. 97。

ntyairbuddhadharmairiti | ①

【宝译】此偈明何义？佛法不相离者。依此义故，《圣者胜鬘经》言："世尊！不空如来藏，过于恒沙、不离、不脱、不思议佛法故。"②

【宋译】世尊！不空如来藏，过于恒沙、不离、不脱、不异、不思议佛法。③（空义隐覆真实章第九）

【唐译】世尊！不空如来藏具过恒沙佛解脱智不思议法。④

【新译】不离佛法义：基于此义，经中说言：

"薄伽梵啊！如来藏不空，因为它有超过恒河沙、不离（法）、不脱智慧、不思议的佛之诸法。"⑤

第十四段

【梵本】

eṣu caturṣvartheṣu yathāsaṁkhyāmima catvāro nāmaparyāyā bhavanti | tadyathā dharmakāyastathāgata paramārthasatyaṁ nirvāṇamiti | yata evamāha | tathāgatagarbha iti śāriputra dharmakāyasyaitadadhivacanamiti | nānyo bhagavaṁstathāgato'nyo dharmakāyaḥ | dharmakāya eva bhagavaṁstathāgata iti | duḥkhanirodhanāmnā bhagavannevaṁ guṇasamanvāgatastathāgatadharmakāyo deśita iti | nirvāṇadhāturiti bhagavaṁstathāgatadharmakāyasyaitadadhivacanamiti | ⑥

---

① 中村瑞隆：《梵汉对照究竟一乘宝性论》，《世界佛学名著译丛》76，华宇出版社1989年版，第109页。

② 《究竟一乘宝性论》，《大正藏》第31册，No.1611，第835页中。

③ 《胜鬘师子吼一乘大方便方广经》，《大正藏》第12册，No.0353，第221页下。

④ 《大宝积经》，《大正藏》第11册，No.0310，第675页下。

⑤ 参考Jikido Takasaki（高崎直道）：*A Study on the Ratnagotravibhāga*（*uttaratantra*），*Being a Treatise on the tathāgatagarbho Theory of Mahayana Buddhism*，Serie Orientale Roma，XXXIII，p.259。可参考*The Lion's Roar of Queen Śrīmālā*，*A Buddhist Scripture on the tathāgatagarbho Theory*，translated，with introduction and Notes by Alex Wayman and Hideko Wayman，p.98。

⑥ 中村瑞隆：《梵汉对照究竟一乘宝性论》，《世界佛学名著译丛》76，华宇出版社1989年版，第109页。

【宝译】又复依此四义，次第有四种名。何等为四？一者法身，二者如来，三者第一义谛，四者涅槃。以是义故，《不增不减经》言："舍利弗言：如来藏者，即是法身"故。又复《圣者胜鬘经》言："世尊！不离法身有如来藏。世尊！不离如来藏有法身。""世尊！依一苦灭谛，说名如来藏。""世尊！如是说如来法身无量无边功德。世尊言涅槃者，即是如来法身"故。[①]

【宋译】得一乘者得阿耨多罗三藐三菩提，阿耨多罗三藐三菩提者即是涅槃界，涅槃界者即是如来法身，得究竟法身者则究竟一乘，无异如来、无异法身，如来即法身。[②]（一乘章第五）

所言苦灭者，名无始、无作、无起、无尽、离尽、常住、自性清净、离一切烦恼藏，世尊！过于恒沙不离、不脱、不异、不思议佛法成就，说如来法身。[③]（法身章第八）

【唐译】证一乘者得阿耨多罗三藐三菩提，阿耨多罗三藐三菩提者即是涅槃，言涅槃者即是如来清净法身，证法身者即是一乘，无异如来、无异法身。言如来者即是法身。[④]

世尊！非坏法故名为苦灭。何以故？言苦灭者，无始、无作、无起、无尽、常住、不动、本性清净、出烦恼鷇。世尊！如来成就过于恒沙，具解脱智、不思议法，说名法身。[⑤]

【新译】按照上述四种意义的顺序，就有四种同义异名，即指：（一）法身，（二）如来，（三）胜义谛，（四）涅槃。

因此，经中这样说：

"舍利弗！所谓'如来藏'，这是称呼'法身'。"[⑥]

"薄伽梵啊！没有相异的如来，没有相异的法身。薄伽梵啊！法身就

---

① 《究竟一乘宝性论》，《大正藏》第 31 册，No. 1611，第 835 中。

② 《胜鬘师子吼一乘大方便方广经》，《大正藏》第 12 册，No. 0353，第 220 页下。

③ 同上书，第 221 页下。

④ 《大宝积经》，《大正藏》第 11 册，No. 0310，第 675 页下。

⑤ 同上。

⑥ "舍利弗！甚深义者即是第一义谛，第一义谛者即是众生界，众生界者即是如来藏，如来藏者即是法身。舍利弗！如我所说法身义者，过于恒沙，不离不脱、不断不异、不思议佛法如来功德智慧。"《佛说不增不减经》，《大正藏》第 16 册，No. 0668，第 467 页上。

是如来。”①

“薄伽梵啊！您以‘苦灭’这个名称所开示的，是具备这样品德的如来之法身。”②

“薄伽梵啊！所谓‘涅槃界’，这是称呼如来之法身。”③

第十五段

【梵本】

Yad uktam arhatpratyekabuddhaparinirvāṇam adhikṛtya | nirvāṇamiti bhagavannupāya eṣa tathāgatānāmiti | anena dīrghādhvapariśrāntānāmaṭavīmadhye nagaranirmāṇavadavivartanopāya eṣa dharmaparameśvarāṇāṁ samyaksaṁbuddhānāmiti paridīpitam | nirvāṇādhigamād bhagavaṁstathāgatā bhavantyarhantaḥsamyaksaṁbuddhāḥsarvāprameyācintyaviśuddhiniṣṭhāgataguṇasamanvāgatā iti | anena caturākāraguṇaniṣpatsvasaṁbhinnalakṣaṇaṁ-nirvāṇamadhigamya tadātmakāḥsamyaksaṁbuddhā bhavantīti | buddhatvanirvāṇayoravinirbhāgaguṇayogādbuddhatvamantareṇa kasyacinnirvāṇādhigamo nāstīti paridīpitam | ④

【宝译】以是义故，《圣者胜鬘经》言：“世尊！言声闻、辟支佛得涅槃者，是佛方便故。”此明何义？言声闻、辟支佛有涅槃者，此是诸佛如来方便：见诸众生于长道旷野，远行疲惓，恐有退转，为止息故，造作化城。如来如是，于一切法中得大自在大方便故。故明如

---

① 《胜鬘师子吼一乘大方便方广经》，《大正藏》第12册，No. 0353，第220页下。

② 同上书，第221页下。

③ 同上书，第220页下。本段翻译，参考 Jikido Takasaki（高崎直道）：*A Study on the Ratnagotravibhāga (uttaratantra), Being a Treatise on the tathāgatagarbho Theory of Mahayana Buddhism*, Serie Orientale Roma, XXXIII, p. 261。可参考*The Lion's Roar of Queen Śrīmālā, A Buddhist Scripture on the tathāgatagarbho Theory*, translated, with introduction and Notes by Alex Wayman and Hideko Wayman, pp. 92、98。

④ 中村瑞隆：《梵汉对照究竟一乘宝性论》，《世界佛学名著译丛》76，华宇出版社1989年版，第111页。

是义："世尊！如来应正遍知证平等涅槃，一切功德无量无边不可思议清净毕竟究竟。"此明何义？依四种义，毕竟功德诸佛如来无差别涅槃相无上果中，佛及涅槃一切功德不相舍离，若离佛地果中证智，更无余人有涅槃法。示现如是义。①

【宋译】世尊！阿罗汉、辟支佛有怖畏，是故阿罗汉、辟支佛有余生法不尽，故有生；有余梵行不成，故不纯；事不究竟，故当有所作；不度彼故，当有所断。以不断故，去涅槃界远。何以故？唯有如来应正等觉得般涅槃，成就一切功德。故阿罗汉、辟支佛，不成就一切功德，言得涅槃者，是佛方便。唯有如来得般涅槃，成就无量功德。故阿罗汉、辟支佛成就有量功德，言得涅槃者，是佛方便。唯有如来得般涅槃，成就不可思议功德。故阿罗汉、辟支佛成就思议功德，言得涅槃者，是佛方便。唯有如来得般涅槃，一切所应断过皆悉断灭，成就第一清净。阿罗汉、辟支佛有余过，非第一清净，言得涅槃者，是佛方便。唯有如来得般涅槃，为一切众生之所瞻仰，出过阿罗汉、辟支佛、菩萨境界。②（一乘章第五）

【唐译】是故阿罗汉及辟支佛，生法有余、梵行未立、所作未办、当有所断、未究竟故，去涅槃远。何以故？唯有如来应正等觉证得涅槃，成就无量不可思议一切功德，所应断者皆悉已断，究竟清净，为诸有情之所瞻仰，超过二乘、菩萨境界。阿罗汉等则不如是，言得涅槃，佛之方便。③

【新译】基于阿罗汉、独觉之涅槃，经中说过：

"薄伽梵！所谓'涅槃'，这个说法是诸如来的方便。"

这一说法，就表明：好比给长久时间以来疲倦的众生，在密林中间幻化一个城市，这样的做法，乃是于法获得最高自在的诸等觉者使其不会退转的方便。

"薄伽梵啊！由于实证涅槃，他们就成为诸如来、阿罗汉、正等觉者，具足一切不可量、不可思议、达成究竟清净的品德。"

---

① 《究竟一乘宝性论》，《大正藏》第 31 册，No. 1611，第 835 页下。

② 《胜鬘师子吼一乘大方便方广经》，《大正藏》第 12 册，No. 0353，第 219 页下。

③ 《大宝积经》，《大正藏》第 11 册，No. 0310，第 675 页上。

这一说法，就表明：实证了与四种圆满品德完全没有差异相的涅槃后，他们就成为具有如是自体的诸等觉者。这样，由于佛陀、涅槃二者之间存在着不相分离的品德的关系，所以除了佛陀，任何其他众生都没有证得涅槃。[①]

第十六段

【梵本】

yat eṣu caturṣu bhūmijñānasaṁniśrayeṣvarhatpratyekabuddhā na saṁdṛśyante tasmātte dūrībhavanti caturākāraguṇapariniṣpattyasaṁbhinnalakṣaṇān nirvāṇadhātorityuktam । [②]

【宝译】以如是等四种地智中，非声闻、辟支佛地，以彼声闻、辟支佛等去之甚远，以是义故，说彼离四种成就不差别涅槃界。[③]

【宋译】是故阿罗汉、辟支佛去涅槃界远，言阿罗汉、辟支佛观察解脱四智究竟得苏息处者，亦是如来方便有余不了义说。[④]（一乘章第五）

【唐译】是故阿罗汉等去涅槃远。世尊说阿罗汉及辟支佛观察解脱四智究竟得苏息者，皆是如来随他意语不了义说。[⑤]

【新译】因为在上述四种地、智依中，诸阿罗汉及独觉都不显示，因此，经中说言：

---

① 参考 Jikido Takasaki（高崎直道）：*A Study on the Ratnagotravibhāga*（*uttaratantra*），*Being a Treatise on the tathāgatagarbho Theory of Mahayana Buddhism*，Serie Orientale Roma，XXXIII，pp. 262 - 263 页。可参考 *The Lion's Roar of Queen śrīmālā*，*A Buddhist Scripture on the tathāgatagarbho Theory*，translated，with introduction and Notes by Alex Wayman and Hideko Wayman，p. 81。

② 中村瑞隆：《梵汉对照究竟一乘宝性论》，《世界佛学名著译丛》76，华宇出版社 1989 年版，第 115 页。

③ 《究竟一乘宝性论》，《大正藏》第 31 册，No. 1611，第 836 页上。

④ 《胜鬘师子吼一乘大方便方广经》，《大正藏》第 12 册，No. 0353，第 219 页下。

⑤ 《大宝积经》，《大正藏》第 11 册，No. 0310，第 675 页上。

"他们远于与四种圆满的品德没有差异相的涅槃界。"①

第十七段

【梵本】

ata evam āha | na hi bhagavan hīnapraṇītadharmāṇāṁ nirvāṇādhigamaḥ | samadharmāṇāṁbhagavan nirvāṇādhigamaḥ | samajñānānāṁsamavimuktīnāṁsamavimuktijñānadarśanānāṁbhagavan nirvāṇādhigamaḥ | tasmād-bhagavan nirvāṇadhāturekarasaḥsamarasa ityucyate | yaduta vidyāvimukti-raseneti | ②

【宝译】以是义故，《圣者胜鬘经》言："法无优劣故，得涅槃；知诸法平等智故，得涅槃；平等智故，得涅槃；平等解脱故，得涅槃；平等解脱知见故，得涅槃。是故世尊说：涅槃界一味、等味，谓明、解脱一味故。"③

【宋译】何以故？法无优劣故，得涅槃；智慧等故，得涅槃；解脱等故，得涅槃；清净等故，得涅槃。是故涅槃一味、等味，谓解脱味。（一乘章第五）

【唐译】何以故？于诸法中见高下者，不证涅槃；智平等者、解脱等者、清净等者，乃证涅槃。是故涅槃名等一味。云何一味？谓解脱味。

【新译】因此，经中这样说：

"薄伽梵啊！确实，认为法有优劣者，则不证得涅槃。薄伽梵啊！拥

① 参考 Jikido Takasaki（高崎直道）：*A Study on the Ratnagotravibhāga*（*uttaratantra*），*Being a Treatise on the tathāgatagarbho Theory of Mahayana Buddhism*，Serie Orientale Roma，XXXIII，p. 265。可参考 *The Lion's Roar of Queen śrīmālā*，*A Buddhist Scripture on the tathāgatagarbho Theory*，translated，with introduction and Notes by Alex Wayman and Hideko Wayman，p. 81。我们此处的译文与该译有较大不同。

② 中村瑞隆：《梵汉对照究竟一乘宝性论》，《世界佛学名著译丛》76，华宇出版社 1989 年版，第 117 页。

③ 《究竟一乘宝性论》，《大正藏》第 31 册，No. 1611，第 836 页上。

有平等法者，则证得涅槃。薄伽梵啊！有平等的智慧、有平等的解脱、有平等的解脱智见者，证得涅槃。因此，薄伽梵啊！涅槃界有同一的滋味，被称为‘平等味’，也就是‘明味’‘解脱味’。”①

第十八段

【梵本】

tatra kathamanādikālikaḥ। yattathāgatagarbhamevādhikṛtya bhagavatā pūrva koṭirna prajñāyata iti deśitaṁprajñaptam। dhāturiti। yadāha। yo'yaṁ bhagavaṁstathāgatagarbho lokottaragarbhaḥprakṛtipariśuddhagarbha iti। sarvadharmasamāśraya iti। yadāha। tasmādbhagavaṁstathāgatagarbho niś-raya ādhāraḥpratiṣṭhā saṁbaddhānāmavinirbhāgānāmamuktajñānānāmasaṁ-skṛtānāṁ dharmāṇām। asaṁbaddhānāmapi bhagavan vinirbhāgadharm-āṇāṁmuktajñānānāṁsaṁskṛtānāṁdharmāṇāṁniśraya ādhāraḥpratiṣṭhā tathā-gatagarbha iti। tasmin sati gatiḥsarveti। yadāha। sati bhagavaṁstathā-garbhe saṁsāra iti parikalpamasya vacanāyeti। nirvāṇādhigamo'pi ceti। yadāha। tathāgatagarbhaśced bhagavanna syānna syādduḥkhe'pi nirvinna nirvāṇecchā prārthanā praṇidhirveti vistaraḥ। ②

【宝译】此偈明何义？无始世界性者，如经说言：“诸佛如来依如来藏，说诸众生无始，本际不可得知”故。所言性者，如《圣者胜鬘经》言：“世尊！如来说如来藏者，是法界藏，出世间法身藏，出世间上上藏，自性清净法身藏，自性清净如来藏”故。作诸法依止者，如《圣者胜鬘经》言：“世尊！是故如来藏是依、是持、是住

① 参考 Jikido Takasaki（高崎直道）：*A Study on the Ratnagotravibhāga* (*uttaratantra*), *Being a Treatise on the tathāgatagarbho Theory of Mahayana Buddhism*, Serie Orientale Roma, XXXIII, p. 267。可参考 *The Lion's Roar of Queen śrīmālā*, *A Buddhist Scripture on the tathāgatagarbho Theory*, translated, with introduction and Notes by Alex Wayman and Hideko Wayman, p. 87。

② 中村瑞隆：《梵汉对照究竟一乘宝性论》，《世界佛学名著译丛》76，华宇出版社 1989 年版，第 141 页。

持、是建立，世尊！不离、不离智、不断、不脱、不异、无为、不思议佛法。世尊！亦有断、脱、异、外、离、离智、有为法，亦依、亦持、亦住持、亦建立，依如来藏故。”依性有诸道者，如《圣者胜鬘经》言：“世尊！生死者，依如来藏。世尊！有如来藏，故说生死，是名善说”故。及证涅槃果者，如《圣者胜鬘经》言：“世尊！依如来藏故有生死，依如来藏故证涅槃。世尊！若无如来藏者，不得厌苦，乐求涅槃。”不欲涅槃、不愿涅槃故。[①]

【宋译】世尊！生死者依如来藏，以如来藏故，说本际不可知。世尊！有如来藏故，说生死，是名善说。

是故如来藏，是依、是持、是建立，世尊！不离、不断、不脱、不异、不思议佛法。世尊！断、脱、异、外、有为法，依持、建立者，是如来藏。

世尊！若无如来藏者，不得厌苦，乐求涅槃。

世尊！如来藏者，是法界藏、法身藏、出世间上上藏、自性清净藏。[②]（自性清净章第十三）

【唐译】世尊！生死者依如来藏，以如来藏故，说前际不可了知。世尊！有如来藏故，得有生死，是名善说。

是故，世尊！如来藏者与不离、解脱、智藏，是依，是持，是为建立。亦与外、离、不解脱智、诸有为法，依、持、建立。

世尊！若无如来藏者，应无厌苦，乐求涅槃。

世尊！如来藏者是法界藏，是法身藏、出世间藏、性清净藏。[③]

【新译】其中：

何谓“无始时来”？正是根据这个如来藏，薄伽梵才指出，才解释：“没有过去的端际。”

所谓“界”，如经中说过：“薄伽梵啊！这个如来藏，是出世间藏，是自性清净藏。”

所谓“一切法之依据”，如经中说过：“因此，薄伽梵啊！如来藏是

① 《究竟一乘宝性论》，《大正藏》第31册，No. 1611，第839页上。

② 《胜鬘师子吼一乘大方便方广经》，《大正藏》第12册，No. 0353，第222页中。

③ 《大宝积经》，《大正藏》第11册，No. 0310，第677页下。

系缚、不离（法）、不失智、无为法的依、持、基础，薄伽梵啊！它也是不系缚、离法、失智、有为法的依、持、基础。”

所谓“有此则有一切趣”，如经中说过：“薄伽梵啊！若有如来藏则有轮回。这样的考量，是为了言说这个道理。”

所谓“以及证得于涅槃”，如经中说过：“薄伽梵啊！设若没有如来藏，那么人们对苦就不会厌弃，对于涅槃也就不会乐欲，追求，及誓愿。”如此云云，乃至详说。[1]

第十九段

【梵本】

yathoktam । agocaro'yaṁbhagavaṁstathāgatagarbhaḥsatkāyadṛṣṭipatitānāṁviparyāsābhiratānāṁśūnyatāvikṣiptacittānāmiti । tatra satkāyadṛṣṭipatitā ucyante bālapṛthagjanāḥ । tathā hi te'tyantasāsravaskandhādīn dharmān ātmata ātmīyataścopagamyāhakāramamakārābhiniviṣṭāḥsatkāyanirodhamanāsravadhātumadhimoktumapi nālam । kutaḥpunaḥsarvajñaviṣayaṁtathāgatagarbhamavabhotsyanta iti । nedaṁsthānaṁvidyate । tatra viparyāsābhiratā ucyante śrāvakapratyekabuddhāḥ । tatkasmāt । te'pi hi nitye tathāgatagarbhe satyuttaribhāvayitavye tannityasaṁjñābhāvanāviparyayeṇānityasaṁjñābhāvanābhiratāḥ । sukhe tathāgatagarbhe satyuttaribhāvayitavye tatsukhasaṁjñābhāvanāviparyayeṇa duḥkhasaṁjñābhāvanābhiratāḥ । ātmani tathāgatagarbhe satyuttaribhāvayitavye tadātmasaṁ jñābhāvanāviparyayeṇānātmasaṁjñābhāvanābhiratāḥ । śubhe tathāgatagarbhe satyuttaribhāvayitavye tacchubhasaṁjñābhāvanāviparyayeṇāśubhasaṁjñābhāvanā bhiratāḥ । evamanena paryāyeṇa sarvaśrāvakapratyekabuddhānāmapi dharmakāyaprāptividhuramā-

---

① 参考 Jikido Takasaki（高崎直道）：*A Study on the Ratnagotravibhāga*（*uttaratantra*），*Being a Treatise on the tathāgatagarbho Theory of Mahayana Buddhism*，Serie Orientale Roma，XXXIII，pp. 291 - 292。可参考 *The Lion's Roar of Queen Śrīmālā*，*A Buddhist Scripture on the tathāgatagarbho Theory*，translated，with introduction and Notes by Alex Wayman and Hideko Wayman，p. 104。

rgābhiratatvādagocaraḥsa paramanityasukhātmaśubhalakṣaṇo dhāturityuktam｜[1]

【宝译】如《圣者胜鬘经》中说言："世尊！如来藏者，于身见众生，非其境界。世尊！如来藏者，于取四颠倒众生，非其境界。世尊！如来藏者，于散乱心失空众生，非其境界故。"此明何义？身见众生者，谓诸凡夫。以彼凡夫实无色等五阴诸法而取以为有我、我所，虚妄执着我我所慢，于离身见等灭谛无漏性甘露之法，信亦不能，何况出世间一切智境界如来藏能证能解，无有是处。又取四颠倒诸众生者，所谓声闻、辟支佛人。以彼声闻、辟支佛等应修行如来藏常，而不修行如来藏以为常。以颠倒取一切法无常，修行如来藏无常，乐无常修行，以不知不觉故。应修行如来藏乐，而不修行如来藏以为乐，以颠倒取一切法皆苦，修行如来藏苦，乐苦修行，以不知不觉故。应修行如来藏我，而不修行如来藏以为我，以颠倒取一切法无我，修行如来藏无我，乐无我修行，以不知不觉故。应修行如来藏净，而不修行如来藏以为净，以颠倒取一切法不净，修行如来藏不净，乐不净修行，以不知不觉故。如是声闻、辟支佛等，一切不能如实随顺法身修行，以是义故，第一彼岸常乐我净法，非彼声闻、辟支佛等所知境界。[2]

【宋译】世尊！如来藏者，非我、非众生、非命、非人。如来藏者，堕身见众生、颠倒众生、空乱意众生，非其境界。[3]（自性清净章第十三）

【唐译】世尊！如来藏者，非有我、人、众生、寿者。如来藏者，身见有情、颠倒有情、空见有情，非所行境。[4]

---

① 中村瑞隆：《梵汉对照究竟一乘宝性论》，《世界佛学名著译丛》76，华宇出版社1989年版，第145页。

② 《究竟一乘宝性论》，《大正藏》第31册，No.1611，第839页中。

③ 《胜鬘师子吼一乘大方便方广经》，《大正藏》第12册，No.0353，第222页中。

④ 《大宝积经》，《大正藏》第11册，No.0310，第677页下。

【新译】如经中说过：

“薄伽梵啊！这个如来藏，不是陷于萨迦耶见者、乐于颠倒者、空性乱心者的境界。”

其中，“陷于萨迦耶见者”，被称为愚痴的异生；因为，他们，根据自我及我所，来理解彻底是有漏（五）蕴等等的诸法，因为执着自我及我所，他们甚至不能理解停止萨迦耶的无漏界，更何况能够理解作为一切智者境界的如来藏呢！此种情况不可能存在。

这里，所谓“乐于颠倒者”，是指诸声闻及独觉。为什么这样说呢？因为，虽然实有恒常的如来藏，可以进一步修持，却与此种有恒常想的修持相反，他们乐于修持无常想；虽然实有喜乐的如来藏，可以进一步修持，却与此种有喜乐想的修持相反，他们乐于修持痛苦想；虽然实有大我的如来藏，可以进一步修持，却与这种有大我想的修持相反，他们乐于修持无我想；虽然实有洁净的如来藏，可以进一步修持，却与这种有洁净想的修持相反，他们乐于修持不净想。

由于这样，以这种方式，一切声闻、独觉，都乐于与获得法身相背离的道，因而经中才这样说：

“这个最具有恒常、喜乐、大我、洁净的相的界，非其境界。”①

第二〇段

【梵本】

tata ucyate｜ śūnyastathāgatagarbho vinirbhāgairmuktajñaiḥsarvakleśa-kośaiḥ｜ aśūnyo gaṅgānadīvālikāvyativṛttairavinirbhāgairamuktajñairacintya-airbuddhadharmairiti｜②

---

① 参考 Jikido Takasaki（高崎直道）：*A Study on the Ratnagotravibhāga*（*uttaratantra*），*Being a Treatise on the tathāgatagarbho Theory of Mahayana Buddhism*，Serie Orientale Roma，XXXIII，pp. 297－298。可参考 *The Lion's Roar of Queen śrīmālā*，*A Buddhist Scripture on the tathāgatagarbho Theory*，translated，with introduction and Notes by Alex Wayman and Hideko Wayman，p. 106。

② 中村瑞隆：《梵汉对照究竟一乘宝性论》，《世界佛学名著译丛》76，华宇出版社 1989 年版，第 149 页。

【宝译】是故《圣者胜鬘经》言："世尊！有二种如来藏空智。世尊！空如来藏，若离、若脱、若异一切烦恼藏；世尊！不空如来藏，过于恒沙、不离、不脱、不异、不思议佛法"故。①

【宋译】世尊！有二种如来藏空智。世尊！空如来藏，若离、若脱、若异一切烦恼藏；世尊！不空如来藏，过于恒沙不离、不脱、不异、不思议佛法。②（空义隐覆真实章第九）

【唐译】世尊！此如来藏空性之智，复有二种。何等为二？谓空如来藏，所谓离于不解脱智一切烦恼；世尊！不空如来藏，具过恒沙佛解脱智不思议法。③

【新译】因此，经中说过：

"如来藏，它空去离（法）、失智的一切烦恼库藏；如来藏，它不空超过恒河沙、不离（法）、不失智、不可思议的佛之诸法。"④

第二一段

【梵本】

na hi paramārthaśūnyatājñānamukhamantareṇa śakyate'vikalpo dhātu-radhigantuṁsākṣātkartum । idaṁca saṁdhāyoktam । tathāgatagarbhajñāna-meva tathāgatānāṁśūnyatājñānam । tathāgatagarbhaśca sarvaśrāvakapratyek-abuddhairadṛṣṭapūrvo'nadhigatapūrva iti vistaraḥ । ⑤

【宝译】又众生若离如是空智，彼人则是佛境界外，名不相应。不得定，不得一心。以是义故，名散乱心失空众生。何以故？以离第

① 《究竟一乘宝性论》，《大正藏》第 31 册，No. 1611，第 840 页上。

② 《胜鬘师子吼一乘大方便方广经》，《大正藏》第 12 册，No. 0353，第 221 页下。

③ 《大宝积经》，《大正藏》第 11 册，No. 0310，第 675 页下。

④ 参考 Jikido Takasaki（高崎直道）：*A Study on the Ratnagotravibhāga*（*uttaratantra*），*Being a Treatise on the tathāgatagarbho Theory of Mahayana Buddhism*，Serie Orientale Roma，XXXIII，p. 301。可参考 *The Lion's Roar of Queen Śrīmālā*，*A Buddhist Scripture on the tathāgatagarbho Theory*，translated，with introduction and Notes by Alex Wayman and Hideko Wayman，p. 99。

⑤ 中村瑞隆：《梵汉对照究竟一乘宝性论》，《世界佛学名著译丛》76，华宇出版社 1989 年版，第 149 页。

一义空智门，无分别境界不可得证，不可得见。是故《圣者胜鬘经》言："世尊！如来藏智，名为空智。世尊！如来藏空智者，一切声闻、辟支佛等，本所不见，本所不得，本所不证，本所不会。世尊！一切苦灭，唯佛得证，坏一切烦恼藏，修一切灭苦道故。"①

【宋译】世尊！如来藏智是如来空智。世尊！如来藏者，一切阿罗汉、辟支佛、大力菩萨，本所不见，本所不得。②（空义隐覆真实章第九）

一切苦灭，唯佛得证，坏一切烦恼藏，修一切灭苦道。③（空义隐覆真实章第九）

【唐译】世尊！如来藏者，即是如来空性之智。如来藏者，一切声闻、独觉所未曾见，亦未曾得。唯佛了知，及能作证。④

一切苦灭，唯佛现证，坏诸烦恼，修苦灭道。⑤

【新译】确实，如果没有最高义空性智门，人们就不能够理解及实证无分别的（如来）界。根据此点，在经中说过：

"如来藏智就是诸如来的空性智，而且如来藏是一切声闻、独觉从前未见过，从前未理解者。"如此云云，乃至广说。⑥

第二二段

【梵本】

ityete'ṣṭau padārthā yathāsaṁkhyamanena ślokena paridīpitāḥ | tady-

---

① 《究竟一乘宝性论》，《大正藏》第 31 册，No. 1611，第 840 页上。

② 《胜鬘师子吼一乘大方便方广经》，《大正藏》第 12 册，No. 0353，第 221 页下。

③ 同上。

④ 《大宝积经》，《大正藏》第 11 册，No. 0310，第 675 页下。

⑤ 同上。

⑥ 参考 Jikido Takasaki（高崎直道）：*A Study on The Ratnagotravibhāga*（*uttaratantra*），*Being a Treatise on the tathāgatagarbho Theory of Mahayana Buddhism*，Serie Orientale Roma，XXXIII，pp. 302 - 303。《宝性论》所引用这段，根据其翻译，下文还有"世尊！一切苦灭，唯佛得证，坏一切烦恼藏，修一切灭苦道故"，而今传《宝性论》梵本中则缺少后面这句。但考虑到梵本有"如此云云，乃至广说"，所以估计《宝性论》此处是把《胜鬘经》这里一段都抄写并译出的。可参考 *The Lion's Roar of Queen Śrīmālā*，*A Buddhist Scripture on the tathāgatagarbho Theory*，translated，with introduction and Notes by Alex Wayman and Hideko Wayman，p. 99。

athā svabhāvārtho hetvarthaḥphalārthaḥkarmārtho yogārtho vṛttyartho nityārtho′cintyārthaḥ। tatra yo'sau dhāturavinirmuktakleśakośastathāgatagarbha ityukto bhagavatā। tadviśuddhirāśrayaparivṛtteḥsvabhāvo veditavyaḥ। yata āha। yo bhagavan sarvakleśakośakoṭigūḍhe tathāgatagarbhe niṣkāṅkṣaḥsarvakleśakośavinirmuktestathāgatadharmakāye′pi sa niṣkāṅkṣa iti। ①

【宝译】是名八种句义，次第一偈示现八种义者。何谓八种？一者实体，二者因，三者果，四者业，五者相应，六者行，七者常，八者不可思议。实体者，向说如来藏不离烦恼藏所缠，以远离诸烦恼，转身得清净，是名为实体，应知偈言“净”故。是故《圣者胜鬘经》言：“世尊！若于无量烦恼藏所缠如来藏不疑惑者，于出无量烦恼藏法身亦无疑惑故。”②

【宋译】若于无量烦恼藏所缠如来藏不疑惑者，于出无量烦恼藏法身亦无疑惑。③（法身章第八）

【唐译】若于无量烦恼所缠如来之藏不疑惑者，于出一切烦恼之藏如来法身亦无疑惑。④

【新译】上述这八种句义，按照顺序，以一个偈颂表示出来：（一）自体义，（二）因义，（三）果义，（四）业义，（五）相应义，（六）行为义，（七）恒常义，（八）不可思议义。其中：

（一）凡是尚未摆脱杂染库藏的界，由薄伽梵称为“如来藏”的，应知对其予以净化，就是转依之自体。因而，经中说言：

“薄伽梵啊！若是对于为一切烦恼库藏彻底覆盖的如来藏，没有疑虑

① 中村瑞隆：《梵汉对照究竟一乘宝性论》，《世界佛学名著译丛》76，华宇出版社1989年版，第155页。可参考 *The Lion's Roar of Queen Śrīmālā*, *A Buddhist Scripture on the tathāgatagarbho Theory*, translated, with introduction and Notes by Alex Wayman and Hideko Wayman, p. 96。

② 《究竟一乘宝性论》，《大正藏》第31册，No. 1611，第841页上。

③ 《胜鬘师子吼一乘大方便方广经》，《大正藏》第12册，No. 0353，第221页中。

④ 《大宝积经》，《大正藏》第11册，No. 0310，第675页下。

的话，则对于摆脱一切烦恼库藏的如来法身，也就没有疑虑。”①

小结：

（1）本章先梳理了《宝性论》所引用佛教经典的情况，证明在《宝性论》所引用之近30种佛教经典里，《胜鬘经》具有特别特殊的地位。因此在《宝性论》所系统建构的如来藏思想理论中，《胜鬘经》相关理论的影响，应该值得注意。

（2）从本章进行的疏证可以看出，《宝性论》所引证《胜鬘经》经文，见于《一乘章第五》的，有第16、17、15、14、7、4、3诸段；见于《法身章第八》的，有第22、14、12、1诸段；见于《空义隐覆真实章第九》的，有第21、20、13诸段；见于《颠倒真实第十二》的，有第8、9、6诸段；见于《自性清净章第十三》的，有第19、18、10、11、5、2诸段。其中，第八章、第九章、第十三章三章，都是《胜鬘经》中专门阐述如来藏思想信仰的核心经文。所以，从《宝性论》对这几章内容的多方引用可以看出，《宝性论》重点关注的问题，确实是《胜鬘经》的如来藏思想，在初期大乘佛教思想义理的基础上，以如来藏思想的系统化、理论化为重心，可以看出从《胜鬘经》到《宝性论》如来藏学理论发展的清晰线索。

（3）本章对于《宝性论》上述22段《胜鬘经》的引文，一一予以了意义的疏证。印度大乘佛教的如来藏学思想建构，离不开对于《胜鬘经》《宝性论》等经典相关文字及理论的研究；中国佛教的如来藏思想学说，事实上在隋唐以前，也是以《胜鬘经》《宝性论》等如来藏系核心经典作为诠释与理解的基础之一。所以今后中国佛教如来藏学理论与思想的再建构，不能离开对于这些印度古典如来藏相关文本的研究与阐述。否则，将不能不失之鄙野。本章所做的文字疏证，一个基本的意义即在此。

---

① 参考 Jikido Takasaki（高崎直道）：*A Study on the Ratnagotravibhāga*（*uttaratantra*），*Being a Treatise on the tathāgatagarbho Theory of Mahayana Buddhism*, Serie Orientale Roma, XXXIII, pp. 311 - 312。

第三节 附补:《大乘集菩萨学论》中所引用之《胜鬘经》文字

我们在传为Śāntideva（寂天）所著之《大乘集菩萨学论》（Śikṣāsamuccaya，宋法护译本，则署名为法称著作）卷四中，也看到了其对于《胜鬘经》的文字，有所引用。现在一并抄录于此：

> 论曰：彼说法师虽说亲近善知识，及不舍善知识相，若不护持正法，是不守护，是不清净，是不增长。即非菩萨决定于如是事护持正法。
>
> 《师子吼胜鬘经》云："佛言：菩萨所有殑伽沙数无量行愿，皆应涉入一大愿中，所谓护持正法。护持正法者是大境界。"
>
> 彼经复说："譬如有大力士，少触身分，为彼损害。佛言：胜鬘！少护正法，亦复如是，令魔波旬，得大忧恼。我不见余一善法，能令恶魔生此忧恼，如是唯少护持正法之者。"
>
> 又云："譬如须弥山王，端正殊特，于诸黑山，最为高大。佛告胜鬘：如是大乘，舍身命财，以摄取心，护持正法，胜余住大乘者，不舍身命财所护一切善法故。"①

以上四段话，是我们根据文义做的分段。其中，第一段话是论书作者承先启后，提出自己的观点；第二—四三段话，则是作者引用《胜鬘经》经文，以证成自己的观点。所引《胜鬘经》文字，均见于《胜鬘经》之第四章《摄受章》。《胜鬘经》宋译者求那跋陀罗，将这几段话译为：

> 胜鬘白佛："菩萨所有恒沙诸愿，一切皆入一大愿中，所谓摄受正法。摄受正法，真为大愿。"
>
> "如是胜鬘！如汝所说。摄受正法大精进力，如大力士少触身

① 《大乘集菩萨学论》，《大正藏》第32册，No. 1636，第84页上。

分，生大苦痛。如是胜鬘！少摄受正法，令魔苦恼；我不见余一善法令魔忧苦，如少摄受正法。”

“又如须弥山王端严殊特，胜于众山；如是大乘舍身、命、财，以摄取心摄受正法，胜不舍身、命、财初住大乘一切善根，何况二乘？以广大故。”①

再者，关于《大乘集菩萨学论》中上面四段话的原文，我们依据 Dr. P. L. Vaidya 先生的校勘本，录之于此：

Tatra dharmabhāṇakasevādinā kalyāṇamitrānutsarga uktaḥ, kalyāṇamitralakṣaṇaṃ ca । tadetena saddharmaparigraheṇa vinā na rakṣā, na śuddhirnavṛddhiḥ । tataśca so'pi na bodhisattva ityavaśyakāryaḥsaddharmaparigrahaḥ ‖

uktaṃ hi śrīmālāsiṃhanādasūtre yānyapīmāni bhagavan gaṅgānadīvālikāsamāni bodhisattvapraṇidhānāni, tānyekasmin mahāpraṇidhāne upanikṣiptānyantargatānyanupratiṣṭhāni yaduta saddharmaparigrahe । evaṃ mahāviṣayo bhagavan saddharmaparigraha iti ‖

punar atraivāha syādyathāpi nāma devi mahābalavato'pi puruṣasyālpo'pi marmaṇi prahāro vedhanīyo bhavati bādhākaraśca, evameva devi mārasya pāpīyasaḥparītto'pi saddharmaparigraho vedhanīyo bhavati, śokāvahaḥparidevakaraśca bhavati । nāhaṃ devi anyamekamapi dharma kuśalaṃ samanupaśyāmi mārasya pāpīyasa evaṃ vedhanīyaṃśokāvahaṃ paridevakaraṃ ca, yathā ayamalpo'pi saddha‖rmaparigraha iti ‖

punarāha syādyathāpi nāma devi sumeruḥ parvatarājaḥ sarvān kulaparvatānabhibhavannabhirocate ca samabhirocate coccatvena vipulatvena ca, evameva devi mahāyānikasya kāyajīvitanirapekṣasya na cāgṛhītacittasya saddharmaparigraho navayānasaṃprasthitānāmapi kāyajīvitasāpekṣ-

① 《胜鬘师子吼一乘大方便方广经》，《大正藏》第 12 册，No. 0353，第 218 页上、219 页上、219 页上。

āṇāṃ mahāyānikānāṃ sarvān kuśalān dharmānabhibhavatītyādi ‖ ①

【新译】(1)

在上面所引经中，以亲近说法者等等，谈论所谓“不舍善友”，以及善友之特征。因此，如果没有此种摄受正法，则无保护，无清净，无增长。并且因此，他也就不是菩萨。所以，摄受正法是必定当为者。

(2)

因为，在《胜鬘师子吼经》中，说言：“薄伽梵！所有与恒河沙相等的菩萨誓愿，都放置、包容、住于一个伟大的誓愿中，那就是：摄受正法。薄伽梵啊！摄受正法有如此伟大的境界。”②

(3)

再者，王妃啊！就好比在一个大力士的身体关节上，哪怕是一个微小的可以感受到的打击，也都出现伤害的样子；正是同样，王妃啊！对于极恶魔罗而言，哪怕是细微的可以感受到的摄受正法，也能给他带来悲伤和忧愁。王妃啊！我没有看到如同这个微小的摄受正法那样的其他哪怕一个善法，给极恶魔罗带来可以这样感受的悲伤和忧愁。③

(4)

再者，王妃啊！就好比须弥山王，它超出一切主要的山，以其高度和广度，它端正庄严，普放光芒。正是同样，王妃啊！一个不顾身体、性命，无有执取心的大乘人，其摄受正法，超过新近趋向大乘而顾恋身体、性命的诸大乘人的一切善法。

---

① Śikṣ āsamuccaya of Śāntideva, Buddhist Sanskrit Texts – No. 11, edited by Dr. P. L. Vaidya, published by Mithila Institute of Postgraduate Studies and Research in Sanskrit Learning, Darbhanga, 1961, pp. 26 – 27.

② 可参考 *The Lion's Roar of Queen śrīmālā*, *A Buddhist Scripture on the tathāgatagarbho Theory*, translated, with introduction and Notes by Alex Wayman and Hideko Wayman, p. 68。

③ 可参考 *The Lion's Roar of Queen śrīmālā*, *A Buddhist Scripture on the tathāgatagarbho Theory*, translated, with introduction and Notes by Alex Wayman and Hideko Wayman, p. 77。

第十七章　法藏《大乘法界无差别论疏》引用《宝性论》文字疏证

第一节　《大乘法界无差别论》与《究竟一乘宝性论》

《大乘法界无差别论》，同《究竟一乘宝性论》一样，都是印度中晚期大乘佛教如来藏一系的重要思想经典。《大乘法界无差别论》的作者，相传为古印度的坚慧论师。据法藏在其所著《大乘法界无差别论疏》中言：

> 坚慧菩萨者，梵名娑啰末底。娑啰，此云坚固；末底，云慧……三藏云：西域相传，此是地上菩萨，于佛灭后七百年时，出中天竺大刹利种。聪叡逸群，备穷俗典。出家学道，慧解逾明，大小乘教，无不综练。但以行菩萨行，留意大乘。以己所游平等法界，传示众生，方为究竟广大饶益，是故造《究竟一乘宝性论》，及《法界无差别论》等，皆于大乘舍权归实，显实究竟之说矣。①

文中的“三藏”，是指武周时期传译《大乘法界无差别论》的于阗来唐译经三藏提云般若。根据提云般若的介绍，《大乘法界无差别论》和《究竟一乘宝性论》的作者，都是这位坚慧论师。这位坚慧论师是佛灭七百年后的中天竺人，出生于婆罗门家庭，是一位内外学兼通、大小乘“综练”，而归宗菩萨学行的一位大论师。

关于《大乘法界无差别论》的译者提云般若，法藏在所著《大乘法

① 《大乘法界无差别论疏》，《大正藏》第44册，No.1838，第63页下。

界无差别论疏》中，亦有简略的介绍：

> 有于阗国三藏法师提云般若，此云天慧。其人慧悟超伦，备穷三藏，在于本国。独步一人。后为观化上京，遂赍梵本百有余部，于垂拱年内，届至神都。有敕慰喻，入内供养，安置魏国东寺，令共大德十人，翻译经论，仍令先译《华严》。余以不敏，猥蒙征召，既预翻译，得观宝聚。遂翻得《华严不思议境界分》，《华严修慈分》，《大乘智炬陀罗尼经》，《诸佛集会陀罗尼经》，已上各一卷。成《造像功德经》二卷，《法界无差别论》一卷。沙门慧智等译语，沙门法华笔授，沙门复礼缀文，沙门圆测、慧端、弘景等证义。其余经论，并未及译，三藏遂便迁化。瘗于龙门，与日照三藏同处。敕甚优礼，道俗钦慕，如丧考妣焉。[①]

根据法藏的记述，我们知道提云般若是当时于阗国有卓越造诣的一位三藏法师，垂拱年间（685 年正月—688 年十二月）来唐都，敕令入内供养，安置魏国东寺，任译经大德。所译经论，除属于《华严经》这部大经的一些品帙之外，最重要的应当就是这部《大乘法界无差别论》。法藏参与了提云般若的译场，故其所叙，应当是最可靠的。

根据法藏得之译师提云般若的介绍，坚慧论师同是《大乘法界无差别论》及《究竟一乘宝性论》两部如来藏系论书的作者，而后者已在元魏时期由勒那摩提译师译出，并且在智者大师所著的《摩诃止观》中，已经提到“坚意《宝性论》”[②] 云云的说法，坚意，坚慧，梵文是 sāramati，应当是同一个名称的不同汉译。所以法藏这里所记提云般若的介绍，应当是有根据的。而这两部著作被归于坚慧或坚意论师的名下，也足见这两部著作之间的密切亲缘关系。

关于《法界无差别论》及《宝性论》这两部著作之间的上述亲缘关系，不仅由智顗、法藏两位隋唐高僧的记载可以证实，也可以由现代学者根据两部书之间文字、思想的密切联系，更加精确地予以证实。不过，

① 《大乘法界无差别论疏》，《大正藏》第 44 册，No. 1838，第 63 页下。

② 《摩诃止观》，《大正藏》第 46 册，No. 1911，第 31 页中。

这两部书所表述的思想体系之间的关系，即《宝性论》的如来藏思想体系，与《法界无差别论》的如来藏思想体系，二者之间究竟是完全一致，还是有所区别？究竟是哪个创制在前，哪个创制在后，关于这些问题，学界的意见到现在也还不完全一致。

如日本佛教学者，研究《宝性论》的专家高崎直道，认为《大乘法界无差别论》的作者，是在《宝性论》的基础上撰写了其书，是作者根据自己的观点对于《宝性论》的形式予以了压缩和修改。[①] 另外一位研究《宝性论》的专家，日本佛教学者中村瑞隆，则指出《法界无差别论》中"菩提心"十二义的排列，并不具备严格的理论逻辑，相反《宝性论》的论述则有严格的逻辑；《法界无差别论》只是片段的、零碎的叙述如来藏，而《宝性论》则是以如来藏为中心组织学说。所以中村瑞隆倾向于《法界无差别论》是在《宝性论》的前面而作，后者是沿袭前者而来，是对前者的改变和提高。[②] 两位学者的意见，正好是对立的。

关于《法界无差别论》与《宝性论》之间的思想关联，20 世纪的中国佛教研究者中，印顺导师提出的看法是：

> 《法界无差别论》的内容，是"菩提心略说有十二种义，……所谓果故，因故，自性故，异名故，无差别故，分位故，无染故，常恒故，相应故，不作义利故，作义利故"，与传为坚慧所造的《宝性论》"本论"非常接近。大体地说，上面所说的二论一经，是属于同一类的。《宝性论》与《无上依经》，说到了佛界、佛菩提、佛德、佛业——四大主题，最为完备。《法界无差别论》的十二义，以"菩提心"为主题，内容包含了《宝性论》的"如来藏章"，及"菩提章"的"果"与自利。《无上依经》在《菩提品》中，分别十义，内容包含了《宝性论》的"如来藏章"及"菩提章"的部分。由于

---

① Jikido Takasaki（高崎直道）：*A Study on the Ratnagotravibhāga*（*uttaratantra*），*Being a Treatise on the tathāgatagarbho Theory of Mahayana Buddhism*，Serie Orientale Roma，XXXIII，p. 46。

② 中村瑞隆：《梵汉对照究竟一乘宝性论》，《世界佛学名著译丛》76，华宇出版社 1989 年版，第 59 页。

各部的着重点不同，所以也不能完全吻合了！[①]

印顺导师把《法界无差别论》《宝性论》《无上依经》，称为“二论一经”，他一方面认为这“二论一经”“大体地说”是“属于同一类的”，也就是同前面所引的两位日本学者的意见一致，认同相互之间密切的文字、思想亲缘关系；同时印顺导师也认为，如来藏系这“二论一经”之间，“由于各部的着重点不同，所以也不能完全吻合”，即他认为“二论一经”存在着彼此思想“着重点”的差异。印顺导师对于《宝性论》文字、思想的理解，参考过日本学者中村瑞隆的最新研究成果，所以总的来说，他关于《法界无差别论》《宝性论》二者关系问题的看法，与他前面两位日本学者的意见，没有本质上的不同。

另一位20世纪中国著名佛教学者吕澂先生，关于这个问题的看法则比较特殊。而他提出相关的问题，并表达他的意见，基本上是在20世纪40年代初，因此比两位日本学者关心同一课题要早几十年。吕澂在欧阳竟无先生去世之后，继承其师的遗志，提出建立支那内学院的“院学”，这里所谓“院学”，在吕澂先生而言，并不是支那内学院的一家之学，而是体系化的“佛学”的代名词，是系统化、组织化的全体“佛学”。这一院学的内容，总体上分为“五科”“三周”。所谓“五科”，即指毗昙、般若、瑜伽、涅槃、戒律；所谓“三周”，初周要义是“心性本净，客尘所染”，次周要义是佛法的“转依”思想，三周要义是“一法界”的思想。可以看出：基本上，所谓三周，是根据境、行、果的架构，予以组织的。吕澂复于三周、五科中，各举出若干代表性的典籍，以资讲习。如于初周涅槃科，他举一经一论，经取《胜鬘狮子吼经》，论取《法界无差别论》；次周涅槃科，他举三经一论，三经即《涅槃经》《楞伽经》《法华经》，一论即《究竟一乘宝性论》。[②]

吕澂先生继承其师欧阳竟无先生的观点，不同意由唐代法藏所提出的“大乘三宗”、佛教四宗的分宗之说。然而无论是欧阳先生在《释

---

① 印顺法师：《如来藏之研究》，《印顺法师佛学著作全集》卷十八，中华书局2009年版，第141页。

② 吕澂：《内院佛学五科讲习纲要讲记》，《吕澂佛学论著选集》卷二，齐鲁书社1991年版，第609—610、615、625页。

教》中提出的“涅槃文字科”，或是吕澂先生所谓内学院“院学”五科中的“涅槃科”，实际上都在一定程度上认可了印度大乘佛教如来藏学系的地位及其重要性。从这个角度分析，吕澂先生这里以《法界无差别论》及《宝性论》为涅槃科初周、次周两部代表性论典的说法，实际上也是在其“院学”架构下承认两部论典思想本质上的一致性；而以《大乘法界无差别论》作为讲习初周涅槃科“心性本净，客尘所染”思想的代表性论典，以《宝性论》作为讲习次周涅槃科“转依”思想的代表性论典，则是表明在吕澂心目中，也承认这两部论典在思想主旨上有所差异。

第二节　法藏注疏《法界无差别论》是否表示其不重视《宝性论》

《大乘法界无差别论疏》，是法藏为坚慧所著《大乘法界无差别论》撰写的注疏著作。法藏为这部如来藏系论典撰写了注疏著作，当然足见法藏对这部论典的重视。但是法藏对《大乘法界无差别论》的重视，究竟是在何种意义上的重视呢？这是我们需要继续深思的问题。

如前已说，《大乘法界无差别论》与《究竟一乘宝性论》，同为印度大乘佛教如来藏学系的两部重要论典，法藏只为前者撰写注疏，而未给后者撰写注疏，从表象上看，这是否说明法藏在其如来藏思想的建构与弘扬中，比较重视这部《法界无差别论》，而比较不那么重视《宝性论》呢？

我们在前面说过，20世纪40年代初期，吕澂先生承欧阳竟无先生之业，在支那内学院蜀院创立“院学”——系统的佛学，他为此在内学院发表了一系列的学术讲座。吕澂现存著作中，有一篇《大乘法界无差别论讲要》，就是这组系列讲座中的一讲。这也是近现代以来中国佛教学者唯一一部关于这部《大乘法界无差别论》有重要学术思想意义的注疏著作。吕澂先生在讲座中说：

本论（引者按：指《法界无差别论》）与《胜鬘经》相同，阐明佛学原始要终之义，故列之涅槃学中。《胜鬘》归宿于如来藏心，

> 以为学佛之依据，而未及加详；此论开十二门，曲畅其宗，得未曾有，今续讲以广明之。又本论传译稍晚，法藏一派附会其词，别成系统，相似说兴，影响极巨，几成后来数百年讲论之重心，至今犹有存者，今讲亦随处辨其误解，以杜讹传焉。①

这是吕澂在其讲稿开端所说的一段话。吕澂先生这段话有三层涵义：其一，他高度肯定《大乘法界无差别论》的佛学价值，认为《胜鬘经》虽提出佛教的核心思想如来藏心的概念，但是却没有对此如来藏心概念展开深入细致的分析，《大乘法界无差别论》则从十二个方面，对如来藏心的本质、特质做了深入翔实的分析；其二，他认为法藏是依据《大乘法界无差别论》来建构其思想体系的，尽管法藏对于这部论的理解，在吕澂先生看来，乃是错误的理解，所以他说“法藏一派附会其词，别成系统”；其三，他认为法藏通过错解《大乘法界无差别论》所构造出来的如来藏思想体系，在唐以来的中国佛教中发生了长期的和恶劣的影响，所以他说“相似说兴，影响极巨，几成后来数百年讲论之重心，至今犹有存者”。

关于法藏对《大乘法界无差别论》的解释，是否“附会”，是否错误，我们现在采用的研究方法是客观、公允的学术方法，所以我们同情吕澂先生基于强烈教派意识的佛学方法论，但是却不必接受他的结论。不过吕澂先生这些批评中透露的考量，显然是认为法藏创宗立派的思想理论，从根本上说是受到了《大乘法界无差别论》的关键影响。这样一个学术观点，在吕澂下面的批评文字里面，说得更加清楚：

> 是论译者提云般若，意云天慧，武周时来华，于天授二年译出此论。时圆测、法藏同居译场，法藏获此，特加叹赏，为之作疏，倡如来藏缘起之说（盖误解此论有如来藏为世出世法因一语，认作出生世出世法界），以与业感缘起赖耶缘起示异。复以中土先有马鸣《起信论》（此论乃中土学者依魏译《楞伽》伪托之书，早有刊定），亦

---

① 吕澂：《大乘法界无差别论讲要》，《吕澂佛学论著选集》卷二，齐鲁书社1991年版，第946页。

主张如来藏缘起说者，乃创马鸣坚慧学，以与龙树提婆学、无著世亲学鼎立而三。更进而有四宗之判，谓小乘随相法执宗、大乘龙树真空无相宗、无著之唯识法相宗，及彼所创之如来藏缘起宗，合此四宗判一代佛教，而谓如来藏宗者甚深无上。此乃私意揣度，学者不可不加以审辨也。①

我们看到，吕澂先生的意见是：法藏是在提云般若的译场中，受到其所译《大乘法界无差别论》的关键影响，这促发法藏为之作疏，并建构了其“如来藏缘起宗”的创宗理论。

事实上，有关“如来藏缘起宗”的创宗理论，是法藏晚期思想的核心、主轴，它是法藏一生学思的最后结论，而这一系思想在法藏其他几部晚年著作，如《起信论》注疏，《楞伽经》注疏等中，也都有明确的交待和说明。在一定意义上讲，这个以佛性如来藏思想为核心的宗学理论的确立，也可以看成是自两汉到隋唐中国佛教对于印度大乘佛教理解与诠释一个方向的最后结论，法藏所作的如来藏宗学理论表述，不过是中国佛教这个漫长的思想诠释活动的一个部分而已。所以，吕澂先生这里把如来藏宗学思想的成立仅仅归结为法藏受到《大乘法界无差别论》的关键影响（而且，在吕澂先生看来，这一影响还是因法藏对于经文的错误理解造成的），并不符合法藏自身思想进展的事实，也不符合中国佛教前此七百年对于印度佛教佛性如来藏一系思想理解、诠释的历史事实。吕澂先生的有关批评，在一定程度上夸大了《大乘法界无差别论》在法藏如来藏思想诠释、理解上的意义。

事实上自法藏创作《大乘法界无差别论》的注疏后，唐宋以后佛教界甚少讲习斯作。宋代僧人普观法师著有《法界无差别论疏领要钞》上、下卷，编有《法界无差别论疏领要科文》，这两部作品，是在法藏的注疏著作及吕澂的学术讲座之间，我们能看到的汉语佛学界关于《大乘法界无差别论》仅有的注解著作。在《法界无差别论疏领要钞》的开头，普观写有下面一段话：

---

① 吕澂：《大乘法界无差别论讲要》，《吕澂佛学论著选集》卷二，齐鲁书社1991年版，第947—948页。

> 吾祖康居贤首国师，在昔有唐垂拱之世，躬被征召，与于阗国三藏法师提云般若，同译此论。笔授功毕，继而制疏。盖欲启迪三权，显扬一实，俾夫马鸣、坚慧之道大播于当时，永传于不朽，其亦深益于化源也。虽然，阐教立言之士，代不乏之，而兹疏也久秘辽海，蔑闻流行。迄我圣宋，为之一统。高丽王子佑世来朝，以是，斯文复归中国。既其词旨高远，前修未见赞述，其或有钻仰者，手足无所措矣。观不佞，握椠含毫，弥缝其阙，辄为钞释，凡二卷。因领以要，榜其名题，庶乎来者领略一乘要妙之义，以资驾说者焉。且不以狂简而罪我也。①

普观这里清楚地提到法藏这部注疏著作，“久秘辽海，蔑闻流行”，可见此疏作成后，因为唐末社会动乱、佛教发展形势变化的原因，法藏这部注疏流落到了朝鲜半岛，并未在唐内地流行。直到北宋初年，此疏才回归宋地。因为感到法藏这部著作“词旨高远”，难以理解，所以作者才特意为这部疏制作《领要钞》，为之科文，希望它能够流行起来。普观这个记载清楚说明唐宋时期法藏这部注疏著作并未流传。所以从历史事实的角度看，吕澂先生上述意见也在一定程度上夸大了法藏这部著作在中国佛教思想史上的历史影响。

从疏文结构上看，法藏这部《大乘法界无差别论疏》，是以十门分别诠释此论。法藏说：

> 将释此论，略作十门：一教起所因，二明藏所摄，三显教分齐，四教所被机，五能诠教体，六所诠宗趣，七释论题目，八造论缘起，九传译由致，十随文解释。②

我们初步统计了在以上十门分别中，法藏征引其他佛教经典的情况。我们看到：在第三门、第四门、第八门、第十门四门中，法藏一共正式提到《宝性论》，或引用《宝性论》，达到25次之多。其中，在第三门，引

---

① 《大乘法界无差别论疏领要钞》，《卍新续藏》第46册，No. 0787，第692页上。

② 《大乘法界无差别论疏》，《大正藏》第44册，No. 1838，第61页中。

用《宝性论》1 次；在第四门，引用《宝性论》2 次；在第八门，提到《宝性论》1 次；在第十门，因为这一门是解释《大乘法界无差别论》的正式疏释文字，所以提到或引用《宝性论》的次数，也相应最多，一共是 21 次。考虑到《大乘法界无差别论疏》，仅有一卷文字的篇幅，所以单纯从诠释角度言，这样的征引次数，应该说已经相当多了。这可以从一个表象的角度说明：法藏虽然高度重视《大乘法界无差别论》，但似乎他对另一部如来藏系经典《宝性论》，也是有着高度重视的态度的。

我们还可以把法藏这部注疏中引用《宝性论》的次数，与他引用其他相关佛教经典的次数做个比较。如他此书中提到或引用《楞伽经》，一共是 8 次；提到或引用《密严经》，一共是 6 次；提到或引用《胜鬘经》，一共是 18 次；提到或引用《华严经》，一共是 15 次；提到或引用《大乘起信论》，一共是 21 次；提到或引用《佛性论》，一共是 9 次。可见法藏该疏引用的经典，次数比较多的，还是《宝性》《起信》《胜鬘》和《华严》。

这几部经典中，我们知道《华严经》是法藏所创华严宗学的宗经，是法藏发展佛教经典诠释学的最基本的佛经依据，所以得到他比较多的引用，是十分合理的；《胜鬘经》是印度所传如来藏学趋向体系化的核心经典，所以他比较多的引用，也是完全可以理解的；《起信论》同《楞伽经》的思想方向一致，被学界公认为将如来藏学与瑜伽行派思想调和与融合起来的典范，也是法藏晚年依据阐释其如来藏缘起宗思想理论的两部重要经典，所以在此书中，他也自然多加引用。而《宝性论》在这部《法界无差别论》注疏中，得到法藏最为密集的关注、引用，这究竟说明什么呢？只能说明法藏心目中对《宝性论》极为重视，也说明法藏对于《宝性论》与《法界无差别论》二者之间的思想亲缘关系，有深刻的认识。

所以，我们的基本看法如下：法藏高度重视《大乘法界无差别论》如来藏学佛学思想的价值，但这并不表示他不重视另外一部与它同源的如来藏学核心经典《宝性论》的佛学价值，相反我们应该说，他对《宝性论》的佛学思想价值是高度重视的。法藏这部注疏频繁地引用《宝性论》，就已经可以说明问题。当然，《宝性论》这部著作相对《大乘法界无差别论》而言，体系更加繁复，理论更加深奥，文字也更加艰涩，流传也自然更加困难。尤其是由于作为隋唐时期中国佛教如来藏学最权威学者的法藏，没有为这部《宝性论》留下诠解的注疏著作，更是导致后世中国佛教学人难以研读这部著作的一个直接的原因。所以法藏在这部注疏著作中对于《宝性论》的大量引用及其相关的诠释，就具有非常特别的意义。它不仅是我们理解法藏有关《大乘法界无差别论》诠释思想的一个重要锁钥，也是我们理解法藏关于《宝性论》思想的一个重要锁钥，甚至是我们准确、完整地理解法藏如来藏思想、华严宗学思想的一个重要锁钥。为此，在本章下面的部分，我们拟将法藏这部注疏著作中引证《宝性论》的部分专门辑出，并予以文字上、思想上的必要疏证，以期更好地理解法藏的相关思想，也期待由此更好地理解法藏如来藏思想诠释的真正性质。

第三节　法藏《大乘法界无差别论疏》所引《宝性论》疏证

上面说过，法藏疏释《大乘法界无差别论》十门中，在四门中引用或提到过《宝性论》。下面我们就依据这样的线索，依次对法藏引用或提到《宝性论》的有关文字，加以简要的疏证。

引用《宝性论》（1）

第三显教分齐门

法藏在这里说：

> 第三显教分齐者，有二门：一叙诸说，谓戒贤、智光各立三教等，并如《华严疏》中说；二述现宗，谓现今东流一代圣教，通大小乘，及诸权实，总有四宗：一随相法执宗，谓《阿含》等经，《婆沙》等论；二真空无相宗，谓《般若》等经，《中》《百》等论；三唯识法相宗，谓《深密》等经，《瑜伽》等论；四如来藏缘起宗，谓《楞伽》《密严》等经，《起信》《宝性》等论。释此四宗，略举四义：一约乘者，初唯小乘，次二具三乘，谓此二乘宗，

同许定性二乘不成佛；后唯一乘，以此宗许入寂二乘亦成佛故。智光三教，及梁论第八，并同此说。二约识者，初二唯说六识，后二具说八识。于中，初说六识有，后说六识空；后二中，初说八识唯是生灭，后说八识通如来藏，具生灭、不生不灭。三约法者，初唯说有；二唯说空；三说亦空亦有，谓此宗许遍计所执空，依他、圆成有；四说非空非有，谓此宗许如来藏随缘成阿赖耶识，即理彻于事也，许依他缘起无性同如，即事彻于理也。以理事交彻，空有俱融，双离二边故云也。此四约法，就多分说。四约人者，初是小乘诸师达磨多罗等所立，二是龙猛、圣天等所立，三是无著、世亲等所立，四是马鸣、坚慧等所立。余随宗义别，并准可知。此论正当第四宗摄。[①]

所谓“显教分齐”，即讨论如来一代时教的判教分宗问题，也就是要对佛教教法的历史性及现实性，整体性及差异性，在观念上给予一个系统及逻辑的理解与归纳。在印度佛教发展中，判教分宗已经是一个习惯的做法；在佛教进入中国汉地之后，更成为一个思想方法的必然。汉传佛教自南朝以来就有判教分宗的各种学说，法藏晚年的判教思想将如来一代教法传承，判定为五教、四宗。此处所重点讨论的是四宗的问题。

法藏这里所说的四宗是：随相法执宗，真空无相宗，唯识法相宗，及如来藏缘起宗，即将阿含经典及部派佛教的思想系统，概括为“随相法执宗”；将大乘经典及其学派的思想系统，概括为三大宗派。这一分宗思想构成法藏晚年最成熟的分宗思想，其中最为显著的特色，是认为如来藏缘起宗与真空无相宗、唯识法相宗鼎足而三，这不仅是从宗趣的角度确认印度佛教中有关如来藏一系思想学说的合理性与权威性，并且是以通过如来藏缘起的理念所发挥的如来藏一系思想，作为大乘佛教宗趣思想的顶峰。法藏这一分宗思想代表了华严宗特色的宗学思想，也在相当程度上代表了中国化佛教对印度大乘佛教最富有特色的诠释理解、思想创造。

我们在这里需要注意的是，法藏在关于大乘第三宗、全体佛教第四宗即如来藏缘起宗的判定中，提出这一宗派成立的经典依据，乃是“《楞伽》《密严》等经，《起信》《宝性》等论”，这与法藏晚年其他代表性著

---

① 《大乘法界无差别论疏》，《大正藏》第44册，No. 1838，第61页下。

作中涉及分宗判教问题时所倡导的思想是一致的，法藏这里认为《楞伽经》《密严经》两部经，及《起信论》《宝性论》两部论，是代表如来藏缘起宗思想理论最根本的依据性经论。我们看到，法藏这里列出的《楞伽》《密严》《起信论》这三部经典，都是属于中晚期大乘佛教的如来藏系统的经典，它们着力解决的是将如来藏一系思想与瑜伽行派思想融合起来的问题，而相对较早期的如来藏系经典，如全力将如来藏理论予以系统化的《胜鬘经》，法藏此处的论说中没有明确地予以列出，这一点正好反映了法藏如来藏缘起一系思想诠释的特色和方向。不过，由于继承《胜鬘经》如来藏思想并将其如来藏思想予以体系化建构的论典《宝性论》，明确地被法藏列为代表如来藏缘起宗思想理论最重要的经典之一，因此我们看到法藏这里所提倡的如来藏缘起宗，虽然强调了“缘起”的问题，也就是现象世界、现实人生的形成问题，但是并不违背如来藏思想的理论初衷：对世界根本依据的探讨，对生命中本具佛性的觉解和依止。

特别值得注意者：法藏此处是在注疏《法界无差别论》的文字中，提出《宝性论》及《起信论》是如来藏缘起宗的核心论典，而未将所疏《法界无差别论》列为如来藏缘起宗的核心论典。我们据此可以断言法藏内心中对于《宝性论》的价值判断应当极高，《宝性论》的佛学价值至少可与《起信论》相提并论，相互并列。有趣的是，如前所述，在这部《法界无差别论》注疏中，法藏引用《宝性论》25 次，引用《起信论》21 次，这似乎也可以形象地表明：在其心目中，《宝性论》和《起信论》两部论典，在如来藏学及如来藏缘起思想中，有不分轩轾的崇高地位。

在上面那段引文的结束处，法藏明确指出：这部《法界无差别论》，是“第四宗”所摄。法藏在此处，跟在其他任何场合一样，都没有将《法界无差别论》列为作为大乘第三宗、全体佛教第四宗之根本依据的经典，而在此处及在其他地方，他则是一再明确宣示：《宝性论》是作为大乘第三宗、全体佛教第四宗之根本依据的经典。既然如此，为什么法藏只是为前者做注，而未为后者做注呢？对于这个问题可以从两个角度解读。

其一，鉴于《法界无差别论》与《宝性论》的主题思想，本来就有高度的同质性、亲缘性，所以法藏虽然只是注疏《法界无差别论》，而未注疏《宝性论》，但是从思想逻辑的角度而言，法藏对于前者的注疏不妨可以看成也就是对后者的注疏。

其二，这个问题的实质，与法藏对于两部如来藏系经典佛学价值与特质之定位有关。在法藏本疏的序言中，可以读到下面这段话：

> 有坚慧菩萨，杰出中天，位登证实，声高五印。思欲光扬万行，匡赞一乘，罄己所知，略示群品。其为论也，理超谓迹。以菩提心、涅槃界，为因果之胜地；清净土、功德山，为缘性之本辙；善苗擢叶，即返流以契本；白法开华，自还源而造极。亘烦恼海，不思议而一味；满众生界，岂断常而万殊。若虚空在云，无以蔽其寥廓；如摩尼处垢，不足染其清明。文略义玄，喻近意远，开夷路也；平等朗然而不变，则勇进者乘真而直入，辨实相也；缘起纷然而不作，则羸退者知迷而率服。岂烦众异妄见之踳剥，而重娆其心哉！作者之致，庶几于颜子矣。[①]

在法藏这段对《法界无差别论》佛学价值的赞辞中，我们尤其要注意“文略义玄”这一句话。“文略”，从汉译看，此论的篇幅，仅仅只有一卷文字，可谓短小；“义玄”，此论以“菩提心”这一概念为中心，以“十二种义”解释“菩提心”，从如来藏思想的角度，概括了佛法的根本大义，所以可以说是意指深远。如果从研究者的客观角度看，我们看到《宝性论》同样是从如来藏角度出发的佛法思想概论，而且《宝性论》的思想从逻辑严谨、体系缜密、义解纷纭、思想精深博大的角度来说，可能比《法界无差别论》有过之而无不及，所以《宝性论》的佛学思想价值，毫无疑问，同样可以当得起“义玄”二字的评论。不过《宝性论》的文字篇幅极其庞大，以勒那摩提的汉译而论，就有四卷之多；以梵本而言，它是由五个部分构成的鸿篇巨制，所以无论如何，绝对不可以称其为“文略”。鉴于此，我们可以大胆猜测，法藏注疏《法界无差别论》，而未给《宝性论》留下一个划时代的经典注疏，其中的真实原因，固然可以多方面地考量，但是出于篇幅考虑的理由，很有可能是其中一个重要的原因。

---

① 《大乘法界无差别论疏》，《大正藏》第44册，No. 1838，第61页上。

引用《宝性论》(2)

第四教所被机

法藏在这一门注疏中写道：

> 第四教所被机者：于上四宗中，初小乘宗一切众生，皆非此为，以彼宗中总无人向大菩提故。次依第二、第三宗，于一切众生内，半为、半不为：谓五种性中，菩萨种性及不定性，是此所为；余三定性，即非此为，以各无因故。第四宗中明一切众生，皆此所为，以悉有佛性，并当成佛。《涅槃经》中，除草木等无心为非佛性，凡诸有心悉有佛性。《佛性论》中，言一分无性，为不了义。《宝性论》等，为谤大乘因，依无量时故，说无佛性，非谓究竟无清净性。《楞伽》五性中，无种性人亦当得佛，以如来不舍诸众生故。如此等文，广如别说。[1]

法藏这里所谓“教所被机”，是指《大乘法界无差别论》等如来藏系经典、教法所覆盖、所适宜的众生、人群。法藏这里联系四宗来讨论，试图准确地说明如来藏系经典及教法的适用范围：以小乘宗旨为学思方向的一切众生，都只是以解脱烦恼作为人生目标，而不是以实现无上菩提作为人生目标，所以以小乘宗旨为学思方向的一切众生，都不是《法界无差别论》等如来藏系经典、教法思想所覆盖、所适宜的众生、人群；以大乘前二宗宗旨为学思方向的人群，区分为五种种姓，其中的菩萨种姓人群，及不定种姓人群，最终都以觉悟成佛作为人生目标，所以《法界无差别论》等如来藏系经典、教法可以覆盖、适宜这二种人群；至于其他三种定性种姓的人群（定性声闻、缘觉，无种姓），因为人生目标已经确定，不可改移，所以《法界无差别论》等如来藏系经典、教法，不可覆盖、适宜他们。以全体佛教中第四宗的宗旨为方向的所有人群，因为主张一切众生自身具足佛性，都有觉悟、成佛的可能性，所以《法界无差别论》等如来藏系经典、教法可以覆盖、适宜第四宗涉及的一切众生、人群。法藏在这一部分

---

① 《大乘法界无差别论疏》，《大正藏》第 44 册，No. 1838，第 62 页上。

谈论如来藏系佛教教法所覆盖、所适宜的众生、人群问题，实际上其核心主题是谈论佛性问题，即众生或人群成佛的可能性问题。四宗涉及的人群对于《法界无差别论》等如来藏系经典、教法的适宜性差异，归根结底是由其所接受的佛性理论上的差异所决定的。

法藏上面这段话中，共举出《涅槃经》《佛性论》《宝性论》《楞伽经》这二经二论的经证，作为如来藏系经典、教法可以覆盖、适宜全体佛教第四宗涉及人群的证成，理由就是在他看来这二经二论，都包含了“悉有佛性，并当成佛”的佛性思想理论。其中，所引用的《宝性论》文字，根据勒那摩提的古译，是指如下一段话：

> 向说一阐提常不入涅槃，无涅槃性者，此义云何？为欲示现谤大乘因故。此明何义？为欲回转诽谤大乘心、不求大乘心故，依无量时，故如是说。以彼实有清净性故，不得说言彼常毕竟无清净性。[①]

根据日本学者中村瑞隆发表的《梵汉对照究竟一乘宝性论》（下引此书皆同），我们对勘勒那摩提这段译文对应的梵本如下：

【梵本】

Yat punar idam uktam icchantiko′tyantamaparinirvāṇadharmeti tan mahāyānadharmapratigha icchantikatve heturiti mahāyānadharmapratigh-anivartanārtham uktaṁ kālāntarābhiprāyeṇa । na khalu kaścitprakṛtiviśud-dhagotrasaṁbhavādatyantāviśuddhidharmā bhavitumarhasi । [②]

【新译】再者，凡是经中说言：“一阐提迦是彻底非涅槃法。”其意思是要说：“对于大乘法的憎恶，是导致一阐提迦性的原因。”所以，是因为暂时性的意图，为了扭转对大乘法的憎恶，经中才言说这样的话。而由

---

① 《大正藏》第31册，No.1611，《究竟一乘宝性论》，第831页上。

② 中村瑞隆：《梵汉对照究竟一乘宝性论研究》，《世界佛学名著译丛》76，华宇出版社1989年版，第71页。

于有本性清净的种姓，任何（众生）都不可能成为彻底不清净法。[①]

所以，《宝性论》此段文字，有“对治”及“显正”二义：

（一）从“对治”的角度言，《宝性论》提出：经典中凡是提出一阐提人不得涅槃的说法，事实上都是有“暂时性意图”（kālāntarābhiprāyeṇa）的表达方式，其目的是要扭转一部分众生对于大乘法的诽谤，因为正是这样的诽谤才是造成一阐提人群特殊种姓的本质；

（二）从“显正”的角度言，《宝性论》此处明确地肯定：由于有本性清净的种姓，任何众生都不可能彻底地成为非涅槃法。根据《宝性论》的学术术语，这里所谓“本性清净的种姓”（prakṛtiviśuddhagotra），其实就是指佛性，或如来藏。

《宝性论》这段话中，有“任何（众生）”（kaścit）的说法，意味着这里的判断，是一个全称意义上的判断。所以《宝性论》这段文字，确实是对于“悉有佛性，并当成佛”的佛性理论非常精确且具有普遍意义的一个表述。所以法藏在此引用这段话以证成《大乘法界无差别论》等如来藏系经典具有覆盖、适宜如来藏缘起宗涉及人群的普遍佛性思想，是十分精当的。

引用《宝性论》(3)

第四教所被机

法藏在上段文字之后，接着说：

> 定性二乘，入涅槃后，要皆当得发菩提心。《法华》第三：“生灭度想，入于涅槃，而于彼土，求佛智慧，是故唯以佛乘而得灭”等。《法华论》：“决定声闻，根未熟故，菩萨授记，方便令发心”等；又云：“彼以诸禅三昧为涅槃，本无实涅槃。”《入楞伽》：“三昧酒所醉”等，乃至云“酒消然后觉，得佛无上身”。《密严》第一颂

---

① Jikido Takasaki（高崎直道）：*A Study on the Ratnagotravibhāga*（*uttaratantra*），*Being a Treatise on the tathāgatagarbho Theory of Mahayana Buddhism*，Serie Orientale Roma，XXXIII，p. 224。

云："涅槃若灭坏，众生有终尽。众生若有终，是亦有初际。应有非生法，而始作众生。"解云：此亦是圣教，亦是正理。若入寂二乘，灰断永灭，则是众生作非众生；若令众生作非众生，则应有非众生而始作众生。唯识论中，说有漏生于无漏，则难"勿无漏法还生有漏"，今亦例同：既众生入灭，同非众生，勿非众生法，而还作众生。况复此是圣言，彼非佛说。又《胜鬘经》《无上依经》《佛性论》《宝性论》皆同说三界外声闻、缘觉，及大力菩萨，受三种变易身。又《智论》九十三，引《法华》第三释云："有妙净土，出过三界，阿罗汉当生其中。"是故定知：入灭二乘，灭粗分段，名入涅槃；实有变易，在净土中，受佛教化，行菩萨道。若不尔者，未回心时，既无变易；回心已去，即是渐悟菩萨，不名二乘。故知于三界外，所受变易，小乘以为涅槃，大乘深说，实是变易，本无涅槃。《胜鬘》云："声闻、缘觉，实无涅槃，唯如来有涅槃故。"此论下云："应知唯有一乘道，若不尔者，异此应有余涅槃故。同一法界，岂有下劣涅槃，胜妙涅槃耶？"以此当知：二乘之人，既无涅槃，无不皆当得菩提故。一切众生皆是所为也。余义如别说。[①]

本段所讨论的问题，仍是在"教所被机"的范畴下，即《大乘法界无差别论》等如来藏系经典、教法具有覆盖、适宜如来藏宗所涉一切众生的普遍佛性问题。关于一切众生"悉有佛性，并当成佛"的佛性论问题，在理论证成上，有两个关键性的方面：其一，是无种姓众生是否有佛性、是否可以成佛的问题；其二，是定性种姓的众生，能否改变其种姓，也就是所谓"回心"，或"回小向大"的问题。上条引文主旨是在引用《宝性论》等，证成无种姓众生或人群，"悉有佛性，并当成佛"；本段则是讨论"定性二乘"众生、人群，回小向大、开发佛性、证得菩提的可能性问题。

所谓"定性二乘"，即指因果已经确定的声闻种姓及缘觉种姓。按照阿含经论的教导，这两类人群确定将会断烦恼，得解脱，入涅槃，如中国佛教的说法，就是将会"灰断永灭"。那么他们如何可能重新开发其佛

---

① 《大乘法界无差别论疏》，《大正藏》第 44 册，No. 1838，第 62 页上。

性，走到成佛的道路上呢？法藏这里提供三层证明：（一）定性二乘人入涅槃后，一定会再度开发其菩提性，于此，他引用《法华经》卷三、《法华论》《入楞伽经》《密严经》四部经论予以证成；（二）法藏引用《胜鬘经》《无上依经》《佛性论》《宝性论》这四部如来藏系重要经论，及《大智度论》这部中观学派论典，证成二乘及大力菩萨，有三种变异身，在三界外受用净土；（三）最后，法藏引用《胜鬘经》及《大乘法界无差别论》的文字，证成二乘之人其实并未获得真正的涅槃，唯有一乘法，如来已得涅槃，而诸声闻、缘觉，则当得涅槃。

以上三层论证中，第二层论证，即证成有三种变异身的存在，二乘之人入涅槃，表面上是“灰断永灭”，实际上是同大力菩萨一起，获得三种变异身，在不同于三界的新时空中重启其生命，以便最终成佛，对于普遍佛性的议题而言，这当然是一个十分关键的论证。《胜鬘经》：“如是无明住地，缘无漏业因，生阿罗汉、辟支佛、大力菩萨三种意生身。”[①]《无上依经》：“缘无明住地，因无明住地所起无漏行三种意生身。”[②]《佛性论》：“因此无明住地为缘，及微细妄想所起无漏业为因，得起三种意生身故，不能至得极离因果苦大乐波罗蜜。”[③] 如此云云，皆是论证此事。此处所引用《宝性论》的相关文字，在勒那摩提的译文中是：

> 又此四种波罗蜜等，住无漏界中声闻、辟支佛、得大力自在菩萨，为证如来功德法身第一彼岸，有四种障。何等为四？一者缘相，二者因相，三者生相，四者坏相。缘相者，谓无明住地。即此无明住地与行作缘，如无明缘行，无明住地缘亦如是故。因相者，谓无明住地缘行，即此无明住地缘行为因，如行缘识，无漏业缘亦如是故。生相者，谓无明住地缘，依无漏业因，生三种意生身。如四种取缘，依有漏业因而生三界，三种意生身生亦如是故。坏相者，谓三种意生身缘，不可思议变易死，如依生缘，故有老死，三种意生身缘不可思议变易死亦如是故。[④]

---

① 《胜鬘师子吼一乘大方便方广经》，《大正藏》第 12 册，No. 0353，第 220 页上。

② 《佛说无上依经》，《大正藏》第 16 册，No. 0669，第 472 页上。

③ 《佛性论》，《大正藏》第 31 册，No. 1610，第 798 页下。

④ 《究竟一乘宝性论》，《大正藏》第 31 册，No. 1611，第 829 页下。

所译文字十分晦涩难解，今对勘这段文字梵本如下：

【梵本】

āsāṁpunaścatasṛṇāṁtathāgatadharmakāyaguṇapāramitānām adhigamāy-ānāsravadhātusthitānām apy arhatāṁpratyekabuddhānāṁvaśitāprāptānāṁ ca bodhisattvānāmime catvāraḥparipanthā bhavanti । tadyathā pratyayalakṣ-aṇaṁhetulakṣaṇaṁ saṁbhavalakṣaṇaṁ vibhavalakṣaṇamiti । tatra pratyaya-lakṣaṇamavidyāvāsabhūmiravidyeva saṁ skārāṇām । hetulakṣ aṇamavidyā-vāsabhūmipratyayameva saṁskāravadanāsravaṁ karma । saṁ bhavalakṣaṇa-mavidyāvāsabhūmipratyayānāsravakarmahetukī ca trividhā manomayātma-bhāvanirvṛttiścaturupādānapratyayā sāsravakarmahetukīva tribhavābhinirvṛt-tiḥ । vibhavalakṣaṇaṁ trividhamanomayātmabhāvanirvṛttipratyayā jātipraty-ayamiva jarāmaraṇamacintyā pāriṇāmikī cyutiriti । ①

【新译】再者，为了实证上述四种如来法身品德波罗蜜多，即使住于无漏界的诸阿罗汉、独觉，以及已经获得自在的诸菩萨，也都还会有下面四种妨碍，即缘相，因相，起源相，死亡相。其中：

（一）缘相：是指无明住地，就好比无明是诸行的缘，无明住地是缘相；

（二）因相：是指以无明住地为缘无漏的作业，就好比以无明为缘的诸行一样；

（三）起源相：是指以无明住地为缘，以无漏的作业为因，三种意生身之出现，就好比以四种执取为缘，以有漏的作业为因，出现三有一样；

（四）死亡相：是指以三种意生身之出现为缘，而有不可思议的变化性的死亡，就好比以出生为缘的衰老、死亡一样。②

---

① 中村瑞隆：《梵汉对照究竟一乘宝性论研究》，《世界佛学名著译丛》76，华宇出版社1989年版，第63页。

② Jikido Takasaki（高崎直道）：*A Study on the Ratnagotravibhāga（uttaratantra），Being a Treatise on the tathāgatagarbho Theory of Mahayana Buddhism*，Serie Orientale Roma，XXXIII，pp. 215－216。

从《宝性论》这段文字可以看出，法藏这里所引用的如来藏系四种经典——即《胜鬘》《无上依经》《佛性论》《宝性论》——在三种意生身问题上的经证，其理论是同源的。《宝性论》这段文字，明确地指出住于无漏界的声闻、缘觉，及获得伟大威力的大菩萨，都要经历以无明住地为缘、以无漏作业为因的三种意生身之出现及不可思议的变化性的死亡。这段文字，从传统汉译来讲，一直令人费解，但根据《宝性论》的梵本对勘及新译，其意义变得非常清楚。上述这段文字，正是法藏所谓“说三界外声闻、缘觉及大力菩萨，受三种变易身”这段话所意指的文字，而这段文字表明定性声闻其实并未真正入于涅槃，而是进入一个新时空的生命状态，从而有改变命运、回向菩提的可能，这正是以《宝性论》为代表的《大乘法界无差别论》等如来藏系经典具有普遍佛性思想的一个非常有力的证明。

引用《宝性论》(4)

第八造论缘起

在法藏这部注疏著作的第八部分，写有下面一段文字，前面已经引用过，这里再引证如下：

> 第八造论缘起者：坚慧菩萨者，梵名娑啰末底，娑啰，此云坚固；末底，云慧。……三藏云：“西域相传，此是地上菩萨，于佛灭后七百年时，出中天竺大刹利种。聪叡逸群，备穷俗典。出家学道，慧解逾明。大小乘教，无不综练。但以行菩萨行，留意大乘。以已所游平等法界传示众生，方为究竟广大饶益。是故造《究竟一乘宝性论》，及《法界无差别论》等，皆于大乘舍权归实、显实究竟之说矣。”①

法藏此处所谓“造论缘起”，是指《大乘法界无差别论》这部论的造论缘起。但从法藏在文中叙述的内容看，他此处既是在谈《法界无差别

① 《大乘法界无差别论疏》，《大正藏》第44册，No. 1838，第63页下。

论》的“造论缘起”，也是在谈《究竟一乘宝性论》的“造论缘起”。我们前面已经指出法藏心目中大概着意于这二部论的同源性、亲缘性，意义即在此。

这段文字中的“三藏”，指提云般若，他是于阗国人，于武周天后永昌元年（689 年）来华，奉诏于魏国东寺从事佛经翻译工作。至天授二年（691 年），译出《华严经·不思议佛境界分》一卷、《华严经·修慈分》一卷、《造像功德经》二卷、《智炬陀罗尼经》一卷、《诸佛集会陀罗尼经》一卷、《大乘法界无差别论》一卷等。法藏在这部注疏著作紧接的第九部分谈及翻译缘起问题时，也有如下的记载：

> 第九翻译由致者：有于阗国三藏法师提云般若，此云天慧。其人慧悟超伦，备穷三藏。在于本国，独步一人。后为观化上京，遂赍梵本百有余部，于垂拱年内，届至神都。有敕慰喻，入内供养，安置魏国东寺，令共大德十人翻译经论，仍令先译《华严》。余以不敏，猥蒙征召，既预翻译，得观宝聚。遂翻得《华严不思议境界分》，《华严修慈分》，《大乘智炬陀罗尼经》，《诸佛集会陀罗尼经》，已上各一卷。成《造像功德经》二卷，《法界无差别论》一卷。沙门慧智等译语，沙门法华笔授，沙门复礼缀文，沙门圆测、慧端、弘景等证义。其余经论，并未及译，三藏遂便迁化。瘞于龙门，与日照三藏同处。敕甚优礼，道俗钦慕，如丧考妣焉。[①]

考法藏以上两段话，法藏是亲自得之于阗国三藏法师提云般若所传：坚慧菩萨是佛灭后七百年生人，出自中天竺婆罗门家族，他是《究竟一乘宝性论》及《法界无差别论》等的作者。关于这两部论典的价值，根据提云般若的介绍，是“皆于大乘舍权归实、显实究竟之说”，就是说这两部论典都是佛法的究竟之论，可见提云般若高度评价两部论典的学术价值。且提云般若所传，侧重在《宝性论》与《法界无差别论》两部论典思想价值之共通处，而非侧重于二论之差异面。这也正好可以说明法藏关于这两部论书价值评判的特点：法藏虽然给《法界无差别论》做注疏，

---

① 《大乘法界无差别论疏》，《大正藏》第 44 册，No. 1838，第 63 页下。

而未给《宝性论》做注疏，但他在注疏中重点引用了《宝性论》的文字、理论，来印证、注疏《法界无差别论》。因此我们认为在法藏心目中，注疏《法界无差别论》，其实也正是注疏《宝性论》，法藏并未在两部论典的价值上有所轩轾。另一方面，如前面已论，法藏在包括《大乘法界无差别论疏》等几部晚年著作中，都明确列出《宝性论》《起信论》为如来藏缘起宗的核心代表著作，他对《宝性论》崇高佛学价值的高度推重，是毋庸置疑的。

引用《宝性论》材料（5）—（8）

第十随文解释

按照法藏注疏经典的一般体例，以上九个部分是表现法藏自己及华严学人诠释一部经典时所要关注的诸多宏观的方面，而在第十个部分，即随文解释的部分，才会展开对相关经典文句及义理的细部研讨。在这一部分，法藏更是大量引用《宝性论》的文字，来诠释、印证、帮助说明《法界无差别论》的文字及理论。如下面这一大段文字中，法藏就先后四次引用了《宝性论》的说法：

> 言于中者，于此涅槃平等之中。此于中言，通下六种应知。
>
> 六中，初无生者，标也；永不复等者，释也。谓于此法身中，三种意生身永不起故。故者，因也，由也。由无彼故，名曰无生，下文故字，皆同此释。《楞伽》中，约地上菩萨，有三种意生身：一、三昧乐意生身，二、觉法自性意生身，三、种类俱生无行作意生身。此并身随意现，故云意生，亦名意成，广如别说。又《宝性论》云："以常故不生，离意生身故。"
>
> 二无老者，标也。下释言此功德者，谓此涅槃寂静功德也。言增上者，在因位之上故。殊胜者，胜过二乘故。圆满者，佛果齐备故。究竟者，性同无为故。无衰变者，明此等功德皆无衰耗改变，故云无老也。《宝性论》中云："不变故不老，以无无漏业"故。解云：彼论约能感变易之业，名无漏业，皆有衰变，约之显老。
>
> 三无死者，标也。下释以无微细变易退故，是因位无漏所感之

身，细患所迁，故云变易。或三种，如《胜鬘》等说；或四种，如梁论等说。《宝性论》云："以恒不死，离有不思议变易退故。"此中变易身义，如别说之。

四无病者，标也，谓二障及习所病尽故。《宝性论》云："清凉故不病，无烦恼习故。"

五无苦依者，标也，以无始时根本无明住地及习气，为众苦所依，今皆永尽，故云无苦依……

六无过失者，标也，谓佛果三业错误过失永不行故。谓罗汉具此三失，佛永无故，如十八不共法中说。①

按：《大乘法界无差别论》："菩提心，略说有十二种义是此论体，诸聪慧者，应如次知。所谓果故，因故，自性故，异名故，无差别故，分位故，无染故，常恒故，相应故，不作义利故，作义利故，一性故。"② 此即从果、因、自性、异名、无差别、分位、无染、常恒、相应、无义、有义、一性这十二个方面，来对此论讨论的核心概念"菩提心"，作出系统的规定与解说。这十二种义就构成本论的"论体"——思想框架。又，本论开头部分，有以下一段文字：

何者名为菩提心果？谓最寂静涅槃界。此唯诸佛所证，非余能得。所以者何？唯佛如来能永灭尽一切微细烦恼热故。于中：无生，永不复生意生诸蕴故；无老，此功德增上殊胜圆满究竟无衰变故；无死，永舍离不思议变易死故；无病，一切烦恼所知障病及与习气皆永断故；无苦依，无始时来无明住地所有习气皆永除故；无过失，一切身语意误犯不行故。此则由菩提心为最上方便不退失因，一切功德至于究竟而得彼果，彼果者即涅槃界。何者为涅槃界？谓诸佛所有转依相不思议法身，以菩提心是不思议果因，如白月初分，故今顶礼。③

① 《大乘法界无差别论疏》，《大正藏》第44册，No. 1838，第64页上。

② 《大乘法界无差别论》，《大正藏》第31册，No. 1626，第892页上。

③ 同上。

这是本论从“果”的角度解释“菩提心”，菩提心之果，即涅槃。论中这段话分别从无生、无老、无死、无病、无苦依、无过失六个方面，解释作为菩提心之果的诸佛涅槃的特征。我们看到：法藏在这一部分诠释中，再次引证如来藏系经典如《入楞伽经》，证成“地上菩萨有三种意生身，诸佛如来则无三种意生身”之说，此已如前条所分析，此处不再赘言；而其从六个方面（无生、无老、无死、无病、无苦依、无过失）解释菩提心之涅槃果德的文字，其中前四个方面，都引用了《宝性论》的说法，是此处最可注意者。

我们在《宝性论》中，可以发现以下几个颂文，勒那摩提的古译、对应的梵本，以及我们提供的新译，可以对照如下。

【梵本】

na jāyate na mriyate bādhyate no na jīryate |

sa nityatvāddhruvatvācca śivatvācchāśvatatvataḥ || 80 || ①

【古译】此偈示现何义？偈言：

不生及不死，不病亦不老；

以常恒清凉，及不变等故。②

【新译】他不生不死，

不病也不老；

因恒常坚固，

清凉及持续。③

【梵本】

na jāyate sa nityatvādātmabhāvairmanomayaiḥ |

① 中村瑞隆：《梵汉对照究竟一乘宝性论》，《世界佛学名著译丛》76，华宇出版社1989年版，第105页。

② 《究竟一乘宝性论》，《大正藏》第31册，No. 1611，第835页上。

③ 参考 Jikido Takasaki（高崎直道）：*A Study on the Ratnagotravibhāga* (*uttaratantra*), *Being a Treatise on the tathāgatagarbho Theory of Mahayana Buddhism*, Serie Orientale Roma, XXXIII, pp. 256 – 257。

acintyapariṇāmena dhruvatvān mriyate na saḥ ‖ 81 ‖ ①

【宝译】此偈明何义？偈言：

以常故不生，离意生身故；

以恒故不死，离不思议退。②

【新译】其因具有恒常性，

不以意成诸身生；

因其具有坚固性，

不以不思变异死。③

【梵本】

vāsanāvyādhibhiḥsūkṣmairbādhyate na śivatvataḥ ǀ

anāsravābhisaṁskāraiḥśāśvatatvānna jīryate ‖ 82 ‖ ④

【宝译】清凉故不病，无烦恼习故；

不变故不老，无无漏行故。⑤

【新译】因其具有清凉性，

不以微细习病病；

因其具有持续性，

不以无漏行为老。⑥

---

① 中村瑞隆：《梵汉对照究竟一乘宝性论》，《世界佛学名著译丛》76，华宇出版社 1989 年版，第 105 页。

② 《究竟一乘宝性论》，《大正藏》第 31 册，No. 1611，第 835 页上。

③ 参考 Jikido Takasaki（高崎直道）：*A Study on the Ratnagotravibhāga*（*uttaratantra*），*Being a Treatise on the tathāgatagarbho Theory of Mahayana Buddhism*，Serie Orientale Roma，XXXIII，p. 257。

④ 中村瑞隆：《梵汉对照究竟一乘宝性论》，《世界佛学名著译丛》76，华宇出版社 1989 年版，第 105 页。

⑤ 《究竟一乘宝性论》，《大正藏》第 31 册，No. 1611，第 835 页上。

⑥ 参考 Jikido Takasaki（高崎直道）：*A Study on the Ratnagotravibhāga*（*uttaratantra*），*Being a Treatise on the tathāgatagarbho Theory of Mahayana Buddhism*，Serie Orientale Roma，XXXIII，p. 257。

对照可知：《宝性论》以上三个颂文，正是法藏此段《大乘法界无差别论疏》解释菩提心之涅槃果所具六种特性中前四种特性的依据。

引用《宝性论》材料（9）

第十随文解释

法藏在注疏中说：

第二释因中三：先结前生后，二立颂略标，三释颂具显。颂中四句，各显一义。释中有二，先问，从答问“云何此菩提心因积集”可知。下答，先喻，后法。喻中，如轮王子，具四缘生长：一父，二母，三在胎十月，四出胎乳养，方成王子，未名为王。今此四缘，令菩提心起，故名因，非菩提心与佛为因。下别释四义：初释种子，谓于大乘广大法宝深起信心，故为种子。以若无信，心不起故。深信者，《唯识》中信别有三：一信实有，谓于诸法实事理中深信忍故；二信有德，谓于三宝真净德中深信乐故；三信有能，谓于一切世出世善深信有力，能得能成，起希望故。依梁《摄论》亦三种：一信实有自性住佛性故，二信可得引出佛性故，三信无穷功德至得果佛性故。依《起信论》四种信心：一信根本，所谓乐念真如法故；二信佛有无量功德，常念亲近，供养恭敬，发起善根，愿求一切智故；三信法有大利益，常念修行诸波罗蜜故；四信僧能正修行自利利他，常乐亲近诸菩萨众，求学如实修行故。二以般若为母者，谓智慧力通达于前所信法故。然有三种：一加行智，观求通达；二根本智，正证通达；三后得智，照现通达。由智为行本，故名为母，经云智度菩萨母，此之谓也。三三昧为胎藏者，由禅定中证法乐住，摄持一切所修善法，令安住不失，增长广大，故如胎藏。四大悲为乳母者，由大悲内发，拔苦无倦，遂令种智因此圆满，故如乳母养育菩萨。此悲有二种。一是悲，非大悲，救其现苦；二是悲，亦大悲，救现未等苦故。《佛性论》：悲者暂救济，不能真实；大悲者，能永救济，恒不舍离也。又大悲有三：谓众生缘，法缘，无缘，如《佛地论》，及《智论》等具释可知。此上四义：一因，二缘，三摄，四养。《佛性论》《宝性论》，皆同。[①]

法藏以上这段文字，是疏文中解释菩提心十二义中之第二义：因义。《法界无差别论》中颂文："信为其种子，般若为其母，三昧为胎藏，大悲乳养人。"[②]《宝性论》："大乘信为子，般若以为母，禅胎大悲乳，诸佛如实子。"[③]《佛性论》："复次有四种因，能除四障，得如来性义应知。四因者：一信乐大乘，二无分别般若，三破虚空三昧，四菩萨大悲。"可见三论以四因规定佛性如来藏的发起之因，是完全一致的。

又，法藏此处所引用《宝性论》的文字，梵本如下：

kathamiti |

bījaṁyeṣāmagrayānādhimuktir

mātā prajñā buddhadharmaprasūtyai |

garbhasthānaṁdhyānasaukhyaṁkṛpoktā

dhātrī putrāste'nujātā munīnām ‖ 34 ‖ [④]

【新译】问：是指哪四种理由呢？

信殊胜乘为种子，

般若为母生佛法，

乐于禅那子宫处，

所说悲悯是养母，

若人具有以上事，

是为诸子随佛生。[⑤]

---

① 《大乘法界无差别论疏》，《大正藏》第 44 册，No. 1838，第 64 页上。

② 《大乘法界无差别论》，《大正藏》第 31 册，No. 1627，第 892 页中。

③ 《究竟一乘宝性论》，《大正藏》第 31 册，No. 1611，第 828 页下。

④ 中村瑞隆：《梵汉对照究竟一乘宝性论研究》，《世界佛学名著译丛》76，华宇出版社 1989 年版，第 57 页。

⑤ 参考 Jikido Takasaki（高崎直道）：*A Study on the Ratnagotravibhāga*（*uttaratantra*），*Being a Treatise on the tathāgatagarbho Theory of Mahayana Buddhism*，Serie Orientale Roma，XXXIII，p. 207。

根据上述引文，对大乘的信解，般若智慧，禅那之乐以及大悲，是引发菩提心的四种因缘。还须注意者，法藏这段文字释菩提心四因，其核心理论是引用了《宝性论》《佛性论》的学理架构。至于具体阐释文字，在理论上则兼收并蓄，如释四因中的信，引用梁《摄论》及《起信论》的文字；释般若为母，以加行、根本、后得三智以言，这是典型瑜伽学系及《唯识》论的理论架构；释大悲，引《佛地经论》《佛性论》《大智度论》的文字证成。这明显反映出法藏不仅在较早期如来藏思想与较后期如来藏思想之间求其同而不求其异的学术态度，也反映出他在如来藏思想与中观、唯识思想之间极力寻找融合协作的学术态度。法藏包容性的如来藏思想及其诠释的特色，在这一段诠释中表现得非常明显。

引用《宝性论》材料（10）—（11）

第十随文解释

法藏在注疏中说：

> 第三释自性门中，亦三：初征起，次立颂，三解释。颂中上半明无染自性，下半明具净自性，各先法、后喻，可知。二释中三：初标数，二列名，三释义。初中谓彼前因积集所现菩提之心有二种相，此则牒前起后也。释义中二，先释无染相，有法喻合。法中二：先明自性无染，二出障清净。以诸烦恼亦有二灭：一性自灭，本来即空故；二对治灭，翻迷显觉故。是故所依心性亦二种净，即性净，方便净也。智亦有二：谓本觉及始觉，并可知。此中约心性说。二喻中亦二：先喻本性净；二虽其自性下，喻出障净。《宝性论》云：一自性净，以同相故；二无垢净，以胜相故。前中火等，喻净心；灰等，喻烦恼。四喻，喻四德：一、火喻本觉般若义，二、宝喻本性功德义，三、空喻性自解脱义，四、水喻本性清净义。又释：初是我德，二乐德，三常德，四净德，可知。又《宝性论》中，略无火喻，但说三义。彼论第三云：“依于自性同相如来法身三种清净功德，如意宝

珠、虚空、净水相似相对治应知。”[①]

这一段是法藏解释《法界无差别论》以自性义释菩提心的一段文字。以自性义解释菩提心，即显示菩提心之自性或本质为何？《法界无差别论》中有颂文：“自性无染着，如火宝空水；白法所成就，犹如大山王。”然后论中长行文字指出，此菩提心有“离染清净相，白法所成相”，前者即颂中“自性无染着”，后者即颂中“白法所成就”。[②] 法藏这段诠释文字中，两处提及《宝性论》。本段注疏，实际上是完全引用《宝性论》相关文字，来解释《法界无差别论》的菩提心自性义。

其中，所引《宝性论》的两段文字，第一段文字古译如下：

又复略说有二种法，依此二法，如来法身有净波罗蜜应知。何等为二？一者本来自性清净，以同相故；二者离垢清净，以胜相故。[③]

对勘这段文字梵本如下：

samasato dvābhyāṁkāraṇābhyāṁtathāgatadharmakāye śubhapāramitā veditavyā | prakṛtipariśuddhyā sāmānyalakṣaṇena | vaimalyapariśuddhyā viśeṣalakṣaṇena | [④]

【新译】总略而言：根据两个理由，可以理解如来法身之净波罗蜜多，即：（一）以本性清净的理由，这是以共相而言；（二）以离垢清净的理由，这是以殊相而言。

《宝性论》这段文字所在相关段落，是解释如来法身所具有的净、乐、常、我四德，此处是解释如来法身所具第一德：净德。而此一法身净德，

---

① 《大乘法界无差别论疏》，《大正藏》第 44 册，No. 1838，第 64 页上。

② 《大乘法界无差别论》，《大正藏》第 31 册，No. 1627，第 892 页中。

③ 《究竟一乘宝性论》，《大正藏》第 31 册，No. 1611，第 830 页下。

④ 中村瑞隆：《梵汉对照究竟一乘宝性论研究》，《世界佛学名著译丛》76，华宇出版社 1989 年版，第 67 页。

可从两个方面来理解：（一）根据自性清净的理由，由共相的角度理解。这一自性清净是普遍于一切众生的共通规则，非仅为诸佛所特有，故称其为“共相”。（二）根据离垢清净的理由，由殊相的角度理解。这一消除污垢后的清净特质，仅为诸佛所有，不仅一般众生不具备，甚至连高层位的圣贤也都尚不具备，所以说它是“殊相”。所以此处法藏引用《宝性论》自性清净、离垢清净二种清净之说，来证成菩提心（如来藏）之净德。

又《宝性论》论颂中，有“自性常不染，如宝空净水”半颂[①]，解释这半行颂文，论释中又有下面这个颂文：“自在力不变，思实体柔软，宝空水功德，相似相对法。”[②] 论文长行解释部分中，有下面这段话，正是法藏此处第二次所引用者。勒那摩提这段话的古译是：

> 此偈明何义？向说三种义，彼三种义，次第依于自相同相如来法身三种清净功德，如如意宝珠虚空净水相似相对法应知。此明何义？思者依如来法身，所思所修皆悉成就故。[③]

译文艰涩，《宝性论》论颂中的这半颂，相关论释颂，及长行论文，我们对勘其梵本如下：

sadā prakṛtyasaṁkliṣṭaḥśuddharatnāmbarāmbuvat । [④]

prabhāvānanyathābhāvasnigdhabhāvasvabhāvataḥ ।

cintāmaṇinabhovāriguṇasādharmyameṣu hi ‖ 31 ‖ [⑤]

ya ete trayo′tra pūrvamuddiṣṭā eṣu triṣu yathāsaṁ khyameva svalakṣaṇaṁsāmānyalakṣaṇaṁcārabhya tathāgatadhātościntāmaṇinabhovāriviśuddhiguṇasādharmyaṁveditavyam ।　tatra tathāgatadharmakāye tāvaccintitārthas-

---

① 《究竟一乘宝性论》，《大正藏》第 31 册，No. 1611，第 828 页中。

② 同上。

③ 同上。

④ 中村瑞隆：《梵汉对照究竟一乘宝性论研究》，《世界佛学名著译丛》76，华宇出版社 1989 年版，第 51 页。

⑤ 同上。

amṛiddhyādi prabhāvasvabhāvatāṁ svalakṣaṇamārabhya cintāmaṇiratnasādharmyaṁ veditavyam | tathatāyāmananyathābhāvasvabhāvatāṁ svalakṣaṇamārabhyākāśasādharmyaṁ veditavyam | tathāgatagotre sattvakaruṇāsnigdhasvabhāvatāṁsvalakṣaṇamārabhya vārisādharmya veditavyam | sarveṣāṁ cātra sadātyantaprakṛtyanupakliṣṭatāṁprakṛtipariśuddhiṁ sāmānyalakṣaṇāmārabhya tadeva cintāmaṇinabhovāriviśuddhiguṇasādharmyaṁveditavyam | ①

【新译】总是自性不染污，
宛如净珠宝空水；
自在不变及柔软，
如意宝空水相似。

这里，我们可以按照前面已经说过的三者的次序，基于自相及共相，理解如来界与如意宝珠、虚空、水、净德的相似性。

其中，首先，可以基于如来法身随意达成目标等等的威力之自体性这种自相，理解如来界与如意宝珠的相似性；可以基于真如以不变异性为自体的这种自相，理解如来界与虚空的相似性；可以基于如来种对于众生的悲悯之柔软自体的自相，理解如来界与水的相似性。还有，在这里，可以基于所有上述三者总是、彻底、自性不污染性，自性清净的共相，理解如来界与如意宝珠、虚空、水之净德的相似性。②

按照《宝性论》，如来法身、真如、如来种姓，都是佛性如来藏（此处称为“如来界”）的异名。如来法身具有随意达成目标的威德，如意珠宝也有自在威力之德，所以由此可以理解如来界与如意珠宝的相似性；真如有不变之德，天空也有不变之德，由此可以理解如来界与天空的相似性；如来种姓有慈悯众生的柔软之德，水也有柔软之德，由此可以理解如

① 中村瑞隆：《梵汉对照究竟一乘宝性论研究》，《世界佛学名著译丛》76，华宇出版社 1989 年版，第 51 页。

② 参考 Jikido Takasaki（高崎直道）：*A Study on the Ratnagotravibhāga*（*uttaratantra*），*Being a Treatise on the tathāgatagarbho Theory of Mahayana Buddhism*，Serie Orientale Roma，XXXIII，pp. 200 - 201。

来界与水之相似性。以上能譬、所譬，均从自相角度言。若从共相角度言，法身、真如、如来种姓，都有清净之德，而如意宝珠、空、水，同样都有洁净之德，故由此可以理解如来界与如意宝珠、空、水之洁净品德的相似性。

《宝性论》中，此处共有三个譬喻。《法界无差别论》中的论颂，是“自性无染着，如火宝空水”，故法藏据而作疏，认为此处尚有“火”之譬喻。不过，考宋元明宫本，此处“火”字，或作“大”字；而《法界无差别论》之另一译本，此颂译文为：“性净觉心常无垢，犹如大宝太虚空，如苏迷卢超众岳，一切白法宝生处。”[①] 此外，《佛性论》同《宝性论》，这里也没有这个“火”的譬喻。所以，我们认为在《法界无差别论》原文中，此处与《宝性论》本相同，是三个譬喻的可能性应该是很大的。

引用《宝性论》材料（12）

第十随文解释

法藏在注疏中说：

> 第四释异名门中亦三：先征起，二立颂，三释颂。颂中有二：初一颂，约果明异名；后一颂，约因明异名。前中上半简因名，谓此心至佛果时，名为阿罗诃，不名菩提心也。阿罗诃，此云应供，即十号之一也。后颂中上半明类同法界，谓性离所知障，故云明也；性离烦恼障，故云洁也；与法界无二，故云同也。下半明说异名，谓不思议法者，恒沙性德，深广难测故也。三释中二：先释初颂，二又如下，释后颂。前中四：初牒前智起后，断为心自性，谓客障永离，胜德成就，是故不复名菩提心。二得四种下，释转至佛果，则释颂中初三句，谓至佛果，得四德圆满，故名如来法身也。三如说下，引经解释，此是《胜鬘经》文也。《宝性论》中，释此四德有多门，今略述一义。彼第三云：“有二种法，如来法身有净波罗蜜：一本来自性

① 《大乘法界无差别论》，《大正藏》第31册，No.1627，第894页下。

净，以同相故；二离垢清净，以胜相故。有二种法，如来法身有我波罗蜜：一远离诸外道边，以离虚妄我戏论故；二远离诸声闻边，以离无我戏论故。有二种法，如来法身有乐波罗蜜：一远离一切苦故，以灭一切意生身故；二远离一切烦恼习，以证一切法故。有二种法，如来法身有常波罗蜜：一不灭一切有为行，以离断见边故；二不取无为涅槃，以离常见边故。"四如来法身下，会文归义。谓此常乐我净之法身，即是离染性净心之异名，故云差别名也。[①]

《大乘法界无差别论》释菩提心第四义，是释异名义，即解释在经典中菩提心这个概念不同的名称。论中颂文："至于成佛位，不名菩提心；名为阿罗诃，净我乐常度。此心性明洁，与法界同体；如来依此心，说不思议法。"[②] 法藏认为，这里的两颂，第一颂是"约果明异名"，是从佛所证得的果——如来法身——的角度，解释菩提心（如来藏）之异名；第二颂是"约因明异名"，是从众生本具自性清净心的角度，解释菩提心（如来藏）之异名。论中长行的解释文字，也可如此配释。总之此段说明菩提心是如来法身及自性清净心之差别名，前者指真如出缠以言，后者指真如在缠以言。

再者，论释中解说如来法身概念时，提出："此菩提心永离一切客尘过恶，不离一切功德成就，得四种最上波罗蜜，名如来法身。如说世尊如来法身，即是常波罗蜜，乐波罗蜜，我波罗蜜，净波罗蜜。"[③] 这是引用《胜鬘经》，以常、乐、我、净四种最上波罗蜜多，诠释如来法身之品德，同样的说法，也出现在《宝性论》中。在前面释自性部分的疏文中，法藏已经引用《宝性论》释法身净德的部分，此处法藏再次引用《宝性论》释法身四德的文字，证成具备四德的如来法身，乃是作为佛性如来藏的菩提心之异名。

法藏此处所引《宝性论》文字，勒那摩提古译如下：

---

① 《大乘法界无差别论疏》，《大正藏》第 44 册，No. 1838，第 64 页上。

② 《大乘法界无差别论》，《大正藏》第 31 册，No. 1627，第 892 页中。

③ 同上书，第 892 页下。

又复略说有二种法，依此二法，如来法身有净波罗蜜应知。何等为二？一者本来自性清净，以因相故；二者离垢清净，以胜相故。有二种法，依此二法，如来法身有我波罗蜜应知。何等为二？一者远离诸外道边，以离虚妄我戏论故；二者远离诸声闻边，以离无我戏论故。有二种法，依此二法，如来法身有乐波罗蜜应知。何等为二？一者远离一切苦，二者远离一切烦恼习气。此以何义，云何远离一切苦？以灭一切种苦故，以灭一切意生身故。云何远离烦恼习气？以证一切法故。有二种法，依此二法，如来法身有常波罗蜜应知。何等为二？一者不灭一切诸有为行，以离断见边故；二者不取无为涅槃，以离常见边故。①

【梵本】

samasato dvābhyāṁkāraṇābhyāṁtathāgatadharmakāye śubhapāramitā veditavyā | prakṛtipariśuddhyā sāmānyalakṣaṇena | vaimalyapariśuddhyā viśeṣalakṣaṇena | dvābhyāṁ kāraṇābhyāmātmapāramitā veditavyā | tīrthikāntavivarjanatayā cātmaprapañcavigamācchrāvakāntavivarjanatayā ca nairātmyaprapañcavigamāt | dvābhyāṁkāraṇābhyāṁsukhapāramitāṁveditavyā | sarvākāraduḥkhasamudayaprahāṇataśca vāsanānusaṁ dhisamudghātāt sarvākāraduḥkhanirodhasākṣātkaraṇataśca manomayaskandhanirodhasākṣātkāraṇāt | dvābhyāṁkāraṇābhyāṁnityapāramitā veditavyā | anityasaṁsārānapakarṣaṇātaścocchedāntāpatanān nityanirvāṇāsamāropaṇataśca śāśvatāntāpatanāt | ②

【新译】总略而言，根据两个理由，可以理解如来法身之净波罗蜜多，即是（一）以本性清净的理由，这是以共相而言；（二）以离垢清净的理由，这是以殊相而言。

① 《究竟一乘宝性论》，《大正藏》第 31 册，No. 1611，第 830 页下。

② 中村瑞隆：《梵汉对照究竟一乘宝性论研究》，《世界佛学名著译丛》76，华宇出版社 1989 年版，第 67 页。

根据两个理由，可以理解如来法身之我波罗蜜多，即（一）以舍弃外道之边（见），止息关于我的戏论；（二）以舍弃声闻之边（见），止息关于无我的戏论。

根据两个理由，可以理解如来法身之乐波罗蜜多，即（一）以断除一切种类的苦之起源，破坏习气之链接；（二）以实证消灭一切种类的苦，实证消灭意生蕴。

根据两个理由，可以理解如来法身之常波罗蜜多，即（一）以不废除无常的轮回，不陷入断这个极端；（二）以不增益恒常的涅槃，不陷入常这个极端。①

引用《宝性论》材料（13）

第十随文解释

第五释无差别门，中亦三：先征起，二立颂，三辨释。颂中初半总显，谓法身在众生位中，总显无差别；下一颂半，别显十种无差别义。于中初半列四名，后一颂列六名可知。三辨释中二：先释总显，谓颂中法身，即释中名菩提者，显因果一味故，性净心即是法身故。二所谓下，释别显中十句，内各有标释。一、无作者，标也，谓性非缘作故；以无为故者，释也，以是真如无为故，是故无作也。二、前际无初起。三、后际无终尽。四、以性非可染法，是故在染常净故也。五、性空智所知者，标也，谓知性空之智，能了此性。又释智性即空，名性空智，以此空智方能知空。以一切下，释也，谓以一切法同一无我味故，是故能证、所证为一味相，以非不彼起，无以证彼故也。六、无相中释内，以真如中无眼等诸根积聚之相，是故不可以色等相取故也。七、圣所行中释内，简彼二乘，故云大圣；又简菩萨，

① 参考 Jikido Takasaki（高崎直道）：*A Study on the Ratnagotravibhāga*（*uttaratantra*），*Being a Treatise on the tathāgatagarbho Theory of Mahayana Buddhism*，Serie Orientale Roma，XXXIII，pp. 218 - 219。

> 故复云佛。唯是如来所知境界，显甚深义，地上菩萨少知，唯佛穷尽故也。八、一切法依止中释内，以染净诸法所依止故者。谓此心性，是诸法依处。《胜鬘》云："依如来藏有生死"，是染法也；"依如来藏有涅槃"，是净法也。《宝性论》云："无始世来性，作诸法依止，依性有诸道，及证涅槃果。"此是《阿毗达摩大乘经》颂，彼论引《胜鬘经》释此颂，总是如来藏为所依止；《唯识》《摄论》，约阿赖耶识释，故知二宗不同也。①

在《法界无差别论》中，这是释菩提心十二种义中之第五义：无差别义。《法界无差别论》："法身众生中，本无差别相；无作无初尽，亦无有染浊，法空智所知，无相圣所行，一切法依止，断常皆悉离。"② 意思是：法身覆盖众生，与众生无有差别，此是菩提心之"无差别义"。本论从（一）无作，（二）无初，（三）无尽，（四）非可染，（五）智所知，（六）无相，（七）圣所行，（八）一切法依止，（九）非常，（十）非断，这十个方面，来说明菩提心具有贯通众生与佛的"无有差别"之意义。其中，在解释第八个方面的"无差别义"，即"一切法依止"这一义时，法藏引用了《宝性论》中"无始世来性"一偈及其相关诠释，来予以证成。

按：勒那摩提所译《宝性论》中这个颂文——"无始世来性，作诸法依止，依性有诸道，及证涅槃果"，是《宝性论》引自《大乘阿毗达摩经》的一个著名经颂；这个颂文，瑜伽行派的经典，如《摄大乘论》《成唯识论》，都十分重视，它们引用这个经颂，不仅来证明第八阿赖耶识的存在，也来证明第八阿赖耶识是现象世界的本质或依据。而《宝性论》引用此经颂，来证明佛性如来藏（法藏在这里称为"心性"）的存在，以及佛性如来藏是现象世界的本质或依据。所以对于这个著名经颂的引用及诠释，是反映瑜伽行派及如来藏学系关于现象世界的本质及现象世界与本质世界关系问题不同思想方向的重要关键。关于此点，作为中国佛教中深

---

① 《大乘法界无差别论疏》，《大正藏》第 44 册，No. 1838，第 64 页上。

② 《大乘法界无差别论》，《大正藏》第 31 册，No. 1626，第 892 页下。

刻了解瑜伽行派及如来藏学系的思想，并归宗如来藏学系融合瑜伽行派思想的法藏，当然是十分清楚，所以法藏在本段中引用《宝性论》相关文字后，即由此说明："故知二宗不同也。"

《阿毗达摩大乘经》早已佚失，《摄大乘论》《成唯识论》等所引此颂，梵本皆不传，故《宝性论》中所引用的部分，及今存《宝性论》的原语，也就成为我们今天理解此经颂语言、意义的重要来源。今将《宝性论》引用的这个颂文，及其相关的诠释，列在下面。

无始世来性，作诸法依止；依性有诸道，及证涅槃果。①

此偈明何义？无始世界性者，如经说言："诸佛如来依如来藏，说诸众生无始本际不可得知"故。所言性者，如《圣者胜鬘经》言："世尊！如来说如来藏者，是法界藏，出世间法身藏，出世间上上藏，自性清净法身藏，自性清净如来藏"故。作诸法依止者，如《圣者胜鬘经》言："世尊！是故如来藏是依，是持，是住持，是建立。世尊！不离、不离智、不断、不脱、不异、无为、不思议佛法。世尊！亦有断、脱、异、外、离、离智、有为法，亦依，亦持，亦住持，亦建立，依如来藏"故。依性有诸道者，如《圣者胜鬘经》言："世尊！生死者依如来藏。世尊！有如来藏故说生死，是名善说"故。及证涅槃果者，如《圣者胜鬘经》言："世尊！依如来藏故有生死，依如来藏故证涅槃。世尊！若无如来藏者，不得厌苦，乐求涅槃，不欲涅槃，不愿涅槃"故。②

相关文字，与梵本对勘如下：

anādikāliko dhātuḥsarvadharmasamāśrayaḥ |

tasmin sati gatiḥsarvā nirvāṇādhigamo'pi ca ‖

tatra kathamanādikālikaḥ | yattathāgatagarbhamevādhikṛtya bhagavatā

① 《究竟一乘宝性论》，《大正藏》第31册，No. 1611，第839页上。

② 同上。

pūrva koṭirna prajñāyata iti deśitaṁprajñaptam । dhāturiti । yadāha । yo'yaṁ bhagavaṁstathāgatagarbho lokottaragarbhaḥprakṛtipariśuddhagarbha iti । sarvadharmasamāśrayaiti । yadāha । tasmādbhagavaṁ stathāgatagarbho niśraya ādhāraḥpratiṣṭhā saṁ baddhānāmavinirbhāgānāmamuktajñānānāmasaṁskṛtānāṁdharmāṇām । asaṁbaddhānāmapi bhagavan vinirbhāgadharmāṇāṁ muktajñānānāṁsaṁ skṛtānāṁ dharmāṇāṁ niśraya ādhāraḥpratiṣṭhā tathāgatagarbha iti । tasmin sati gatiḥsarveti । yadāha । sati bhagavaṁstathāgatagarbhe saṁsāra iti parikalpamasya vacanāyeti । nirvāṇādhigamo'pi ceti । yadāha । tathāgatagarbhaśced bhagavanna syānna syādduḥkhe'pi nirvinna nirvāṇecchā prārthanā praṇidhirveti vistaraḥ । ①

【新译】此为无始时来界，
是一切法之依据，
有此则有一切趣，
以及证得于涅槃。其中：

何谓“无始时来”？正是基于如来藏，薄伽梵说过，施设过：“不施设过去的端际。”②

所谓“界”，如经中说过：“薄伽梵啊！这个如来藏，是出世间藏，是自性清净藏。”③

所谓“一切法之依据”，如薄伽梵说过：“因此，薄伽梵啊！如来藏是一切有关、不失、不离智、无为法的依、持、基础，也是一切无关、失

① 中村瑞隆：《梵汉对照究竟一乘宝性论研究》，《世界佛学名著译丛》76，华宇出版社1989年版，第141、143页。

② 《胜鬘师子吼一乘大方便方广经》：“世尊！生死者依如来藏，以如来藏故说本际不可知。”《大正藏》第12册，No.0353，第222页中。

③ 《胜鬘师子吼一乘大方便方广经》：“世尊！如来藏者，是法界藏、法身藏、出世间上上藏、自性清净藏。”《大正藏》第12册，No.0353，第222页中。

法、离智、有为法的依、持、基础。”①

所谓“此有则有一切趣”，如经中说过：“薄伽梵啊！‘若有如来藏，则有轮回’，这个考量，是为了解说此轮回。”②

所谓“以及证得于涅槃”，如经中说过：“薄伽梵啊！设若没有如来藏，则不应有对于苦的厌弃，及对于涅槃的欲望，追求，誓愿。”③ 如此云云，乃至详说。④

可以看到：《宝性论》这里确实是完全引用《胜鬘经》如来藏依持的理论，来诠释《大乘阿毗达摩经》这个著名经颂的思想。《宝性论》如来藏思想与《胜鬘经》如来藏思想的特殊密切亲缘关系，由在此处引用《胜鬘经》文解释《大乘阿毗达摩经》颂的诠释策略，表现得十分清晰。所以法藏在《法界无差别论》这部分的疏文中特别指出了这一点，并同时因此得出如来藏宗、瑜伽行派“二宗不同”的判断，是十分精确的。

不过，我们还需要进一步注意：如《胜鬘经》中这一段：“世尊！若无如来藏者，不得厌苦，乐求涅槃。何以故？于此六识及心法智，此七法刹那不住，不种众苦，不得厌苦，乐求涅槃。世尊！如来藏者，无前际，不起不灭法，种诸苦，得厌苦，乐求涅槃。”⑤ 此段中提到了“六识及心法智”，并且说“七法刹那不住”，这里的“七法”，就是指“六识”加

---

① 《胜鬘师子吼一乘大方便方广经》：“是故如来藏，是依、是持、是建立。世尊！不离、不断、不脱、不异、不思议佛法。世尊！断脱异外有为法依持、建立者，是如来藏。”《大正藏》第 12 册，No. 0353，第 222 页中。

② 《胜鬘师子吼一乘大方便方广经》：“世尊！有如来藏故说生死，是名善说。”《大正藏》第 12 册，No. 0353，第 222 页中。

③ 《胜鬘师子吼一乘大方便方广经》：“世尊！若无如来藏者，不得厌苦乐求涅槃。”《大正藏》第 12 册，No. 0353，第 222 页中。

④ 参考 Jikido Takasaki（高崎直道）：*A Study on the Ratnagotravibhāga*（*uttaratantra*），*Being a Treatise on the tathāgatagarbho Theory of Mahayana Buddhism*，Serie Orientale Roma，XXXIII，pp. 291 – 293。

⑤ 《胜鬘师子吼一乘大方便方广经》，《大正藏》第 12 册，No. 0353，第 222 页中。

上“心法智”，这里的“心法智”，很有可能就是指第七识。[①] 如果是这样，那么《胜鬘经》这里的经文也就一定程度上考虑到了如来藏的“厌苦，乐求涅槃”的功能，与“刹那不住”的“七法”无法生起“厌苦，乐求涅槃”的功能的比较问题；同时，由于这里将如来藏与“七法”进行对比，可以看出在关于现象世界的说明方面，《胜鬘经》的理论是无须建立第八识，却在六识之后，施设了以“智相”为特点的第七个“心法”。这在佛教思想心识理论发展的历程上，是值得注意的；在唯识学、如来藏学的分际上，也是一个重要的节点。值得注意的是，《宝性论》这里引用了《胜鬘经》中的前后文字，而没有引用“七法刹那不住”的相关部分，这说明《宝性论》所建构的如来藏思想系统，虽然得自《胜鬘经》如来藏思想的传承，但《宝性论》并不关心对于现象世界的说明及现象世界究竟如何形成等一类的问题，其唯一的重点是要确定现象世界的根本依据是佛性如来藏，并对此佛性如来藏的概念作出系统的论证。这里反映出《宝性论》与《胜鬘经》在如来藏思想理论建构上的微妙差异。

---

① 如吉藏在《胜鬘宝窟》中以下的解释：“第二破其七法自能作依持之义。小乘及余大乘人云：妄心自能造于善恶，何须依藏。下对破之。破中有三：一此六识及心法智者，牒小乘人七法。二此七法刹那不住者，第二正破。三不能种众苦下，正明不能起于染净。于此六识及心法智者，有人言：六识者，六是事识；及心法智，是第七识。迷时名心。解名法智。第八名藏识。是阿利耶。此造疏人，不见摄论谡第七识名法智，摄论第八识名阿陀那，此云无解识，岂得称法智耶。今所明者，六识不异旧。及心法智，能厌苦乐求涅槃，何须佛性。此七法刹那不住者，第二破，以念念不住，故不能起于染净也。不种众苦者，明六七心不能种有生死苦也。不厌苦求涅槃者，明六七心不能厌苦乐求涅槃得解脱也。旧法师多作此释，今谓不尔。所以举此七法者，举六识，明不能起染净及以种苦；举心法智，明不能厌苦乐涅槃。故《楞伽》说六七不受苦乐，非涅槃因也。六七不受苦乐者，犹是不种苦；非涅槃因，犹是不厌苦求涅槃也。”（参见《胜鬘宝窟》，《大正藏》第37册，No. 1744，第75页上）详考吉藏此处之义，虽然他对于“旧法师”有关的解释，多有批评，但以“六七心”为此处的“七法”，他是同意的。再如元晓的看法，如他在解释《起信论》时说过：“初言智相者，是第七识粗中之始，始有慧数，分别我尘，故名智相。如夫人经言：‘于此六识及心法智，此七法刹那不住。’此言心法智者，慧数之谓也。”这是认为第七识有“智”相，故称为“心法智”。（参见《起信论疏》，《大正藏》第44册，No. 1844，第202页上）

引用《宝性论》材料（14）

第十随文解释

法藏在注疏中说：

谓此法身，是一心性，本来清净。以此心性不染而染，故众生也；染而不染，故众生即如也。今就前门，故云众生界。问：余处说阿赖耶识随熏变现作众生，何故此中乃以法身随缘作众生耶？答：《宝性论》云："众生义甚深，唯佛智境。"今历诸宗，略辨此义：一若小乘中，一切众生唯是蕴界等法，有为、无为，俱悉是有，唯无人我。二龙树、提婆等宗，明众生蕴界处等，有为、无为，一切皆空，是众生义。《中论》云："以有空义故，一切法得成。"三无著、世亲等宗，一切众生皆自识所变，谓异熟识等，但无所执实我、实法，而有所显真如，及依他幻法，此有为、无为，以不相离故，非一非异，然其二位，恒不杂乱。四依马鸣、坚慧等宗，一切众生皆是如来藏自性清净心，为烦恼所缠，说为众生，名有为法，此是不异无为之有为也；又正作众生时，以相空性实故，自性清净，名无为法，此是不异有为之无为也。《楞伽》云："如来藏者受苦乐，与因俱，若生若灭。"《起信论》中，释此义云："如大海水，因风波动，水相风相，不相舍离。而水非动性，若风止灭，动相即灭，湿性不坏。如是众生自性清净心，因无明风动，心与无明，俱无形相，不相舍离。"乃至广说。又《密严经》下卷，颂云："譬如金石等，本来无水相，与火共和合，若水而流动。藏识亦如是，体非流转法，诸识共相应，与法同流转。"如是等文，皆明如来藏随缘作众生也。广释此义，成立多门，如《密严疏》中具说。①

按：《大乘法界无差别论》："云何分位？颂曰：不净众生界，染中净菩萨，最极清净者，是说为如来。复次此菩提心，无差别相故，不净位中

① 《大乘法界无差别论疏》，《大正藏》第44册，No. 1838，第64页上。

名众生界，于染净位名为菩萨，最清净位说名如来。”[1] 这是本论释菩提心十二种义中之第六种义：分位义。菩提心在不净位中，名为众生界；在染净位中，名为菩萨；在最清净位中，名为如来。论中引《不增不减经》，以证成此菩提心三位。[2] 法藏注疏中上面这段，是释《法界无差别论》菩提心十二种义中之第六种义的一部分，法藏这部分诠释的特色是：他由菩提心在众生、菩萨、佛中三种不同分位，引出如来藏学的缘起学说：法身随缘作众生，即如来藏随缘作众生的理论，并与瑜伽行派的缘起学说——阿赖耶识随熏变现作众生——相对立，说明不同宗派对于“众生”的本质的理解，是有所差异的。正因为如此，小乘宗及大乘二宗，各自见到了“众生”的本质的某些部分，而全体佛教第四宗即大乘第三宗，法藏所谓“马鸣、坚慧等宗”，则见到了法身与众生不一不二，无为法同有为法非一非异的深刻本质。由于法身与众生不一不二，无为法同有为法非一非异，所以建立如来藏缘起的学说，是合理的、合法的，于此法藏引用《楞伽》《起信》《密严》等经论证成；而作为法身与众生不一不二、无为法同有为法非一非异的理论学说的前提，则是基于众生的本质深奥、难以为常识所理解的特性，关于众生这一特性的证成，法藏则引用《宝性论》的说法。

法藏引用的《宝性论》中的这一部分，在勒那摩提古译中的原文是：

> 依众生义故，如来经中告舍利弗言：舍利弗！言众生者，乃是诸佛如来境界，一切声闻、辟支佛等以正智慧，不能观察众生之义，何况能证！毛道凡夫，于此义中，唯信如来。是故，舍利弗！随如来信此众生义。舍利弗！言众生者，即是第一义谛。舍利弗！言第一义谛者，即是众生界。舍利弗！言众生界者，即是如来藏。舍利弗！言如来藏者，即是法身故。[3]

【梵本】

tathāgataviṣayo hi śāriputrāyamarthastathāgatagocaraḥ ǀ sarvaśrāvaka-

---

① 《大乘法界无差别论》，《大正藏》第 31 册，No. 1626，第 892 页下。

② 《佛说不增不减经》，《大正藏》第 16 册，No. 0668，第 467 页中。

③ 《究竟一乘宝性论》，《大正藏》第 31 册，No. 1611，第 821 页上。

pratyekabuddhairapi tāvacchāriputrāyamartho na śakyaḥsamyak svaprajñayāxxx draṣṭuṁ vā pratyavekṣituṁvā । prāgeva bālapṛthagjanairanyatra tathāgataśraddhāgamanataḥ । śraddhāgamanīyo hi śāriputra paramārthaḥ । paramārtha iti śāriputra sattvadhātoretadadhivacanam । sattvadhāturiti śāriputra tathāgatagarbhasyaitadadhivacanam । tathāgatagarbha iti śāriputra dharmakāyasyaitadadhivacanam । itīdaṁ caturthaṁ vajrapadamanūnatvāpūrṇatvanirdeśaparivartānusāreṇānugatavyam । [1]

【新译】"舍利弗！此义乃是如来的境界，是如来的领域。舍利弗！确实，就连一切声闻、独觉，也都不能以自己的智慧（般若），来正确地或认识[2]、或看见、或审视此义，何况愚痴的异生们呢！他们只有诉诸对如来的信仰才可以理解此义。因为，舍利弗！最胜义，是通过信仰才可以理解的。舍利弗！所谓'最胜义'，这是对'众生界'的称呼。舍利弗！所谓'众生界'，这是对'如来藏'的称呼。舍利弗！所谓'如来藏'，这是对'法身'的称呼。"我们可以追随《说不增不减品》[3]来理解这第四个金刚句。[4]

文中"此义"，即指"众生界"，意思是"众生中的界"，按照《宝性论》的术语体系，也就是指佛性、如来藏。这是《宝性论》开头所建立七个金刚句中的第四个金刚句。可以看出：《宝性论》这段文字，是引

---

① 中村瑞隆：《梵汉对照究竟一乘宝性论研究》，《世界佛学名著译丛》76，华宇出版社1989年版，第3页。

② 此处梵本不清晰，根据藏文本及菩提留支《不增不减经》，此处应是 jñātum vā，"认识"。

③ 《说不增不减品》，即菩提流支译的《不增不减经》，《大正藏》第16册，No. 0668。《宝性论》这段引文，菩提留支译为："尔时世尊告慧命舍利弗：'此甚深义，乃是如来智慧境界，亦是如来心所行处。舍利弗！如是深义，一切声闻、缘觉智慧所不能知、所不能见，不能观察，何况一切愚痴凡夫而能测量？唯有诸佛如来智慧，乃能观察知见此义。舍利弗！一切声闻、缘觉所有智慧，于此义中唯可仰信，不能如实知见观察。舍利弗！甚深义者即是第一义谛，第一义谛者即是众生界，众生界者即是如来藏，如来藏者即是法身。"（第467页上）

④ 参考 Jikido Takasaki（高崎直道）：*A Study on the Ratnagotravibhāga*（*uttaratantra*），*Being a Treatise on the tathāgatagarbho Theory of Mahayana Buddhism*，Serie Orientale Roma，XXXIII，p. 143。

用《不增不减经》，证成第四个金刚句；《法界无差别论》此处则是引用《不增不减经》此段文字，来证成佛性如来藏存在三个分位之说；法藏在此处注疏中引用《宝性论》的说法，则是用来证成“法身随缘作众生”的如来藏学系的缘起理论。三家的理论角度和诠释侧重点确实有所不同，但是“法身”覆盖“众生”，因而不可以离开法身言众生、不可以离开众生言法身，从而根据佛教的智慧，对于生命本质的认识需要突破常识，需要诉诸对已经觉悟并实证生命本质的佛陀的信仰，这样一个道理则是贯穿其间的。所以，法藏由《宝性论》及《法界无差别论》的“法身、众生不二论”，发挥出“法身随缘作众生论”，从理论的逻辑看，仍然应当说是自然的和合理的。

引用《宝性论》材料（15）

第十随文解释

法藏在注疏中说：

复次下，明染净位中法身即菩提，亦三句。初即此法身者，牒举法体，谓即前众生位中法身，更非别法，故云即此也。二厌离下，正释即菩提义。于中三：一断障，二成行，三结所为。前中初厌离等者，是地前起厌行也。舍于等者，明地上成断行也。二于十波罗蜜等，明成行中，先起别行。谓十地中，各修一度行故；二通行，谓八万等遍通之行，为对治八万四千诸烦恼故，亦十度门等转展收摄有八万等故。三为菩提等，结行所为。三说名菩提者，依义立名，谓此法身约起厌断行，求于菩提，故名菩提也。《胜鬘经》云：“世尊！若无如来藏者，不得厌苦，乐求涅槃。何以故？于此六识及心法智，此七法刹那不住，不种众苦，不得厌苦，乐求涅槃。世尊！如来藏者，无前际，不起不灭法，种诸苦，得厌苦乐求菩提。”乃至广说。《宝性论》中释此文，当十种佛性中业性也。彼论云：略说佛性清净正因，于不定聚众生，能作二种业：一依见世间种种苦恼，厌诸苦故；二依见涅槃希寂乐故，生求心、欲心、愿心。又云：此二种法，善根众生有，一切依因真如佛性，非离佛性无因缘故起如是心。若无因缘，生如是心者，一阐提等无涅槃性，应发菩提心。无佛性者，以性未离一切客尘烦恼诸垢，于三乘中未曾修习一乘信心，又未亲近善知识等，未修习夙亲近善知识因缘。是故《华严性起》中言：次有乃至邪定聚等众生身中，皆有如来日轮光照故，作彼众生利益，作未来因善根，增长诸白法故。向说一阐提常不入涅槃性者，此义云何？为欲示现谤大乘因缘故。此明何义？为欲回转诽谤大乘心、不求大乘心故，依无量时故如是说。以彼实有清净性故，不得说彼常毕竟无清净性。解云：此亦论中自引《华严》，成立真如为佛性起行之因，是故一切众生悉有性也。又《起信论》中，真如内熏众生令厌求等。《涅槃》云：佛性者，名第一义空；第一义空，名为智慧。又《密严经》：如来清净藏，亦名无垢智。《华严性起》中，一切众生心中，有无师智、无相智等，皆约真如本觉性得之智，为出世法作正因，与瑜伽等宗并不同。以彼宗但约生灭有为明种姓，是故许有一分无性。今此宗中约真如无为明种姓，是故一切皆有佛性。仍此业用，要就不定性位方得说。以邪定位中业用未出，名无佛性，非谓究竟无也。[1]

按：《法界无差别论》中释菩提心十二种义之第六种义，即“分位义”中，在解释完染位众生义之后，接着解释染净位菩萨义。论中原文是：“复次，舍利弗！即此法身，厌离生死漂流之苦，舍于一切诸欲境界，于十波罗蜜及八万四千法门中，为求菩提而修诸行，说名菩萨。”[2]《法界无差别论》中此段文字，是引《不增不减经》，证成染净位菩萨义，即说明菩提心之第二位：染净位。法藏在此处注疏中，重点是引《宝性论》的理论以证成：（一）如来藏学系在佛性问题的界定上，存在重要的特色：如来藏学系从真如无为法上界定佛性，而瑜伽行派则从生灭有为法上界定佛性；（二）故前者必然导致“一切众生皆有佛性”，后者必然导致“许有一分无性”。可以看出：《法界无差别论》此处在强调无论是众生位，还是菩萨位或佛位，此菩提心（如来藏）是一贯的，不变的；法藏此处所引《宝性论》，用意则是放在证明“一切众生皆有佛性，皆能成

① 《大乘法界无差别论疏》，《大正藏》第44册，No. 1838，第64页上。
② 《大乘法界无差别论》，《大正藏》第31册，No. 1626，第893页上。

佛”上。由此可以看出，对于平等佛性至关重要性的强调，始终是法藏如来藏思想及其诠释的重要基调。而这一思想基调的成型，可以说与佛教进入中国后《涅槃》佛性思想的发达有密切关系，而其至极深厚的价值根源，则是佛陀平等觉悟与中华思想文化传统中根深蒂固的平等价值的对应，从这里可以窥见佛教中国化对于佛法核心价值的发现及凸显方面具有积极引领的贡献。

法藏这一部分注疏中，实际上引用了《宝性论》的三段文字。他引用时为行文方便，做了一些节略或改写。我们对勘勒那摩提相关古译如下：

> 以是义故，《圣者胜鬘经》言：“世尊！若无如来藏者，不得厌苦，乐求涅槃，亦无欲涅槃，亦不愿求。”如是等，此明何义？略说佛性清净正因，于不定聚众生，能作二种业。何等为二？一者、依见世间种种苦恼，厌诸苦故，生心欲离诸世间中一切苦恼，偈言“若无佛性者，不得厌诸苦”故；二者、依见涅槃乐，悕寂乐故，生求心、欲心、愿心，偈言“若无佛性者，不求涅槃乐，亦不欲不愿”故。（第一段）
>
> 此偈明何义？凡所有见世间苦果者，凡所有见涅槃乐果者，此二种法，善根众生有，一切依因真如佛性，非离佛性无因缘故起如是心。偈言“见苦果乐果，此依性而有”故。若无因缘生如是心者，一阐提等无涅槃性，应发菩提心，偈言“若无佛性者，不起如是心”故。以性未离一切客尘烦恼诸垢，于三乘中未曾修习一乘信心，又未亲近善知识等，亦未修习亲近善知识因缘。（第二段）
>
> 是故《华严性起》中言：“次有乃至邪见聚等众生身中，皆有如来日轮光照，作彼众生利益，作未来因善根，增长诸白法故。”向说一阐提常不入涅槃，无涅槃性者，此义云何？为欲示现谤大乘因故。此明何义？为欲回转诽谤大乘心，不求大乘心故，依无量时故如是说。以彼实有清净性故，不得说言彼常毕竟无清净性。[1]（第三段）

所引三段文字，古译十分难解。今对勘如下。

---

[1] 《究竟一乘宝性论》，《大正藏》第31册，No. 1611，第831页上。

tathā coktam | tathāgatagarbhaścedbhagavanna syānna syādduḥkhe'pi nirvinna nirvāṇa icchā vā prārthanā vā praṇidhirveti | tatra samāsato buddhadhātuviśuddhigotraṁmithyātvaniyatānāmapi sattvānāṁdvividhakārya-pratyupasthāpanaṁbhavati | saṁsāre ca duḥkhadoṣadarśananiḥśrayeṇa nir-vidamutpādayati | nirvāṇe sukhanuśaṁsadarśananiḥśrayeṇa cchandaṁjanay-ati | （第一段）

yadapi tat saṁsāre ca duḥkhadoṣadarśanaṁbhavati nirvāṇe ca sukhān-uśaṁsadarśanametadapi śuklāṁśasya pudgalasya gotre sati bhavati nāhetuk-aṁnāpratyayamiti | yadi hi tadgotramantareṇa syādahetukamapratyayaṁ p-āpa（ā?）samucchedayogena tadicchāntikānāmapyaparinirvāṇagotrāṇāṁ s-yāt | na ca bhavati tāvadyāvadāgantukamalaviśuddhigotraṁtrayāṇāmanyata-madharmādhimuktiṁna samudānayati satpuruṣasaṁsargādicatuḥśuklasamav-adhānayogena | （第二段）

yatra hyāha | tatra paścādantaśo mithyātvaniyatasaṁtānānāmapi sattv-ānāṁkāyeṣu tathāgatasūryamaṇḍalaraśmayo nipatanti anāgatahetusaṁjanan-atayā saṁvardhayanti ca kuśalairdharmaiiti | yatpunaridamuktamicchantiko'tyantamaparinirvāṇadharmeti tan mahāyānadharmapratigha icchantikatve heturiti mahāyānadharmapratighanivartanārthamuktaṁ kālāntarābhiprāyeṇa | na khalu kaścitprakṛtiviśuddhagotrasaṁbhavādatyantāviśuddhidharmā bhavi-tumarhasi | [①]（第三段）

【新译】经中这样说："薄伽梵啊！假使没有如来藏，人们就不会厌弃苦，对于涅槃，也不会乐欲、希求、誓愿。"[②] 这里，总略而言，佛界清净种姓，即便在邪性确定的众生那里，也发起两种作用：（一）由于见

① 中村瑞隆：《梵汉对照究竟一乘宝性论研究》，《世界佛学名著译丛》76，华宇出版社1989年版，第69—71页。

② 《胜鬘师子吼一乘大方便方广经》："世尊！若无如来藏者，不得厌苦、乐求涅槃。何以故？于此六识及心法智，此七法刹那不住、不种众苦，不得厌苦、乐求涅槃。世尊！如来藏者，无前际，不起不灭法，种诸苦，得厌苦、乐求涅槃。"《大正藏》第12册，No. 0353，第222页中。

到苦之过患，使得众生生起对于轮回的厌弃；（二）由于见到乐之利益，使得众生产生对于涅槃的喜乐。(第一段)

若一个有白净部分的补特迦罗实有种姓，则见到轮回的苦与过患，见到涅槃的乐及利益，斯事就是并非无因，并非无缘。而如果没有这个种姓，那么斯事就会是无因的、无缘的，即使尚未断恶的[1]一阐提伽非般涅槃种姓人，也可以成就此事。如果他不以值遇四种洁净——四种洁净以亲近正士为首——，实现信解三种法中任意一种法，从而使外来污垢得以清净的种姓，斯事并不成就。(第二段)

某处经中说过："在此往后，直至在相续邪性确定的众生的身体中，都落入如来日轮之诸光线，这些光线以生起未来的因，使得良善诸法转现出来。"再者，凡是经中说言："一阐提伽是彻底的非涅槃法"，就是说："对于大乘法的憎恶，是导致阐提性的原因。"因此，经中是以暂时性的意图，为了扭转对于大乘法的憎恶而说。确实，由于有本性清净的种姓，任何众生都不可能成为彻底不清净法。(第三段)[2]

从译文可以看出：《宝性论》以上三段文字中，第一段话显示：如来藏的功能，是使得人们厌生死苦、求涅槃乐，所以即便在邪性确定的种姓即非般涅槃种姓那里，它也都起到这样的作用。第二段话显示：佛性如来藏确定存在及个人通过修持实现如来藏，对于见到轮回苦及体会涅槃乐这件事，是缺一不可的。第三段话显示：由于如来藏确实存在于一切众生那里，所以归根结底而言，任何众生都有觉悟成佛的可能性。勒那摩提译文中第一段乃针对"不定聚众生"而言，所以法藏释文中，强调"仍此业用，要就不定性位方得说"。不过今传《宝性论》梵本中，此处是 mithyātvaniyatānāmapi sattvānāṁ，意思是"邪定聚众生"。从上下文义看，此处应为"邪定聚众生"，才能表示佛性如来藏无论在何分位中，都能起到它应有的促使众生觉醒的作用。

---

① 此处参考 Jikido Takasaki（高崎直道）：*A Study on the Ratnagotravibhāga*（*uttaratantra*），*Being a Treatise on the tathāgatagarbho Theory of Mahayana Buddhism*，Serie Orientale Roma，XXXIII，p. 223。

② 同上书，第 223—224 页。

引用《宝性论》材料（16）

第十随文解释

第八释常恒门中，亦三：谓征、颂、释。颂中，初一明不同无常法，故常也。后一颂明与无常法为依，故常也。何故有此二义者？谓若同无常，即不堪依，故无无常也；若异无常，即非无常所依，故失于常也。是即不异无常，而不即无常者，方是真如常也。各初半举喻，后半法合。三释中二：先释初颂，二是故下释后颂。前中先问意云：前分位中既云生死趣中生灭流转，此法身体为常为无常？若其是常，是成生灭；若是无常，即失法身。二譬如下答，于中先举喻，后法合。答意：以法身是真常故，必不碍于生灭；以生灭虚妄故，必不损于法身。问：生灭是虚，不损于常性。法身既亦不碍生灭，法身亦应是虚常。答：若是情谓之虚常，必碍于无常，方得说常。今此是超情之真常，故不异于无常，方乃是真常，以常见所不到故。《胜鬘经》云：见诸行无常，是断见，非正见；见涅槃常，见常见，非正见。又以生灭是能依，必虚故，同所依；法身是所依，必真故，遍能依。是故不齐也。既以虚生灭，不损真法身，是故如虚空，非劫火所烧也。《华严经》云：譬如世界，有成或有败，虚空无增减，无师智亦然。又《宝性论》云："如虚空遍至，体细尘不染，佛性遍众生，诸烦恼不染。如一切世间，依虚空生灭，依于无漏界，有诸根生灭。火不烧虚空，若烧无是处，如是老病死，不能烧佛性。"乃至具说三灾等喻云："如是依邪念风灾，业烦恼水灾，老病死火灾，吹浸烧坏阴界入世间，而自性清净心虚空常住不坏。"又彼论引《陀罗尼自在王菩萨经》言："诸善男子！烦恼本无体，真性本明净，一切烦恼羸薄，毗婆舍那有大力势。虚空自性清净心根本，一切烦恼虚妄分别，自性清净心实不分别。"乃至说虚空等四轮喻。如论应知。[①]

按：《法界无差别论》中言："云何常恒？颂曰：'譬如劫尽火，不能

① 《大乘法界无差别论疏》，《大正藏》第44册，No. 1838，第64页上。

烧虚空，如是老病死，不能烧法界；如一切世间，依虚空起尽，诸根亦如是，依无为生灭。’复次，云何于此现有生老死，而言是常？譬如虚空，虽劫灾火起，不能为害，法界亦尔。”① 此是本论中释菩提心十二种义之第八种义：常恒义。此处《法界无差别论》二偈，在《宝性论》中则是三个论颂，已为法藏疏文所引。《宝性论》认为，在不净、净不净、极净三个分位中遍行的如来界，都不因烦恼、清净二者而有所变化，所以是“不变化义”。所引《宝性论》三个颂文，是言在不净分位中如来界之不变化性，因此《法界无差别论》此处所说“常恒义”，相当于在《宝性论》不净分位中如来藏之“不变化义”。

（一）关于法藏此处所引《宝性论》三个颂文，对勘梵本如下：

yathā sarvagataṁsaukṣmyādākāśaṁnopalipyate |

sarvatrāvasthitaḥsattve tathāyaṁnopalipyate || 52 ||

yathā sarvatra lokānāmākāśa udayavyayaḥ |

tathaivāsaṁskṛte dhātāvindriyāṇāṁvyayodayaḥ || 53 ||

yathā nāgnibhirākāśaṁdagdhapūrvaṁkadācana |

tathā na pradahatyenaṁmṛtyuvyādhijarāgnayaḥ || 54 || ②

【新译】正如虚空遍一切，
不为微细所染着；
如来界住众生中，
同样到处不染着。(52)
正如在于虚空中，
世界到处有生灭，
无为界中亦同样，
诸根有生亦有灭。(53)
正如无论在何时，

① 《大乘法界无差别论》，《大正藏》第 31 册，No. 1626，第 893 页上。

② 中村瑞隆：《梵汉对照究竟一乘宝性论》，《世界佛学名著译丛》76，华宇出版社 1989 年版，第 82—83 页。

虚空不被诸火烧；
死亡疾病衰老火，
同样不烧如来藏。（54）[①]

（二）关于法藏此处所谓《宝性论》“具说三灾等喻”，相关文字对勘梵本为：

tadvad ayoniśomanaskārakarmakleśavāyvapskandhapratiṣṭhitasya skandhadhātvāyatanalokasyāstaṁ gamāya mṛtyuvyādhijarāgniskandhasamudayād-api tadasaṁvarto veditavyaḥ । ityevamaśuddhāvasthāyāṁ bhājanalokavadaśeṣakleśakarmajanmasaṁkleśasamudayāstagamaṁ′ pyākāśavadasaṁskṛtasya tathāgatadhātoranutpādānirodhādatyantamavikāradharmatā paridīpitā । [②]

【新译】以同样的方式，即便因为死亡、疾病、衰老——它们如同火蕴——起来，以致消灭以不如理作意——其如同风蕴——以及作业、烦恼——二者如同水蕴——为基础的蕴界处世间，我们也应当懂得：（如同虚空界的）自性清净心并不消亡。

就是这样，即使在不净分位中，无有余遗的烦恼、作业、生存这些随染，有生起和消灭，如同容器世间有起有灭；无为的如来界，因不生不灭，得以彰显其彻底的不变化法性，就如虚空因不生不灭得以彰显其不变化法性。[③]

（三）紧接其后，《宝性论》中又有一段关于《陀罗尼自在王经》的引文，法藏在此处疏文中也引用了这段经文。对勘这一段梵本如下：

---

① 参考 Jikido Takasaki（高崎直道）：*A Study on the Ratnagotravibhāga*（*uttaratantra*），*Being a Treatise on the tathāgatagarbho Theory of Mahayana Buddhism*，Serie Orientale Roma，XXXIII，pp. 235 – 236。

② 中村瑞隆：《梵汉对照究竟一乘宝性论研究》，《世界佛学名著译丛》76，华宇出版社1989年版，第85、87页。

③ 参考 Jikido Takasaki（高崎直道）：*A Study on the Ratnagotravibhāga*（*uttaratantra*），*Being a Treatise on the tathāgatagarbho Theory of Mahayana Buddhism*，Serie Orientale Roma，XXXIII，pp. 238 – 239。

eṣa ca prakṛtiviśuddhimukhaṁdharmālokamukhamārabhyākāśadṛṣṭānto vistareṇa yathāsūtramanugantavyaḥ। kavir（藏本：tamas）mārṣā kleśāḥ। āloko viśuddhiḥ। durbalāḥkleśāḥ। balavatī vipaśyanā। āgantukāḥkleśāḥ। mūlaviśuddhā prakṛtiḥ। parikalpāḥkleśāḥ। aparikalpā prakṛtiḥ। tadyathā mārṣā iyaṁ mahāpṛthivyapsu pratiṣṭhitā। āpo vāyau pratiṣṭhitāḥ। vāyurākāśe pratiṣṭhitaḥ। apratiṣṭhitaṁ cākāśam। evameṣāṁ caturṇāṁ dhātūnāṁpṛthivīdhātorabdhātorvāyudhātorākāśadhātureva balī yo dṛḍho'calo'nupacayo 'napacayo'nutpanno'niruddhaḥsthitaḥsvarasayogena। tatra ya ete trayo dhātavasta utpādabhaṅgayuktā anavasthitā acirasthāyinaḥ। dṛśyata eṣāṁvikāro na punarākāśadhātoḥkaścidvikāraḥ। evameva skandhadhātvāyatanāni karmakleśapratiṣṭhitāni। karmakleśā ayoniśomanaskārapratiṣṭhitāḥ। ayoniśomanaskāraḥprakṛtipariśuddhipratiṣṭhitaḥ। tata ucyate prakṛtiprabhāsvaraṁcittamāgantukairupakleśairupakliśyata iti। ①

【新译】基于自性清净门即法光门，这个虚空譬喻，我们可以依经得以详细理解：

“诸位仁者！诸烦恼是黑暗，清净是光明；诸烦恼羸弱无力，观照具有力量；诸烦恼是外来的，自性则根本清净；诸烦恼是妄想，自性则无妄想。

“诸位仁者！就好比此大地住于水中，水住于风中，风住于虚空，而虚空则无所住。同样，在这四界当中，相对于地界、水界、风界言，虚空界有力，坚固，不动摇，不增加，不减少，不生，不灭，以自味的规则住立。它们当中的那三界，则是注定有生有灭，它们不住立，不永久存续。我们看到这三界的转变，却看不到虚空界有任何转变。

“正是同样的道理，蕴界处住于作业、烦恼中，作业、烦恼住于不合理的作意中，不合理的作意住于自性清净中。因此经中说：‘心自性光

① 中村瑞隆：《梵汉对照究竟一乘宝性论研究》，《世界佛学名著译丛》76，华宇出版社1989年版，第85页。

明，而为外来的诸种随染所污染。’”①②

引用《宝性论》材料（17）

第十随文解释

法藏在注疏中说：

二世尊下，明体具胜德。言过有为相者，总显是无为故。寂静下，别显四德。彼经（论?）名常恒清净不变义。此中寂静，是彼清凉。以梵云陀罗，此名清凉，亦名寂静。此中不断，是彼恒义。《宝性论》中，释此四义，作二门：一约离过门，二约实德门。离过者，彼论第四云：不生及不死，不病亦不老，以常恒清净，及不变等故。具引如前第一释果门处辨。二约实德者，彼论中引《不增不减经》说："舍利弗！如来法身常，以不异法故，以不尽故，以无分别法故；如来法身不变，以非灭法故，以非作法故。"又释：亦得寂静是净德，常住是常德，不变是我德，不断是乐德。释常恒门竟。③

---

① 参考 Jikido Takasaki（高崎直道）：*A Study on the Ratnagotravibhāga*（*uttaratantra*），*Being a Treatise on the tathāgatagarbho Theory of Mahayana Buddhism*，Serie Orientale Roma，XXXIII，pp. 239 – 240。

② 《大集经》中今存的《陀罗尼自在王菩萨经》中，没有这段经文，这段经文对应的，应当是《大集经》中《虚空藏菩萨品》如下一段经文："佛复告诸天人言：心性常净，而凡愚众生不能如实知见，以不能如实知见故言是垢；能正知见故，便言是净。而第一实义中，无有一法可净可污。汝等当知，诸烦恼者，无方无处，非内非外，以不善顺思惟故便生烦恼；善顺思惟故则无烦恼。增减不等则生烦恼；无增减者则无烦恼。虚伪妄想便是烦恼；无有妄想则无烦恼。是故我言：如实知邪见则是正见，而邪见亦不即是正见。能如实知者，则无虚妄、增减、取着，是故名为正见。佛复告诸天人言：喻如大地依水界住，大水依风界住，大风依虚空住，虚空无所依住。如是大地无所依住，而假有依住之名。是故，汝等当如是知之，苦依于业，业依于结，而苦、业、结都无所依，以心性常净故。如是当知，一切诸法无有根本，都无所住，以假言说故言有，而实无也。是故说一切法本性常净，究竟无生无起。佛复告诸天人言：是故汝等当知，此法门名为性常净法门。菩萨通达此门者，不为一切烦恼之所染污，而亦不恃此清净门。以舍一切诸恃动故，便得平等道，能过魔界，入于佛界，亦能得入诸众生界，而不动法界。知一切法无界、无非界，而能速生一切智界。当说此法时，有五百菩萨得无生法忍。"《大方等大集经》，《大正藏》第 13 册，No. 0397，第 124 页下。

③ 《大乘法界无差别论疏》，《大正藏》第 44 册，No. 1838，第 64 页。

按：这段话是法藏注疏《法界无差别论》十二种义释菩提心中第八种义（常恒义）之后一部分。《法界无差别论》："是故经言：世尊！生死者但随俗说有。世尊！死者诸根隐没，生者诸根新起。非如来藏有生老死，若没若起。世尊！如来藏过有为相，寂静、常住、不变、不断故。"①这是引用《胜鬘经》中语，以寂静、常住、不变、不断为如来藏四德。

法藏注疏中，则引《宝性论》"常、恒、清凉、不变"四义，与《胜鬘经》的文字相佐证；并认为《宝性论》"不生及不死，不病亦不老"偈颂，及《宝性论》中所引《不增不减经》的相关文字，都是阐释此处常恒之义。其中，前者是约离过门，显示法身常恒义；后者是约实德门，显示法身常恒义。关于前者，已经在解释菩提心十二种义之果义部分讨论过，此处不赘。关于后者，法藏此处所引《宝性论》文字："舍利弗！如来法身常，以不异法故"等，② 我们对勘梵本如下：

Nityo'yaṁ ś āriputra dharmakāyo' nanyatvadharmākṣayadharmatayā ǀ dhruvo'yaṁśāriputra dharmakāyo dhruvaśaraṇo'parāntakoṭīsamatayā ǀ śivo'yaṁśāriputra dharmakāyo'dvayadharmāvikalpadharmatayā ǀ śāśvato'yaṁśāriputra dharmakāyo'vināśadharmākṛtrimadharmatayeti ǀ ③

【新译】舍利弗！此法身恒常，因为以无尽法性，它是不变异法；
舍利弗！此法身坚固，因为以与最后的边际相等，它是坚固的归宿；
舍利弗！此法身清凉，因为以无分别法性，它是不二法；
舍利弗！此法身持续，因为以非人为法性，它是不失坏法。④

① 《大乘法界无差别论》，《大正藏》第31册，No. 1626，第893页中。

② 《究竟一乘宝性论》，《大正藏》第31册，No. 1611，第835页中。

③ 中村瑞隆：《梵汉对照究竟一乘宝性论研究》，《世界佛学名著译丛》76，华宇出版社1989年版，第107页。

④ 参考 Jikido Takasaki（高崎直道）：*A Study on the Ratnagotravibhāga*（*uttaratantra*），*Being a Treatise on the tathāgatagarbho Theory of Mahayana Buddhism*，Serie Orientale Roma，XXXIII，p. 258。

引用《宝性论》材料（18）

第十随文解释

法藏在注疏中说：

第九释相应门中，亦三：征、颂、释。二颂中，初一约喻总显，上半喻，下半法；后一约染简定，上半明空如来藏，下半明不空如来藏。又《佛性论》颂云："由客尘故空，与法界相离。无上法不空，与法界相随。"三释中二，先问，后答。初问意云：既未至佛果，云何得知本有佛法？答意云：以佛果功德，与此真性相应不离故也。就答中二：先释初颂，二复次下，释后颂。前中亦二，先立理释，后引教证。前中亦二，先喻况，谓总为一灯，别具三义：一体，谓热触为性故；二相，谓等焰赤色故；三用，谓舒光照物故。然此三义，同时同处，和合无异。二诸佛法下，以法合。谓略显佛果三种功德。如《宝性论》颂云："通智及无垢，不离于真如；如灯明暖色，无垢界相似。"释云：于如来法界中，依果相应，三种灯法相似：一者通，二者知漏尽智，三者漏尽。言通者，有五通，光明相似，于相对法，以受用事、能散灭彼与智相违所治暗法能治相似法故，偈言通故明故。知漏尽智者，暖相似法，以能烧业、烦恼无有余残能烧相似法故，偈言智故暖故。漏尽者，转身漏尽，色相似法，以常无垢清净光明具足相无垢相似法故，偈言无垢故色故。乃至云："于无漏法界中，彼此迭共，不相舍离，不差别，法界平等毕竟，名相应义。"解云：此中据智，随事业用，治所知障，喻之以明。二智焚惑障，喻之以热。三净相触，喻之以色。此三佛果之德，与众生位中法身，体冥和不二，故云相应也。[1]

按：这段话是《法界无差别论》解释菩提心十二种义中第九种义，

---

① 《大乘法界无差别论疏》，《大正藏》第 44 册，No. 1838，第 64 页。

即相应义。这里所谓“相应”，是指佛果功德与众生自性有相应不离之义。法藏在这一部分注疏中，也主要是引用《宝性论》的相关文字来予以证成。

如法藏此处所引《宝性论》颂文，梵本对勘如下：

abhijñājñānavaimalyatathatāvyatirekataḥ ǀ
dīpālokoṣṇavarṇasya sādharmyaṁvimalāśraye ‖ 44 ‖ ①

【新译】神通智慧及离垢，
三者皆不离真如；
灯之光明温暖色，
是无垢依相似法。②

《宝性论》这一颂文古译：“通智及无垢，不离于真如；如灯明暖色，无垢界相似。”参考原语及新译，我们能够更加清楚地了解其意义：这里“无垢界”，vimalāśraya，我们译为“无垢依”，意思是指如来的法身，它具有神通、智慧及离垢三种德性，如同灯具具有光明、温暖、颜色三种德性一样。颂文中还特别提示：如来法身之三种品德，皆不离真如而言。

接着上面这个论颂之后，《宝性论》有一大段文字解释此论颂，法藏在此段《法界无差别论》注疏中，完整引用了《宝性论》这一大段文字，为方便对勘、理解，我们将勒那摩提此段古译的原文列出，标点则参考梵本作了重新的调整：

此偈明何义？有三处次第三种灯相似相对法，于如来法界中依果相应义应知。何等三处？一者通，二者知漏尽智，三者漏

① 中村瑞隆：《梵汉对照究竟一乘宝性论研究》，《世界佛学名著译丛》76，华宇出版社1989年版，第73页。

② 参考 Jikido Takasaki（高崎直道）：*A Study on the Ratnagotravibhāga*（*uttaratantra*），*Being a Treatise on the tathāgatagarbho Theory of Mahayana Buddhism*，Serie Orientale Roma，XXXIII，p. 227。

尽。通者，有五通，光明相似相对法，以受用事、能散灭彼与智相违所治暗法能治相似相对法故，偈言通故明故。知漏尽智者，无漏智，暖相似相对法，以能烧业烦恼无有余残能烧相似相对法故，偈言智故暖故。漏尽者，转身漏尽，色相似相对法，以常无垢清净光明具足相无垢相似相对法故，偈言无垢故色故。又无垢者，以离烦恼障故；清净者，以离智障故；光明者，如自性清净体，彼二是客尘烦恼。如是略说六种无漏、智、离烦恼，无学身所摄法，于无漏法界中彼此迭共不相舍离，不差别，法界平等毕竟，名相应义应知。①

【梵本】

trayāṇāṁ sthānānāṁ yathāsaṁ khyameva trividhena dīpasādharmyeṇa tathāgatadhātoḥphalasamanvāgamamadhikṛtya yogārtho veditavyaḥ । katamani trīṇi sthānāni । tadyathā । abhijñāāsravakṣayajñānamāsravakṣayaśceti । Tatra pañcānāmabhijñānāṁ jvālāsādharmyaṁ tāsāmarthānubhavajñānavipakṣāndhakāravidhamanapratyupasthānalakṣ aṇatvāt । āsravakṣ ayajñānasyoṣṇasādharmya tasya niravaśeṣakarmakleśendhanadahanapratyupasthānalakṣaṇatvāt । āśrayaparivṛtterāsravakṣayasya varṇasādharmya tasyātyantavimalaviśuddhaprabhāsvaralakṣaṇatvāt । tatra vimalaḥkleśāvaraṇaprahāṇāt । viśuddho jñeyāvaraṇaprahāṇāt । prabhāsvarastadubhayāgantukatāprakṛ titaḥ । ityeṣāṁsamāsataḥsaptānāmabhijñājñānaprahāṇasaṁgṛhītānāmaśaikṣasāntānikānāṁ dharmāṇāmanāsravadhātāvanyonyamavinirbhagatvamapṛ thagbhāvo dharmadhātusamanvāgamo yoga ityucyate । ②

【新译】按照顺序，因三种地位与灯具的三种相似性，基于果具足，可以理解如来界之相应义。是指哪三种地位呢？是指：（一）神通，（二）

① 《究竟一乘宝性论》，《大正藏》第31册，No. 1611，第831页下。

② 中村瑞隆：《梵汉对照究竟一乘宝性论研究》，《世界佛学名著译丛》76，华宇出版社1989年版，第73—75页。

漏尽智，以及（三）漏尽。其中：

（一）五种神通，有灯具之光明这一相似性，因为此五者都有使领略对象及消灭冥暗——此冥暗是智慧之对立面——得以建立的特征；

（二）漏尽智，有灯具之温暖这一相似性，因为它有使无有遗留地焚烧作业、杂染——这些作业、杂染如同柴火——得以建立的特征；

（三）作为转依（āśrayaparivṛtter）的漏尽，有灯具之色像这一相似性，因为它有彻底离垢、清净及光明显耀的特征。

这里，由于断除烦恼障碍，漏尽是离垢的；由于断除所知障碍，漏尽是清净的；由于此烦恼、所知二种障碍就本质而言的外来性，漏尽是光明显耀的。

这样，总略而言，以神通、智慧、断除所包含的无学相续的上述这七种法，与无漏界彼此不相舍离、不相分离、具足法界，因而被称为“相应”。①

从《宝性论》上述文字可知：

（一）此处谈三种地位（《宝性论》译为“三处”），指五种神通、漏尽智及漏尽（断除，转依），共七种法，代表“无学相续”的品德，也就是无学地位的圣贤、佛陀所具备的果德，换言之也就是指佛所证得的菩提；

（二）这七种法按照顺序分成三类，即神通、智慧及漏尽（转依），因为分别具有领略对象、消灭愚昧，彻底焚烧作业、烦恼，离垢、光明等特性，所以与灯具所具有的光明、温暖及色像这三种特质相似；

（三）上述七种法与无漏界、法界（即佛性如来藏）不离，不差异，基于如来藏自身具有与佛果诸德不相舍离的特质，所以说如来藏具有“相应义”。

此段文字中尚有值得特别注意者：从这段梵汉对勘的文献研究可以看出：此处称“漏尽”为“转依”（《宝性论》的译文是“转身”），而所使

① 参考 Jikido Takasaki（高崎直道）：*A Study on the Ratnagotravibhāga*（*uttaratantra*），*Being a Treatise on the tathāgatagarbho Theory of Mahayana Buddhism*，Serie Orientale Roma，XXXIII，pp. 227 – 228。

用梵文词汇，是 āśrayaparivṛtti，而不是瑜伽行派所惯常使用的 āśrayaparāvṛtti，前者表示“依”之作用的意义；后者表示改变“依”之意义。这是日本学者高崎直道在其《宝性论研究》中提出并充分论证的一个重要发现。[①]《宝性论》这一特殊的语汇使用方式，与其佛学思想理论中对于“依”性质的界定，有很大关系：瑜伽行派是以有待净化、改变的第八识，即阿赖耶识，作为一切法的依据，而《宝性论》则是以自性清净的如来藏作为一切法的依据。所以对于《宝性论》及其如来藏思想系统而言，对于作为现象世界的本质或依据的如来藏不存在改变的问题，而只存在如何使其固有的德性、功能推动起来、显发出来的问题。由于 parivṛtti（转动）及 parāvṛtti（改变）在汉译时都被翻成了“转”字，所以《宝性论》中这个术语深刻和独特的佛学涵义，以及与此关联，唯识学与如来藏学的理论分际问题，一直没有得到很好的和精确的理解。

引用《宝性论》材料（19）

第十随文解释

法藏在注疏中说：

> 第四业用者，此恒沙功德法诸如来藏，在染位中内熏众生，令厌生死，乐求涅槃。此是真如四义中第四也。《胜鬘经》云：世尊！若无如来藏者，不得厌苦，乐求涅槃。《宝性论》引此文，释云：“略说佛性清净正因，于不定聚众生能作二种业：一见世间种种诸苦，厌

---

① 高崎直道说：“这些事实显示，语汇 āśrayaparāvṛtti 第一次是在《庄严大乘经颂》中使用，后来逐渐被唯识学者无著及世亲固定化为一个术语，把 āśraya（依）界定为阿赖耶识，而在那个术语被引进使用之前，唯识学者及如来藏理论的学者，通常使用 āśrayaparivṛtti。《宝性论》注疏者，毫无疑问熟悉两种表达方式：parivṛtti 和 parāvṛtti，但是《宝性论》不能使用后面这个表达形式，因为 gotra（种），作为依，在觉悟前后都是同样，不会改变它的特质。这个假定关系到《宝性论》的权威。而且，正是由于对于语汇 āśrayaparivṛtti 的特殊使用，这部《宝性》注疏者，一定是无著、世亲以外的某个人。”参见 Jikido Takasaki（高崎直道）：*A Study on the Ratnagotravibhāga（uttaratantra），Being a Treatise on the tathāgatagarbho Theory of Mahayana Buddhism*，Serie Orientale Roma，XXXIII，pp. 44 –45。

诸苦故，生心欲离心；二见涅槃乐，求希寂乐，故生求心。”乃至广说。《起信论》云：“真如体相熏习者，从无始世来，具无漏法，备不思议业，作境界之性，依此二义恒常熏习，以有力故，能令众生厌生死苦，乐求涅槃，自信已身有真如法，故发心修行。”[①]

按：此段为《法界无差别论》十二种义解释菩提义中第九种义即“相应”义的后半部分。《法界无差别论》中有颂文：“烦恼性相离，空彼客烦恼；净法常相应，不空无垢法。”[②] 论中长行自释：“舍利弗！如来所说诸佛法身智功德法不离不脱者，所谓过恒河沙如来法也。复次如说有二种如来藏空智，何等为二？所谓空如来藏，一切烦恼若离若脱智；不空如来藏，过恒河沙不思议诸佛法不离不脱智。”[③] 此即言如来藏具有空、不空二德，前者是去除一切烦恼妄法，后者是具足一切净法。所引法藏这段疏文，是法藏解释如来藏具有“不空”德的部分。法藏认为如来藏具有恒沙功德法，所以具有在染位中影响、促发众生舍染趣净、追求解脱的功能，这就是如来藏的“业用”。

法藏在解释如来藏这一“业用”时，主要也引用《宝性论》之说法，与《胜鬘经》《起信论》相互参证，证成众生内具之如来藏，并不是完全消极、被动的东西，也不是完全抽象、与现实生活毫不相干的东西，而是具有一定的主动性，在染位中可以起到“内熏众生”的“业用”。如所周知：所谓“真如内熏”是《起信论》十分有名也因而最具争议的说法。吕澂先生曾对《起信论》真如内熏之说，展开强烈的批判。可是《胜鬘经》所谓如来藏是众生厌生死苦、求涅槃乐的前提的经证，《宝性论》所谓如来藏即使在邪定聚众生（此处汉译作“不定聚众生”）那里都能起到促其改变、觉醒的作用，与《起信论》的理论，客观地讲，确实是可以互相印证的。所引《宝性论》文字在前面已做过疏证，此处不再赘述。

引用《宝性论》材料（20）

第十随文解释

---

① 《大乘法界无差别论疏》，《大正藏》第 44 册，No. 1838，第 64 页上。

② 《大乘法界无差别论》，《大正藏》第 31 册，No. 1626，第 893 页中。

③ 同上。

法藏在注疏中说：

八世界未成喻，喻法身种姓德，在六处空聚未生芽故。《宝性论》云："真如性，如《六根聚经》中说：如是六根，从无始世来，毕竟究竟诸法体故。"《无上依经》亦有此文，并以真如为体。若瑜伽六处殊胜等，约有为性说，不同此教。[1]

按：此为法藏注疏《法界无差别论》菩提心十二种义中第十种义即不作义利义的一部分文字。本论中说："如莲金等未开显，佛体客尘翳亦然，是时功德不自益，反此则能为大利。"[2] 论中设立九个譬喻，说明众生虽有如来藏，可是如来藏为客尘烦恼所缠，故虽与诸佛法"相应"，却不能现实地起作用。所设九譬，法藏概括为：一莲花未开喻，二真金堕粪喻，三修罗蚀月喻，四池水混浊喻，五泥污金山喻，六云蔽虚空喻，七日未出现喻，八世界未成喻，九空云无雨喻。[3] 此处法藏解释第八个譬喻，并引用《宝性论》的说法来证成。

所引《宝性论》的说法，查勒那摩提汉译原文如下：

及彼真如性者，依此义故，《六根聚经》言：世尊！六根如是，从无始来毕竟究竟诸法体故。[4]

《宝性论》此处上下文，是讨论佛性如来藏所具有的四种意义，根据这四种意义，佛性如来藏则有法身等四个异名。这四种意义是：（一）不离佛法义，（二）其种如是来义，（三）不虚妄法性义，（四）从初自性寂静义。[5] 法藏所引《宝性论》此段，是解释佛性如来藏之第二义：其种如是来义。古译

---

① 《大乘法界无差别论疏》，《大正藏》第 44 册，No. 1838，第 64 页上。

② 《大乘法界无差别论》，《大正藏》第 31 册，No. 1626，第 893 页。

③ 《大乘法界无差别论疏》，《大正藏》第 44 册，No. 1838，第 64 页上。

④ 《究竟一乘宝性论》，《大正藏》第 31 册，No. 1611，第 835 页中。

⑤ 《宝性论》古译译此四义如下："何等四义？偈言：佛法不相离，及彼真如性，法体不虚妄，自性本来净。"我们参考中村瑞隆的梵本，改为今译。参见中村瑞隆《梵汉对照究竟一乘宝性论研究》，《世界佛学名著译丛》76，华宇出版社 1989 年版，第 109 页。

艰深，此处汉译的意义，包括法藏的引用，几乎令人无法索解。兹将《宝性论》中相关一颂，及解释如来藏四义的文字，一并梵本对勘如下：

Buddhadharmāvinirbhāgastadgotrasya tathāgamaḥ |

amṛṣāmoṣadharmitvamādiprakṛtiśāntatā ‖ 86 ‖

buddhadharmāvinirbhāgārthaḥ | yamadhikṛtyoktam | aśūnyo bhagavaṁstathāgatagarbho gaṅgānadīvālukāvyativṛttairavinirbhāgairamuktajñairacintyairbuddhadharmairiti | tadgotrasya prakṛ teracintyaprakārasamudāgamārthaḥ | yamadhikṛtyoktam | ṣaḍāyatanaviśeṣaḥsa tādṛśaḥparaṁ parāgato′nādikāliko dharmatāpratilabdha iti | amṛṣāmoṣārthaḥ | yamadhikṛtyoktam | tatra paramārthasatyaṁyadidamamoṣadharmi nirvāṇam | tatkasmāddhetoḥ | nityaṁtadgotraṁsamadharmatayeti | atyantopaśamārthaḥ | yamadhikṛtyoktam | ādiparinirvṛta eva tathāgato′rhan samyaksaṁbuddho′nutpanno′niruddha iti | ①

【新译】不离于佛法，
其种如是来，
非虚妄法性，
从初自性寂。

（一）不离佛法之义，基于此义，经中说言：②

"薄伽梵啊！如来藏不空超过恒河沙、不离（法）、不失智、不思议的诸佛法。"

（二）其种即自性不可思议的品类来义（或：实现义），基于此义，

① 中村瑞隆：《梵汉对照究竟一乘宝性论研究》，《世界佛学名著译丛》76，华宇出版社1989年版，第109页。

② 《胜鬘师子吼一乘大方便方广经》："世尊！不空如来藏，过于恒沙不离、不脱、不异、不思议佛法。"《大正藏》第12册，No. 0353，第221页下。

经中说言：①

“六处殊胜的他，乃是如此这般：它超出辗转，无其开端，已得法性。”

（三）非虚妄义，基于此义，经中说言：②

“在这里，所谓胜义谛，即不虚妄法的涅槃。为什么呢？因为此种姓，由于平等法性，乃是恒常的。”

（四）彻底寂静义，基于此义，经中说言：③

“如来、阿罗汉、正等觉者，从初即涅槃，他既不产生，也不消灭。”④

根据以上原语对勘，新译，可见《宝性论》此段所谓如来藏之四义，分别是指：（一）不离佛法义，（二）其种如是来义，（三）非虚妄义，（四）彻底寂静义。根据这四个意义，如来藏就获得四个不同的名称：（一）法身，（二）如来，（三）胜义谛，（四）涅槃。法藏本段中所引用的，是第二义，即如来藏之其种如是来义，其种（tadgotrasya），论中释为自性（prakṛter），应当指的就是“自性心”，让自性心所具有的不可思议的品德实现出来（samudāgama），是“如是来”（tathāgamaḥ）之义，也就是“如来”。我们在新译中，也尽量把相关引证的经文附注在下面，以便参考。

引用《宝性论》材料（21）—（22）

第十随文解释

---

① 《能显中边慧日论》：“《无上依经》第一云：阿难！何者是如来界？云何如来为界不可思议？阿难！一切众生有阴界入胜相种类，内外所现，无始时节相续流来，法尔所得，生明妙善。”《大正藏》第 45 册，No. 1863，第 447 页中 。

② 高崎直道先生怀疑此处也是指《六根聚经》。

③ 此指《度诸佛境界智慧光严经》。

④ 参考 Jikido Takasaki（高崎直道）：*A Study on the Ratnagotravibhāga*（*uttaratantra*），*Being a Treatise on the tathāgatagarbho Theory of Mahayana Buddhism*，Serie Orientale Roma，XXXIII，pp. 259 – 260。

第十二释一性门中，亦三：谓征、颂、释。颂中二颂，分三。初一颂，标异义一性门。次上半，标境智一味门。三下半，标因果一乘门。初中言此者，此前门中所成佛果也。《宝性论》云："于无漏法界中，依如来藏有四种义。"此论下释中，引颂云"众生界清净，应知即法身"故。又《宝性论》中，引《不增不减经》，释此义云："舍利弗言：如来藏者，即是法身。"故彼论中释此四义，一约与恒沙功德法为依止，不相离义，名为法身；二约得了因引出义，名为如来；三约法体离虚妄义，名第一义谛；四约障尽德圆义，名为涅槃。然此四义无别异性，故云即是也。彼论颂云："法身及如来，圣谛与涅槃，功德不相离，如光不离日。"广释如彼。[1]

按：此段为法藏注疏《法界无差别论》十二种义释菩提心之第十二种义即"一性义"之一部分。本论中有二颂："此即是法身，亦即是如来，如是亦即是，圣谛第一义。涅槃不异佛，犹如冷即水，功德不相离，故无异涅槃。"[2] 法藏认为，二颂中，第一颂"标异义一性门"；第二颂上一半，"标境智一味门"；下半，"标因果一乘门"，以三门解释第十二种义："一性义"。此处注疏文字是解释第一门：异义一性门。所谓"异义"，指佛性如来藏（菩提心）有四种不同的意义，根据这些不同的意义，也就有法身、如来、胜义谛、涅槃四个名称，而这四个名称本质上都是表征如来藏的特性，所以是"一性"。

法藏这部分注疏文字，一共引证了四次《宝性论》：

其一，法藏引《宝性论》说："于无漏法界中，依如来藏有四种义。"原语对勘为：samāsato'nāsrave dhātau tathāgatagarbhe caturo'rthānadhikṛtya catvāro nāmaparyāyā veditavyāḥ। [3]（新译：总略而言，关于无漏界，即如

① 《大乘法界无差别论疏》，《大正藏》第 44 册，No. 1838，第 64 页上。

② 《大乘法界无差别论》，《大正藏》第 31 册，No. 1626，第 893 页。

③ 中村瑞隆：《梵汉对照究竟一乘宝性论研究》，《世界佛学名著译丛》76，华宇出版社 1989 年版，第 107 页。

来藏，可以基于四种意义，理解其四种同义异名。[①])

其二，《宝性论》："又复依此四义，次第有四种名。何等为四？一者法身，二者如来，三者第一义谛，四者涅槃。"[②] 这一段相关的原语对勘及新译，已经在上条中讨论，此处不赘。法藏这里是糅引《宝性论》译文，释此四义，及列举四种名称："故彼论中释此四义：一约与恒沙功德法为依止，不相离义，名为法身；二约得了因引出义，名为如来；三约法体离虚妄义，名第一义谛；四约障尽德圆义，名为涅槃。"

其三，《宝性论》接下去的文字，是引《不增不减经》，证成如来藏即法身："舍利弗言：如来藏者，即是法身故。"且引《胜鬘经》如下："《圣者胜鬘经》言：世尊！不离法身有如来藏。世尊！不离如来藏有法身。世尊！依一苦灭谛说名如来藏。世尊！如是说如来法身无量无边功德。世尊言：涅槃者，即是如来法身故。"[③] 此是引两部经典证成如来藏即法身，也即如来、圣谛、涅槃。法藏这里引用了《宝性论》所引《不增不减经》中的文字，忽略了其引用《胜鬘经》的这段文字，所以这里予以补出。

其四，法藏引《宝性论》中"法身及如来，圣谛与涅槃，功德不相离，如光不离日"一颂，[④] 对勘原文为：

> sa dharmakāyaḥsa tathāgato yatas
>
> tadāryasatyaṁparamārthanirvṛtiḥ |
>
> ato na buddhatvamṛte'rkaraśmivad
>
> guṇāvinirbhāgatayāsti nirvṛtiḥ ‖ 84 ‖ [⑤]

---

① 参考 Jikido Takasaki（高崎直道）：*A Study on the Ratnagotravibhāga*（*uttaratantra*），*Being a Treatise on the tathāgatagarbho Theory of Mahayana Buddhism*，Serie Orientale Roma，XXXIII，p. 259。

② 《究竟一乘宝性论》，《大正藏》第 31 册，No. 1611，第 835 页中。

③ 同上。

④ 同上。

⑤ 中村瑞隆：《梵汉对照究竟一乘宝性论研究》，《世界佛学名著译丛》76，华宇出版社 1989 年版，第 107 页。

【新译】因是法身是如来，
是其圣谛胜义灭；
所以在佛陀以外，
无有离诸品德灭，
正如太阳与其光。[①]

我们根据《宝性论》这个颂文原语对照的情况来看，前引《法界无差别论》论中的颂文："此即是法身，亦即是如来，如是亦即是，圣谛第一义，涅槃不异佛，犹如冷即水，功德不相离，故无异涅槃"，与《宝性论》中这个颂文的文字、意义是一致的。提云般若此处《法界无差别论》译文中：第四句中的"第一义"，与下文第五句中"涅槃"两个字，应该连读；第五句中的"不异佛"，意思是"除了佛"（只有佛才具备完整意义的涅槃）；第七句"功德不相离"，与第八句中的"涅槃"，在意义上是限定关系，意思是："与诸品德不相离的涅槃（灭）。"《宝性论》论颂中此处"如光不离日"的譬喻，与今传梵本是一致的，为何在《法界无差别论》的论颂中，却是"犹如冷即水"，这是我们无法解释的。不过这正说明《宝性论》《法界无差别论》两论所传的原始颂本，本来就有所不同。

引用《宝性论》材料（23）—（24）

第十随文解释

二言涅槃不异佛等者，标境智一味门。于中初句法说，下句喻说。前中明此四义，与佛同体。谓四义是所证法，佛是能证智，以境智冥和，无别二性，故云不异。又以此智，亦以如来藏为性，无别法故，是故不异。又《宝性论》云："觉一切种智，离一切习气，佛及涅槃体，不离第一义。"[②] 彼自释云："此四种名，于如来法身无漏界

① 参考 Jikido Takasaki（高崎直道）：*A Study on the Ratnagotravibhāga*（*uttaratantra*），*Being a Treatise on the tathāgatagarbho Theory of Mahayana Buddhism*, Serie Orientale Roma, XXXIII, p. 258。

② 《究竟一乘宝性论》，《大正藏》第 31 册，No. 1611，第 835 页中。

中，一味一义，不相舍离。不离一法门，不离一法体。此以何义？所证一切法，觉一切智，及离一切智障、烦恼障、习障，此二种法，于无漏法界中，不异不差别，不断不相离。"[①] 乃至广说。二喻况中，言犹如冷即水者。此有三义：一通喻前后三门，皆同一性，如冷即水。二别喻此门，明所证涅槃，与能证智，非如水乳，二体相合，故云不异。以同一性，如冷即水，故云不异。此冷喻涅槃，以离生死诸热恼故；水喻佛智，澄清现照故。又水喻涅槃，本性润滑故；冷喻佛智，凉惑热恼故。《宝性论》中"如光不离日"者，同此义也。[②]

按：这段话也是法藏疏释《法界无差别论》菩提心十二种义中第十二种义即"一性"义的一部分，按照法藏的科判，这一部分是《法界无差别论》中讨论"一性义"的第二门，即"标境智一味门"。法藏认为：佛是能证智，涅槃是所证法，境智冥和，无别二性，所以佛、涅槃不异。法藏引《宝性论》中"觉一切种智，离一切习气，佛及涅槃体，不离第一义"[③] 的颂文，及相关诠释，来加以解释。

根据《宝性论》的释论，"法身及如来，圣谛与涅槃，功德不相离，如光不离日"这个论颂，是分成前半颂文及后半颂文两个部分加以解释的。作者认为前半颂文是显示如来藏有四义、四名；后半颂的解释，就是法藏所引《宝性论》中下面这个释论颂："觉一切种智，离一切习气，佛及涅槃体，不离第一义。"我们对勘此颂的原语为：

sarvākārābhisaṁbodhiḥsavāsanamaloddhṛtiḥ |

buddhatvamatha nirvāṇamadvayaṁparamārthataḥ ‖ 87 ‖ [④]

【新译】觉悟一切诸种类，

拔除具有习气垢；

---

① 《究竟一乘宝性论》，《大正藏》第 31 册，No. 1611，第 835 页中。

② 《大乘法界无差别论疏》，《大正藏》第 44 册，No. 1838，第 64 页。

③ 《究竟一乘宝性论》，《大正藏》第 31 册，No. 1611，第 835 页中。

④ 中村瑞隆：《梵汉对照究竟一乘宝性论研究》，《世界佛学名著译丛》76，华宇出版社 1989 年版，第 109 页。

如是佛陀及涅槃，
以胜义言是不二。[①]

可见这个颂文的意义是：从胜义的角度言，佛与涅槃不二，也就是我们不可以对佛与涅槃二者的关系加以虚妄分别。我们知道无论是《宝性论》，还是《法界无差别论》，从佛学思想的根源言，都是追随《胜鬘经》的见解。《胜鬘经》中强调真正意义上的涅槃唯佛所有，其他二乘及诸大菩萨都没有真正意义上的涅槃。《胜鬘经》通过论证涅槃的唯一性，以证明其一乘的理念，而《宝性论》等似乎并不十分关心一乘的理论，其思想重心是根据涅槃的唯一性推论基于如来藏观念的佛性的同一性。法藏这里的引用，以及后面引用《宝性论》疏释中的一段，思想重心是以佛为智，以涅槃为境，证成境智一味，在思维方式上是中国化的，但重视佛与涅槃的"不二"，则与《宝性论》《法界无差别论》的理念根本一致。

法藏把上引《法界无差别论》颂文中后面的半个颂文，即"功德不相离，故无异涅槃"，理解为是解释"一性"的第三门，即"因果一乘门"。他说："三下二句，标因果一乘门者。此佛果功德，与众生如来藏，不相离故。是故众生无不皆得佛涅槃，以在因在果，无异法故，故无三乘别异涅槃。"[②] 如前所论，今对勘此颂梵本，发现"功德不相离"一句，应该只是"涅槃"一词的修饰限定语。不过，仅据汉译的话，法藏这里作出"因果一乘门"的解读，仍然可以说是合理的。尤其法藏在这里提出"无三乘别异涅槃"的想法，着眼涅槃的唯一性，这与《胜鬘经》、《宝性论》建立涅槃唯一性的理念是一致的，而法藏在中国佛教的语境中，能够把涅槃唯一性的理论与三乘一乘的理论相互融合，则显示了其如来藏学诠释独特的理论关切。

再者，法藏这里所引用的《宝性论》"此四种名"以下一段释论，其原语对勘如下：

---

① 参考 Jikido Takasaki（高崎直道）：*A Study on the Ratnagotravibhāga*（*uttaratantra*），*Being a Treatise on the tathāgatagarbho Theory of Mahayana Buddhism*，Serie Orientale Roma，XXXIII，p. 261。

② 《大乘法界无差别论疏》，《大正藏》第44册，No. 1838，第64页上。

yata ete catvāro' nāsravadhātuparyāyāstathāgatadhātāvekasminnabhinne'rthe samavasaranti | ata eṣāmekārthatvādadvayadharmanayamukhena yacca sarvākārasarvadharmābhisaṁbodhād buddhatvamityuktaṁyacca mahābhisaṁbodhāt savāsanamalaprahāṇān nirvāṇamityuktametadubhayamanāsrave dhātāvadvayamiti draṣṭavyamabhinnamacchinnam | [1]

【新译】因为上述四种关于无漏界的同义异名，进入同一个无差异的事物，即如来藏中，所以，由于这四者具有同一的意义，因而根据不二法旨趣的教义，凡是因觉悟一切种类的一切法，被称为“佛”者，及凡是因为巨大的觉悟，断除带有习气的污垢，被称为“涅槃”者：那么此二者，在无漏界中，应当被视为是“不二的”，即无差异的、不可分割的。[2]

不难看到：与《宝性论》那段论颂最后强调佛、涅槃“不二”相同，这段释论也强调了二者的“不二”。这里需要注意：无论是这个论颂，还是相关的论释，在梵本原语中本来都有“不二”，可是在勒那摩提的汉译中，却遗憾地都没有译出“不二”这个佛学术语。应该说是勒那摩提这里的译法，导致法藏选择“境智冥和”一类有明显玄学意味的术语，来表达此处佛与涅槃不二的思想。

最后，《法界无差别论》此处颂文中，有“犹如冷即水”一句，《宝性论》此处，则是“如光不离日”一句，二论所依据的颂文文字上确有差异，不过，就文义而言，二者强调的都是涅槃不离德之义。正因为没有离开圆满品德可言的涅槃，所以颂文导出只有佛才具有圆满的涅槃，因而佛与涅槃不二的思想。法藏此处也引用《宝性论》这个譬喻与《法界无差别论》“犹如冷即水”的譬喻相互证成，认为这两个譬喻，既能表达菩提心“一性义”前后三门都同“一性”的意义，又能表达能证佛智与所

① 中村瑞隆：《梵汉对照究竟一乘宝性论研究》，《世界佛学名著译丛》76，华宇出版社1989年版，第109、111页。

② 参考 Jikido Takasaki（高崎直道）：*A Study on the Ratnagotravibhāga*（*uttaratantra*），*Being a Treatise on the tathāgatagarbho Theory of Mahayana Buddhism*，Serie Orientale Roma，XXXIII，p. 261。

证涅槃之间同是“一性”的意义。可以看出，《法界无差别论》及《宝性论》中的这个譬喻，是侧重显示涅槃与诸品德不相离的关系，法藏的引用和诠释，则是侧重佛与涅槃具有内在融合、一致的关系。此外，如前已论，这两个文字有所不同的譬喻，是证明《法界无差别论》与《宝性论》所传原始颂文有所不同的一个很好的例证，不过，法藏此处注意到两个颂文的文字差异，却没有去讨论差异的成因，而是重在发挥二者意义上的根本一致。这个例子很好地显示出法藏在两部如来藏论典的诠释方面，不重求其异而重会其同的诠释风格和诠释精神，而这一点应该说也正是法藏如来藏思想诠释的根本特点和风格。

第四节　几点引申性的讨论与结论

（1）《宝性论》和《大乘法界无差别论》是印度大乘佛教如来藏思想理论化过程中出现的两部重要论典，也是学界所公认的印度大乘佛教如来藏学系的核心论典。遗憾的是，中国主要弘扬如来藏思想的华严宗祖师法藏，只为《大乘法界无差别论》撰写了注疏，却未留下专门诠释《宝性论》的理论著作。法藏之后，在唐宋时期的佛教中，《宝性论》的思想影响并不大，《大乘法界无差别论》及其法藏注疏，也没有发挥应有的作用。历宋、元、明、清，《大乘法界无差别论》及《宝性论》在中国佛教中的影响力更是日渐式微。汉系佛教如来藏思想的研习与传承，基本上是以《大乘起信论》及法藏的相应注疏为中心。这样的事实和现象，导致人们常常会不知不觉产生这样的印象：法藏不够重视《宝性论》，甚至整个中国佛教都不够重视《宝性论》。

（2）我们的研究则证明这样的看法是不正确的，至少是不准确、不全面的。一个最主要也最直接的理由就是：法藏虽然没有为《宝性论》作注，但是法藏为《大乘法界无差别论》作了注疏。在法藏的心目中，《宝性论》和《大乘法界无差别论》都是坚慧菩萨的作品，其佛学价值都是一流的，其义理方向也是完全一致的。只是前者义理弘大富博，一般人难以理解掌握，后者则文约义丰，简明扼要，便于一般人理解。法藏之所以选择《法界无差别论》予以注疏，组织其如来藏学思想义理的理解与诠释，即基于上述逻辑。所以按照法藏的思想逻辑，他为《大乘法界无差别论》作注，即无异于为《宝性论》作注。我们在本章的疏证中详尽地考察了法藏《大乘法界无差别论疏》所有引证、诠释《宝性论》的文字，证明其对《宝性论》的崇高佛学价值持高度肯定的立场，并透过《大乘法界无差别论疏》的广泛引用及深入诠释，来体现他对《宝性论》思想义理的褒扬和佛学价值的接纳，这一点应当是完全没有疑义的。

（3）另外一种意见则认为法藏关于《大乘法界无差别论》的注疏，包括其对《宝性论》的理解、诠释，基本是一种“附会”，是完全的误解。这种意见以20世纪上半期支那内学院学者吕澂先生的看法最为典型。吕先生认为《大乘法界无差别论》“传译稍晚，法藏一派附会其词，别成系统，相似说兴，影响极巨，几成后来几百年讲论之重心，至今犹有存者”[①]。所以吕澂先生新讲《大乘法界无差别论》中，对于法藏这部注疏的学术价值持通盘批判的态度。吕澂不仅极言法藏根据《法界无差别论》创立如来藏缘起说之不当，且进而批评法藏大乘三宗说之无据，认为：“就理论结构言，本论一切众生皆有如来藏之义出于《宝性论》，《宝性》则从无著所作《大乘庄严经论》说法界一段引生。推原其始，本论实汲无著学之流，何得强为立异。”[②] 吕澂对于法藏《大乘法界无差别论》注疏及其思想价值的上述批评，主要是因为欧阳竟无南京支那内学院一系的现代佛学，坚持以法相唯识学作为本位立场评估如来藏学系思想，依据所谓以“了义”释“不了义”的思想方法，难以客观理解如来藏学说的独特立场与佛学价值。而在今天研究层次及多元包容的文化价值下，对于基于学派本位意识的上述学术思想方法，确实应该进行必要的反省和解构。

（4）《宝性论》的如来藏思想体系，与《大乘法界无差别论》的思想体系，究竟是完全一致，还是有所区别，究竟哪个在前、哪个在后，关于这些问题，学界的意见并不完全统一。高崎直道认为《大乘法界无差别论》的作者，是在《宝性论》的基础上撰写了其书，是作者根据自己的观点对于《宝性论》的理论予以了压缩和修改。[③] 另外一位日本学者中村瑞隆则指出：《法界无差别论》中“菩提心”十二义的排列，并不具备

① 吕澂：《吕澂佛学论著选集》卷二，齐鲁书社1991年版，第946页。

② 同上书，第976页。

③ Jikido Takasaki（高崎直道）：*A Study on the Ratnagotravibhāga*（*uttaratantra*），*Being a Treatise on the tathāgatagarbho Theory of Mahayana Buddhism*，Serie Orientale Roma，XXXIII，p. 46.

严格的理论逻辑，相反《宝性论》的论述则有严格的逻辑；《法界无差别论》只是片段地、零碎地叙述如来藏，而《宝性论》则是以如来藏为中心组织学说。所以中村瑞隆显然倾向认为《法界无差别论》是在《宝性论》的前面而作，后者则是对前者的发展与提升。[①] 中国20世纪的著名佛教学者印顺导师，承认二者的亲缘关系，同时认为二者在思想侧重点上有所不同。[②] 唐代法藏所祖述的提云般若，是这两部如来藏系论典思想同源而详略不同这一学术理念的创发者，但是无论提云般若还是法藏本人，对此意见都没有作出太多的说明。我们根据法藏的这一理念和他这部注疏著作对《宝性论》的引用、诠释可以看出，其如来藏思想诠释具有侧重求其同而不求其异的思想特质，这与他所代表的中国化佛教重视融合会通，倡导多元诠释的整体精神是一致的。

（5）最后，需要指出的是，《宝性论》是大乘佛教如来藏学系一部义理丰赡而文字难解的大论，勒那摩提所作的古译，为汉系佛教留下了《宝性论》的传本，这是这位译者对如来藏学系思想传承的历史性贡献，也是汉系佛教对于如来藏学系的重大贡献。鉴于这部论典的文字、义理，在印度大乘佛教的思想文献中，本属于难度极高者，而且由于这部论典通篇采取了释经学的体例，更是大大增加了诠解的难度，所以古代的汉译，已然是难能可贵。不过，客观地讲，勒那摩提的译文，尚有很多地方非常艰涩，有些地方实际上难以卒读，这可能也是制约《宝性论》在汉系佛教中研习与传播的一个重要原因。为此，我们在本章中，对于法藏注疏《大乘法界无差别论》时引用的《宝性论》所有文字，都进行了原语对勘，并提供新译。我们做这一疏证的工作，是为了更清晰地理解法藏这部重要如来藏注疏著作的思想内涵，也是为了更好地理解《宝性论》自身的文字、义理。同时我们这样的研究工作，也是为中国佛教如来藏思想今后的重新建构，奠定新视角之知识基础的一种努力。

---

① 中村瑞隆：《梵汉对照究竟一乘宝性论研究》，《世界佛学名著译丛》76，华宇出版社1989年版，第59页。

② 印顺法师：《如来藏之研究》，《印顺法师佛学著作全集》卷十八，中华书局2009年版，第141页。

第十八章　从“无始时来界”一颂释义看大乘佛教思想二种不同诠释方向

第一节　关于《大乘阿毗达摩经》偈颂“无始时来界”

《大乘阿毗达摩经》，是汉系佛教玄奘、窥基系统相传的唯识六经[①]之一。虽然这部经典未有汉、藏文的传译，但是此经中一首著名的偈颂，因为《摄大乘论》等经典的引用，而在瑜伽行派思想史及如来藏系思想史上广为流传，发挥了重大的学术影响。

关于这个经颂，玄奘大师（602—664 年）所译《摄大乘论》中称言：

> 此中最初，且说所知依，即阿赖耶识，世尊何处说阿赖耶识名阿赖耶识？谓薄伽梵于《阿毗达磨大乘经》伽他中说：
>
> 无始时来界，一切法等依，
>
> 由此有诸趣，及涅槃证得。[②]

《摄大乘论》之第一《总标纲要分》，列出本论所概括《阿毗达磨大乘经》中大乘思想十大理论纲要，即“十相殊胜殊胜语”：“一者、所知依殊胜殊胜语；二者、所知相殊胜殊胜语；三者、入所知相殊胜殊胜语；

---

① 窥基：“又今此论，爰引六经：所谓《华严》《深密》《如来出现功德庄严》《阿毗达磨》《楞迦》《厚严》。十一部论：《瑜伽》《显扬》《庄严》《集量》《摄论》《十地》《分别瑜伽》《观所缘缘》《二十唯识》《辨中边》《集论》等为证，理明唯识三性十地因果行位了相大乘。故知第三时中道之教也。”《成唯识论述记》，《大正藏》第 43 册，No. 1830，第 229 页下。

② 《摄大乘论本》，《大正藏》第 31 册，No. 1594，第 133 页中。

四者、彼入因果殊胜殊胜语；五者、彼因果修差别殊胜殊胜语；六者、即于如是修差别中增上戒殊胜殊胜语；七者、即于此中增上心殊胜殊胜语；八者、即于此中增上慧殊胜殊胜语；九者、彼果断殊胜殊胜语；十者、彼果智殊胜殊胜语。”① 其中第一项，即所谓“所知依”乃是什么之问题，本论的回答是：阿赖耶识就是“所知依”之体。所以，《摄大乘论》此处引用《大乘阿毗达摩经》的这个“无始时来界”的颂文，正是要证成阿赖耶识是“一切法”“所知依体”的理念——这正是瑜伽唯识一系思想最为核心的理念。

而在玄奘之前大约一百年，汉系佛教另一位著名译经家真谛法师（499—569 年），在其所传译的《摄大乘论》中，也已经有了与玄奘大师文字稍异而意义一致的相关译文：

> 此初说应知依止，立名阿黎耶识。世尊于何处说此识，及说此识名阿黎耶？如佛世尊《阿毗达磨略本》偈中说：
>
> 此界无始时，一切法依止，
>
> 若有诸道有，及有得涅槃。②

除了真谛法师和玄奘大师这二位著名译经大师之外，北魏时期来华的译经三藏勒那摩提（他于 508 年来华从事佛经翻译③），曾译出《究竟一乘宝性论》这部印度大乘佛教如来藏系著名论典。由于《宝性论》中引用了《大乘阿毗达摩经》的这个经颂，并加以解释，因而勒那摩提的《宝性论》译本，也就译出了这个颂文：

> 经中偈言：

---

① 《摄大乘论本》，《大正藏》第 31 册，No. 1594，第 133 页中。

② 《摄大乘论》，《大正藏》第 31 册，No. 1593，第 113 页下。

③ “沙门勒那摩提，或云婆提，此言宝意，中印度人。诵一亿偈，博赡之富。理事兼通，尤明禅法，意存游化。以宣武帝正始五年岁次戊子即是永平元年，于洛阳殿内，译《毗耶娑问经》（二卷），《十地论》（十二卷），《宝积经论》（四卷），《究竟一乘宝性论》（四卷），《法华经论》（一卷）。总有五部经合二十三卷。沙门僧朗、觉意，侍中崔光等笔受。”《古今译经图纪》，《大正藏》第 55 册，No. 2151，第 364 页上。

无始世来性，作诸法依止，
依性有诸道，及证涅槃果。①

此外，与勒那摩提译师的时代大体相同或稍后，后魏时期尚有另外一位译经三藏佛陀扇多，也有《摄大乘论》的一个译本，其译本中关于所引的这个经颂，提供的译法是：

如来于《大乘阿毗昙经》偈中说：
无始已来性，一切法所依，
有彼诸道差，及令得涅槃。②

玄奘法师之前，尚有一部世亲《摄大乘论释论》的汉译，这是由隋笈多共行矩等译师所译的，其中相关的颂文译为：

界体无始时，诸法共依止；
由此有诸趣，及涅槃胜得。③

所以，我们看到，从南北朝到隋唐，由于五个译经师的先后传译，《大乘阿毗达摩经》的这个著名颂文，先后有了五个不同的版本，在汉地佛教中流传。由于这部重要的大乘经典历史上失传，而经中此颂竟然得以依附诸论而广泛流传，这无论在瑜伽行派的思想传统或在如来藏学的思想传统上言，都不能不说是一件极为重要的幸事！

第二节 《宝性论》所传此颂之梵本及其基于如来藏思想视角的诠释

如前已说，《大乘阿毗达摩经》并无传译，而《摄大乘论》的梵本，

① 《究竟一乘宝性论》，《大正藏》第 31 册，No. 1611，第 839 页上。
② 《摄大乘论》，《大正藏》第 31 册，No. 1593，第 97 页中。
③ 《摄大乘论释论》，《大正藏》第 31 册，No. 1596，第 273 页上。

迄今也没有被发现。幸运的是，在汉地传为坚慧论师著作的《宝性论》中，引用了“无始世来性”一偈，并且《宝性论》的全论梵本，迄今尚存，因此我们在近乎两千年之后，得以有机会了解大乘佛教这个著名经颂梵本的本来面目，从而使得相关的讨论获得了坚实的学术基础，这不能不说是一件极幸运又极重要之事。

根据《宝性论》梵本中的记录，此经颂的梵本是：

anādikāliko dhātuḥsarvadharmasamāśrayaḥ |
tasmin sati gatiḥsarvā nirvāṇādhigamo'pi ca ‖ ①

【新译】此为无始时来界，
是一切法之依据，
有此则有一切趣，
以及证得于涅槃。②

根据梵本和新译，我们可以很清晰地了解这个经颂的意思：此颂前两句，说明“界”的性质：界是无始以来的，界是一切法的依据；后两句，则说明“界”的功能或作用：这个界是人们辗转一切趣向的前提，也是人们证得涅槃的前提。《宝性论》中，引用了这个大乘经的偈颂后，还引用《胜鬘经》的经证，给予这个颂文以详细的解释。关于这段释论，勒那摩提古译如下：

此偈明何义？无始世界性者，如经说言：“诸佛如来依如来藏，说诸众生无始，本际不可得知故。”所言性者，如《圣者胜鬘经》言：“世尊！如来说如来藏者，是法界藏，出世间法身藏，出世间上上藏，自性清净法身藏，自性清净如来藏故。”作诸法依止者，如

---

① 中村瑞隆：《梵汉对照究竟一乘宝性论》，《世界佛学名著译丛》76，华宇出版社 1989 年版，第 141 页。

② 参考 Jikido Takasaki（高崎直道）：*A Study on the Ratnagotravibhāga*（*uttaratantra*），*Being a Treatise on the tathāgatagarbho Theory of Mahayana Buddhism*，Serie Orientale Roma，XXXIII，p. 291。

《圣者胜鬘经》言：“世尊！是故如来藏是依，是持，是住持，是建立。世尊！不离、不离智、不断、不脱、不异、无为不思议佛法。世尊！亦有断、脱、异、外、离、离智有为法，亦依、亦持、亦住持、亦建立，依如来藏故。”依性有诸道者，如《圣者胜鬘经》言：“世尊！生死者依如来藏。世尊！有如来藏故，说生死，是名善说故。”及证涅槃果者，如《圣者胜鬘经》言：“世尊！依如来藏故有生死，依如来藏故证涅槃。世尊！若无如来藏者，不得厌苦、乐求涅槃，不欲涅槃、不愿涅槃故。”①

《宝性论》译文中，这个颂文原本译为“无始世来性”，在释论中写成了“无始世界性”，这大概是笔误，或是传写中出现的错误。《宝性论》这段疏释，分别对四句颂文的涵义作了解释；而在解释时，先后五次引用了经典证据。其中，第一次引经，译者未标明出处，其他四次，译者均直接标明出自《圣者胜鬘经》。今查此段释论第一次引用的经典文句，其实也是出自《胜鬘经》。所以《宝性论》这里对《大乘阿毗达摩经》相关颂文的诠释的依据，是十分明确的，那就是《胜鬘经》。就《宝性论》此段释论所处理的两种经典言，前者（《胜鬘经》）是典型的、代表性的如来藏系经典，而后者（《大乘阿毗达摩经》）虽然由于无著等在《摄大乘论》中的引用，被后世视为瑜伽行派的依据性经典，但由于具体经文内容的失传，其佛学思想的真实性质实是后世学者难以全面准确予以判断的。

为了读者诸君更加精准理解《宝性论》中这段释论文字的意思，我们现在把这段话的梵本加以对勘，同时也将我们自己的新译一并列出，作为后面进一步讨论的参考之用。

【梵本】

tatra kathamanādikālikaḥ | yattathāgatagarbhamevādhikṛtya bhagavatā pūrva koṭirna prajñāyata iti deśitaṁ prajñaptam | dhāturiti | yadāha | yo'

---

① 《究竟一乘宝性论》，《大正藏》第31册，No. 1611，第839页上。

yaṁbhagavaṁstathāgatagarbho lokottaragarbhaḥprakṛtipariśuddhagarbha iti | sarvadharmasamāśraya iti | yadāha | tasmādbhagavaṁstathāgatagarbho niśraya ādhāraḥpratiṣṭhā saṁ baddhānāmavinirbhāgānāmamuktajñānānāmasaṁ skṛtānāṁ dharmāṇām | asaṁ baddhānāmapi bhagavan vinirbhāgaddharmāṇāṁmuktajñānānāṁsaṁskṛtānāṁ dharmāṇāṁ niśraya ādhāraḥpratiṣṭhā tathāgatagarbha iti | tasmin sati gatiḥsarveti | yadāha | sati bhagavaṁstathāgarbhe saṁsāra iti parikalpamasya vacanāyeti | nirvāṇādhigamo'pi ceti | yadāha | tathāgatagarbhaśced bhagavanna syānna syādduḥkhe'pi nirvinna nirvāṇecchā prārthanā praṇidhirveti vistaraḥ | ①

【新译】这里，怎样是“无始时来”？指正是基于如来藏，薄伽梵曾说过，解释过：“过去的端际不被想象。”

所谓“界”，如经中说过：“薄伽梵啊！这个如来藏，是出世间藏，是自性清净藏。”

所谓“一切法之依据”，如经中说过：“因此，薄伽梵啊！如来藏是一切有关、不离（法）、不失智、无为诸法的依据、支持、基础，也是一切无关、离法、失智、有为诸法的依据、支持、基础。”

所谓“有此则有一切趣”，如经中说过：“薄伽梵啊！‘若有如来藏，则有轮回（生死）’，如此云云的考虑是为了解说这个轮回问题。”

所谓“以及证得于涅槃”，经中说过：“薄伽梵啊！设若没有如来藏，那么人们就不会厌弃苦，也不会对于涅槃还有欲望、追求或者誓愿。”如此云云，乃至详说。②

所以，《宝性论》这段释论，引用《胜鬘经》的经证解释《大乘阿毗达摩经》“无始时来界”这一经颂时，可以分为五层意思：（一）为什么

---

① 中村瑞隆：《梵汉对照究竟一乘宝性论》，《世界佛学名著译丛》76，华宇出版社1989年版，第141页。

② 参考Jikido Takasaki（高崎直道）：*A Study on the Ratnagotravibhāga*（*uttaratantra*），*Being a Treatise on the tathāgatagarbho Theory of Mahayana Buddhism*，Serie Orientale Roma，XXXIII，pp. 291 – 293。

称界为无始的？因为根据《胜鬘经》，如来正是为如来藏，谈到前际不存在；（二）为什么称为界？因为根据《胜鬘经》，如来藏是“出世间藏”及“自性清净藏”；（三）为什么说界是一切法的依据？因为根据《胜鬘经》，如来藏既是一切无漏、无为诸法的依据，也是一切有漏、有为诸法的依据；（四）为什么说界是生死、轮回的前提？因为根据《胜鬘经》，如来藏是生死轮回的前提；（五）为什么界是涅槃的前提？因为根据《胜鬘经》，如来藏是人们厌倦生死苦、追求涅槃乐的前提。所以，《宝性论》对《大乘阿毗达摩经》这一经颂的解释，归结为一点：界就是清净、无漏的如来藏。与无著论师的瑜伽唯识思想系统引进有漏、有为的阿赖耶识概念解释“界”相比，《宝性论》确实展示了一个不同的诠释方向。

第三节　《宝性论》对于“界”是“如来藏”的诠释“没有给予任何论证”吗？

在研究《宝性论》文本方面卓有成就的日本学者中村瑞隆先生，于其所著《梵汉对照究竟一乘宝性论》一书序言第十四部分“关于作者”中，写有以下一段文字：

> 再者，论本偈所没有的，注释偈、释疏所添加的部分，大都可以在世亲的其他论书中看到。在疏释中，将《大乘阿毗达摩经》的“无始以来的界是一切诸法的依止。由于有了它，所以有一切的趣及涅槃的得果”中的“界”（dhātu）当作如来藏，这是引用自《胜鬘经》。此偈在《摄大乘论》中，是为了表示阿赖耶识的识体及名称是佛所说而引用的。“界”在唐译《摄论》及世亲释及无性释中，解为因义（也就是一切诸法的种子，阿赖耶识）。又，《宝性论》的论本偈、注释偈，对于“界”，没有给予任何论证，就以它为如来藏，但释疏在这一部分则引用《胜鬘经》，这是何故？①

① 中村瑞隆：《梵汉对照究竟一乘宝性论》，《世界佛学名著译丛》76，华宇出版社1989年版，第88—89页。

中村瑞隆先生这段话的主旨，是要推断《宝性论》的作者，受到了无著瑜伽唯识一系的世亲论师的影响。他提出的主要论据，集中于上述《宝性论》引用并解释《大乘阿毗达摩经》这一经颂有关文字的特点方面。他的主要意思是：《宝性论》此处引用了《大乘阿毗达摩经》的颂文及《胜鬘经》的经证，但是《宝性论》这里径直将“界”与“如来藏”视为同一的概念，本身并未对于此颂文中的“界”就是“如来藏”这一理念作出深入的论证。中村瑞隆先生据此推论：《宝性论》作者大概是受到世亲论师的影响，因为世亲一方面承受唯识学的思想传统，以作为种子识的阿赖耶识解释此处的“界”，一方面还立足如来藏思想的传统，将“界”字解释成为“如来藏”。[①]

可是客观地看，《宝性论》论书真的没有对于“界”是“如来藏”的理念，作出深入的论证吗？我们认为答案是否定的。

即如上述《宝性论》疏释中所引的《胜鬘经》经证，在《胜鬘经》中对应如下段落文字：

> 世尊！生死者依如来藏，以如来藏故，说本际不可知。世尊！有如来藏故说生死，是名善说。世尊！生死、生死者，诸受根没，次第不受根起，是名生死。世尊！生死者，此二法是如来藏。世间言说故，有死有生，死者谓根坏，生者新诸根起，非如来藏有生有死。如来藏者离有为相，如来藏常住不变。是故如来藏，是依、是持、是建立，世尊！不离、不断、不脱、不异、不思议佛法；世尊！断、脱、异、外、有为法依持、建立者，是如来藏。
>
> 世尊！若无如来藏者，不得厌苦乐求涅槃。何以故？于此六识及心法智，此七法刹那不住、不种众苦，不得厌苦、乐求涅槃。世尊！如来藏者，无前际，不起不灭法，种诸苦，得厌苦、乐求涅槃。
>
> 世尊！如来藏者，非我、非众生、非命、非人。如来藏者，堕身见众生、颠倒众生、空乱意众生，非其境界。

---

① 中村瑞隆：《梵汉对照究竟一乘宝性论》，《世界佛学名著译丛》76，华宇出版社1989年版，第89页。

世尊！如来藏者，是法界藏、法身藏、出世间上上藏、自性清净藏。①

以上这几段引文，出自南朝刘宋时期译经师求那跋陀罗所译《胜鬘师子吼一乘大方便方广经》，这部经文在流传过程中，被分成了十五章，所引的部分出自其中第十三章《自性清净章》，几乎是这一章内容的全部，而此章也是《胜鬘经》中建构如来藏思想的核心章节之一。《胜鬘经》的译者求那跋陀罗，同时也是另一部著名如来藏系经典《入楞伽经》的译者，是较早期向汉地传播大乘佛教如来藏系思想信仰的重要译家之一。他的译文，一般而言古拙难读，《楞伽》如此，《胜鬘》亦如此。《楞伽》梵本今存，故今日了解其深义不难；《胜鬘》梵本已失，故解读其文句，自古为难事。如上面所引的几段，是此经中表述如来藏思想的核心段落之一，但文句及义理疏通甚为不易。今幸得《宝性论》的引证，遂使得《胜鬘》这段深文奥义，如同涣然冰释！

对照《胜鬘》与《宝性》的上述引证，可以清楚看出：

（一）《胜鬘经》中这几段经文提出了如来藏是法界藏等四藏，法界藏，梵文是 dharmadhātugarbho，这个复合词在此处作持业释复合词，意思是“法界即藏”，所以，“如来藏”概念，此处是指“法界”，这是《胜鬘经》中很清楚地解释“界”就是“如来藏”的地方。尤其是这几段经文明确了如来藏“离有为相，常住不变”的性质，这与“法界”定义中“界”所具有的无为法的性质，是契合的；

（二）《胜鬘经》这几段经文中也明确地提出了如来藏既是“不离、不断、不脱、不异、不思议佛法”的“依持建立”，也是“断脱异外有为法”的“依持建立”，所以如来藏既是一切无漏、无为诸法的依据，也是一切有漏、有为诸法的依据，并且因而是一切法的依据，这也是这几段经文已经明确的；

（三）《胜鬘经》这几段经文中既明确地提出“生死者依如来藏”的思想，也同样明确地提出由于如来藏，则“得厌苦、乐求涅槃”的思想，所以如来藏既是生死之依据，也是涅槃之依据。

① 《胜鬘师子吼一乘大方便方广经》，《大正藏》第 12 册，No. 0353，第 222 页中。

所以，我们应当客观、公允地说：《宝性论》此段释论所引用《胜鬘经》中的相关段落，实际上已经明确具足《大乘阿毗达摩经》相关颂文的全部涵义。由于现行资料的缺乏，我们今日无法断言究竟是《大乘阿毗达摩经》这个颂文受到《胜鬘经》的启发，还是《胜鬘经》这几个段落阐述的如来藏思想，受到《大乘阿毗达摩经》颂文的影响，但是可以断言的是：在初期大乘经典结集之后出现、反映中后期大乘佛教思想的《胜鬘经》，代表了大乘佛教如来藏思想体系化之相当明确的方向；而《宝性论》同样是印度大乘佛教如来藏思想体系化潮流的产物。所以，不仅《胜鬘经》这几个段落的写作，乃至《宝性论》此处的引证，应该都是两部经典的作者或结集者“如来藏思想体系建构”这一思想意识指导之下非常明确的理论行为。

其次，我们在《宝性论》中读到的引证《大乘阿毗达摩经》这个颂文的相关部分，是汉译本卷四《无量烦恼所缠品第六》中临近结尾的部分，从梵本看，是由五个部分构成的梵本《宝性论》第二部分——即以如来藏概念思想为主导的部分——中的一部分。从《宝性论》全书的内容、结构可以看出，这一部分的内容，实际上是《宝性论》阐释如来藏问题最核心的段落。我们可以根据汉译《宝性论》第六品，把这一部分内容区分为三个层次：

第一层次：从论中这一部分开头的颂文“向说如来藏，十种义示现；次说烦恼缠，以九种譬喻”[①] 到“萎华至泥模，如是九种喻；示贪瞋痴等，九种烦恼垢”，这是表述如来藏思想核心部分的第一层次，主要讨论的问题，是引用《如来藏经》中的九种譬喻，说明自性清净的如来藏如何为九种烦恼所缠。

第二层次：自“垢中如来藏，佛等相对法；如是九种义，以三种体摄”[②] 这个颂文开始，到长行文字“不得厌苦乐求涅槃，不欲涅槃不愿涅槃故”结束，这是表述如来藏思想核心部分的第二层次，主要讨论的问题，是引入三种自体的概念，说明佛等九个譬喻，乃是表示作为三种自体的如来藏，虽然处在烦恼所缠当中，却有自性不变之义。

---

① 《究竟一乘宝性论》，《大正藏》第 31 册，No. 1611，第 837 页上。

② 同上书，第 837 页下。

第三层次：从“此明何义？明如来藏究竟如来法身不差别”① 一句开始，到本品结束，是表述如来藏思想核心部分的第三层次，主要讨论的问题，是总结说明具有两个方面的特点的如来藏（虽自性清净而在九种烦恼所缠中，虽在烦恼所缠中但作为三种自体的自性不变），非凡夫、声闻、缘觉、初发菩提心菩萨等四种人所知，唯有佛的智慧能知能见。

根据以上这个文本结构分析可以看出：《宝性论》所引用《大乘阿毗达摩经》这一著名经颂的部分，在以上所示之第二个层次结尾的部分。前文讲到在这一讨论层次中，作者提出如来藏有三种自体，三种自体是什么呢？论中有颂：“法身及真如，如来性实体，三种及一种，五种喻示现。”② 意思是说：法身、真如及如来种，是如来藏的三种自体，也就是如来藏的三种实质。为什么称其为如来藏的三种自体呢？因为这三者，从不同侧面表示如来藏虽为烦恼所缠但绝不失其清净本质的意义。与此三种自体说对应，《如来藏经》中与萎花对应的诸佛等九种譬喻中，最初三种譬喻（诸佛、美蜜、坚固），是表示作为法身的如来藏；第四种譬喻（真金譬喻），是表示作为真如的如来藏；最后五种譬喻（一者地藏，二者树，三者金像，四者转轮圣王，五者宝像），则是表示作为能够产生如来三身的如来种姓的如来藏。

这里，关于作为如来种姓的如来藏，我们看到论中有如下一段疏释：

> 此偈明何义？余五种譬喻，所谓藏、树、金像、转轮圣王、宝像譬喻，示现生彼三佛法身。以依自体性如来之性诸众生藏，是故说言：“一切众生有如来藏。”此示何义？以诸佛如来有三种身得名义故。此五种喻能作三种佛法身因。以是义故，说如来性因。此以何义？此中明性义以为因义。③

【梵本】

Ityevamebhiravaś iṣṭaiḥ pañcabhirnidhitaruratnavigrahacakravartikanak-

---

① 《究竟一乘宝性论》，《大正藏》第31册，No. 1611，第839页上。

② 同上书，第838页中。

③ 同上书，第839页上。

abimbadṛṣṭāntaistri vidhabuddhakāyotpattigotrasvabhāvārthamadhikṛtya tathāgatadhātureṣāṁgarbhaḥsarvasattvānāmiti paridīpitam | trividhabuddhakāyaprabhāvitatvaṁhi tathāgatatvam | atastatprāptaye hetustathāgatadhāturiti | hetvartho'tra dhātvarthaḥ | yata āha | tatra ca sattve sattve tathāgatadhāturutpanno garbhagataḥsaṁvidyate na ca te sattvā budhyante iti | ①

【新译】这样，以上述其余五种譬喻，即地下珍藏、树木、宝像、转轮王、黄金雕像，基于能够产生三种佛身的种姓这一自体之义，从而显示出："如来界乃是此一切众生的胎藏。"因为，所谓如来以三种佛身被显示出来。因为，获得这三种佛身的因，就是所谓"如来界"。"因"之义，这里就是"界"之义。因为，经中说过："在这里，在每个众生那里，都存在已经托生的如来界，它居于胚胎状态，不过这些众生尚未觉悟而已。"②

我们要注意这段文字：

其一，《宝性论》上面这段文字中，最后引证的经文，出自《如来藏经》：

一一有情有如来界、具如来藏，是彼有情不觉不知。③

其二，同时，《宝性论》这段诠释文字中，明确指出："界"之义，即"因"之义。而作为"因"义的"界"，意思是指：作为种姓（gotra）这一自体的如来界（如来藏），是能够产生佛身者。④

所以，《宝性论》是在紧接上面关于《如来藏经》的引文之后，接着

① 中村瑞隆：《梵汉对照究竟一乘宝性论》，《世界佛学名著译丛》76，华宇出版社1989年版，第141页。

② 参考Jikido Takasaki（高崎直道）：*A Study on the Ratnagotravibhāga*（*uttaratantra*），*Being a Treatise on the tathāgatagarbho Theory of Mahayana Buddhism*，Serie Orientale Roma，XXXIII，pp. 289 - 290。

③ 《大方广如来藏经》，《大正藏》第16册，No. 0667，第463页下。

④ 《宝性论》这一部分稍前，也分析种姓有两种：本性住种姓，习所成种姓（"佛性有二种，一者如地藏，二者如树果，无始世界来，自性清净心，修行无上道"），前者能够产生自性身，后者能够产生受用身及变化身。参见《究竟一乘宝性论》，《大正藏》第31册，No. 1611，第838页下。

征引《大乘阿毗达摩经》的相关颂文，及引用《胜鬘经》的相关诠释的。所以这个经颂的引用及诠释，被安排在行文的这一部分，意图非常明确：这是在加强论证作为种姓（佛种，佛性）这一自体的如来藏所具有的清净不变化之义。所以《宝性论》并非缺乏自觉地引用《大乘阿毗达摩经》的这一颂文，也并非很突兀地在这一部分加入了关于《大乘阿毗达摩经》此一颂文的讨论，相反，正是在追蹑《胜鬘经》《如来藏经》对如来藏思想予以理论化、体系化的不断努力中，《宝性论》将《大乘阿毗达摩经》的这一颂文有意识地纳入了其思想视角。

第四节 无著、世亲以来瑜伽行派学者“无始时来界”经颂的解释传统

在印度大乘佛教中，关于《大乘阿毗达摩经》所传的这个颂文，在《宝性论》的诠释传统之外，还存在另外一个解释传统，这就是正统瑜伽行派学者的解释传统。

这个传统应当说从无著的《摄大乘论》就开始了。如无著在该论中引用过《阿毗达摩经》的这个颂文后，接下去说：

> 即于此中，复说颂曰：
> 由摄藏诸法，一切种子识，
> 故名阿赖耶，胜者我开示。[1]

这是无著在论中征引《阿毗达磨大乘经》的另外著名一颂。所以无著非常明确地认为：《大乘阿毗达摩经》中这个颂文讲的“界”，就是作为一切种子识的阿赖耶识。作为一切种子识的界，按照法相唯识学的思想传统，当然是属于有为法的范畴；而根据《胜鬘经》“如来藏者离有为相，如来藏常住不变”[2]，以“如来藏”所诠释的“界”，则属于无为法的范畴。所以，在初期大乘经典与思想运动之后续起的大乘佛教思想信仰

---

① 《摄大乘论本》，《大正藏》第31册，No.1594，第133页中。

② 《胜鬘师子吼一乘大方便方广经》，《大正藏》第12册，No.0353，第222页中。

中，围绕对于“界”这个概念的理解与诠释，实际上出现了两种针锋相对的思想方向：其一是倾向以无为法作为一切法的依止，其一则是倾向以有为法作为一切法的依止。

下面是无著之后瑜伽行派最主要代表人物世亲论师对此一颂文的解释：

> 释曰：此中能证阿赖耶识，其体定是阿赖耶识。阿笈摩者，谓薄伽梵即初所说《阿毗达磨大乘经》中说如是颂。界者谓因，是一切法等所依止。现见世间于金矿等，说界名故。由此是因，故一切法等所依止。因体，即是所依止义。由此有者，由一切法等所依有。诸趣者，于生死中所有诸趣。趣者，谓异熟果。由此果故，或是顽愚瘖痖种类，或有势力能了善说恶说法义，或能证得上胜证得，又为烦恼所依止性，由此故有猛利烦恼、长时烦恼，如是四种异熟差别所依止故。无有堪能，应知翻此，名有堪能。非唯诸趣由此而有，亦由此故，证得涅槃。要由有杂染，方得涅槃故。①

世亲同无著一样，肯定颂文中讲的“界”，就是阿赖耶识。他也肯定“界”是“因”义，而因之体，就是“所依止”义。所以是一切法的依止，也就是一切法的因。世亲的解释中还强调了作为一切法的依止，应当是“等所依止”。一切法，由性质而言，是不相“等”的，如善法、恶法，善趣、恶趣，后者是“异熟果”，前者则是“异熟因”，世亲在这里强调“等所依止”，应当就是为了强调作为一切法的依据者，应当具有与一切法的性质不同的特质。

另外一位无著《摄大乘论》的解释者无性论师，对此一颂文的解释是：

> 释曰：此引阿笈摩，证阿赖耶识名所知依。无始时者，初际无故。界者，因也，即种子也。是谁因种，谓一切法。此唯杂染，非是清净，故后当言：多闻熏习所依，非阿赖耶识所摄。如阿赖耶识

---

① 《摄大乘论释》，《大正藏》第 31 册，No. 1597，第 324 页上。

> 成种子，如理作意所摄、似法似义所起等彼一切法等所依者，能任持故，非因性故。能任持义，是所依义，非因性义。所依、能依性各异故。若不尔者，界声已了，无假依言。由此有诸趣，及涅槃证得者，如决择处当广分别。谓生杂染等、那落迦等，若离阿赖耶识，皆不得有等、生等。杂染毕竟止息，名为涅槃。若离阿赖耶识，不应证得。①

无性论师此处的解释，同样肯定这一经颂中的“界”是指“因”义，同时也同样肯定这里作为因的界，正是指第八识：种子识。无性论师这里还特别强调作为因的第八识，只是对于一切法中杂染的部分而言，是种子识；至于相对于一切法中清净的部分而言，第八种子识并非其因，而只是具有“任持”的功能。也就是说，按照他的解释，这里的因义与依义，应当涵义有所不同。

玄奘大师所译的《成唯识论》，其中所录对这一颂文的解释，可以看成是玄奘所传印度瑜伽行派后期学者，如护法论师等为代表，对于《大乘阿毗达摩经》这个经颂的标准化解释：

> 云何应知此第八识，离眼等识，有别自体？圣教、正理为定量故。谓有《大乘阿毗达磨契经》中说：
>
> 无始时来界，一切法等依；
>
> 由此有诸趣，及涅槃证得。
>
> 此第八识自性微细，故以作用而显示之。颂中初半，显第八识为因缘用；后半，显与流转、还灭作依持用。界是因义，即种子识，无始时来，展转相续，亲生诸法，故名为因。依是缘义，即执持识，无始时来，与一切法等为依止，故名为缘，谓能执持诸种子故；与现行法为所依故，即变为彼，及为彼依。变为彼者，谓变为器及有根身；为彼依者，谓与转识作所依止。以能执受五色根故，眼等五识依之而转。又与末那为依止故，第六意识依之而转。末那意识转识摄故，如

① 《摄大乘论释》，《大正藏》第31册，No. 1598，第383页上。

> 眼等识。依俱有根，第八理应是识性故，亦以第七为俱有依。是谓此识为因缘用。由此有者，由有此识；有诸趣者，有善恶趣。谓由有此第八识故，执持一切顺流转法，令诸有情流转生死。虽惑业生，皆是流转，而趣是果，胜故偏说。或诸趣言，通能所趣。诸趣资具，亦得趣名。诸惑业生皆依此识，是与流转作依持用。及涅槃证得者，由有此识，故有涅槃证得。谓由有此第八识故，执持一切顺还灭法，令修行者证得涅槃。此中但说能证得道，涅槃不依此识有故。或此但说所证涅槃，是修行者正所求故。或此双说涅槃与道，俱是还灭品类摄故。谓涅槃言，显所证灭；后证得言，显能得道。由能断道断所断惑，究竟尽位，证得涅槃，能所断证，皆依此识，是与还灭作依持用。又此颂中，初句显示此识自性无始恒有，后三显与杂染、清净二法总别为所依止。杂染法者，谓苦、集谛，即所能趣生及业惑。清净法者，谓灭道谛，即所能证涅槃及道。彼二皆依此识而有，依转识等，理不成故。或复初句显此识体无始相续，后三显与三种自性为所依止。谓依他起、遍计所执、圆成实性，如次应知。今此颂中，诸所说义，离第八识，皆不得有。①

《成唯识论》以上所录诸家解释中，共通点是均以第八识为颂文中所说的“界”，所以这是坚持瑜伽行派以有为法为“无始时来界”经颂之“界”的诠释方向；不同点则是各家对于颂文具体内涵的解释，各有其不同的侧重点。具体来说，此中一共包含对这一经颂如下几种诠释方式：（一）颂文中头两句，显示第八识与一切法为因、缘用，后两句显示此第八识与流转、还灭作依持用；（二）此颂初句显示第八识自性恒有，后三句显示此识与杂染、清净二法做总别依止；（三）此颂初句显示此识无始自体相续，后三句分别显示此识为三种自性作所依止。

---

① 《成唯识论》，《大正藏》第31册，No. 1585，第14页上。

第五节　法藏对“无始时来界”经颂的诠释：二种诠释方向标志“二宗不同”

法藏（643—712 年）是中国华严宗的实际创立人，是中国佛教中传承、弘扬如来藏思想信仰的集大成者，因此，法藏对于《大乘阿毗达摩经》这个颂文的解释，值得引起我们的注意。

我们在法藏的著作中，看到他数次引用这个颂文，这表示他对此一经颂的重视，也表示他对这一经颂的佛学内涵及其诠释意义有着高度的自觉。例如，在作为其佛教经典诠释学典范之作的《华严经探玄记》中，法藏就曾引用这个颂文：

> 初中，先明所入法界，义有五门：一有为法界，二无为法界，三亦有为亦无为法界，四非有为非无为法界，五无障碍法界。初有为法界有二门：一、本识，能持诸法种子，名为法界，如论云“无始时来界”等，此约因义；二、三世诸法，差别边际，名为法界，《不思议品》云：“一切诸佛知过去一切法界悉无有余，知未来一切法界悉无有余，知现在一切法界悉无有余”等。[①]

这段话出自法藏所著《华严经探玄记》卷第十八《入法界品》。法藏解释《华严》这一品，重点围绕“法界”这个概念进行。如他这段话中，法藏解释“法界”的概念时，将法界区分为有为法界、无为法界等五门，其中在对有为法界的解释中，法藏认为有为法界，可以分成（一）“本识，能持诸法种子，名为法界”，及（二）“三世诸法，差别边际，名为法界”这两个部分。法藏这里以前者为“因”，这是因为前者是指包含了诸法种子的“本识”；从逻辑上讲，他是以“差别边际”的“三世诸法”的“法界”为“果”的，因为这些千差万别而无边无际的法界，正是“本识”中“种子”的显现或外化。不管是“本识”所代表的作为因的法界，还是以“三世诸法”所代表的作为果的法界，都是有生灭变易这

---

① 《华严经探玄记》，《大正藏》第 35 册，No. 1733，第 440 页中。

些有限性特质的，所以法藏称之为“有为法界”。

法藏这里以“本识”作为因的有为法界的概念，是与瑜伽行派的阿赖耶识概念一致的，所以此处的有关解释中，法藏引用了“无始时来界”的这个经证。显然法藏这里的引用，采取玄奘一系的翻译与解释作为标准。不过需要注意的是：法藏在这里强调了“本识”的“有为”性。我们参看法藏同一著作中对另外四种“所入法界”的解释：

二无为法界，亦有二门：一性净门，谓在凡位性恒净故，真空一味无差别故；二离垢门，谓由对治方显净故，随行浅深分十种故。三亦有为亦无为者，亦有二门：一随相门，谓受想行蕴及五种色并八无为，此十六法，唯意识所知，十八界中名为法界；二无碍门，谓一心法界具含二门：一心真如门，二心生灭门。虽此二门，皆各总摄一切诸法，然其二位恒不相杂，其犹摄水之波非静，摄波之水非动。故《回向品》云：“于无为界出有为界，而亦不坏无为之性；于有为界出无为界，而亦不坏有为之性。”四非有为非无为者，亦二门：一形夺门，谓缘无不理之缘，故非有为；理无不缘之理，故非无为。法体平等，形夺双泯。《大品经》三十九云：“须菩提白佛言：是法平等，为是有为法，为是无为法？佛言：非有为法，非无为法。何以故？离有为法，无为法不可得；离无为法，有为法不可得。须菩提！是有为性、无为性，是二法不合、不散。”此之谓也。二无寄门，谓此法界离相、离性，故非此二。由离相故，非有为；离性故，非无为。又由是真谛故，非有为；由非安立谛故，非无为。又非二名言所能至故，是故俱非。《解深密经》第一云：“一切法者，略有二种，所谓有为、无为。是中有为非有为、非无为，无为非无为、非有为。”乃至广说。五无障碍法界者，亦有二门：一普摄门，谓于上四门，随一即摄余一切故。是故善财或睹山海，或见堂宇，皆名入法界。二圆融门，谓以理融事故，全事无分齐。谓微尘非小，能容十刹，刹海非大，潜入一尘也。以事融理故，全理非无分，谓一多无碍，或云一法界，或云诸法界。《性起品》云：“譬如诸法界，分齐不可得。一切非一切，非见不可取。”此明诸则非诸也。《舍那品》云：“于此莲花藏世界海之内，一一微尘中见一切法界。”此明一即非一也。是故善财或暂时执手，遂经多劫，或入楼观，普见三千，皆此类也。[①]

以上是法藏对所谓“无为法界”“亦有为亦无为法界”“非有为非无为法界”“无障碍法界”四种“所入法界”的解释。根据我们这里讨论问题的需要，可以暂时不考虑法藏所谓五种法界中的最后两种法界。以“无为法界”一项而言，法藏这里以“性净门”及“离垢门”二门加以诠释，这不由得让我们马上联想到《宝性论》的相关思想与诠释。如《宝性论》区分真如为有垢真如及离垢真如，论中颂文：“真如有杂垢，及远离诸垢”[②]，论中释论：“真如有杂染垢者，谓真如佛性未离诸烦恼所缠如来藏故。及远离诸垢者，即彼如来藏转身到佛地得证法身，名如来法身故。”[③] 前者是真如在烦恼所缠中，就是指如来藏；后者是真如离垢，离烦恼缠，就是佛菩提。我们知道，如来藏、佛菩提，是《宝性论》整体七种金刚句中的两个金刚句，在如来藏、佛菩提、佛功德、佛业这后四个金刚句中，更是中心的概念，所以《宝性论》中区分在缠真如、出缠真如的理念，堪称本论建构体系化的如来藏思想的最重要的理念。与二重真如的区分相关，则是《宝性论》中自性清净及离垢清净二种清净的区分：“又清净者，略有二种。何等为二？一者自性清净，二者离垢清净。自性清净者，谓性解脱，无所舍离，以彼自性清净心体不舍一切客尘烦恼。以彼本来不相应故。离垢清净者，谓得解脱。又彼解脱不离一切法，如水不离诸尘垢等而言清净。以自性清净心远离客尘诸烦恼垢更无余故。”[④] 所以我们看到法藏这里所说的“无为法界”，与《宝性论》中的在缠真如、出缠真如的概念存在十分密切的关系。

而在“亦有为亦无为法界”的说明中，法藏提出以《起信论》中心真如门、心生灭门的思想模式来予以概括，强调有为、无为既不相杂也不相离的理念，这就由真如、如来藏的概念过渡到有为、无为相互融合的概念中。

所以，法藏《华严经探玄记》中对于《大乘阿毗达摩经》这一经颂

① 《华严经探玄记》，《大正藏》第35册，No. 1733，第440页中。

② 《究竟一乘宝性论》，《大正藏》第31册，No. 1611，第827页上。

③ 同上。

④ 同上书，第841页中。

的诠释，一方面沿用了瑜伽行派以有为法的阿赖耶识解释“无始时来界”的思想路线，另一方向在考虑无为法界及有为法界与无为法界的关系问题时，也就是在解释现象世界的成因、本质问题，以及现象世界与本质世界的关系问题时，显然在他的思想中也包含一种以无为性质的真如、空性、如来藏、法身作为世界的根本，而这一根本与作为有为法的阿赖耶识所起的作用可以并行不悖的诠释意图和诠释模式。

下面要讨论的是法藏另外一部代表性著作，即《华严一乘教义分齐章》。如果说《华严经探玄记》是法藏代表性的佛教经典诠释学作品，那么《华严一乘教义分齐章》，则是法藏基于华严宗学立场的判教学的经典性著作。在这部著作中，我们注意到法藏也曾引用《大乘阿毗达摩经》的这个经颂。法藏这里先以十门义显示诸教义理差别：

> 第九明诸教所诠差别者，略举十门义差别故，显彼能诠差别非一，余如别说。一所依心识，二明佛种性，三行位分齐，四修行时分，五修行依身，六断惑分齐，七二乘回心，八佛果义相，九摄化境界，十佛身开合。①

法藏这部著作是从十个方面探讨佛教诸宗思想的差异。其中，第一门“心识差别”，与我们这里的讨论尤其有关。法藏在其中写道：

> 第一心识差别者：如小乘但有六识义，分心意识，如小乘论说。于阿赖耶识但得其名，如《增一》经说。若依始教，于阿赖耶识，但得一分生灭之义，以于真理未能融通，但说凝然不作诸法，故就缘起生灭事中建立赖耶，从业等种辨体而生异熟报识为诸法依，方便渐渐引向真理，故说熏等悉皆即空。如《解深密经》云：“若菩萨于内于外不见藏住，不见熏习，不见阿赖耶，不见阿赖耶识，不见阿陀那，不见阿陀那识。若能如是知者，是名菩萨菩萨，如来齐此建立一切心意识秘密善巧。”《瑜伽》中亦同此说。解云：既齐此不见等处，立为心意等善巧故，是故所立赖耶生灭等相皆是密意，不令如言而取

① 《华严一乘教义分齐章》，《大正藏》第45册，No. 1866，第484页下。

故，会归真也。若依终教，于此赖耶识，得理事融通二分义，故论但云“不生不灭与生灭和合非一非异名阿梨耶识”，以许真如随熏和合成此本识，不同前教业等种生故。《楞伽》云：“如来藏为无始恶习所熏名为藏识”。又云：“如来藏受苦乐，与因俱，若生若灭。”又云：“如来藏名阿赖耶识，而与无明七识俱。”又《起信》云：“自性清净心，因无明风动成染心”等，如是非一。问：真如既言常法，云何得说随熏起灭？既许起灭，如何复说为凝然常？答：既言真如常故，非如言所谓常也。何者？圣说真如为凝然者，此是随缘作诸法时，不失自体，故说为常。是即不异无常之常，名不思议常；非谓不作诸法，如情所谓之凝然也。故《胜鬘》中云：“不染而染者，明随缘作诸法也；染而不染者，明随缘时不失自性。”由初义故，俗谛得成；由后义故，真谛复立。如是真俗，但有二义，无有二体，相融无碍，离诸情执。是故论云“智障极盲暗，谓真俗别执”，此之谓也。此真如二义同前，始教中约法相差别门故，但说一分凝然义也；此终教中约体相镕融门故，说二分无二之义。此义广如《起信义记》中说。又如《十地经》云：“三界虚妄，唯一心作。”《摄论》等约始教义，释诸赖耶识等也；《十地论》约终教，释为第一义真心也。又如《达磨经颂》《摄论》等释云：“此界等者，界谓因义，即种子识”如是等，《宝性论》约终教释云：“此性者即如来藏性，依此有诸趣”等者。如《胜鬘经》说：“依如来藏有生死，依如来藏有涅槃”等，乃至广说。是故当知二门别也。若依顿教，即一切法唯一真如心，差别相尽，离言绝虑，不可说也。如《维摩经》中三十二菩萨所说不二法门者，是前终教中染净镕融无二之义；净名所显离言不二是此门也，以其一切染净相尽无有二法可以融会故，不可说为不二也。若依圆教，即约性海圆明、法界缘起、无碍自在、一即一切、一切即一、主伴圆融故，说十心以显无尽，如离世间品及第九地说。又唯一法界性起心亦具十德，如《性起品》说。此等据别教言。若约同教，即摄前诸教所说心识。何以故？是此方便故，从此而流故。余可准之。①

① 《华严一乘教义分齐章》，《大正藏》第45册，No. 1866，第484页下。

法藏的华严判教思想，判别如来一代时教为五教，即小、始、终、顿、圆这五种教法模式。法藏认为，这五种教法模式对心识的理解，是存在很大的差异的。小教：只理解六种识的存在和性质，对于阿赖耶识问题，仅知其名而已；始教：已经比较理解阿赖耶识的存在及性质，不过只是从一分生灭的角度理解阿赖耶识，并不理解其有不生灭的一分，更不能将生灭及不生灭这两个层面融通起来；终教：从理事融通的角度理解第八识，故能将真如之理与第八识的事相融合起来，既能理解真如随缘生灭的一面，也能理解真如虽生灭而不变其本质的一面；顿教：理解一切法唯一真如心，突破一切分别差异之相，一切归于不可言、不可说；圆教：则约性海圆明，说法界缘起，一切无碍。

法藏这段话在解说大乘终教理事融通的心识理论时，先引《起信论》《楞伽经》的理念，说明大乘终教对于第八识的理解，与大乘始教对于第八识的理解，有重大的差异：大乘始教只是从缘起事的角度看第八识，所以只是把第八识理解为由惑业所成办的异熟识，只是看到其“生灭”的层面；大乘终教则不仅从事的层面看第八识，而且也从理的层面看第八识，更从理事融通的层面看第八识，所以它不是把第八识理解为惑业所成，而是把它理解为理事融合，真如随缘。法藏认为，这就是《起信论》中提出“不生不灭与生灭和合非一非异名阿梨耶识”，及《楞伽经》中提出“如来藏名阿赖耶识”这一系理论的根据所在。

在此之后，法藏借他人之口提出问题：通常，佛教经典中理解真如是常法，那么常法如何可以随缘变化呢？如果常法随缘变化，又如何保持其常的特性呢？这个问题，正是坚持有为法、无为法绝对区分的思路必然会产生的问题，也正是瑜伽学派在讨论世界缘起问题时的基本思路。法藏在化解这一问题时，分成两个角度来解释：其一是把佛法的“常”义理解为“不思议常”，因而常与无常不可以绝对地割裂开来，如果将常与无常绝对割裂开来，那是情执的“凝然常”，而不是佛法的“不思议常”，在这一角度的说明中，法藏举出《胜鬘经》的论证。其二是法藏提出《十地经》中“三界虚妄，唯一心作”的说法，指出在对《十地经》这一说法的解释中，出现了两个不同的思想方向：一个是《摄论》的解释方向，它将这里的“一心”，理解成了“种子识”；另一个是《十地论》的解释方向：它把“一心”解释成了“第一真心”。在此之后，法藏提出对于

《阿毗达磨经》中著名经颂的解释问题。其中《摄论》的解释，是“种子识”的方向，而另一个是《宝性论》《胜鬘经》的解释方向：“《宝性论》约终教释云：‘此性者即如来藏性，依此有诸趣’等者。如《胜鬘经》说：‘依如来藏有生死，依如来藏有涅槃’等，乃至广说。是故当知二门别也。”《宝性论》《胜鬘经》都明确认为这里的“界”或“性”字，是指“如来藏”，这与大乘始教纯粹将此“界”或“性”字理解为生灭性的阿赖耶识的诠释旨趣，存在重大的不同。所以法藏最后在这里得出一个结论：“是故当知二门别”——这里的“二门”，指大乘始教、大乘终教这两种不同的教法思想模式，它们在对众生心识的理解上，存在一定的、重要的和方向性的差异，所以说“二门别”。

我们从法藏这部判教学代表著作的以上思想中，可以得出结论：法藏认为对于《大乘阿毗达摩经》这一经颂的两种不同诠释，实际上反映的是大乘始教、大乘终教两种教法思想模式的方向性差异。

在法藏所著《大乘法界无差别论疏》中，我们读到，法藏再次引用了《宝性论》中业已引用并加以诠释的《大乘阿毗达摩经》的这个经颂：

> 第五释无差别门中亦三：先征起，二立颂，三辨释。颂中初半总显，谓法身在众生位中，总显无差别。下一颂半，别显十种无差别义。于中初半列四名，后一颂列六名，可知。三辨释中二：先释总显，谓颂中法身，即释中名菩提者，显因果一味故，性净心即是法身故。二所谓下释别显。中十句内，各有标释：一无作者，标也，谓性非缘作故；以无为故者，释也，以是真如无为故，是故无作也。二前际无初起。三后际无终尽。四以性非可染法，是故在染常净故也。五性空智所知者，标也；谓知性空之智慧了此性。又释：智性即空，名性空智，以此空智方能知空。以一切下，释也，谓以一切法同一无我味故，是故能证所证为一味相，以非不彼起无以证彼故也。六无相中释内，以真如中无眼等诸根积聚之相，是故不可以色等相取故也。七圣所行中释内，简彼二乘，故云大圣；又简菩萨，故复云佛。唯是如来所知境界，显甚深义，地上菩萨少知，唯佛穷尽故也。八一切法依止中释内，以染净诸法所依止故者，谓此心性，是诸法依处。《胜鬘》云：“依如来藏有生死，是染法也；依如来藏有涅槃，是净法

也。”《宝性论》云：“无始世来性，作诸法依止，依性有诸道，及证涅槃果。”此是《阿毗达摩大乘经》颂，彼论引《胜鬘经》释此颂，总是如来藏为所依止。《唯识》《摄论》，约阿赖耶识释。故知二宗不同也。九非常中释内，染法不常有三义：一随染缘不住常性故，如《楞伽》云：“如来藏受苦乐，与因俱，若生若灭。”此之谓也。二以能依染法可断尽故，令如来藏不常。《佛性论》中：“真如约染法有离不离无常也。”三以能依染法无始有终，故云非常。真如为彼法性，是故从彼能依。故立此名。[①]

根据法藏所叙提云般若的传承，《大乘法界无差别论》，同《宝性论》一样，都是相传佛灭后七百年时坚慧菩萨所作的论书。此论以十二种义解释菩提心（如来藏），其中第五种义，是“无差别义”，在《法界无差别论》中，原文如下：

云何无差别？颂曰：

法身众生中，本无差别相，

无作无初尽，亦无有染浊，

法空智所知，无相圣所行，

一切法依止，断常皆悉离。

复次此菩提心，在于一切众生身中，有十种无差别相。所谓无作，以无为故；无初，以无起故；无尽，以无灭故；无染浊，以自性清净故；性空智所知，以一切法无我一味相故；无形相，以无诸根故；圣所行，以是佛大圣境界故；一切法所依，以染净诸法所依止故；非常，以是杂染，非常法性故；非断，以是清净，非断法性故。[②]

根据日本学者中村瑞隆的研究，《大乘法界无差别论》这个颂文中“法身众生中，本无差别相”两句，与《宝性论》论颂中“众生如来藏，

① 《大乘法界无差别论疏》，《大正藏》第44册，No. 1838，第64页上。

② 《大乘法界无差别论》，《大正藏》第31册，No. 1626，第892页下。

真如无差别”两句相同,[①]《法界无差别论》此处是解释菩提心（如来藏）的“无差别义”，《宝性论》此处则是解释如来藏的“行义”。在《宝性论》论颂中，我们看到相关的颂文乃是：

见实者说言，凡夫圣人佛，
众生如来藏，真如无差别。[②]

我们对勘这个颂文对应的梵本如下：

pṛthagjanāryasaṁbuddhatathatāvyatirekataḥ |
sattveṣu jinagarbho'yaṁdeśitastattvadarśibhiḥ || 45 || [③]

【新译】已见真实者开示：
由于凡夫圣贤佛，
都不离于真如故，
众生皆有胜者藏。[④]

所以，这个颂文的原意是：已经见证真实者，指出：由于无论凡夫、二乘及诸佛，都不离真如性，所以说：众生都有胜者的胚胎（胜者藏）。在这里，所谓“胜者藏”，意思是“胜者的胚胎”，“胜者”是指“如来”，所以“胜者藏”也就是“如来藏”。可见《法界无差别论》中此处古译所谓“法身”，正是指“胜者藏”，或“如来藏”。相应地，《法界无差别论》论颂中“无作无初尽”等所揭示的十层涵义，也就是揭示如来

---

① 中村瑞隆：《梵汉对照究竟一乘宝性论》，《世界佛学名著译丛》76，华宇出版社 1989 年版，第 54 页。

② 《究竟一乘宝性论》，《大正藏》第 31 册，No. 1611，第 831 页下。

③ 中村瑞隆：《梵汉对照究竟一乘宝性论》，《世界佛学名著译丛》76，华宇出版社 1989 年版，第 77 页。

④ 参考 Jikido Takasaki（高崎直道）：*A Study on the Ratnagotravibhāga*（*uttaratantra*），*Being a Treatise on the tathāgatagarbho Theory of Mahayana Buddhism*，Serie Orientale Roma，XXXIII，p. 229。

藏“无差别义”所包含的十种涵义。这十种涵义，分别是：无作，无初，无尽，无染着，法空智所显，无相，圣所行，一切法所依，非常，非断。其中，在解释如来藏“无差别义”所包含十层涵义中的第八层涵义时，法藏提出：

> 八一切法依止中释内，以染净诸法所依止故者，谓此心性，是诸法依处。《胜鬘》云：“依如来藏有生死，是染法也；依如来藏有涅槃，是净法也。”《宝性论》云：“无始世来性，作诸法依止，依性有诸道，及证涅槃果。”此是《阿毗达摩大乘经》颂，彼论引《胜鬘经》释此颂，总是如来藏为所依止。《唯识》《摄论》，约阿赖耶识释。故知二宗不同也。

法藏这里说的“心性”，是指“自性心”，或“自性清净心”，正是《法界无差别论》此处所谓的“法身”，也就是《宝性论》此处所说的“胜者藏”，或“如来藏”。这一“心性”是“诸法依处”，也就是说是诸法的依据。《法界无差别论》中，此处已将论颂中的“一切法”，解释成了“染净诸法”。法藏进而引证《胜鬘经》，认为如来藏是生死依，就是如来藏作染法的依止；如来藏是涅槃依，就是如来藏作净法的依止。他接着引用《宝性论》所述《大乘阿毗达摩经》的偈颂，再次确认《宝性论》是依据《胜鬘经》解释《大乘阿毗达摩经》，与《唯识》《摄论》对于《大乘阿毗达摩经》颂文的解释，属于两个不同的解释传统。所以他最后得出结论：由此经颂的两种不同解释，可以看出“二宗不同”。

法藏这里所说的“二宗不同”，与我们前面已经考察过的他另一部著作中说的“二门别也”，涵义是一致的。差别是前一部著作从判教的角度以言，此一部著作则是从分宗的角度以言。法藏确认了如来藏一系学说，无论是从教法思想模式的角度言，还是从分判宗趣的角度言，都与前此的大小乘思想信仰，尤其是大乘始教及瑜伽行派，存在重要的区别。所谓“二宗”或“二门”的“不同”或区别，法藏这一表述，标志中国佛教思想中关于如来藏一系思想信仰立场的充分自觉，同时其所谓“二门”或“二宗”分辨的说法，也蕴含了一种包容、多元的佛学思想思考方式，这种佛学思考方式，虽然强调辨别不同佛学思想思想体系的差异，却以肯定各种不同思想体系的正当与价值为基准，其与真伪辨别的思考方式，确实存在重要的差异。尤其是在信仰多元、文化多元以及价值多元的现代社会，对于法藏这种佛学思想方式我们应当予以充分的和高度的尊重！

我们可以肯定，对于《大乘阿毗达摩经》这一经颂的理解与诠释，在法藏最终形成其圆熟的分宗判教思想模式的过程中，起到了十分重要和独特的作用。法藏关于《大乘阿毗达摩经》这一经颂以上的诠释思路，得到其弟子的自觉维护和继承。我们在其后学清凉澄观（738—839 年）的一些文字中，多次看到他对这一颂文的引用和诠释，我们在其中可以感受到他与作为华严宗祖师的法藏，拥有相同的诠释立场。下面略举一例：

> 会相违者。问：若尔瑜伽等中，异熟赖耶从业惑种办体而生，非如来藏随缘所成。如何会释？答：瑜伽等中，对于凡小，约就权教，随相假说；《楞伽》《密严》，对大菩萨，依于实教，尽理而说。既机有大小，法有浅深，教有权实，故不相违。故《密严》云：“佛说如来藏，以为阿赖耶；恶慧不能知，藏即赖耶识。”此明守权拒实，诃为恶慧。又彼经云：“如来清净藏，世间阿赖耶。如金与指环，展转无差别。”《楞伽》中，真识、现识，如泥团与微尘，非异非不异。金庄严具，亦复如是。皆此义也。又彼经云：“如来藏为无始恶习所熏，名为藏识。”又《入楞伽》云：“如来藏名阿赖耶识，而与无明七识共俱。”又《起信论》云：“不生不灭与生灭和合，非一非异名阿赖耶识。”又如《达磨经》颂云：“无始时来界，为诸法等依。”《摄论》等就初教释云：“界者因义，即种子识。”《宝性论》翻此颂云：“此性无始时”等，彼论就实教，释云：“性者，谓如来藏性，如《圣者胜鬘经》说：依如来藏故有生死，依如来藏故有涅槃。”以此等文，故知两宗不同，浅深可见。又唯识等，亦说真如是识实性。但后释者，定言不变，失于随缘，过归后辈耳。①

澄观这段话中提出的“相违”，是指：“异熟赖耶从业惑种办体而生”

---

① 《大方广佛华严经疏》，《大正藏》第 35 册，No. 1735，第 600 页下。

及“如来藏随缘所成”这两种解释现象世界成因的不同思想模式。对于生命现象的形成、本质应当如何加以理论解释，是以阿赖耶识为依据加以理论上的说明合理妥当呢，还是应当以如来藏作为依据加以解释合理妥当呢？我们知道，这正是初期大乘以来大乘佛教思想史上的最大争议所在，也正是我们透过《大乘阿毗达摩经》这一经颂诠释史的考察所反映和着眼的根本问题。澄观对问题的回答，理论模式的选择，经证的使用，结论的得出，等等，与华严创宗导师法藏的做法，并无本质的不同。不过，澄观在这段话中，不仅提出“机有大小，法有浅深，教有权实”，而且还在结论中认为“两宗不同，浅深可见”，似乎除了肯定“两宗不同”的理念之外，也在一定意义上附带强化了“两宗”的思想有其“浅深”的看法。这可以看作隋唐中后期中国佛教宗学辩证中那种不甚健康的排他性思维风气、思想习惯，正在日益产生其影响和作用。

第六节　关于两种“依”的区分·慧沼的诠释工作及其启示

华严宗创宗导师法藏生活的时代，还活跃着继承玄奘、窥基法相唯识学思想传统的唯识学者慧沼（651—714 年），后者在其所著《金光明经》注疏著作中，显然也关注了《大乘阿毗达摩经》这个著名经颂的诠释问题。我们在他这部书中，可以读到他两次征引此颂，并加以富有创意的解释。

其中，一例如下：

> 经：如是法界，一切妄想不复生故，说为清净，非是诸佛无其实体。
>
> 赞曰：结也。如是法界，法界通理事，故《宝性论》解《阿毗达磨经》无始时来界，即依如理解；《摄大乘》《成唯识》，即说本识名无始界。《宝性论》中，据迷悟依说；《摄大乘》等，据流转依说。各依一义。故法界言，通于二种。今此说界，既结第四，即唯有为无漏第八；若通结四，即通理事。一切有漏妄想不生，四智俱起，说为清净。非是诸佛本无此实，无漏之体望有漏俱名实。①

---

① 《金光明最胜王经疏》，《大正藏》第 39 册，No. 1788，第 230 页中。

值得注意的是：慧沼在这段话中，指出“法界”这个概念，应当包含从理和事两个层面理解的可能。从理的层面理解，法界即“如理”——真如理；从事的层面理解，法界即“本识”。慧沼认为，这正是《宝性论》与《摄大乘论》《成唯识论》等在解释《大乘阿毗达摩经》这一经颂时不同诠释方向的原因所在。我们在慧沼的这种说法中，可以发现其与法藏的相关理念存在颇多的类似。慧沼还根据瑜伽行派的转依理论，区分两种依，即流转依与迷悟依[①]，认为《宝性论》以如来藏诠释“一切法依”，是根据迷悟依立论；而《摄论》等以阿赖耶识诠释“一切法依”，则是根据流转依立论。这样，慧沼甚至在瑜伽行派转依学的思想框架中，确认了《宝性论》与《摄大乘论》对于“无始时来界”这一著名经颂的诠释，各有其正当性和合理性。以两种不同的“依”，来疏通“无始时来界”这一著名经颂的“一切法依”，并不是慧沼的发明，在其之前的唯识

① 慧沼这里“流转依”之说，应当是从《瑜伽师地论》而来。《瑜伽》：“云何依施设安立？谓有八种依：一施设依，二摄受依，三住持依，四流转依，五障碍依，六苦恼依，七适悦依，八后边依。云何施设依？谓五取蕴，由依此故，施设我及有情、命者、生者、能养育者、补特伽罗、意生、儒童等诸想等想假用言说，及依此故，施设如是名字、如是生类、如是种姓、如是饮食、如是领受苦乐、如是长寿、如是久住、如是寿量边际等诸想等想假用言说。云何摄受依？谓七摄受事，即自己、父母、妻子、奴婢、作使、僮仆、朋友、眷属七摄受事，如前意地已广分别，依此了知诸有情类有所摄受。云何住持依？谓四种食，即叚食、触食、意思食、识食，由依此故，已生有情住立、支持，又能摄养诸求有者。云何流转依？谓四种识住及十二缘起，即色趣识住、受趣识住、想趣识住、行趣识住，及无明缘行、行缘识，广说乃至生缘老死，由依此故，诸有情类于五趣生死，随顺流转。云何障碍依？谓诸天魔随有彼彼修善法处，即往其前为作障碍。云何苦恼依？谓一切欲界皆名苦恼依。由依此故，令诸有情领受忧苦。云何适悦依？谓静虑等至乐，名适悦依。由依此故，诸有情类若即于此现入彼定，若生于彼，长夜领受静虑等至所有适悦。云何后边依？谓阿罗汉相续诸蕴，由依此故，说诸阿罗汉任持最后身。问：阿罗汉苾刍，诸漏永尽，住有余依地，当言与几种依共相应耶？答：当言与一种依一向相应，谓后边依。与六摄受事不共相应。与流转依与障碍依，一向全不相应。与所余依非相应非不相应。是名依施设安立。”（参考《瑜伽师地论》，《大正藏》第 30 册，No. 1579，第 576 页下）又《成唯识论》立二种依，持种依，迷悟依。如谓：“二所转依，此复有二：一持种依，谓本识。由此能持染净法种，与染净法俱为所依，圣道转令舍染得净。余依他起性，虽亦是依，而不能持种，故此不说。二迷悟依，谓真如。由此能作迷悟根本，诸染净法依之得生。圣道转令舍染得净，余虽亦作迷悟法依，而非根本，故此不说。”（参考《成唯识论》，《大正藏》第 31 册，No. 1585，第 54 页下）所以，慧沼这里立流转依、迷悟依，所言流转依，是依据《瑜伽》；而将流转依与迷悟依并列，则是取法《唯识》。

学经典著作中，已经出现这样的诠释和理解①，但是根据两种“依”而证成《宝性论》诠释方式的合理性，则是在瑜伽唯识思想系列中慧沼所做的独特的工作。作为一位唯识学者，慧沼这样的理解和诠释，无疑是十分大胆，也十分特殊的。

同一著作中，慧沼解读《大乘阿毗达摩经》这一经颂，还有另外一例。这一例的出现，是缘于慧沼解释《金光明经》中有关“法界”的经文：

经：佛告善女天：依于法界，行菩提法，修平等行。

赞曰：世尊为说习学之方。于中分三：初、标宗略释；次、“善女天！云何五蕴”下，法喻广明；后、“善女天！若善男子”下，结劝修学。初中复五：一标，二征，三释，四结，五通。此初标也。

依于法界，举前空性所观之境。《辨中边》云：“即此中说所知空性，由无变义说为真如，真性常如无转变故。”乃至云：“由圣法因义，说为法界，以一切圣法缘此生故。”此中界言，即是因义。②

可以看出因为所诠释的《金光明经》中出现“依于法界”的一段，里面有“法界”的概念，所以再次引起慧沼的兴趣，讨论法界概念的相关问题。令我们感到十分有意义的一点是，慧沼在这部分诠释文字中，首先引用了《辨中边论》的以下说法：

所知空性异门云何？颂曰：

略说空异门，谓真如实际，

---

① 如窥基在《成唯识论述记》中下面这段注疏文字，即已明确地提出了两种依：“论‘依谓所依’，至‘二转依果’。述曰：今第一解：总为别依，断染故无所执，生净故得二果。余文易了。同摄论果断分解转依，无性第九卷等同之，彼文稍广。言转依者，转谓转舍、转得。依谓所依，即转之依名为转依，依士释。又解此文依他事上邪理执著，正理离倒，转舍转得，事为理依，故名转依也。无性云：二所依止，转依亦持业释。然今能依、所依合为转依，故无持业。今言依他起名转依者，流转、还灭依也。即所舍、所得。所得通二果，由所执故，起有漏法。有漏法断，所执名舍，非别有体，名为舍也。论：‘或依即是’，至‘之所依故’。述曰：第二师解，依即真如，迷悟依也。”《成唯识论述记》，《大正藏》第43册，No. 1830，第574页上。

② 《金光明最胜王经疏》，《大正藏》第39册，No. 1788，第230页中。

无相胜义性，法界等应知。

论曰：略说空性，有此异门。云何应知此异门义？颂曰：

由无变无倒，相灭圣智境，

及诸圣法因，异门义如次。

论曰：即此中说所知空性，由无变义，说为真如，真性常如，无转易故；由无倒义，说为实际，非诸颠倒依缘事故；由相灭义，说为无相，此中永绝一切相故；由圣智境义，说为胜义性，是最胜智所行义故；由圣法因义，说为法界，以一切圣法缘此生故。此中界者，即是因义。①

此段文字梵本对勘如下：

kathaṃ paryāyo vijñeyaḥ——

tathtā bhūtakoṭiścānimitam paramārthatā ǀ

dharmadhātuśca paryāyāḥśūnyatāyāḥsamāsataḥ ǁ

kathaṃ paryāyārtho vijñeyaḥ ǀ

ananyathāviparyāsatannirothāryagocaraiḥ ǀ

hetutvāc cāryadharmāṇāṃ paryāyārtho yathākrama ǁ

ananyathārthena tathatā nityam tathaiveti kṛtvā ǀ aviparyāsārthena bhūtakoṭir viparyāsāvastutvāt nimittanirodhārthenānimittṃ ǀ sarvanimittābhāvāt ǀ āryajñānagocaratvāt paramārthaḥ paramajñānaviṣayatvāt ǀ āryadharmahetutvād dharmadhātur āryadharmāṇāṃ tadālambanaprabhavatvāt ǀ hetvartho hyatra dhātvarthaḥ ǁ ②

所引文字是《辩中边论》第一品《辩相品》中讨论空性异门的两个颂文及相关的长行论释。该论列出了空性概念的五个异名，分别是：真

① 《辩中边论》，《大正藏》第31册，No. 1600，第465页下。

② Madhyānta - Vibhāga - bhāṣyam, edited by Dr. Nathmal Tatia, K. P. Jayaswal Research Institute, Patna, 1967, p. 6.

如、实际、无相、胜义性、法界。论释部分对于每一个异名的得名缘由，都做了简要的解释。其中，特别是关于“法界”，《辩中边论》提出：“由圣法因义，说为法界，以一切圣法缘此生故。此中界者，即是因义。”也就是说：空性，因为是“圣法因”，所以得名为“法界”；因为“法界”概念中的“界”字，就是“因”之义。《辩中边论》此处以法界为圣法因，按照其思想逻辑，也就是以空性、真如、实际等概念，为圣法之因，就其论说的本质而言，这就是以“真如理”为“圣法因”，这一论说方式与《摄论》《唯识》等以“第八识”为“一切法依”的说法，就对现象世界的本质的解释而言，就对现象世界与本质世界的关系的解释而言，显然是有着重要性质差异的两个不同的诠释系统。慧沼在对《金光明经》相关“法界”文字的注疏工作中，发现了《辩中边论》中存在一个讨论现象界成因问题的理论方向，而这个理论方向极有别于《摄论》《唯识》及一般正统瑜伽行派学者的论说系统，这是慧沼这位唐代中国唯识学宗师的重要发现和重要见地！

根据上面的背景讨论，我们就可以理解慧沼接下来对于拟议中的这个经颂所作新诠释的意义：

> 问：准《摄大乘》，及《成唯识论》，即以第八为一切法因。《阿毗达磨经》云：“无始时来界，一切法等依，由此有诸趣，及涅槃证得。”何故《中边》说真如理为诸法因？答：约流转、还灭依，即说第八识是一切法因，持彼种故；若约迷悟依，即说真如性故。《胜鬘经》云：“如来藏为依、为持、为建立。”《宝性论》中即依此义，说真如理为无始时来界等。
>
> 问：既迷悟依通生染净，云何《中边论》云圣法因义说为法界？答：不说唯言，故无有失。又复染法不由证如始得生，若诸圣法因根本智之所引生，无分别智必证如起，是故偏说为圣法因。此增上缘因，非亲因缘。今此云依，是所缘，因于是境声，缘胜义谛，行菩提法。以法界性非生死、涅槃，离二相故，故亦非非生死、涅槃，不离二故。如是见于诸佛菩提亦非生死、涅槃。菩提即三身，三身非生

死、涅槃，作如是观，修菩提法，即是修平等行。[①]

慧沼从《中边论》中找到以“真如理”作为“圣法因”的理论根据，所以他在上面两段话中，更加明确地区分了大乘佛教关于一切法依问题两个不同的诠释系统：《摄论》《唯识》的诠释系统，对《大乘阿毗达摩经》这个经颂的诠释，是以第八识作为一切法的依据，是根据“流转还灭依”而言“依”；《胜鬘经》及《宝性论》的诠释系统，是以真如理为“无始时来界”，作为一切法的依据，这是根据“迷悟依”而言“依”。慧沼在这一段论说中，把前面我们已经讨论过的那段注疏文字中的“流转依”，改为了“流转还灭依”，“流转还灭依”的概念出自窥基大师，这样慧沼在论说的概念界定上更加完善了。

其次，慧沼在这段诠释中还特别指出：

（1）《中边论》说真如理为“圣法因”，《宝性论》等释《大乘阿毗达摩经》这一经颂中的“无始时来界”为“一切法因”，这里作为“圣法”的因与作为“一切法”的因，二说并不矛盾，这是因为《中边论》并未说：真如理只是圣法因，所以真如理是“圣法因”的说法与真如理是“一切法因”的说法，二说在逻辑上并无矛盾。“圣法”需要亲证真如理才可引生，“染法”则不需要亲证真如理引生，所以圣法确实与染法有所不同，《中边》就胜而说，并无不妥；

（2）“界”字，按照传统的观点来说，是“因”之义，但是“因”的涵义，具体而言则是比较复杂的，这是唯识学者所承认的，那么《中边论》以为“圣法因”的“界”，究竟是指什么性质的因呢？慧沼在这段注疏中提出，这里所指的因，是“增上缘”意义上的因，而不是“亲因缘”意义上的因。所以，根据慧沼这样的疏释，以如来藏为界的诠释方向，与以种子识为界的诠释方向，不仅可以并行不悖，而且并不存在理论上的任何淆乱。

我们这里可以把慧沼的上述理解、诠释，与其老师中国佛教唯识宗创宗学者窥基法师的看法，做一个简单的比较。窥基法师关于唯识学的

---

① 《金光明最胜王经疏》，《大正藏》第 39 册，No. 1788，第 277 页中。

著作很多，其中《成唯识论述记》和《成唯识论掌中枢要》两部书，比较详细地记录了他对《成唯识论》一书的诠释意见。两部书中的下面两段话，可以反映窥基对《大乘阿毗达摩经》这一著名经颂的诠释意见：

> 依止有二：一依种子第八识，即是因缘亲依，《达磨经》中无始时来界也；二依现行第八，即是增上缘依，即《达磨经》中一切法等依也。言六转识皆依本识种子、现行而得现起。五十一说由有阿赖耶识故，执受五根，乃至由有此识故得有末那，第六意识依之而转等是也。①
>
> 此二句意，无始时来者，显此识性无初际，通句也；一切法之界，谓与有漏法为因缘，与无漏法等为所依。由一切法界，故有诸趣；由等为所依故，有涅槃证得。②

按照窥基上面第一段话中的解释，“无始时来界，一切法等依”，这两句都表示第八识是一切法的依据，其中第一句表示作为种子状态的第八识，是一切法的“因缘亲依”；第二句表示作为现行状态的第八识，是一切法的“增上缘依”。按照窥基上面第二段话中的解释，所谓第八识为一切法依，事实上分为两种：（一）第八识为有漏法之因缘，及（二）第八识为无漏法之“等为所依”。所以，我们看到：在关于《大乘阿毗达摩经》这一著名经颂的诠释立场上，窥基的立场与印度瑜伽行派学者的正统立场，并无二致。

因此，作为玄奘、窥基法相唯识学的传人，慧沼《金光明最胜王经疏》对《大乘阿毗达摩经》这一著名经颂的解释，就具有特殊的意义。我们看到：慧沼通过区分“迷悟依”和“流转还灭依”，在瑜伽唯识学转依思想的框架中，容摄了以真如理、如来藏为迷悟依的诠释理路；慧沼还通过对《辨中边论》中空性概念同义异名说的梳理，指出即便站在瑜伽行派唯识学者的立场，也完全可以容认从真如理的角度诠释有为法生灭现

① 《成唯识论述记》，《大正藏》第43册，No. 1830，第475页中。

② 《成唯识论掌中枢要》，《大正藏》第43册，No. 1831，第634页下。

象根据的思路。慧沼的这一工作具有悠久和深远的意义，他等于是基于唯识学者和唯识学说的立场，从“转依学”及“缘起学”的理论结构，承认了对于生命现象世界成因与本质的诠释，对于现象世界与本质世界的关系的诠释，两种不同的诠释模式各有其合理性，可以互补和互助。尤其是，《宝性论》等的相关理解、诠释，具有其不可置疑的正当性及合理性。这样的想法和思路，与一般正统唯识学家有所不同，表现了慧沼佛学诠释思想的深度及宽度。慧沼这样的思想立场，在唯识学思想史上是十分独特的，在今天看来仍然闪耀着智慧的光芒！

第七节　不绝于缕·“无始时来界”一颂两种古典诠释思路的现代回响

上述关于“无始时来界”一颂两种古典诠释方向之争，一直延续到20世纪的现代佛教中，在现当代汉传佛教义学的发展中，我们同样聆听到在大乘佛教思想历史长河里流荡的那些不同声音不绝于缕的现代回响。我们在这里还是要以吕澂先生和印顺导师两位现代佛教义学大家作为代表性的例子。

例如，吕澂先生在其《内院佛学五科讲习纲要讲记》（1943年）中，曾这样说：

> 复次，大乘毗昙，亦示经论各一。经取《大乘阿毗达摩经》，乃菩萨所说得佛印可者。原本不传，经依辑佚法（取他书引文）编成，全貌难睹，一斑可得。《经》说十类佛语，首以无始时来界（此界据小乘之解而说，实则非小乘所知），一切法等依为宗。是依具染净二分，由此二分依义，于是转舍、转得之义成，至此始刊定转依之义，而易旧说之解脱也（小乘解脱乃由系缚而解脱，即离系果义），转依，解脱，实为一义，真解脱者，即是转依，此即大乘之正宗义。①

---

①　吕澂：《内院佛学五科讲习纲要讲记》，《吕澂佛学论著选集》卷二，齐鲁书社1991年版，第619—620页。

欧阳竟无、吕澂等支那内学院学者，曾根据无著《摄大乘论》所引《阿毗达摩大乘经》引文，辑佚编订这部大乘经，吕澂在这里取之为解说大乘毗昙的宗经。所引吕先生这段话解释《大乘阿毗达摩经》的大义，吕澂认为《摄大乘论》所引是经“无始时来界”一颂，乃是这部经所说“十类佛语”的“宗”，即思想重心。可见吕澂先生与古代的中国佛教注疏家一样，高度重视此一颂文的意义。而在对于这一颂文的解释中，吕澂复认为这一作为诸法依据的“界”，具备“染净二分”，根据此“染净二分”成就“转舍、转得”的转依大义，如此所解释的转依之义，即真正的“解脱”。“界”既然具备“染净二分”，自然不是指纯粹清净、无漏的如来藏，所以吕澂先生是遵循以阿赖耶识为诸法依的诠释方向，来理解这一经颂的。

吕澂先生的相关诠释立场，在其同一阶段解释《大乘法界无差别论》的注疏文章中，表达得更加明确。如他下面的说法：

> 是论译者提云般若，意云天慧，武周时来华，于天授二年译出此论。时圆测、法藏同居译场，法藏获此，特加叹赏，为之作疏，倡如来藏缘起之说（盖误解此论有如来藏为世出世法因一语，认作出生世出世法界），以与业感缘起赖耶缘起示异。复以中土先有马鸣《起信论》（此论乃中土学者依魏译《楞伽》伪托之书，早有刊定），亦主张如来藏缘起说者，乃创马鸣坚慧学，以与龙树提婆学、无著世亲学鼎立而三。更进而有四宗之判，谓小乘随相法执宗、大乘龙树真空无相宗、无著之唯识法相宗，及彼所创之如来藏缘起宗，合此四宗判一代佛教，而谓如来藏宗者甚深无上。此乃私意揣度，学者不可不加以审辨也。①

在上面所引这段话中，吕澂先生明确认为法藏是依据《法界无差别论》倡导“如来藏缘起之说”，及创立“马鸣坚慧学”，而法藏这些思想在其看来都只是“私意揣度”。

① 吕澂：《大乘法界无差别论讲要》，《吕澂佛学论著选集》卷二，齐鲁书社1991年版，第967页。

我们在前面已经看到，法藏在《大乘法界无差别论疏》中，根据《胜鬘经》《宝性论》，明确坚持以如来藏诠释“无始时来界”的理解方向，无论是《胜鬘经》《宝性论》对此一问题的提示，还是法藏对此一问题的解释中，关键都在于主张如来藏对于人类的厌弃生死、追求解脱，有一种内在的促发和引领的作用。因此吕澂先生对于法藏上述诠释方向的批评，也就聚焦于此点：是如来藏起到那种欣厌的作用，还是别的东西才能起到这种作用呢？吕澂先生的看法是：

> 贤首家又于此有所误解，盖因《圣鬘经》谓如来藏为出世法因，若无如来藏者，不得厌苦乐求涅槃，遂揣测其词，比附《起信论》之说真如熏无明，故众生有厌离欣求而为始觉，因此而立内熏之义。其实非理。今试问欣厌作用究处在何心耶？如来藏虽为根本因，但并不具此作用也。尅实言之，欣出于欲，厌由无贪，二俱心所作用，必待意识而后生起者也。经言如来藏欣厌，词意实有未尽。盖欣厌之关键，在如来藏相应之受心所，与意识之欣厌作用相顺，一切境界皆如来藏所能领纳，种种习气聚集于内亦悉为所受，一旦此受发生变化，与之俱起之意识等受其影响亦起变动，即依此义而说如来藏为欣厌之因，非彼真有欣厌之用也。又复当知如来藏为受熏之主体，不能起用熏他，今谓佛家只有外熏内受之义，不应为内熏之说也。外熏谓正法善知识，如所闻习只泛泛成意识知解，则不起作用，必至如来藏相应之受，感觉非所堪忍生起变化，然后为真正菩提之因，而依积集善法以生相应之用也。譬喻初雪，着地即融，必待地温降低，始能积集，然地温之减正由雪积不辍，由此知如来藏为善法之依（彼不为依，终成有漏），虽由自己质地变化，然亦赖意识不断熏习之功也。菩提心在不净位，白法漏失不易摄聚，必待如来藏内受变化真正自觉，方得有无漏之用。是则内熏立义之谬，可不待详破矣。[①]

吕澂先生这里主张：一、如来藏是在人的生命中起欣厌作用的根本因，但它自身实不具备这种欣厌的作用；二、欣厌作用其实是意识相应的

---

① 吕澂：《大乘法界无差别论讲要》，《吕澂佛学论著选集》卷二，齐鲁书社1991年版，第967页。

心所作用；三、如来藏相应之受心所与意识相应的欣厌作用相顺，依此说如来藏有欣厌作用，实则无其实也；四、如来藏为受熏之主体，不能起用熏他。从这些主张完全可以看出：吕澂是以瑜伽学系的阿赖耶识概念，来理解《胜鬘经》《楞伽经》《大乘法界无差别论》《宝性论》等如来藏系经典的如来藏概念。因为只有阿赖耶识是受熏的主体，不能起用熏他；也只有阿赖耶识不具备欣厌的作用，意识才具有欣厌的作用。所以，吕澂先生是把正统唯识学者的立场发挥到极致，完全否定了以清净、无漏如来藏解释“无始时来界”的任何可能性。

如下面我们将看到的，生活在吕澂先生同一时代而对现当代中国佛教义学思想的影响则发生在吕澂稍后的印顺导师，对于吕澂先生的上述诠释意见，显然持有不同的看法。如在其晚年改定的代表性著作《印度佛教思想史》中，印顺导师谈及《大乘阿毗达摩经》的这个著名经颂，就曾提出过如下的主张：

> 真常清净（如来藏）心，虚妄生灭（阿赖耶）心，是对立的，但渐渐联合，如《楞伽经》所说“如来藏藏识心”。我以为，《阿毗达摩大乘经》有重要的中介地位。无著的《摄大乘论》，是依《阿毗达摩大乘经》的《摄大乘品》而造的。这部经并没有译出，当然不能充分明了。如“十相殊胜”，《摄大乘论》的组织次第，是依这部经的。《摄论》的成立大乘唯识，大体是依这部经的。[①]

印顺导师的看法是：大乘佛教中主张真常清净（如来藏）心的一系，与主张虚妄生灭（阿赖耶）识的一系，本来是思想上互相对立的，但是后来出现“渐渐联合”，这“联合”的标志即《楞伽经》中提出的“如来藏藏识心”，而这种大乘佛教学术思想转变的关键，则是《大乘阿毗达摩经》的出现。所以印顺导师认为《大乘阿毗达摩经》的思想，在大乘思想这一渐变过程中，具有“重要的中介地位”。既然《大乘阿毗达摩经》在大乘思想的渐变过程中起“中介”的作用，那么此经的思想中心

① 印顺：《印度佛教思想史》，《印顺法师佛学著作全集》卷十三，中华书局2009年版，第267页。

显然既不能完全落于真常清净一系，也不能完全落于虚妄唯识一系，印顺导师这一理解，与吕澂先生完全着眼染净转依以理解《大乘阿毗达摩经》主旨思想的诠释思路，在思想视角上就存在很大的差异。

印顺导师接下来提到《大乘阿毗达摩经》中的两个著名颂文，其中一个就是我们一直在努力讨论者：

> 《论》中引用的少数经文，意义是非常特出的！如《摄论·所知依分》引用《阿毗达摩大乘经》二偈，如《摄大乘论本》说："无始世来界，一切法等依，由此有诸趣，及涅槃证得。""由摄藏诸法，一切种子识，故名阿赖耶，胜者我开示。"第二偈，明一切种子阿赖耶识，《论》中解说了"摄藏"的意义。第一偈的界，当然可以解说为种子，但《论》文却没有加以解说！《究竟一乘宝性论》引用了这一偈，以《胜鬘经》的如来藏来解说"无始时来界"一偈，在当时佛教界，是有不同解说的。真谛所译《摄大乘论释》，也引《胜鬘经》的如来藏为依止说，解说第一偈。也许是真谛所增附的，但事有依据，绝不是真谛自己的臆解。[①]

印顺导师在上面这段文字中说：《摄大乘论》引用了《大乘阿毗达摩经》的两个著名经颂：一个是"无始时来界"一颂，一个是"一切种子识"一颂。关于"一切种子识"一颂，《摄论》解释其"摄藏"之义，而关于"无始时来界"一颂，《摄论》则没有解释这里的"界"是种子。印顺导师这里似乎在暗示：《摄论》并没有明确地将"无始时来界"的"界"理解为种子。所以，同一段文字中，印顺导师指出：《宝性论》引用《胜鬘经》，以如来藏思想解释颂文中的"界"，已经表示在当时的佛教界，其实关于这个"界"字的解释，就有不同的方向；他还引用真谛三藏在所译《摄大乘论释》中也引用《胜鬘经》如来藏以释依止的例子，说明在印度大乘佛教思想史上，以如来藏诠释"无始时来界"的传统是"事有依据"的。所以印顺导师这些文字，实际上想要表达的意思是：他

① 印顺：《印度佛教思想史》，《印顺法师佛学著作全集》卷十三，中华书局2009年版，第267页。

倾向认为以如来藏来诠释经颂中的“界”，是有其历史传统的合理性的。

印顺导师的诠释努力显然并不止步于此，他不仅讨论了以如来藏释“界”有其历史传统的合理性，也试图讨论这一诠释在佛教思想上的合理性。这就是他接下来所写这段文字的真实意图：

> “界”，在《摄论》的引经中，可以发见它的意义，如《摄大乘论本》卷中说：“《阿毗达摩大乘经》中，薄伽梵说：法有三种：一、杂染分，二、清净分，三、彼二分。依何密意作如是说？于此义中，以何喻显？以金土藏为喻显示。”……以金土藏譬喻来说：界——虚妄分别识“有彼二分”，凡夫如见土不见金，是没有吗？金是真实存在的。这样，“彼二分”或“有彼二分”，不是可以解说为具有二分吗！依他起、虚妄分别识（根本识是阿赖耶识）的底里，就是圆成识性，不就是可以称为“界”的如来藏吗？唯识学不许依他起、虚妄分别识是性净的，但经“彼二分”的沟通，如来藏与阿赖耶识的结合，顺理成章地出现于大乘经了。[①]

印顺导师这段文字借助《摄大乘论》所引《大乘阿毗达摩经》“法有三种：一、杂染分，二、清净分，三、彼二分”的经文，试图根据“彼二分”这一说法，说明“依他起、虚妄分别识（根本识是阿赖耶识）的底里，就是圆成识性”，也就是称为“界”的如来藏，同时具备“彼二分”的法，即现象世界（阿赖耶识是其统称）和本质世界（如来藏是其标志）可以同时无碍地存在。可以看到，印顺导师这里的诠释表面的目标是证明《大乘阿毗达摩经》里面孕育了将阿赖耶识学系与如来藏学系相融合的大乘思想倾向，但其深度的目标则是要从经文内部找到根据，以证成遵循如来藏学系的思路诠释“无始时来界”的学理正当性！

从整体看，印顺导师的佛学研究工作，是“探其宗本，明其流变，抉择而洗炼之”[②]，在一个全新的现代的社会文化环境中，探求何为佛法

---

① 印顺：《印度佛教思想史》，《印顺法师佛学著作全集》卷十三，中华书局2009年版，第267页。

② 同上书，第2页。

的本质，探明其历史上流变的过程，以为现代佛教思想的再发展提供抉择的依据，这里简略考察其对《大乘阿毗达摩经》这一经颂的理解与诠释，不过略示其佛教学术思想之一隅而已，然其思想理论之意义已不可谓不重大！

第八节　简略的结论

（1）《大乘阿毗达摩经》的“无始时来界”这一经颂，是这部未能传译、但在大乘佛教思想史上具有高度重要地位的经典里面的一个重要颂文。这一颂文的内容是说明现象世界的成因、本质，及现象世界与本质世界的关系问题，而这样的问题显然是大乘佛教古典义学传统中最为核心的问题之一。

（2）中晚期大乘佛教围绕这一著名经颂，形成两种诠释方向：一种是正统瑜伽行派学者所尊崇的诠释方向，主张以作为有为法而且性质上主要是杂染的阿赖耶识作为“无始时来界”的本质；一种是如来藏学者所尊崇的诠释方向，主张以清净、无漏的无为法如来藏（自性清净心）作为“界”的本质。

（3）中国佛教思想家对这一颂文的诠释，也赓续了印度佛教的上述方向，但是作为华严学者的法藏针对《大乘阿毗达摩经》这一经颂的诠释工作，与作为唯识学者慧沼的相关工作，都在坚持自己学派基本思想立场的同时，为对立的诠释模式的正当性、合理性敞开多元思考的可能性。二家的理解与诠释视野开放，具有包容多元的精神，正是盛唐时期中国化佛教博大精深思想理性形象的展现，对于我们今天——人类 21 世纪现代化、多元化思路下的佛学诠释，尤其具有借鉴和指导的意义。

（4）无论印度大乘佛教的诠释传统，还是魏晋南北朝隋唐时期中国佛教的经典诠释学传统，对于《大乘阿毗达摩经》这一颂文，一直都存在两种不同方向的解读。这两种诠释模式不仅都渊源有自，而且自身都具有理论的自足性。20 世纪汉系大乘佛教思想中，吕澂先生及印顺导师关于这一经颂不同旨趣的诠释，正是佛教思想史古典诠释传统中不同声音的现代反响。在此一现代版的佛教思想义理对辨中，印顺导师基于佛陀本怀的思考，及现代学术理性的视角，为如来藏系统思想合理性所进行的艰苦学术工作，尤其值得高度重视。

（5）无论是基于历史传统的回忆，佛教思想义理系统的审思，还是现当代人类理性、多元、包容文化价值的考量，我们都认为晚清民国时期以来对佛教如来藏系统过度的甚至激烈的批判倾向，今天确实应该得到合理且必要的纠正；而问题的另一方面，大乘佛教如来藏思想系统的重构与重建，今日也理当且可以站在一个更高更宽厚的学术思想地基上来进行。

第十九章　从法藏《大乘起信论义记》对《宝性论》的引证看其如来藏思想特质

《大乘起信论义记》是法藏晚年所作诠释《大乘起信论》思想的一部名著。从《起信论》译出，到隋唐之间，汉地佛教中关于《起信论》最重要的传世注疏有三部：（一）隋净影寺沙门慧远所撰《大乘起信论义疏》；（二）唐新罗元晓所撰《起信论疏》；（三）即这位唐代华严宗祖师法藏所撰《大乘起信论义记》。这三部书的作者，被视为“本论三师”①，其在中国佛教思想上的历史影响十分巨大。尤其是法藏的这部注疏，更是被后人视为《起信论》注疏著作中的翘楚。如近代中国佛教学者杨仁山居士就认为：“此论古疏传至今时者，仅见三家。隋之净影，唐之贤首，海东之元晓，虽各有所长，而以贤首为巨擘。后世作者，何能企及！”②对于法藏这部注疏可谓推崇备至。

学界有一种观点认为：法藏这部《起信论》注疏著作，在唐以后中国《起信论》学、如来藏学及唐以后中国佛教思想史上占据显著地位，导致中国佛教中研习如来藏思想传统者，或研习华严宗学者，甚或至于只知有《大乘起信论》，而不知有《宝性论》。不过事实是否如此，尤其是在法藏本人而言，他究竟是否对于《宝性》《起信》二论的价值有所轩轾，推崇《起信》而抑制《宝性》呢？在一般人对于法藏思想、中国如来藏思想诠释传统的了解中，我们似乎很容易形成这样的看法。所以即便资深的佛教学者，如印顺法师，也曾在其著作中，表达了同样的疑虑：

---

① 《起信论海东疏刊行序》，载《起信论疏》，《大正藏》第 44 册，No. 1844，第 202 页上。

② 杨仁山：《等不等观杂录》卷三，载《杨仁山居士遗著》第八册，金陵刻经处 1981 年重印版。

《究竟一乘宝性论》与《无上依经》，没有得到中国佛教界的重视，然在印度佛法演化史中，是值得重视的。[①]

印顺导师这里认为"中国佛教界"没有重视《宝性论》等，里面就隐约包含对法藏如来藏思想诠释倾向的判断。而且上面这几句引文出自印顺导师晚年著作《印度佛教思想史》，可以代表他对中印如来藏思想传统及传承问题一种确定的判断。

我们在20世纪中国佛教另一位著名学者吕澂先生的著作里，看到关于法藏如来藏思想与《起信论》之间的关系，吕先生有这样的看法：

贤首早就重视《起信论》，他曾参照元晓《起信疏》写了一部《起信义记》。在判教方面，他把传入中国的经论分为四宗：一、随相法执宗；二、真空无相宗；三、唯识法相宗；四、如来藏缘起宗。他认为前三种说法都不究竟，只有最后一种才是圆满的，这样就把《起信》判为最后一宗。因为从《起信论》中可以看出：一方面，"如来藏随缘变化成阿赖耶识"。如来藏即是理，随缘变化成阿赖耶识就是万事万物，属于"事"，所以是"理彻于事"；另一方面，"又许依他缘起无性同如"，"依他缘起"，就是变化出来的缘起法，是"事"，它们毕竟空无，是"理"，所以又是"事彻于理"。《起信论》把事与理的这两个方面的关系都讲到了，因而最能说明"理事圆融"的道理。根据这一点，他们就把《起信》判为五教中的终教。……贤首更进一步地据《起信》中的心真如，由理的方面来说不变随缘，作为"三性一际"的根本原理，而只有由三性一际，才能说事事无碍。所以他们就愈加重视《起信》了。[②]

我们看到在吕澂先生上述的讨论中，他说明了法藏及华严学说重视《起信论》的根本原因，是因为《起信论》的佛学思想中包含了"理事圆

① 印顺：《印度佛教思想史》，《印顺法师佛学著作全集》卷十三，中华书局2009年版，第281页。

② 吕澂：《中国佛学源流略讲》，《吕澂佛学论著选集》卷五，齐鲁书社1991年版，第2742—2743页。

融”及“三性一际”的根本原理。而他本人同时认为，《起信论》“本系融会当时各家不同之说而成”，所以本身就存在诸多的矛盾，未曾解决。[①]《起信》这种不圆满的学理，也导致法藏华严宗思想和如来藏诠释的内在矛盾。吕澂先生对于《起信论》佛理价值的负面评论经常溢于言表，这与印顺导师基本上在印度大乘三系之间持客观、公允立场的学术方法，并基于这一学术方法再释及肯定《起信》佛学价值的做法，[②] 存在明显的不同。不过，吕澂先生在关注法藏的《起信论义记》这部著作时，丝毫未注意法藏这部著作中对于《宝性论》的引用和诠释，这与印顺导师认为包括法藏在内的“中国佛教界”在有关如来藏思想的阐释和建构中没有重视《宝性论》的看法，却不得不说存在同样的考量！

在前面讨论法藏对《法界无差别论》的注疏中，我们已经明确地回答：法藏心目中对于《宝性论》的佛学价值，有极高程度的尊重。这不仅表现为他在这部注疏著作中大量引用《宝性论》，而且表现为在解决如来藏学的一些重要诠释问题时，他始终以《宝性论》的佛学思想理念作为准则。本章的写作，我们将梳理法藏在《起信论》注疏中对于《宝性论》的引用及解释，我们的目的之一是想用客观的及翔实的资料，进一步明确地回答上述问题。

就如来藏学的历史发展而言，《宝性论》同《如来藏经》《胜鬘经》《无上依经》《大乘法界无差别论》等，代表大乘佛教思想信仰中如来藏学思想意识自觉及如来藏学思想理论系统建构的阶段，而《大乘起信论》则同《入楞伽经》等经论，代表基于如来藏学基本立场而与阿赖耶识思想系统进行融合的阶段。法藏在注疏中引用《宝性论》以支持、帮助解读《起信论》思想，必然引起如来藏思想史上这两个阶段思想的关系问题。法藏是如何自觉、如何处理如来藏学这两个学说发展阶段思想理论资源的差异与贯通问题的呢？这也是我们在本章中要多多加以关注的问题。

---

① 吕澂：《中国佛学源流略讲》，《吕澂佛学论著选集》卷五，齐鲁书社 1991 年版，第 2743 页。

② 印顺：“本论属于真常唯心论一系，所以不应该专以空宗及唯识宗的观点而论断它。也就因此，本论无论是中国或是印度造的，它所代表的思想，在佛教思想中有它的独到价值，值得我们深长的研究。”印顺：《大乘起信论讲记》，《印顺法师佛学著作全集》卷三，中华书局 2009 年版，第 11 页。

(1)“宅中宝藏”之譬喻

在法藏注疏《起信论》一书开头，有一段类似导言的文字，在这段文字中，法藏写道：

> 大师没后，异执纷纶，或趣邪途，或奔小径。遂使宅中宝藏，叵济乏于孤穷；衣内明珠，弗解贫于佣作。[①]

文中的“大师”，是指“佛陀”。这一段话虽然简略，但却概括了法藏对于佛陀涅槃后，整个印度佛教思想发展史的看法。法藏认为在佛陀涅槃之后，佛教因为思想的歧见（异执）而困扰，由于大家的见解不同，或者背离佛陀的宗旨入于歧途（“邪途”），或者离开佛陀的大道入于小路（小径）。这都使得佛陀教化的本来宗旨或失去，或被遮蔽。

那么在法藏看来佛陀教法本来的宗旨究竟是什么呢？法藏在文中用两个譬喻来说明，一个譬喻是“宅中宝藏”，一个譬喻是“衣内明珠”。这里“衣内明珠”的譬喻，显然是引用《法华经》中五百弟子受记成佛的著名譬喻[②]，那么“宅中宝藏”的譬喻是出自何经呢？

根据《起信论疏记会阅》一书的说法：

> 贫家宝藏喻，即《如来藏经》九喻中之第五也。彼文云：

---

① 《大乘起信论义记》，《大正藏》第 44 册，No. 1846，第 240 页下。

② 《法华经》：“尔时五百阿罗汉于佛前得受记已，欢喜踊跃，即从座起，到于佛前，头面礼足，悔过自责：‘世尊！我等常作是念：自谓已得究竟灭度，今乃知之，如无智者。所以者何？我等应得如来智慧，而便自以小智为足。世尊！譬如有人至亲友家，醉酒而卧。是时亲友官事当行，以无价宝珠系其衣里，与之而去。其人醉卧，都不觉知。起已游行，到于他国。为衣食故，勤力求索，甚大艰难。若少有所得，便以为足。于后亲友会遇见之，而作是言：“咄哉，丈夫！何为衣食乃至如是。我昔欲令汝得安乐，五欲自恣，于某年日月，以无价宝珠系汝衣里。今故现在，而汝不知，勤苦忧恼，以求自活，甚为痴也。汝今可以此宝贸易所须，常可如意，无所乏短。”佛亦如是，为菩萨时，教化我等，令发一切智心。而寻废忘，不知不觉。既得阿罗汉道，自谓灭度，资生艰难，得少为足。一切智愿，犹在不失。今者世尊觉悟我等，作如是言：诸比丘！汝等所得，非究竟灭。我久令汝等种佛善根，以方便故，示涅槃相，而汝谓为实得灭度。’”参见《妙法莲华经》，《大正藏》第 9 册，No. 0262，第 29 页上。

"譬如贫家，有珍宝藏，宝不能言：我在此中。既不自知，又无语者，不能开发此珍宝藏。一切众生，亦复如是。如来知见大法宝藏在其身内，不闻不知，耽惑五欲，轮转生死，受苦无量等，匿隐济救乏阙也。"①

这里所谓《如来藏经》的九喻，是指：（一）萎变花未开敷喻，（二）群蜂围绕蜂蜜喻，（三）粳粮未离皮糩喻，（四）真金堕不净处喻，（五）贫家有珍宝藏喻，（六）庵罗果内实不坏喻，（七）弊物中有真金像喻，（八）女人贫贱丑陋而怀贵子喻，（九）铸师铸真金像喻。② 我们注意到《如来藏经》中的这九个譬喻，完全被《宝性论》所采用，成为《宝性论》中说明如来藏在缠的基本譬喻。《宝性论》："向依如来藏，说无始世界来彼法恒常住，法体不转变，明如来藏有十种义；自此以下，依无始世界来烦恼藏所缠，说无始世界来自性清净心，具足法身，以九种譬喻，明如来藏过于恒沙烦恼藏所缠，如修多罗说应知。"③ 这就是说：《宝性论》以"十种义"界说如来藏的抽象特性，以"九种譬喻"说明如来藏为无始以来烦恼所缠的存在状态，"十种义""九种譬喻"的构架，是《宝性论》中有关佛性如来藏论述的基本理论框架。这段引文最后一句所谓"如修多罗说应知"中的"修多罗"，指的就是《如来藏经》。

所以，从这里我们不仅可以得出结论：法藏《起信论》注疏前言中所提到的"宅中宝藏"的譬喻，是出自如来藏系统的宗经之一《如来藏经》，以及将《如来藏经》的譬喻予以学理化系统建构的《宝性论》；也可以看出法藏关于佛陀教法根本宗旨的理解，受到如来藏系经典以及《法华经》的深刻影响；更可以得到启示：在法藏相关的《起信论》注疏及如来藏思想诠释的背后，其实有《宝性论》如来藏思想及其理论架构的背景存在，这是我们在研究法藏《起信论》注疏，考察法藏如来藏思想时，首先需要了解和确认的。

---

① 《起信论疏记会阅》，《卍续藏》第 45 册，No. 0768，第 552 页上。

② 《大方等如来藏经》，《大正藏》第 16 册，No. 0666，第 457—459 页。

③ 《究竟一乘宝性论》，《大正藏》第 31 册，No. 1611，第 837 页上。

(2)“义丰文约，解行俱兼”

同样在这个前言中，我们还可以读到法藏下面这段话：

> 爰有大士，厥号马鸣。慨此颓纲，悼斯沦溺，将欲启深经之妙旨，再曜昏衢；斥邪见之颠眸，令归正趣。使还源者可即，返本非遥；造广论于当时，遐益群品。既文多义邈，非浅识所窥。悲末叶之迷伦，又造斯论，可谓义丰文约，解行俱兼。中下之流，因兹悟入者矣。①

按照法藏在此处的说法，马鸣菩萨先“造广论”，后造这部《起信论》。而之所以先造广论、后造“斯论”，根本原因是考量众生的根性问题。“既文多义邈，非浅识所窥”，当时的人们因为知识肤浅，理性不发达，思想见地狭隘，所以没有办法理解马鸣菩萨文字多而意义深远的广论，不得已为了救度末世沉沦的众生，菩萨才造了这部“义丰文约，解行俱兼”的《起信论》，以便末世“中下”根性的人们，可以据而悟入佛法。

我们知道，除了为《大乘起信论》做注疏，法藏也曾为另一部印度大乘佛教代表性的如来藏系论书《大乘法界无差别论》做过注疏。在其为《大乘法界无差别论疏》所写的序言中，法藏也说过这样的话：

> 文略义玄，喻近意远，开夷路也。平等朗然而不变，则勇进者乘真而直入，辨实相也。缘起纷然而不作，则羸退者知迷而率服，岂烦众异妄见之踳剥而重娆其心哉。作者之致，庶几于颜子矣。②

法藏在这部注疏中，传述三藏法师提云般若的话，认为《法界无差别论》及《宝性论》的作者，都是坚慧菩萨，他“是地上菩萨，于佛灭后七

---

① 《大乘起信论义记》，《大正藏》第 44 册，No. 1846，第 240 页下。

② 《大乘法界无差别论疏》，《大正藏》第 44 册，No. 1838，第 61 页上。

百年时，出中天竺大刹利种。聪叡逸群，备穷俗典。出家学道，慧解逾明。大小乘教，无不综练。但以行菩萨行，留意大乘，以已所游平等法界，传示众生，方为究竟广大饶益。是故造《究竟一乘宝性论》，及《法界无差别论》等，皆于大乘舍权归实，显实究竟之说矣"①。法藏一方面于此处盛赞《究竟一乘宝性论》及《法界无差别论》，都是"于大乘舍权归实，显实究竟之说"，一方面叹美《法界无差别论》"文略义玄，喻近意远"。这与他在《起信论》注疏前言中，一方面赞叹马鸣菩萨所作的"广论"，一方面赞叹《起信论》"义丰文约，解行俱兼"的做法，是完全一致的。

所以，我们看到法藏的思维：正如《起信论》相对于马鸣菩萨所作的其他"广论"，乃是篇幅短小而思想精粹的"略论"一样，《大乘法界无差别论》相对于《宝性论》而言，同样也是篇幅短小而思想精粹的"略论"。所以，根据这样的观察，我们就理解法藏之所以选择《法界无差别论》《起信论》加以注疏，着力阐发其如来藏思想，而未选择马鸣菩萨的其他"广论"，及坚慧菩萨的《宝性论》来遂行其学理建构，就绝对不表示法藏不重视马鸣菩萨的其他"广论"，或坚慧菩萨《宝性论》等著作的佛学价值！

印顺导师在注释《起信论》"亦有众生复以广论文多为烦，心乐总持少文而摄多义能取解者"这一句话时，曾经谈到这样的看法：

> 中国人就多数是这样的，喜欢文简义深的论著。这种根基，需要造论，需要文少义多的论。"如是此论"下，即论主说明，为这第四种人，有造此"总摄如来广大深法、无边义"趣为略论的必要。后代的学者，每因自己对于一部论或一法门的契好，就劝一切人都来学这一部论或这一法门。古德就不是这样，用心绝不偏赞强调。如看经能得解了，即无需再读此论；能看广论而得解了，也无需看此论。唯有看经不能懂，看广论又怕烦的，这部论才最适宜而契机了。我想《起信论》所以在中国畅行，大概就是因为它太适合中国人的那种好简的根机吧。②

---

① 《大乘法界无差别论疏》，《大正藏》第44册，No. 1838，第63页下。

② 印顺：《大乘起信论讲记》，《印顺法师佛学著作全集》卷三，中华书局2009年版，第29—30页。

法藏这里讲的“中下之流”，与印顺导师这里讲的“中国人的那种好简的根机”，意义所指大体一致。他们显然都是从“根性”的角度，也就是从在一定历史时期、在一定地域、拥有一定文化习俗的佛教受众水平及喜好的角度，来看待教法经典流行或不流行的规律的。由此可以看出法藏为《起信论》做注疏来弘扬如来藏思想，而没有选择通过《宝性论》注疏弘扬如来藏思想的真实考量之所在。我们实在不可根据法藏的《起信论》注疏，得出其不重视包括《宝性论》在内其他如来藏经典的结论。

（3）“如来藏缘起宗”

法藏所著《起信论》注疏，共有十门：

> 将释此论，略开十门：一辨教起所因，二诸藏所摄，三显教分齐，四教所被机，五能诠教体，六所诠宗趣，七释论题目，八造论时节，九翻译年代，十随文解释。①

其中，第三门“显教分齐”，讨论如来一代时教的判教和分宗问题。在其中分宗问题的讨论部分，法藏写道：

> 随教辨宗者：现今东流一切经论，通大小乘，宗途有四：一随相法执宗，即小乘诸部是也；二真空无相宗，即《般若》等经，《中观》等论所说是也；三唯识法相宗，即《解深密》等经，《瑜伽》等论所说是也；四如来藏缘起宗，即《楞伽》《密严》等经，《起信》《宝性》等论所说是也。此四之中，初则随事执相说，二则会事显理说，三则依理起事差别说，四则理事融通无碍说。以此宗中许如来藏随缘成阿赖耶识，此则理彻于事也；亦许依他缘起无性同如，此则事彻于理也。又此四宗，初则小乘诸师所立，二则龙树提婆所立，三是无著世亲所立，四是马鸣坚慧所立。然此四宗亦无前后时限差别，于

① 《大乘起信论义记》，《大正藏》第44册，No. 1846，第240页下。

诸经论，亦有交参之处，宜可准知。今此论宗，意当第四门也。[①]

这段话，前面我们已经多次引述。法藏这里的分宗，是把印度佛教传来的一切经论，包括大小二乘，分为随相法执宗、真空无相宗、唯识法相宗、如来藏缘起宗共四宗，在其晚年所著《法界无差别论疏》《入楞伽经玄义》[②] 等著作中，可以看到其理念均甚一致，故我们认为划分四宗的思想，代表法藏晚年定论阶段的分宗思想。

法藏这一分宗思想的显著特色，是将印度大乘佛教概括为三大宗，而在大乘三大宗里面，又将如来藏系的思想，作为最高的宗：如来藏缘起宗。这一思想不仅成为中国佛教华严宗最根本的分宗思想，也成为中国化佛教最典型的分宗理念，对此后中国佛教的思想信仰可谓影响深远。法藏在这一分宗思想中，以《楞伽》《密严》等经，《起信》《宝性》等论，为代表如来藏宗的基本依据的经典，从这一说法我们可以看到他对《起信论》思想的重视，也同样可以看到他对《宝性论》的重视。

最后，在法藏这一分宗思想中，还特别指出如来藏缘起宗，由马鸣、坚慧两位菩萨“所立”，而根据他所得之于提云般若的传言，二人中的坚慧乃是《大乘法界无差别论》及《究竟一乘宝性论》两部重要如来藏系论书的作者，这就更加提醒我们在法藏心目中，《宝性论》与《起信论》一起，都是如来藏缘起宗思想理论建构的核心著作和代表著作，法藏《起信论》注疏中关于“如来藏缘起宗”主要思想、核心经典及创立人的简要论述表明：他对《宝性论》在如来藏系统及在全体佛教中佛学价值的重视和关切，确实毋庸置疑！

---

① 《大乘起信论义记》，《大正藏》第 44 册，No. 1846，第 242 页上。

② “第三显教差别者：自佛法东流，此方诸德分教开宗，差别纷纠，难备说。及西方诸师所说差别，并如《华严记》中说。若依此经宗，及通诸教，种类相收，或四或五。今且辨四：一有相宗，二无相宗，三法相宗，四实相宗。释此四宗略以六义：一就法数。初宗立七十五法，有为、无为，执实之法，如小乘说；二破彼前宗所立法相，荡尽归空性无所有，二空真理相想俱绝，如《般若》等经、《中观》等论；三法相宗中，立三性三无性有为无为色心等百法，皆依识心之所建立，如《深密经》《瑜伽》等论说；四实相宗，会前教中所立法相，莫不皆依如来藏缘起称实显现，如金作严具，如此《楞伽》及《密严》等经，《起信》《宝性》等论说。”参见《入楞伽心玄义》，《大正藏》第 39 册，No. 1790，第 426 页中。

(4) 以《宝性论》等证成“永无种姓，非尽理说”

法藏《起信论》注疏十门中的第四门，是“教所被机”，也就是讨论《起信论》等所代表的教及宗，可以适宜的人群问题。法藏说：

> 第四教所被机：说有二重，一约权教，即五种姓中菩萨种姓及不定性，是此所为，余三非此，以无分故。如《瑜伽》等说。二约实教，一切众生皆此所为，以无不皆当得菩提故。
>
> 问：若诸无姓亦当成佛，何得说有无姓有情？答：论有二释故。《佛性论》及《宝性论》同，为谤大乘人，依无量时，故作是说，非谓究竟无清净性。《佛性论》第二卷中，判说无佛性是不了教故也。准此当知：永无种姓，非尽理说。《楞伽》文说可知。[①]

法藏将教分为“权教”和“实教”，前者是未究竟之教，后者是究竟之教。从前者的立场言，则有五种种姓的人群，五种种姓分别是：声闻种姓，缘觉种姓，菩萨种姓，不定种姓，及无种姓人，权教中只承认菩萨种姓及不定姓种姓的人群，可以获得菩提，其他三种种姓人群无缘菩提，所以说只有权教中菩萨种姓及不定种姓的人群，才是《起信》等教理所适宜的人群；如果从实教的立场言，则一切众生皆是般涅槃种姓，一切众生都有机会获得菩提成佛，所以实教中一切种姓的众生人群都是此教所适宜的人群。

这样问题的关键集中在两点：（一）定性声闻、缘觉，他们的种姓可否得以改变？（二）无种姓人，是否“永无种姓”？法藏在本段中主要讨论的是第二个问题，即到底有没有绝对“无种姓”众生的问题。

我们看到，法藏在回答这一问题时，主要引用了《宝性论》《佛性论》《楞伽经》的理论。

其一，他引用了《宝性论》和《佛性论》中共通的说法，如《宝性论》：“向说一阐提常不入涅槃，无涅槃性者，此义云何？为欲示现谤大

---

① 《大乘起信论义记》，《大正藏》第44册，No. 1846，第243页下。

乘因故。此明何义？为欲回转诽谤大乘心、不求大乘心故，依无量时故，如是说；以彼实有清净性故，不得说言彼常毕竟无清净性。”[1]《佛性论》：“问曰：若尔，云何佛说众生不住于性，永无般涅槃耶？答曰：若憎背大乘者，此法是一阐提因，为令众生舍此法故。若随一阐提因，于长时中，轮转不灭。以是义故，经作是说。若依道理，一切众生皆悉本有清净佛性，若永不得般涅槃者，无有是处。”[2] 不难看出，《宝性论》与《佛性论》中的这两段文字意义基本相同，其文本依据显然可以视为同源。

其二，法藏此处又引用《佛性论》的说法：“故经中说：一阐提人堕邪定聚，有二种身：一本性法身，二随意身。佛日慧光照此二身。法身者，即真如理；随意身者，即从如理起佛光明，为怜悯阐提二身者：一为令法身得生，二为令加行得长，修菩提行，故观得成。复有经说：阐提众生决无般涅槃性。若尔，二经便自相违。会此二说，一了、一不了，故不相违。言有性者，是名了说；言无性者，是不了说。”[3]《佛性论》这段文字，认为一切众生有佛性的说法，是了义说；部分众生无佛性的说法，是不了义说。

其三，法藏这里还提示可据《楞伽经》的相关文字，予以证成。《楞伽经》：“复次，大慧！此中一阐提，何故于解脱中不生欲乐？大慧！以舍一切善根故，为无始众生起愿故。云何舍一切善根？谓谤菩萨藏，言：‘此非随顺契经调伏解脱之说。’作是语时，善根悉断，不入涅槃。云何为无始众生起愿？谓诸菩萨以本愿方便，愿一切众生悉入涅槃，若一众生未涅槃者，我终不入。此亦住一阐提趣，此是无涅槃种性相。大慧菩萨言：‘世尊！此中何者毕竟不入涅槃？’佛言：‘大慧！彼菩萨一阐提，知一切法本来涅槃，毕竟不入，非舍善根。何以故？舍善根一阐提，以佛威力故，或时善根生。所以者何？佛于一切众生无舍时故。是故菩萨一阐提不入涅槃。’”[4]《楞伽经》亦成立五种种姓：声闻乘种姓，缘觉乘种姓，如来乘种姓，不定种姓，无种姓。其中的无种姓，又分为两种：（一）菩萨一阐提，（二）舍善根一阐提。后者因菩萨之悲愿，因佛陀之威力，可

---

① 《究竟一乘宝性论》，《大正藏》第 31 册，No. 1611，第 831 页上。

② 《佛性论》，《大正藏》第 31 册，No. 1610，第 787 页下。

③ 同上书，第 800 页中。

④ 《大乘入楞伽经》，《大正藏》第 16 册，No. 0672，第 597 页下。

以复生善根，而得涅槃；而菩萨则懂得一切众生本来涅槃，因悲愿增上而不入涅槃。所以，按照《楞伽经》的种姓理论，即便已断善根之众生，也还是有获得菩提的机会的。

以上三部经典的经文，意义是一致的，它们都旨在证成一切众生有获得菩提成就觉性的可能性，世界上没有绝对无种姓的众生。法藏的著作中关于种姓问题的讨论甚多，《大乘起信论义记》的这段讨论，只是其中一例。这显示法藏如来藏思想对于种姓问题的高度重视，从中我们可以看到南朝以来佛性问题讨论的深刻影响，而这种影响正好反映出佛教中国化最正面的思想价值。以上三部如来藏思想代表性的经典中，如前所论，《宝性论》是印度大乘佛教中代表如来藏思想意识自觉及理论体系建构阶段的著作，《楞伽经》是代表如来藏一系思想与阿赖耶识一系思想融合阶段的经典，而《佛性论》的性质大致同于《楞伽经》，也被学者认为是"基于《宝性论》及《瑜伽师地论》，分别代表如来藏的理论及唯识学的理论，并试图将二种理论融合起来"的著作。[①] 这三部经典的理论背景，存在上述不同，故其佛学思想中心，也容有一定差异。但是法藏在此处同时引证三部如来藏系经典著作，他的重点是着意三者之同，而非着意三者之异。所以以包容的、融合的方法，调动如来藏思想一切阶段、一切倾向的理论资源，综合运用，依托《大乘起信论》为诠释的基础，证成如来藏思想的核心方向，构建如来藏思想的诠释体系，这是法藏这部著作的主要方法和特点。有无绝对无种姓人的问题，不仅是印度大乘佛教思想中存在重大争议的问题，也是南北朝以来中国佛教思想中最为核心的问题，法藏上面所引证的三部经论，是正视这一佛教思想难题并确认无种姓人可以成佛的重要经论，而在这三部经论中，《宝性论》又是最为系统、最为深入地阐释佛性如来藏理论的一部论典。所以，法藏本疏当然是要依据《起信论》的阐释建构如来藏的系统理论，但由上述证成"永无种姓，非尽理说"的方式和思想而言，《宝性论》在其依据《起信论》阐释展开的如来藏思想建构中，其实具有基础性的地位！

---

① 参考 Jikido Takasaki（高崎直道）：*A Study on the Ratnagotravibhāga*（*uttaratantra*），*Being a Treatise on the tathāgatagarbho Theory of Mahayana Buddhism*，Serie Orientale Roma，XXXIII，p. 49。

(5)“众生法身，义一名异”

同样在“教所被机”第四门中，法藏继续讨论佛性论的问题如下：

> 问：如有难言：若诸众生等有佛性，必当得佛，则众生虽多，要当有尽，是为大过。又若悉有性，令最后菩萨阙利他行，以无所化诸众生故，阙行成佛，不应道理。又令诸佛利他功德亦则断绝，以无所化机缘感故。如是三难，若为得通？答：此所设难，并由妄见众生界故，妄起此难。故《不增不减经》云：“大邪见者，见众生界增，见众生界减。以不如实知一法界故，于众生界起增减见。”问：我所说义，扶此经文。何者？若诸众生悉皆有性，并当解脱，则众生有减。今立有此无性众生常在世间，故无增减。答：若尔，汝于有性既起减见，即于佛界必起增见，此增减见不离汝执。当知经意明一切众生一时成佛，佛界不增，众生界不减。故彼经云：“众生即法身，法身即众生，众生法身，义一名异。”解云：况众生界如虚空界，设如一鸟飞于虚空，从西向东，逕百千年，终不得说东近而西远。何以故？以虚空无分齐故。亦不得云总不飞行，以功不虚故。当知此中道理亦尔。非有灭度令有终尽，非无终尽有不灭度故。众生界甚深广大，唯是如来智所知境，不可辄以狂心，限量斟酌，起增减见。既其无尽，是故三难无不能离。[①]

法藏在这里先举出敌方的立场：如果一切众生皆可成佛，在理论上则会产生三种过失：(一) 众生有尽，(二) 最后菩萨阙利他行，(三) 诸佛利他功德断绝。法藏此处是引用《不增不减经》批评上面这种观点，是经中言：

> 舍利弗！大邪见者，所谓见众生界增、见众生界减。舍利弗！此大邪见诸众生等，以是见故，生盲无目，是故长夜妄行邪道，以是因

① 《大乘起信论义记》，《大正藏》第44册，No. 1846，第243页下。

> 缘，于现在世堕诸恶趣。舍利弗！大险难者，所谓取众生界增、坚着妄执，取众生界减、坚着妄执。舍利弗！此诸众生坚着妄执，是故长夜妄行邪道，以是因缘，于未来世堕诸恶趣。舍利弗！一切愚痴凡夫，不如实知一法界故、不如实见一法界故，起邪见心，谓众生界增、众生界减。①

法藏此处引用《不增不减经》，说明正是因为人们不能如实理解“一法界”的道理，所以才会产生众生界增、众生界减的想法。进一步，法藏指出：人们如果产生众生界增、众生界减的想法，必然同时产生佛界有减有增的想法。因此，法藏进而引用该经的说法：“是故舍利弗！不离众生界有法身，不离法身有众生界；众生界即法身，法身即众生界。舍利弗！此二法者，义一名异。”② 也就是说，如果我们如实理解众生界与如来法身之完全同一性，也就如实理解了“一法界”的道理。理解了众生与法身二者之间绝对的同一性，乃是克服增减邪见的关键。

法藏此段话中两次引用《不增不减经》，以证成从终极的层次否弃无种姓说，不会导致类似“众生有尽”等三层理论上的困扰。《不增不减经》也是印度大乘佛教如来藏系统的宗经之一，同时也是《宝性论》在系统构建如来藏思想时所依据的重要经典。如上面法藏所引“是故舍利弗！不离众生界有法身”这一段经文，在《宝性论》中，也已经加以引用：

> 所有凡夫、圣人、诸佛如来自性清净心，平等无分别，彼清净心，于三时中，次第于过失时，于功德时，于功德清净毕竟时，同相无差别。犹如虚空在瓦、银、金三种器中平等无异、无差别，一切时有。以是义故，经中说有三时次第。如《不增不减经》言：“舍利弗！不离众生界有法身，不离法身有众生界。众生界即法身，法身即众生界。舍利弗！此二法者，义一名异故。”③

---

① 《佛说不增不减经》，《大正藏》第16册，No.0668，第466页上。

② 同上书，第467页中。

③ 《究竟一乘宝性论》，《大正藏》第31册，No.1611，第832页中。

考此段文字在《宝性论》梵本中对勘如下：

yāsau pṛthagjanāryasaṁbuddhānāmavikalpacittaprakṛtiḥsā tisṛṣvavasthāsu yathākramaṁdoṣeṣvapi guṇeṣvapi guṇaviśuddhiniṣṭhāyāmapi sāmānyalakṣaṇatvādākāśamiva mṛdrajatasuvarṇabhājaneṣvanugatānupraviṣṭā samā nirviśiṣṭā prāptā sarvakālam | ata evāvasthānirdeśānantaramāha | tasmācchāriputra nānyaḥ sattvadhāturnānyo dharmakāyaḥ | sattvadhātureva dharmakāyaḥ | dharmakāya eva sattvadhātuḥ | advayametadarthena | vyañjanamātrabheda iti①

我们可以新译如下：

在异生、圣贤、诸佛那里的无分别自性心，在三个分位中，即渐次地，在诸过患中，在诸品德中，及在究竟清净的品德中，也都由于有共相性，因而遍及、进入其中，在一切时间得为平等的、无有差异的，就如同虚空，遍及、进入泥土、白银、金子所成的器具中，在一切时间得为平等的、无有差异的。

因此，在解说分位之后，佛陀经中说言：“因此，舍利弗！没有相异的众生界，没有相异的法身。众生界就是法身，法身就是众生界，以意义言，此二者不二，仅仅言辞差异而已。”②

我们在上引法藏那段讨论众生界增减见文字的末尾，看到他写道：“众生界甚深广大，唯是如来智所知境，不可辄以狂心，限量斟酌，起增减见。”这一“众生界甚深广大”，因而只是“如来智所知境”的观点，其实同样出自《不增不减经》，只是法藏在此处未加明确说明而已。该经

① 中村瑞隆：《梵汉对照究竟一乘宝性论研究》，《世界佛学名著译丛》76，华宇出版社1989年版，第79—80页。

② 参考 Jikido Takasaki（高崎直道）：*A Study on the Ratnagotravibhāga*（*uttaratantra*），*Being a Treatise on the tathāgatagarbho Theory of Mahayana Buddhism*，Serie Orientale Roma，XXXIII，pp. 233 – 234。

中涉及的这一段如下：

> 尔时世尊告慧命舍利弗："此甚深义，乃是如来智慧境界，亦是如来心所行处。舍利弗！如是深义，一切声闻、缘觉智慧所不能知、所不能见，不能观察，何况一切愚痴凡夫而能测量？唯有诸佛如来智慧，乃能观察知见此义。舍利弗！一切声闻、缘觉所有智慧，于此义中唯可仰信，不能如实知见观察。舍利弗！甚深义者即是第一义谛，第一义谛者即是众生界，众生界者即是如来藏，如来藏者即是法身。"①

《不增不减经》中的这段话，在《宝性论》中同样得到引用，勒那摩提的译文是：

> 依众生义故，如来经中告舍利弗言：舍利弗！言众生者，乃是诸佛如来境界。一切声闻、辟支佛等，以正智慧不能观察众生之义，何况能证？毛道凡夫于此义中唯信如来。是故舍利弗！随如来信此众生义。舍利弗！言众生者，即是第一义谛。舍利弗！言第一义谛者即是众生界。舍利弗！言众生界者即是如来藏。舍利弗！言如来藏者即是法身故。②

所以我们看到：法藏此处引用《不增不减经》中的有关说法，核心思想是证成众生、法身的同一性，或"众生法身，义一名异"的理念，以便于人们克服在众生、佛陀问题上的增减见，确证从终极角度肯定无种姓众生悉有佛性、可以成佛的理念，不会导致佛法理论上的任何淆乱。而同样的论点和经证，也全部出现在《宝性论》中。从《宝性论》对《不增不减经》上述经文的引用可以看出，《宝性论》的重点是说明两点：（一）从凡夫、圣人到佛，如来藏自性清净心本来一贯，所以众生不异法身，这是从理论上证成众生不异法身；（二）众生有界，名为"众生界"

① 《佛说不增不减经》，《大正藏》第 16 册，No. 0668，第 467 页。

② 《究竟一乘宝性论》，《大正藏》第 31 册，No. 1611，第 821 页上。

（即如来藏），众生界的内涵深厚广大，唯有佛眼可见，佛智可知，非凡夫、二乘乃至菩萨可以知见，惟有从佛智、佛眼的角度，方可确证众生界即法身，这是从实践上证成众生不异法身。

所以，法藏这段讨论，虽然表面上没有引用《宝性论》，但透过他对《不增不减经》的引用，及《不增不减经》相关经文在《宝性论》中明确得以引证的事实，我们发现不仅在正面肯定无种姓众生有佛性、可成佛的理论角度，甚至在深度证成无种姓众生有佛性、可成佛的理论角度，《宝性论》思想都具有在深厚学理层面规范佛性问题，而为一般如来藏系经典所不可替代的高度价值。基于上述事实，我们无法理解，法藏在诠释《起信》，讨论如来藏系统的佛性问题时，如何可以离开《宝性论》的佛理规范呢？

（6）“广明三种不思议变异生死”，以证成“二乘回心”

如前已说，定姓二乘（声闻种姓及缘觉种姓）的“回小向大”，即“二乘回心”的问题，是确保一切众生悉有佛性、皆能成佛理论的另一个重要关键。如果二乘不能改变思想观念，那么他们业已确定的种姓，就会把他们引到他们所谓的涅槃状态中，而不可能生起度众的广大悲愿，乃至圆满无上菩提。法藏在《起信论》注疏第四门中，同样处理了这个棘手的问题。他说：

> 二乘回心者，若不定种姓未入无余前，即有回心，此不待言。若决定种姓，未入无余前，定不回心。要入无余，方有回心。以二乘人本来不得无余依涅槃界故。《佛性论》第三云：“二乘人有三种余：一烦恼余，谓无明住地；二业余，谓无漏业；三果报余，谓意生身、变易身也。”又《无上依经》《胜鬘经》《宝性论》等，广明无漏界中有三种不思议变易生死，谓声闻、缘觉、大力菩萨。若言此中二乘是不定种姓，理必不然，以未回心，有分段故；回心已去，是渐悟菩萨，非二乘故；论说二乘有三种余，非菩萨故：当知定是二乘自位无余依中，大乘说彼有三种故。然彼二乘既不能知此三余故，是故化火烧分段身，入无余依，法尔皆有变易报残，而彼不知，谓为涅槃，而

实但是未烧身前期以灭智所得灭定，《法华论》云“方便入涅槃城”故。涅槃城者，诸禅三昧城。过彼城已，令入大般涅槃城故。解云：以此当知：二乘无余，体虽灭定，亦通方便，故云诸禅也。由彼二乘根有利钝，灭定防心，种有强弱，是故在定，极迳八万，乃至一念，由佛根欲性智为增上缘力，又由本有佛性之力，令心还生于净土中。逢佛菩萨善友力故，修大乘道。[①]

法藏在这段文字中，重点论述二乘人“本来不得无余依涅槃界”。法藏这里提出的经论证据如下：

其一，他引用《佛性论》“二乘人有三种余”的说法，证明二乘人其实并不能获得无余涅槃，唯有佛才可以获得无余涅槃。

其二，他引用《无上依经》《胜鬘经》《宝性论》等，“广明无漏界中有三种不思议变易生死”。如《无上依经》：“阿难！一切阿罗汉、辟支佛、大地菩萨，为四种障，不得如来法身四德波罗蜜。何者为四？一者生缘惑，二者生因惑，三者有有，四者无有。何者生缘惑？即是无明住生一切行，如无明生业。何者是生因惑？是无明住地所生诸行，譬如无明所生诸业。何者有有？缘无明住地，因无明住地所起无漏行三种意生身，譬如四取为缘，三有漏业为因，起三种有。何者无有？缘三种意生身，不可觉知微细堕灭，譬如缘三有中生念念老死。无明住地一切烦恼是其依处未断除故，诸阿罗汉及辟支佛、自在菩萨，不得至见烦恼垢浊习气臭秽究竟灭尽大净波罗蜜；因无明住地起轻相惑，有虚妄行未灭除故，不得至见无作无行极寂大我波罗蜜；缘无明住地因微细虚妄起无漏业，意生诸阴未除尽故，不得至见极灭远离大乐波罗蜜；若未能得一切烦恼诸业生难永尽无余，是诸如来为甘露界，则变易死断流灭无量，不得至见极无变异大常波罗蜜。”[②]《胜鬘经》：“世尊！又如取缘有漏业因而生三有，如是无明住地，缘无漏业因，生阿罗汉、辟支佛、大力菩萨三种意生身。此三地，彼三种意生生及无漏业生，依无明住地，有缘非无缘。是故三种意生及无漏

---

① 《大乘起信论义记》，《大正藏》第 44 册，No. 1846，第 243 页下。

② 《佛说无上依经》，《大正藏》第 16 册，No. 0669，第 472 页上。

业，缘无明住地。”[①] 《宝性论》：“声闻、辟支佛、得大力自在菩萨，为证如来功德法身第一彼岸，有四种障。何等为四？一者缘相，二者因相，三者生相，四者坏相。缘相者，谓无明住地，即此无明住地与行作缘，如无明缘行，无明住地缘亦如是故。因相者，谓无明住地缘行，即此无明住地缘，行为因，如行缘识，无漏业缘亦如是故。生相者，谓无明住地缘，依无漏业因，生三种意生身，如四种取缘、依有漏业因、而生三界，三种意生身生亦如是故。坏相者，谓三种意生身生身缘不可思议变易死，如依生缘故有老死，三种意生身缘不可思议变易死亦如是故。又一切烦恼染皆依无明住地根本，以不离无明住地。声闻、辟支佛、大力菩萨，未得远离无明住地垢，是故未得究竟无为净波罗蜜；又即依彼无明住地缘，以细相戏论习未得永灭，是故未得究竟无为我波罗蜜。又即缘彼无明住地，有细相戏论集因无漏业，生于意阴，未得永灭，是故未得究竟无为乐波罗蜜。以诸烦恼染业染生染未得永灭，是故未证究竟甘露如来法身。以未远离不可思议变易生死常未究竟，是故未得不变异体，是故未得究竟无为常波罗蜜。又如烦恼染，无明住地亦如是。如业染，无漏业行亦如是。如生染，三种意生身及不可思议变易死亦如是。如《圣者胜鬘经》言：世尊！譬如取缘，有漏业因，而生三有。如是，世尊！依无明住地缘，无漏业因，生阿罗汉、辟支佛、大力菩萨三种意生身。世尊！此三乘地三种意生身生，及无漏业生，依无明住地有缘非无缘。如是等《胜鬘经》中广说应知。”[②] 从以上引文中，也不难看到，法藏所引《无上依经》《胜鬘经》《宝性论》这三部如来藏系经典关于三种意生身的说法，也是同源的。《宝性论》此处，正是引用《胜鬘经》的意生身理论，并加以论证；《无上依经》的说法，则是抄录《宝性论》的有关说法，并加以发挥。包括《宝性论》在内这三部经典的意生身理论，都证成阿罗汉、辟支佛、大力菩萨这三种人不得具备乐常我净四德的真正的大涅槃。

其三，法藏此处还引用了《法华论》的说法，这里法藏所谓的《法华论》，是指世亲所作的《法华经优波提舍》，这是世亲注解《法华经》的一部注疏著作。后魏北天竺三藏菩提留支共沙门昙林等，译有此论。其

① 《胜鬘师子吼一乘大方便方广经》，《大正藏》第12册，No. 0353，第220页上。

② 《究竟一乘宝性论》，《大正藏》第31册，No. 1611，第829页下。

中有言："第四人者，方便令入涅槃城故。涅槃城者，所谓诸禅三昧城故。过彼城已，然后令入大涅槃城故。"[①]《宝性论》译者勒那摩提也译了此论，同一段落译文是："第四人者，方便令入涅槃城故。涅槃城者，诸禅三昧城，过彼城已，令入大涅槃城故。"[②] 可以看出，以上两译文字大同。世亲《法华论》这段文字，见于其对《法华经·譬喻品》的解释中，世亲认为《法华经》自《譬喻品》开始，说了七种譬喻，是"为七种具足烦恼性众生"而说，目的是"对治七种增上慢"。所谓七种烦恼众生中的第四种人，是"实无而有增上慢人，以有世间三昧三摩跋提，实无涅槃而生涅槃想；对治此故，说化城譬喻应知"。[③] 简言之，第四种人是未得谓得、未证谓证的增上慢人，他们未得、未证涅槃，但自认为已得、已证，他们所谓的"涅槃"，其实只是世间禅那三昧而已。法藏在解释《法华论》这段话时，指出二乘的涅槃"体虽灭定，亦通方便"，把《法华经》中具格用法的"方便"，理解成了主格意义上的"方便"，所以他说二乘的无余涅槃，既是灭定，也是方便。无论是《法华论》此处以禅定界说二乘无余涅槃的性质，还是法藏此处以既是禅定又是方便诠释二乘无余涅槃的性质，都是旨在证成二乘行人没有获得真正意义上的大涅槃。

所以，为了证明"二乘回心"，确保一切众生有佛性的理念，法藏运用了包括《宝性论》在内的一系列如来藏系经论的思想，同时也融合了《法华》经论中佛以方便化现涅槃城的有关思想。《宝性论》和《法华论》都成为法藏《起信论》注疏中疏导二乘回心问题、确保一切众生成佛这一如来藏系根本理论方向的重要思想资源。我们从这里的分析，再度充分感受到法藏《起信论》诠释中对于《宝性论》思想学说的高度重视，也可以充分感受到法藏如来藏学诠释所具有的那种兼容并蓄的思想特色。

(7) 引《宝性论》佐证《起信论》三宝信仰

法藏解释《起信论》的第十门，是"随文解释门"。在这一门中，法

① 《妙法莲华经优波提舍》，《大正藏》第26册，No. 1519，第8页中。

② 《妙法莲华经论优波提舍》，《大正藏》第26册，No. 1520，第17页中。

③ 同上。

藏也多次引用了《宝性论》，来与《起信论》的文字、义理相互参证。如他在解释《起信论》开头皈依三宝部分的文字中，实际上就是引用《宝性论》的说法，来证成《起信论》开头三宝皈依的文字。

《大乘起信论》开头说言：

> 归命尽十方，最胜业遍知，色无碍自在，救世大悲者，及彼身体相，法性真如海，无量功德藏，如实修行等。[①]

首先，法藏认为：这里“最胜业遍知，色无碍自在，救世大悲者”三句，是指“佛宝”，所以，这几句是《起信论》中皈依佛宝的文字。其中，关于“遍知，色无碍”等几句，法藏认为：这几句包含了佛的身语意三业，其中，“遍知”，主要指“意业”；“无碍”，主要指“身业”；“悲救”，主要是指“语业”。

其次，法藏认为这几句是在表显佛陀“二利”之不同，其中，“遍知”等，“别显自利德”；救世等，“别显利他德”；而“二利圆满”，则是佛。

再者，法藏以“三德”来分析这段话。他认为：“遍知，显佛大智功德；二、色无碍，明佛大定功德；三、救世等，明佛大悲功德。”[②] 要之，法藏这部分对《起信论》经文的解释，是以三业、二利、三德这些范畴，来理解和诠释《起信论》皈依佛陀文字中的佛德一项。

而在《宝性论》阐释佛宝的部分，我们可以隐约看到一些类似的解释结构。如《宝性论》言：“佛宝所摄八种功德，何等为八？一者无为体，二者自然，三者不依他知，四者智，五者悲，六者力，七者自利益，八者他利益。”[③] 这是从八个方面解释佛宝所具备的品质。我们看到，其中就有自他二利，有悲、智、力等。可知，法藏对《起信论》皈依偈“佛德”的分析，与《宝性论》中对于佛德的界说，存在一定的对应关系。

---

① 《大乘起信论》，《大正藏》第 32 册，No. 1666，第 575 页中。

② 《大乘起信论义记》，《大正藏》第 44 册，No. 1846，第 247 页上。

③ 《究竟一乘宝性论》，《大正藏》第 31 册，No. 1611，第 822 页下。

另外，法藏在这段解释文字中，还分别引证了《胜鬘经》："如来色无尽，智慧亦复然"，及《佛性论》"悲者，能小暂救济，不能真实救；大悲者，能永救济，恒不舍离"。而这两部经典，也都是与《宝性论》存在密切关系的如来藏系核心经典。所以法藏对《起信论》皈依三宝偈中佛德的解释，与《宝性论》思想系统佛德理念之间的关系，是可以确认的。

再次，法藏认为："及彼身体相，法性真如海，无量功德藏"三句，是《起信论》皈依偈中诠释"法宝"的部分。法藏认为这里"体相"中的体，指体大；相，指相大。体、相二大，概括了法宝。"法性真如海"一句，是解释"体大"；"无量功德藏"一句，是解释"相大"。法藏在解释"相大"时说："释相大中，谓此法身如来藏中，含摄蕴积无边恒沙性功德，故云藏。"这里"法身如来藏"一词，把"法身"与"如来藏"两个术语，糅合为一个术语，表达法身即如来藏，如来藏即法身之义。如我们所知，《宝性论》认为：真如在缠即如来藏，真如出缠即法身。不管是在缠还是出缠，真如恒常不变，所以如来藏与法身是本质一贯的，这正是《宝性论》中最核心的理念之一。如《宝性论》卷四《无量烦恼所缠品》第六中，两次提到"法身如来藏"的说法："又复略说此如来藏，修多罗中明一切众生界从无始世界来客尘烦恼染心，从无始世界来净妙法身如来藏不相舍离。"① 又如："又如是出世间法身如来藏，非颠倒众生境界。"② 可见法藏是依据《宝性论》中"法身"与"如来藏"内在统一的理路，来理解、诠释《起信论》中的"无量功德藏"的，所以法藏对于《起信论》中法宝概念的诠释，与《宝性论》法宝理念的内在联系，是可以约略窥见的。

又次，法藏认为"如实修行等"，是《起信论》皈依偈中有关僧宝的部分。他说：

> 如实修行等　第三僧宝者，僧通凡圣，宝唯圣位，圣通大小，菩萨为胜。是故此中唯归地上大菩萨僧，谓证理起行，名如实修。下文

---

① 《究竟一乘宝性论》，《大正藏》第31册，No.1611，第837页中。

② 同上书，第840页上。

> 云："依法力熏习，是地前行；如实修行，是地上行；满足方便，是地满位。"此中"等"者，举中等取前后也。又依《宝性论》，就地上菩萨约正体、后得说二修行。彼论云："一如实修行，了如理一味；二遍修行，备知一心，有恒沙法界。"今此文中举正体，等取后得，故云等也。依《法集经》，总括万行，为二修行。彼经云："如实修行者，发菩提愿；不放逸修者，谓满菩提愿。复次如实修行者，谓修行布施；不放逸修者，不求报等。"此中亦举初等取后可知。①

法藏在解释《起信论》皈依僧宝之说时，首先提出："是故此中唯归地上大菩萨僧，谓证理起行，名如实修。"这种以"地上大菩萨僧"代表"如实修"的"僧宝"的说法，正是出自《宝性论》。如《宝性论》中说过："依大乘法宝，有不退转菩萨僧宝。以是义故，次法宝后，示现僧宝。"② 这里所说的"不退转菩萨僧宝"，就相当于法藏解释中说的"地上大菩萨僧"。

法藏这里还引用《宝性论》关于"修行"的说法，来解释《起信》皈依僧偈中的"如实修行"："又依《宝性论》，就地上菩萨约正体、后得，说二修行。"《宝性论》中的相关原文，勒那摩提古译如下：

> 又有二种修行，谓如实修行，及遍修行，难证知义。如实修行者，谓见众生自性清净佛性境界故，偈言"无障净智者，如实见众生，自性清净性，佛法身境界"故。遍修行者，谓遍十地一切境界故，见一切众生有一切智故。又遍一切境界者，以遍一切境界，依出世间慧，见一切众生乃至畜生有如来藏应知。彼见一切众生有真如佛性，初地菩萨摩诃萨以遍证一切真如法界故。偈言"无阂净智眼，见诸众生性，遍无量境界"故。③

按照《宝性论》，见到众生自性清净心佛性境界，这是"如实修行"；

---

① 《大乘起信论义记》，《大正藏》第 44 册，No. 1846，第 248 页上。

② 《究竟一乘宝性论》，《大正藏》第 31 册，No. 1611，第 824 页中。

③ 同上书，第 824 页下。

遍十地一切境界，见到一切众生都有如来藏，乃至见到地狱、畜生众生中，也都有如来藏，这是“遍修行”。法藏认为，《宝性论》说的两种修行，是根据地上菩萨正体、后得（根本智及后得智）而说。而《起信论》所谓“如实修行”，是就菩萨正体“如实修行”而言；“等”字，则表示等取后得“遍修行”菩萨而言。我们看到，法藏在解释《起信论》“如实修行等”这句话时，提出了三种诠解的模式：（一）根据《起信论》内文，“如实修行”指菩萨地上行，“等”者指地前行及地满行；（二）根据《宝性论》，“如实修行”约地上菩萨“正体”修行而言，“等”者约地上菩萨“后得”修行而言；（三）根据《法集经》，总括万行，为二修行。法藏此处虽然只是铺陈三种解释模式，并未表示自己的取舍，不过由于他对于“僧宝”本质的界定采取《宝性论》“地上大菩萨僧”的说法，因而他此处诠释《起信论》的皈依僧宝说，是根据《宝性论》僧宝理论及其对于修行的划分而来，是可以确定的。

我们知道：《宝性论》有七金刚句为论体的说法，七金刚句中前三金刚句，即佛宝、法宝、僧宝，可以说《宝性论》是大乘佛教论书中非常自觉地将三宝范畴纳入教法思想构架核心范畴的一部论书。所以，法藏此处注疏《起信论》三宝皈依偈文及义理，有意、无意中采纳了很多《宝性论》的说法及理论，由此足见《宝性论》文字、思想对法藏《起信论》诠释及如来藏思想的深刻影响。

（8）引《宝性论》证成《起信论》“真如空不空”义

《大乘起信论》中，有如下一段：

> 真如者，依言说分别，有二种义。云何为二？一者、如实空，以能究竟显实故；二者、如实不空，以有自体，具足无漏性功德故。所言空者，从本已来一切染法不相应故，谓离一切法差别之相，以无虚妄心念故。当知真如自性，非有相、非无相、非非有相、非非无相、非有无俱相，非一相、非异相、非非一相、非非异相、非一异俱相。乃至总说，依一切众生以有妄心念念分别皆不相应故说为空，若离妄心实无可空故。所言不空者，已显法体空无妄故，即是真心常恒不变

净法满足，故名不空，亦无有相可取，以离念境界，唯证相应故。[①]

《起信论》中立心真如门、心生灭门，其中在心真如门所立的真如，究竟是何意义呢？《起信论》立空、不空二义以阐释之。这种以空、不空二义解释真如，实际上是出自以空如来藏、不空如来藏解释如来藏性质的思想传统。

如《胜鬘经》中说：

世尊！有二种如来藏空智。世尊！空如来藏，若离、若脱、若异一切烦恼藏。世尊！不空如来藏，过于恒沙不离、不脱、不异、不思议佛法。[②]

作为此《胜鬘经》异译本的《大宝积经》之《胜鬘夫人会》中，这样翻译这一段：

世尊！此如来藏空性之智复有二种。何等为二？谓空如来藏，所谓离于不解脱智一切烦恼。世尊！不空如来藏，具过恒沙佛解脱智不思议法。[③]

与《胜鬘经》理论上属于同一系统，从如来藏思想发展逻辑上而言偏后的《入楞伽经》，在这个问题上的说法是：

大慧！言刹尼迦者，名之为空，阿梨耶识名如来藏，无共意转识熏习故，名为空；具足无漏熏习法故，名为不空。

《楞伽》这里指出，称名“阿赖耶识”的如来藏，具有空、不空二义。

---

① 《大乘起信论》，《大正藏》第 32 册，No. 1666，第 576 页上。

② 《胜鬘师子吼一乘大方便方广经》，《大正藏》第 12 册，No. 0353，第 221 页下。

③ 《大宝积经》，《大正藏》第 11 册，No. 0310，第 675 页下。

而在《宝性论》中，引用了《胜鬘经》的上述说法，如《宝性论》中说：“佛法不相离者，依此义故，《圣者胜鬘经》言：‘世尊！不空如来藏，过于恒沙不离不脱不思议佛法故。’”① 关于《胜鬘经》中的空如来藏、不空如来藏之说，《宝性论》中还有如下的专题解释：

> 不空如来藏，谓无上佛法，
> 不相舍离相，不增减一法，
> 如来无为身，自性本来净，
> 客尘虚妄染，本来自性空。
>
> 此偈明何义？不减一法者，不减烦恼。不增一法者，真如性中不增一法，以不舍离清净体故，偈言“不相舍离相，不增减一法”故。是故《圣者胜鬘经》言：“世尊！有二种如来藏空智。世尊！空如来藏，若离若脱若异一切烦恼藏。世尊！不空如来藏，过于恒沙不离不脱不异不思议佛法”故。如是以何等烦恼，以何等处无，如是如实见知，名为空智；又何等诸佛法，何处具足有，如是如实见知，名不空智。如是明离有无二边，如实知空相，此二偈中，明如是义。又众生若离如是空智，彼人则是佛境界外，名不相应，不得定，不得一心。以是义故，名散乱心失空众生。何以故？以离第一义空智门无分别境界，不可得证，不可得见。是故《圣者胜鬘经》言：“世尊！如来藏智名为空智。世尊！如来藏空智者，一切声闻辟支佛等，本所不见，本所不得，本所不证，本所不会。世尊！一切苦灭，唯佛得证，坏一切烦恼藏，修一切灭苦道”故。如是此如来藏，以法界藏故，身见等众生不能得见，已说以身见相对治真实法界未现前故。又如是出世间法身如来藏，非颠倒众生境界，已说以无常等世间法对治出世间法界未现前故。又如是自性清净法界如来空藏，非散乱心失空众生境界，已说以烦恼垢客尘染，空自性清净功德法不相舍离出世间法身得名故。此明何义？又依一味等味法界无差别智门观察出世间自性清净法身，是名如实知见真如。是故经说：“十住菩萨唯能少分见如来

① 《究竟一乘宝性论》，《大正藏》第31册，No. 1611，第835页中。

藏，何况凡夫二乘人等。”[①]

因此，我们在这里可以确定：《起信论》中所谓真如空、不空二义，与如来藏系经典空如来藏、不空如来藏之说，存在对应关系，而对于如来藏空、如来藏不空义的解说，以《宝性论》的相关论说为最系统，最深透。

尤其是，在这一部分诠释文字中，法藏特别就真如不空之德，作出如下的阐释：

> 即是真心常恒不变净法满足，则名不空。
>
> 次正显不空。不空之德，翻对妄空。略论四种。故《宝性论》云：“一者以常故不生，离意生身故；二者以恒故不死，离不思议退故；三者不变故不老，无无漏业故；四者清凉故不病，无烦恼习故。”此中净法，当彼论清凉，以离惑染故。又真心者，举体也。常者，常德也。恒者，乐德也，以离变易苦故。不变者，我德也，以非业所系自在故。净法者，净德也。[②]

法藏这段诠释中明确引用了《宝性论》的以下说法，来阐述《起信论》所谓真如“不空”的内涵：

> 以常故不生，离意生身故；
> 以恒故不死，离不思议退；
> 清凉故不病，无烦恼习故；
> 不变故不老，无无漏行故。
>
> 此偈明何义？明如来性，于佛地时，无垢清净，光明常住，自性清净。以本际来常，故不生，以离意生身故；以未来际恒，故不死，以离不可思议变易死故；以本后际来清凉，故不病，以离无明住地所摄

① 《究竟一乘宝性论》，《大正藏》第 31 册，No. 1611，第 840 页上。
② 《大乘起信论义记》，《大正藏》第 44 册，No. 1846，第 254 页上。

故。若如是者，不堕三世，彼则不变，是故不老，以离无漏业回转故。[①]

《宝性论》这一部分文字，是说明在佛地时，如来性（觉者性，觉性）具备不生、不死、不病、不老诸特性，这是因为在佛地时，离意生身，离变异死，离无明住地，离无漏业，所以佛地的如来性具有常、恒、清凉、不变四德。法藏认为《起信论》这里所的“真心常恒不变净法满足，则名不空”一句，真心，就是揭示真如之体，即《宝性论》说的“如来性”；常、恒、不变、净法，分别与《宝性》“常恒清凉不变”对应。所以，我们据此完全可以得出结论：法藏这里确实是依据《宝性论》的如来藏空不空的理念，来证成《起信论》真如空不空之说的。

（9）引《宝性论》三种金刚句证成《起信论》“本觉”之“智净相”及“不思议业相”

《大乘起信论》言：

> 本觉随染分别生二种相，与彼本觉不相舍离。云何为二？一者、智净相，二者、不思议业相。智净相者，谓依法力熏习，如实修行，满足方便故，破和合识相，灭相续心相，显现法身，智淳净故。此义云何？以一切心识之相皆是无明，无明之相不离觉性，非可坏非不可坏。如大海水因风波动，水相风相不相舍离，而水非动性，若风止灭动相则灭，湿性不坏故。如是众生自性清净心，因无明风动，心与无明俱无形相、不相舍离，而心非动性。若无明灭相续则灭，智性不坏故。不思议业相者，以依智净，能作一切胜妙境界，所谓无量功德之相常无断绝，随众生根自然相应，种种而现，得利益故。[②]

《起信论》这段话的主旨，是说本觉“随染分别”，则生成二相，即“智净相”，及“不思议业相”。

---

① 《究竟一乘宝性论》，《大正藏》第31册，No.1611，第835页上。

② 《大乘起信论》，《大正藏》第32册，No.1666，第576页下。

那么，《起信论》所谓的“本觉”是指什么呢？按照《起信论》的说法：“心生灭者，依如来藏故有生灭心，所谓不生不灭与生灭和合，非一非异，名为阿梨耶识。此识有二种义，能摄一切法、生一切法。云何为二？一者、觉义，二者、不觉义。所言觉义者，谓心体离念。离念相者，等虚空界无所不遍，法界一相即是如来平等法身，依此法身说名本觉。何以故？本觉义者，对始觉主说，以始觉者即同本觉。始觉义者，依本觉故而有不觉，依不觉故说有始觉。又以觉心源故名究竟觉，不觉心源故非究竟觉。”① 《起信论》是在心生灭门中谈阿赖耶识所具有的“觉”与“不觉”二义，依“觉”义而谈“本觉”，依“不觉”义而谈“始觉”。而《起信》所言的“本觉”，又是根据“如来平等法身”而言。所以，印顺导师在解释《起信论》“本觉”说的性质时，认为：“本觉，即所说的如来藏具足无量性功德。”② 也就是说，《起信论》所说的“本觉”就是具足无量功德的如来藏。

至于《起信论》这里所谓“本觉”随染分别而生的二种相：“智净相”，“不思议业相”，印顺导师的解释是：“一者智净相，即本觉，也即是如来藏舍离杂染时所起的智清净相，究竟圆满的觉体；二者不思议业相，即成佛以后，从清净智所起的不思议业相。”③ 所谓“究竟圆满的觉体”，相当于《起信论》前引文字中讲的“究竟觉”，因而就是指佛的菩提；所谓“成佛以后，从清净智所起的不思议业相”，指的就是由菩提而起的佛业。所以根据印顺导师极为精深而富于创意的解释，“本觉”是如来藏，“智净相”是佛菩提，“不思议业相”是佛业，而如来藏、佛菩提、佛业，本是《宝性论》七种金刚句中的三种金刚句，我们可以见出《起信论》核心理念与《宝性论》如来藏思想架构之间的亲密联系！

上述印顺导师诠解《起信论》的理路，能够启发我们理解法藏的相关疏释。例如，关于《起信论》心生灭门中的本觉究竟是什么？我们看到法藏以下的解说：

> 由此本觉内熏不觉，令成厌求，返流顺真，故云用也。此释经中

---

① 《大乘起信论》，《大正藏》第32册，No.1666，第576页下。

② 印顺：《大乘起信论讲记》，《印顺法师佛学著作全集》卷三，中华书局2009年版，第84页。

③ 同上。

由有如来藏故能厌生死苦，乐求涅槃也。涅槃经云：阐提之人未来佛性力故，还生善根。彼言佛性力者，即此本觉内熏之力耳。此中佛者是觉，性者是本，故名佛性为本觉也。[①]

我们看到，这是法藏明确地引证《胜鬘经》及《涅槃经》的说法，说明《起信论》中生灭门所讲的“本觉”，就是《胜鬘经》所言众生生命中所本具的如来藏，正是此如来藏在生命中绵绵不绝的存在及其影响，才使得人们生起厌弃生死、追求涅槃的理想追求；“本觉”也就是《涅槃经》所讲的“佛性”，这个“佛性”正是阐提之人终极而言必有成佛可能性的内在保障。法藏上面所引的《胜鬘经》的经文，曾明确为《宝性论》所引用，以证成其佛性如来藏之说：“若无佛性者，不得厌诸苦，不求涅槃乐，亦不欲不愿。”[②] 所以，法藏是以佛性、如来藏诠释《起信论》中的“本觉”，而这一诠释理路显然是与《宝性论》的如来藏说一致的。

再者，关于《起信论》生灭门“本觉”随染而生的二种相，法藏解释说言：

云何为二？一者智净相，二者不思议业相。言智净相者，明本觉随染还净之相；不思议业相者，明还净本觉业用之相。此之二相若离染缘则不得成，故云随染也。

智净相者，谓依法力熏习，如实修行，满足方便故。因中依法力熏习者，谓真如内熏之力，及所流教法外缘熏力，此在地前，依此熏力，修习资粮、加行善根。登地已上，行契证如，故云如实修行。十地行终，故云满足方便，此在金刚，因位极也。[③]

不思议业相者，以依智净相，能作一切胜妙境界，谓与众生作六根境界故。《宝性论》云：“诸佛如来身，如虚空无相，为诸胜智者，作六根境界。示现微妙色，出于妙音声，令嗅佛戒香，与佛妙法味，

① 《大乘起信论义记》，《大正藏》第44册，No. 1846，第270页中。
② 《究竟一乘宝性论》，《大正藏》第31册，No. 1611，第831页上。
③ 《大乘起信论义记》，《大正藏》第44册，No. 1846，第259页下。

使觉三昧触，令知深妙法。”故名妙境界也。[1]

法藏以“本觉随染还净之相”，解释“智净相”，这一过程中，是依靠佛性如来藏内熏之力，及与真理相应的教化之力，历次资粮位、加行位，而菩萨十地修行，最后在金刚心位达成圆满。显然，法藏这里所谈的“智净相”，就是以佛菩提为目标，渐次证得佛菩提的过程。

法藏以“还净本觉业用之相”，解释“不思议业相”，也就是说“不思议业相”是以净智为依据的业用，这当然就是指佛的清净三业。并且在关于《起信论》“不思议业相”的诠释中，法藏很清楚地征引了《宝性论》关于佛业的说法。

所以，我们可以清晰地看到，法藏对《起信论》的上述解释，是以其“本觉”为佛性、如来藏，以“本觉”二相分别为佛菩提及佛业，即以《宝性论》中的如来藏、佛菩提、佛业三种金刚句来理解《起信论》心生灭门的大义，这与20世纪印顺导师再释《起信》的努力方向，其实是高度的一致！《起信论》一心开二门的理论架构，及心生灭门中说本觉、始觉二义，可谓其如来藏思想及佛学思想的核心，而这些理念又一向是十分难以理解的，法藏、印顺两位大师都是在自觉及不自觉的理论意识中，完成了引《宝性论》三种金刚句理解、诠释《起信论》核心义理的诠释理路，这不仅让《起信论》的学理架构变得易解，也让我们再一次有足够的证据说明：在以法藏为代表的中国佛教《起信论》诠释及相关的如来藏思想诠释中，其实是深透着《宝性论》思想理论及思想结构的智慧的！

（10）引《宝性论》证成《起信论》佛报、化二身之业

《起信论》在解释“本觉”的部分，尚有下面三句话，前面一部分分析中已经引用过：

所谓无量功德之相常无断绝，随众生根，自然相应，种种而现，

① 《大乘起信论义记》，《大正藏》第44册，No. 1846，第260页中。

得利益故。[①]

法藏解释说：

> 于中四句：一、横显业德，广多无量；二、竖显业根，深穷未来际；三、显业胜能，无功应机；四、显业胜利，益润不虚。如此，则是报、化二身，真如大用，无始无终，相续不绝故。[②]

他根据“横显业德”“竖显业根”“显业胜能”“显业胜利”的四重阐释，证明《起信论》此处所谈者，正是指佛陀报、化二身的业用。法藏接着解说：

> 如《金光明经》云：应身者，从无始生死相续不断故，一切诸佛不共之法能摄持故，众生不尽，用亦不尽，故说常住。《宝性论》云：“何者成就自身利益，谓得解脱，远离烦恼障、智障，得无障碍清净法身，是名成就自身利益。何者成就他身利益？既得成就自身利已，无始世来自然依彼二种佛身，示现世间自在力行，是名成就他身利益。”[③]

他此处分别引用《金光明经》及《宝性论》的佛业理论。所引《宝性论》文字，梵本对勘如下：

> yattu dvividhaṁlokottaram avikalpaṁtatpṛṣṭhalabdhaṁca jñānam āśrayaparivṛtter hetur visaṁyogaphalasaṁjñitāyāḥ। tatkarma svaparārthasaṁpādanamityuktam। tatra katamā svaparārthasaṁpat। yā savāsanakleśajñeyāvaraṇavimokṣādanāvaraṇadharmakāyaprāptiriyamucyate svārthasaṁ pattiḥ। yā tadūrdhvam ā lokādanābhogataḥkāyadvayena saṁdarśanadeśanāvibhutv-

---

① 《大乘起信论》，《大正藏》第 32 册，No. 1666，第 576 页下。

② 《大乘起信论义记》，《大正藏》第 44 册，No. 1846，第 260 页下。

③ 同上。

advayapravṛttiriyamucyate parārthasaṁpattirit । [①]

【新译】前面已经说过：有二种智慧：出世间无分别智，以及此后得智。它们是以远离果所称名的转依之因。而其作业，则被称为是成办自利及成办利他。在这里，何为成办自利及成办利他呢？

（一）若是由于解脱带有习气的烦恼、所知二种障碍，获得无障碍的法身，这就被称为“成办自利”。

（二）若是在此之后，直至在世间，无须努力，就用二种身体，使得示现、教化二种神奇能力出现，这就被称为“成办利他”。[②]

所引的《宝性论》这段话，是证成佛陀以法身成就自利，以报、化二身成就利他，此正是《宝性论》的佛德理论及佛身理论。可见，法藏这里也是依据《宝性论》的佛德、佛身理论，来理解及诠释《起信论》的佛身理论的。

(11) 以《宝性论》证成《起信论》“觉体相”之“因熏习镜”“法出离镜”二种大义

《起信论》中又成立“觉体相”有四种大义，即（一）如实空镜；（二）因熏习镜；（三）法出离镜，（四）缘熏习镜。[③] 这里所谓的“觉体相”，按照印顺导师的读解，是指《起信论》将论中前面所讲的本觉、始觉、究竟觉等综合在一起，显示“觉”的“体相”，即“觉”所具有的本质特征。[④] 论中先以如虚空、如净镜两个譬喻，来说明“觉体相”的性

① 中村瑞隆：《梵汉对照究竟一乘宝性论》，《世界佛学名著译丛》76，华宇出版社 1989 年版，第 161 页。

② 参考 Jikido Takasaki（高崎直道）：*A Study on the Ratnagotravibhāga*（*uttaratantra*），*Being a Treatise on the tathāgatagarbho Theory of Mahayana Buddhism*，Serie Orientale Roma，XXXIII，pp. 318－319。

③ 《大乘起信论》，《大正藏》第 32 册，No. 1666，第 576 页下。

④ 印顺：《大乘起信论讲记》，《印顺法师佛学著作全集》卷三，中华书局 2009 年版，第 90 页。

质，是说这种觉，如虚空广大无碍，如明镜朗照外物。不过论中比较强调觉的后一特征，所以这里所谓的“觉”之四种大义，均以“镜”来形容之。[①] 印顺导师还指出：四种大义中，“如实空镜”，就是真如二义中的如实空义；“因熏习镜”，就是真如二义中的如实不空义；“法出离镜”，就是本觉随染二相中的“智净相”；“缘熏习镜”，就是本觉随染二相中的“不思议业相”。[②] 我们这里重点关注“觉”之四种大义中的第二义、第三义，根据前面的疏释，我们知道二者也就分别是佛性如来藏义及佛菩提之义。

《起信论》中自释其第二、第三大义如下：

> 二者、因熏习镜。谓如实不空，一切世间境界悉于中现，不出不入、不失不坏，常住一心，以一切法即真实性故；又一切染法所不能染，智体不动，具足无漏，熏众生故。
>
> 三者、法出离镜。谓不空法，出烦恼碍、智碍，离和合相，淳净明故。[③]

我们看法藏在解释此义时，再次引用了《宝性论》的理论：

> 染法不能染者，以性净故。虽现染法，非染所污。非直现染之时非染所染，亦乃由现染故反显本净。如镜明净，能现秽物，秽物现时，反显镜净。岂此秽物能污镜耶，若不现染，则无以显其不染也。智体不动者，以本无染，今无始净。是故本觉之智未曾移动。又虽现染法，不为所染，故云不动，如镜中像随质转变，然其镜体未曾动也。具足无漏等者，此本觉中恒沙性德无所少也，又与众生作内熏之因，令厌生死乐求涅槃。故《胜鬘经》“由有如来藏，能厌生死苦，乐求涅槃”也。《佛性论》云：“自性清净心名为道谛”也。又十种佛性中业性也。

---

① 印顺：《大乘起信论讲记》，《印顺法师佛学著作全集》卷三，中华书局 2009 年版，第 90 页。

② 同上书，第 91、92、94、95 页。

③ 《大乘起信论》，《大正藏》第 32 册，No. 1666，第 576 页下。

三者、法出离镜，谓不空法，出烦恼碍、智碍，离和合相，淳净明故。

第三中，初标、次释。言法出离者，谓真如之法，出于二障，离于和合，故云出离。前明在缠性净不空如来藏，今明不空出缠离垢法身。如《宝性论》云："有二净：一自性净，以同相故；二离垢净，以胜相故。"

不空法者，出法体也，谓即前因熏，出烦恼等者，粗细染心，名烦恼碍；所依无明，名智碍。离和合等者，净心出障，破业识等和合也。离和合杂相，故名淳；无惑染，故名净；出无明，故名明。谓大智慧光明等，故云淳净明也。①

法藏这里所引《宝性论》的原文，根据勒那摩提的译文是：

又复略说有二种法，依此二法如来法身有净波罗蜜应知。何等为二？一者本来自性清净，以同相故；二者离垢清净，以胜相故。有二种法，依此二法如来法身有我波罗蜜应知。何等为二？一者远离诸外道边，以离虚妄我戏论故；二者远离诸声闻边，以离无我戏论故。有二种法，依此二法如来法身有乐波罗蜜应知。何等为二？一者远离一切苦，二者远离一切烦恼习气。此以何义？云何远离一切苦？以灭一切种苦故，以灭一切意生身故。云何远离烦恼习气？以证一切法故。有二种法，依此二法如来法身有常波罗蜜应知。何等为二？一者不灭一切诸有为行，以离断见边故；二者不取无为涅槃，以离常见边故。以是义故，《圣者胜鬘经》中说言："世尊，见诸行无常，是断见，非正见；见涅槃常，是常见，非正见。妄想见故，作如是见故。"②

【梵本】

samasato dvābhyāṁkāraṇābhyāṁtathāgatadharmakāye śubhapāramitā

---

① 《大乘起信论义记》，《大正藏》第 44 册，No. 1846，第 261 页下。

② 《究竟一乘宝性论》，《大正藏》第 31 册，No. 1611，第 830 页下。

veditavyā | prakṛtipariśuddhyā sāmānyalakṣaṇena | vaimalyapariśuddhyā viśeṣalakṣaṇena | dvābhyāṁkāraṇābhyāmātmapāramitā veditavyā | tīrthikāntavivarjanatayā cātmaprapañcavigamācchrāvakāntavivarjanatayā ca nairātmyaprapañcavigamāt | dvābhyāṁkāraṇābhyāṁsukhapāramitāṁveditavyā | sarvākāraduḥkhasamudayaprahāṇataśca vāsanānusaṁdhisamudghātāt sarvākāraduḥkhanirodhasākṣātkaraṇataśca manomayaskandhanirodhasākṣātkāraṇāt | dvābhyāṁkāraṇābhyāṁnityapāramitā veditavyā | anityasaṁsārāpakarṣaṇātaścocchedāntāpatanān nityanirvāṇāsamāropaṇataśca śāśvatāntāpatanāt | yathoktam | anītyāḥsaṁskārā iti ced bhagavan paśyeta sāsya syāducchedadṛṣṭiḥ | sāsya syānna samyagdṛṣṭiḥ | nityaṁnirvāṇamiti ced bhagavan paśyeta sāsya syācchāśvatadṛṣṭiḥ | sāsya syānna samyagdṛṣṭiriti | ①

【新译】总略而言：

根据两个理由，我们可以理解如来法身的净波罗蜜多，即（一）以本性清净的共相而言，（二）以离垢清净的殊相而言。

根据两个理由，我们可以理解如来法身的我波罗蜜多，即（一）以舍弃外道之边（见），止息关于“我”的戏论；（二）以舍弃声闻之边（见），止息关于“无我”的戏论。

根据两个理由，我们可以理解如来法身的乐波罗蜜多，即（一）以断除一切种类的苦之根源，破坏习气之链接；（二）以实证灭一切种类苦，实证灭意生蕴。

根据两个理由，我们可以理解常波罗蜜多，即（一）以不减少无常的轮回，不陷入切断这一极端；（二）以不增益恒常的涅槃，不陷入恒常这一极端。

如经中所说：“薄伽梵啊！假使一个人这样认为：‘诸行无常。’那么此人就会有断见，此人就不会有正见；薄伽梵啊！假使一个人这样认为：

① 中村瑞隆：《梵汉对照究竟一乘宝性论》，《世界佛学名著译丛》76，华宇出版社1989年版，第67页。

‘涅槃恒常。’那么此人就会有常见，此人就不会有正见。”[①]

根据梵本、新译，我们可以清楚地看出，《宝性论》这段话是谈论如来法身所具净常乐我四德的问题。其中，在讨论如来法身之第一德即“净德”时，《宝性》谈到二种清净：（一）自性清净，（二）离垢清净。法藏这里说：“前明在缠性净不空如来藏，今明不空出缠离垢法身”，即认为《起信论》这里所说“觉”之第二种大义“因熏习镜”一义乃是讨论“在缠性净不空如来藏”，第三种大义“法出离镜”一义则是讨论“不空出缠离垢法身”，参照前面所引《宝性论》说的二种清净，前者即讨论真如在缠的“自性清净”，后者即讨论真如出缠的“离垢清净”。因此，前者是指“如来藏”，后者是指“佛菩提”。

我们知道自性清净、离垢清净这二种清净的理论，并不始于《宝性论》，但是《宝性论》中将二种清净的理论与真如在缠的如来藏、真如出缠的佛菩提结合起来，从而形成“如来藏”“佛菩提”二种金刚句，其中，又以如来藏概念思想为轴心，展开其全部的佛法思想，则确实是《宝性论》最有特色的思想创造![②] 我们在法藏对于《起信论》觉之四种大义尤其是第二义、第三义的诠释中，见证了《宝性论》中真如在缠、真如出缠（有垢真如、离垢真如）思想模式的深刻影响。

（12）关于“不清净摩尼宝”的譬喻

在《大乘起信论》中，有一个关于不清净摩尼宝的譬喻，论中用来说明体认真如及其与发起修行二者之间的关系。《起信论》中的原文是：

> 问曰：上说法界一相、佛体无二，何故不唯念真如，复假求学诸

---

① 参考 Jikido Takasaki（高崎直道）：*A Study on the Ratnagotravibhāga（uttaratantra），Being a Treatise on the tathāgatagarbho Theory of Mahayana Buddhism*，Serie Orientale Roma，XXXIII，pp. 218－219。

② 《宝性论》：“真如有杂垢者，谓真如佛性未离诸烦恼所缠如来藏故。及远离诸垢者，即彼如来藏转身到佛地得证法身，名如来法身故。”参见《究竟一乘宝性论》，《大正藏》第 31 册，No. 1611，第 827 页上。

善之行？

答曰：譬如大摩尼宝，体性明净，而有矿秽之垢。若人虽念宝性，不以方便，种种磨治，终无得净。如是众生真如之法，体性空净，而有无量烦恼染垢。若人虽念真如，不以方便种种熏修，亦无得净。以垢无量，遍一切法故，修一切善行，以为对治。若人修行一切善法，自然归顺真如法故。[①]

关于这个譬喻，我们在法藏这部《起信论》注疏中，没有看到他有什么特别的说明。不过我们在法藏另一部著作中，则幸运地见到他引用了《起信论》的这个譬喻：

问：准上文所说，真如一相，佛体无二，具足一切功德者，何故要须威仪等戒行耶？

答：譬喻大摩尼宝，体性明净，久被尘累，而有粗秽之垢。若人唯念宝性，不以种种磨治，终不得净。真如之法体性空净，久被无明烦恼垢染，若人唯念真如，不以持戒、定、慧种种熏修，终无净时。准此义故，理须持戒也。[②]

两相比较，可以看到法藏这段话中不仅文字与《起信论》中的文字一致，二者所论的道理也完全相通。似乎在这部分文字中，法藏还有意识地诠解了《起信论》中的那段话。由此可以看出法藏对《起信论》这段文字，是非常重视的。

我们在《宝性论》中，同样能够找到相关的譬喻：

为清净彼佛性义故，又复即于此《陀罗尼自在王经》中，说如来业已，次说不清净大毗琉璃摩尼宝喻。是故经言："善男子！譬如善巧摩尼宝师，善知清净大摩尼宝，向大摩尼宝性山中，取未清净诸摩尼宝。既取彼宝，以严灰洗。严灰洗已，然后复持黑头发衣，以用

---

① 《大乘起信论》，《大正藏》第 32 册，No. 1666，第 580 页下。

② 《修华严奥旨妄尽还源观》，《大正藏》第 45 册，No. 1876，第 638 页下。

揩磨。不以为足，勤未休息。次以辛味饮食汁洗，食汁洗已，然后复持衣缠裹木，以用揩磨。不以为足，勤未休息。次后复以大药汁洗，药汁洗已，次后复更持细软衣，以用揩磨。以细软衣，用揩磨已，然后远离铜铁等矿毗琉璃垢，方得说言大琉璃宝。”善男子！诸佛如来亦复如是，善知不净诸众生性。知已，乃为说无常苦无我不净，为惊怖彼乐世众生，令厌世间，入声闻法中。而佛如来不以为足，勤未休息。次为说空无相无愿，令彼众生少解如来所说法轮。而佛如来不以为足，勤未休息，次复为说不退法轮，次说清净波罗蜜行，谓不见三事，令众生入如来境界。如是依种种因，依种种性，入佛法中，入法中已故，名无上最大福田。①

可以看出，大摩尼宝譬喻的源头，是《陀罗尼自在王经》，《宝性论》引用之，《起信论》也引用之。在《陀罗尼自在王经》及《宝性论》中，善巧摩尼宝师善知摩尼宝性，故一方面知摩尼宝具有清净性，另一方面又能不懈怠地研磨之，所以最后能得到正宗摩尼宝。经论中以之譬喻佛陀一方面知道众生皆有佛性，一方面又不懈怠地广设各种方便教化，从而使得众生都能真正有机会获得净化。

《起信论》中引用这个摩尼宝譬喻，重点则在说明每个人都一方面要了解自己内具的清净本性、真如佛性，一方面又要不断修学，精勤用功，所以在学理上设定人人皆具清净佛性，与强调后天的努力修持，学理和功夫之间，是完全不矛盾的，这二者之间的关系，甚至可以说是十分辩证的。

我们从《起信论》中引用这个不清净摩尼宝譬喻，及法藏在其著作中对这一譬喻的引用和发挥，再次感受到《宝性论》的如来藏思想传统，无论在文字方面，在譬喻方面，还是在义理方面，对于中国佛教如来藏学思想和思维的传统，都确确实实存在着深刻的和内在的影响。

① 《究竟一乘宝性论》，《大正藏》第31册，No. 1611，第821页中。

简要的结论

根据以上的讨论，我们可以得出以下几条结论：

（1）作为如来藏系统一位重要思想家，法藏为《大乘起信论》所作的注疏，可以充分说明这位如来藏思想家对于《大乘起信论》的重视，但是却不能由此事实证明法藏不重视《起信论》以外的如来藏思想资源，尤其是如《宝性论》所代表的印度大乘佛教如来藏思想意识自觉及理论系统建构阶段的思想资源。思考法藏《起信论》理解、诠释中《宝性论》思想因素的实质影响，才是客观解答这个问题的学术方法。

（2）法藏在《大乘起信论义记》中，广泛引用了包括《宝性论》在内的诸多大乘经典，单以他提到的经名来统计：《宝性论》（9 次）、《胜鬘经》（8 次）、《无上依经》（1 次）、《不增不减经》（2 次）、《楞伽经》（19 次）、《佛性论》（9 次）、《华严经》（15 次）、《法华经》（3 次）、《摄大乘论》（29 次）。可见如来藏系的经典，唯识系统的经典，以及华严系的经典，都得到大量的引用，这是法藏《起信论》疏证著作中表现出来的显著的注疏风格和特色。如来藏系经典中，尤其《宝性论》《佛性论》等论典，得到了法藏更多的引用和关注。唯识经典、华严系经典，同如来藏系经典一样被广泛引用，足以说明法藏的如来藏思想建构和诠释，具有开放包容的思想气质和学术方法；历史上如来藏学系建构不同阶段、不同倾向的思想资源，都得到他不加分别的重视和使用，说明其《起信论》诠释及其相关的如来藏思想建构，有着显著的融合性的思想特色。

（3）在这部《起信论》注疏中，如同法藏其他几部晚年定论阶段的著作一样，他都特别明确了佛教四宗、大乘三宗，及大乘第三宗为“如来藏缘起宗”的判教思想，《宝性论》和《起信论》被他视为如来藏宗最为核心和最为基础性的论典。所以法藏对《宝性论》佛学思想、佛理价值持高度重视的立场，这一点是不言而喻的，也是无须置疑的。在《宝性论》和《起信论》之间无所轩轾，平等并尊，应当是法藏的基本价值立场。我们并未读到法藏对《起信论》与《宝性论》思想差异问题的太多的讨论，事实上在汉地先出、被认为是马鸣作品的《起信论》，与在汉地后出、被认为是坚慧作品的《宝性论》之间，寻找共通性、一致性，以《宝性论》的理论印证《起信论》的理论，乃至以《宝性论》的理论证成《起信论》的理论，应当才是法藏相关诠释工作的基本关切和学术目标。

（4）在法藏这部《起信论》注疏中，不仅在注疏前的通论部分，已经广泛地引用《宝性论》的很多文字和思想，在随文释义的部分，也引用了《宝性论》的许多文字和思想，说明法藏本疏中对于《宝性论》的引用不是随意和漫不经心的，《宝性论》的文字和义理，实际上深刻地影响法藏的如来藏思想，也深刻地和明显地影响了法藏这部《起信论》注疏著作的内容。诸如："宅中宝藏"譬喻的引用，表明法藏这部《起信》注疏对于"佛陀本怀"问题的考量受到《宝性论》《法华经》等教法思想的重要影响；对于《起信论》"义丰文约，解行俱兼"的评论，及其适合末世"中下"根性的定位，足以反衬法藏对《宝性论》崇高佛学价值的推重；判定《宝性》与《起信》是"如来藏缘起宗"的两部核心宗论，清晰彰显法藏对《宝性论》与《起信论》思想价值平等尊重的立场；无论在正面肯定无种姓众生具有佛性、终可成佛的理论方面，在深度证成无种姓众生具有佛性、终可成佛的理论方面，还是在"二乘回心"问题的理论疏证方面，法藏都重视引证以《宝性论》为中心的如来藏系经典以证成，凸显这部经典在规范佛性如来藏问题上不可替代的权威性；有关《起信》真如空不空义的诠释，可以看出《宝性论》"空如来藏不空如来藏"思想的影响；有关《起信》三宝皈依文字的诠释，可以看出《宝性论》佛法僧宝三种金刚句的影响；有关《起信》"本觉"及其二相问题的讨论，可以看出《宝性论》如来藏、佛菩提、佛业三种金刚句的影响；有关《起信》佛身论的诠释，可以看出《宝性论》佛德、佛身理论的影响；有关"觉"的第二义、第三义的讨论中，更加彰显《宝性论》有垢真如、离垢真如理论模式的深刻影响；有关"不清净摩尼宝喻"的例子，也可说明《宝性论》文字、譬喻、思想对法藏的影响之深。

所以，法藏并非不重视《宝性论》的如来藏思想价值，相反我们应当说法藏是高度重视《宝性论》的如来藏思想价值。《宝性论》的如来藏思想理论及其思维模式，对于法藏有重要而深刻的影响，而这种影响体现在其《起信论》注疏著作中，这是我们根据上述客观考量完全可以得出的结论。

（5）在中国佛教思想史上，尤其是在20世纪中国现代佛教思想史上，有关《大乘起信论》著作者身份及其佛学价值的争议，一直是一个有很大影响力的事件。我们在本章中考察并证实法藏的《起信论》理解与诠释，实际上深受《宝性论》如来藏思想及其思维模式的影响，而《宝性论》在印度大乘佛教如来藏思想史上的地位及其权威性是无可争议的，由此我们可以为《起信论》佛学思想及佛学价值问题找到新的最好的思考方向。20世纪中国现代佛教学者中，印顺导师在理解、诠释《起信论》时，坚持以如来藏系解释如来藏系的思想思路，并且其对《宝性论》的研究，就汉系佛教历史而言，可以说自唐代的法藏大师之后无出其右者，所以印顺《起信论》诠释立场、方法与法藏相关工作的相似性、延续性，应当引起我们后人的重视。

第二十章　从印顺导师的《宝性论》研究看其对20世纪中国佛教学术思想的贡献

印顺导师没有写就一部关于《宝性论》完整的专题研究著作，这是作为后辈佛学研究者的我们在阅读其相关佛教思想史著作时，感到深深遗憾的！这是因为，我们在其大量的文章、论著中，可以感受到他对《宝性论》这部大乘佛教论典，显然有着非同寻常的关注！印顺导师对于这部佛教论书内涵、性质及其价值的定位，显然与其佛教学术思想中关于大乘三系问题的考量，特别是关于如来藏学系地位的确定，存在重要而密切的关系。他晚年实在应该写一部专题的《宝性论》研究，以表达他对大乘三系问题及如来藏佛学价值问题最完整的看法！遗憾的是可能是因为年老体弱，他最后没有精力再进行这项工作。不过幸运的是，在其一系列研究著作，如《印度之佛教》（1942）、《如来藏之研究》（1981）、《印度佛教思想史》（1987）等书中，其实已经包含了其《宝性论》研究的所有要点，同时这些著作也可以反映促动其不断深入如来藏问题研究的学术脉络和思想脉络。所以在这里不揣鄙陋，试对印顺导师这一方面的学术工作及相关学术思想略加评述，以求教于方家。

第一节　汉系佛教思想史上对《宝性论》学术思想难得稀有的开创性研究

《宝性论》，汉译全名是：《究竟一乘宝性论》，是由后魏时期来华的中印度三藏勒那摩提所译。此论11世纪由梵译藏，亦有梵本传世。

《宝性论》是印度大乘佛教一部重要论典，汉系佛教相传此论作者为坚慧，也有认为世亲曾注疏此论，不过现存汉译未载明本论的著者究竟为何人；藏系佛教相传此论的“本论”部分是由弥勒菩萨所造，“释论”部分则是由无著所造。虽然在此论作者的问题上存在上述争议，在汉、藏两系佛教的思想传统中，却向来都把这部《宝性论》视为有重要特殊思想价值、具有重要特殊思想地位的一部大乘论典。

本章的相关研究，主要是以汉地佛教的情况为背景展开讨论。如华严宗祖师法藏（643—712年）在晚年组织其分宗判教学说时，成立佛教四宗、大乘三宗之说，其中大乘的第三宗，法藏即根据《宝性论》《起信论》等论书确立。如法藏在所著《大乘法界无差别论疏》中说：

> 谓现今东流一代圣教，通大小乘，及诸权实，总有四宗：一、随相法执宗，谓《阿含》等经，《婆沙》等论；二、真空无相宗，谓《般若》等经，《中》《百》等论；三、唯识法相宗，谓《深密》等经，《瑜伽》等论；四、如来藏缘起宗，谓《楞伽》《密严》等经，《起信》《宝性》等论。①

在其另一部重要著作《大乘起信论义记》中，法藏也说：

> 现今东流一切经论，通大小乘，宗途有四：一、随相法执宗，即小乘诸部是也；二、真空无相宗，即《般若》等经，《中观》等论所说是也；三、唯识法相宗，即《解深密》等经，《瑜伽》等论所说是也；四、如来藏缘起宗，即《楞伽》《密严》等经，《起信》《宝性》等论所说是也。②

我们看到：法藏这两部书中的表述完全相同，即以《起信论》《宝性论》“等论”，作为他所判定的“如来藏缘起宗”根本依据的论典。

同样代表法藏晚年定论思想的另一部重要著作《入楞伽心玄义》中，他也有同样的判教分宗的主张：

---

① 《大乘法界无差别论疏》，《大正藏》第44册，No.1838，第61页下。

② 《大乘起信论义记》，《大正藏》第44册，No.1846，第242页上。

> 初宗立七十五法，有为、无为，执实之法，如小乘说。二破彼前宗所立法相，荡尽归空，性无所有，二空真理，相想俱绝，如《般若》等经，《中观》等论。三法相宗中，立三性三无性、有为无为、色心等百法，皆依识心之所建立，如《深密经》《瑜伽》等论说。四实相宗，会前教中所立法相，莫不皆依如来藏缘起称实显现，如金作严具，如此《楞伽》及《密严》等经，《起信》《宝性》等论说。[1]

这里的说法，四宗的名称，还没有前面所引两部著作中那样规范，但实质内容则大同，尤其此书简要概括四宗思想义理的要点，正好可以补充前两部著作之不足。《宝性论》和《起信论》再次并列在一起，同样作为佛教第四宗（这里称为“实相宗”）的根本论书。

法藏法师以上三部著作形成于其一生不同的阶段，但是这三部著作判定印度全体佛法为四宗，审定大乘佛教三宗思想体系，并且以《宝性论》与《起信论》“等论”并列为大乘第三宗即如来藏缘起宗（或实相宗）的基本支撑性经论的意见，在其晚年成熟思想中非常明确而一贯，足以代表法藏大师最后的定论学说。法藏大师是中国佛教华严宗的实际创宗者，是唐代中期中国佛教学者中最有影响的一位佛学大师，也是由汉迄唐汉系佛教中具有重大原创性思想贡献的一位鼎级佛学导师，所以他对《宝性论》的价值研判，在相当程度上可以代表中国佛教或中国化佛教对于《宝性论》思想价值理解及重视的程度！

可是，问题的另一面也如我们所知：在法藏所判定代表大乘佛教第三系宗要思想的一组基本经论中，他为《大乘起信论》做过《大乘起信论义记》；对于另一部与《宝性论》关系极为密切的论书，《大乘法界无差别论》，法藏也做过注疏著作；对于第三系大乘所依据的宗经之一，《入楞伽经》，法藏写过《入楞伽心玄义》。但是法藏却没有为《宝性论》写过一部专门的解释著作，虽然在他所著大量经论注疏著作中，处处可以看到他在引用《宝性论》的文字、义理，也处处可以体会到他对《宝性论》思想义理的高度重视。

考论为什么法藏如此看重《宝性论》，但却没有留下有指导意义的

---

① 《入楞伽心玄义》，《大正藏》第39册，No. 1790，第426页中。

《宝性论》研究著作，这是一个很有学术意义的课题，却不是我们在此所要关心的课题。这里仅需指出两点即可：（一）可能法藏个人倾向认为中土学佛人士的根性，是更适合学习、受持篇幅短小而义理精深的经典，我们绝对相信这是他在《宝性论》和《法界无差别论》两部有密切血缘关系的印度如来藏学系论典之间有所抉择，并最后选择后者以申论、建立其如来藏思想的重要理由；（二）可能法藏晚年对《大乘起信论》有更加高度的重视，可能正是由于这个因素的影响，导致中晚唐以后的中国佛教知识界，没有形成专研讨论《宝性论》的风气，几乎所有的学者都把目光投向了《起信论》。汉系佛教高度重视如来藏系思想信仰传统，也高度认知《宝性论》的重要学术思想地位，却没有给予必要的精力来深度探究《宝性论》的学术思想，这是一个历史的遗憾，却也是中国佛教思想史中客观存在的一个事实。

明晰了以上中国佛教思想史的实际状况，我们或许才能体会印顺导师《宝性论》研究在中国佛教思想发展中的特殊地位：印顺导师在《如来藏之研究》等书中有关《宝性论》专题阐发的部分，是自从《宝性论》这部伟大佛教经典著作传到汉地之后，中国佛教思想史上对其具有专题性质、难得稀有的一个开创性研究，印顺导师这一部分研究工作在汉系佛教学术思想、文化信仰开展中非同凡响的价值及地位，由这个角度已经可见一斑！

第二节　现代国际佛学背景下一流学术水准的《宝性论》研究

19—20 世纪是人类社会大踏步跨入全球化的世纪，是中国文化、社会逐步融入世界、与世界接轨的世纪，当然也是中国佛教文化、学术思想逐渐与全球佛教学术、文化交流、互动的世纪。在这一全球化、国际化的背景和浪潮下，佛教学术文化研究开始愈来愈具有国际化的趋势和品格。我们这里考察的《宝性论》研究，也正是在这样的背景下相应迎来了一个跨越式的变化和发展。

例如：

1931 年，由佛教学者 E. Obermiller 根据藏文本将此论释论部分翻译成了英文，题目为："The Sublime Science of the Great Vehicle to Salvation Being a Manual of Buddhist Monism. The Work of Arya Maitreya, with a Commentary by aryasanga"（*Acta Orientalia*, Vol. 9, 1931, pp. 81 – 306）。

梵本方面，H. W. Bailey 和 Dr. E. H. Johnston 两位教授，公开发表 1935 年敦煌出土的《宝性论》断简（H. W. Bailey & E. J. Johnston, "A Fragment of the Uttaratantra in Sanskrit", *Bulletin of the School of Oriental Studies*, Vol. VIII, 1935 – 1937, pp. 77 – 83）。1949 年在上海将重要部分英译为了：*A Fragment of the Uttaratantra in Sanskrit*。

《宝性论》的梵文本，则是由 Rahula Sankrtyayana 在西藏发现，E. H. Johnston 予以校正后，于 1950 年出版（E. H. Johnston & T. Chowdhury, eds, "The Ratnagotravibhaga Mahayanottaratantrasastra", Patna: *Bihar Research Society*, 1950）。

日本学者宇井伯寿，则于 1960 年代出版了《宝性论研究》（Hoshoron Kenkyu）。

对《宝性论》梵本真正进行深入研究的，是日本学者高崎直道先生 1966 年出版的《宝性论研究》一书：*A Study on the Ratnagotravibhaga, Being a Treatise on the tathagatagarbha Theory of Mahayana Buddhism*，此书内容甚为丰富，包括了一个研究性导言，这部著作的一个摘要，根据梵文经典的英文翻译，梵藏汉比较研究，详细而丰富的注释等等。此书收于 *Serie Orientale XXXIII*。

另外一位日本学者中村瑞隆，则根据 Dr. E. H. Johnston 的梵文版，完成《宝性论》梵本与古代汉译的逐段对勘研究，他在导言部分并将他关于该论作者、译者、思想，该论与其他几部如来藏系论书的关系等问题的研究结论，概要地提炼和发表了出来。中村瑞隆这部著作曾收于华宇出版社所编《世界佛学名著译丛》，是其中的第 76 册，此书介绍到华语学界，对中国学者的《宝性论》研究产生了重要的学术影响。印顺导师晚年所作的相关研究，就曾从中村瑞隆严谨细致的研究工作中获得启发。

从以上的简述不难看到：正是随着全球化的进程，随着佛教学术研究的国际化，在 20 世纪上半期及中期，以《宝性论》文献为主的研究，曾经一度成为一个颇为热门的国际佛学研究专题。

而同一阶段的汉语佛教学界，严格遵循现代学术规范、具有现代学术意义的《宝性论》文献及思想的研究，可以说仍然付之阙如。一个例外是欧阳竟无先生所主持的南京支那内学院，该院在20世纪20—30年代，曾经编集一套旨在汇集最重要佛典的《藏要》丛书，由于主其事者欧阳竟无先生深厚的佛学造诣和卓越的佛学见识，使得这套《藏要》丛书收录了《宝性论》，这等于是在现代中国佛教学术思想史上再次肯定了《宝性论》崇高的佛学价值。

欧阳竟无先生在丛书编校前言中，关于所编入的《宝性论》，写有如下一段话：

> 宝性论者，依《陀罗尼自在王经》，以七金刚句摄一切佛法。《自在王》、《大涅槃经》，均说一切众生皆有佛性，菩提、功德，利众生业，皆所以见性。三宝一皈，但指不同，除无歧异。然则所谓一切空者，见性涅槃是也。上来五论，皆龙树学也。[①]

欧阳竟无先生（1871—1943年）是20世纪上半期中国佛教的一位杰出学者，欧阳先生及其弟子吕澂先生更是晚清迄现代中国佛教史上居士学者中最卓越的两位代表，他们在内学院所从事的佛教研究、人才培养等工作，实际上代表当时中国佛教学术的最高水准。欧阳在这段话中非常简略而准确地概括了《宝性论》的思想要义。不过结论部分把《宝性论》与《十二门论》《百论》《广百论本》《中观释论》等四部论书并列为“龙树学”的代表论著，在今天看来则不能不说是相当令人诧异的结论。

欧阳竟无先生之所以形成这种看法，与他所创立的支那内学院这一学派在佛教分宗判教思想上基本只承认大乘空有二宗，而不承认有大乘第三系即如来藏学系的思想主张，有着深刻的关联。在欧阳先生这一佛学理念的影响下，内学院的师生都乐于根据玄奘所传护法一系唯识学的正统立场，来融通其他思想倾向的佛教经论，包括含有如来藏思想倾向的经论，他们把这种研究和诠释的方法称为“以了义释不了义”。[②] 这种思想方法显然是妨碍鼎盛阶段的支那内学院师生对于《宝性论》作出更多关注与更高水平研究的重要内在观念原因。

---

① 欧阳竟无主编：《藏要》第二辑叙，《藏要》第五册，上海书局1991年版，第2—3页。

② 参考程恭让《欧阳竟无佛学思想研究》相关章节，台湾新文丰出版公司2000年版。

欧阳竟无先生去世后，吕澂先生1943年在内学院蜀院组织“院学”，依据欧阳先生在《释教篇》中所阐释的新判教思想，结合内学院二十余年的经典研究经验，创立内学院佛学研习体系。此一名为“院学”的佛学研习体系，以三周区别、五科讲习为构架，从浩如烟海的佛教经典中严格筛选出五十部精要佛典，以为讲学资料，实际上是为中国现代佛教创立了一个博大、严谨、具有明确思想方向及一定现代学术气质的全新判教思想体系。吕澂先生的院学判教体系，遵照欧阳先生《释教篇》中的基本观点，不立如来藏文字科，而改设涅槃文字科。其中，《胜鬘师子吼经》《大乘法界无差别论》，列为初周涅槃科讲习的两部经论；《妙法莲华经》《大涅槃经·正法分》及《入楞伽经》三经，及《究竟一乘宝性论偈》，列为二周涅槃科讲习的经论；《大方等大云经·大众犍度》《大乘密严经》《佛地经论》这二经一论，则列为三周涅槃科讲习的经论。①

其中，针对《宝性论》，吕澂先生当时写道：

> 《究竟一乘宝性论偈》一卷，魏译，藏要本。《涅槃》宣说三宝同一性相，常住不变，论初三句，抉择此宗。余四句，脱性，菩提、功德、业，盖又今本《涅槃》未传之义也。空寂与佛性，一法而异诠。斯乃说意之殊，岂空性而外别有佛性也哉！拘拘空有之见，难以得其真矣。颂本取释绎文，又可用《佛性论》参考。②

在同时所写另一篇文章《内院佛学五科讲习纲要讲记》中，关于《宝性论》，吕澂先生又有如下的说法：

> 佛境者，诸佛所取究竟之实相。故谓六度施设，犹是化身佛方便之谈，自共实相，乃法身佛等流所说。由是《楞伽》可取以补足《涅槃》未详佛境之义也。但《楞伽》仍有未全，必再取《宝性论》以补二经之缺。此论于二经未详之佛身功德作业等，皆可得其概。由

---

① 吕澂：《内院佛学五科讲习纲要》，《吕澂佛学论著选集》卷二，齐鲁书社1991年版，第585—604页。

② 同上书，第595页。

此可知涅槃学殊不易谈也。宝谓三宝，谓三宝之性皆归于佛性，此涅槃学要义，惟本论多独详。论以七句诠佛性，初四句，抉择三性归于一性之旨，余三句，说菩提、功德、作业也。此论可注意之点，在说佛性即是余处所言之空，而以佛性说者，恐人执空为空，故以佛性实之。如是二名，同指一事。非空外别有佛性，佛性外别有空性。是又涅槃学要义也。[1]

总之，吕澂先生是在其院学体系的第二周涅槃科讲习中，理解和诠释《宝性论》思想义理的。而院学体系中的第二周，按照"院学"的思想体系，主要的思想是谈转依学。吕先生的说法是："此周谈转依。依者即指此心，现居染位，由闻熏而当下自觉，乃发为舍染趋净之行。如是一舍一趋，名之为转。转谓转易，由染位而至净位也。至于此位，即能尽心之性，无漏显现。是即将本净之相，日进日明，而心自知之用，日进日增，如江河沛然，必至于转依之究竟而后已，殆自然之势也。次周以此要义为中心。"[2] 可知吕澂先生基本上是在唯识学者转依学的思想框架中，来理解包括《宝性论》在内如来藏系经论的思想，并且在其理解与诠释中，又特别着重于佛性与空性的完全一贯，所以这又是侧重于般若空性思想的视角来观察如来藏系经论的思想。按照这样的理解方式，如来藏经论的学术思想就自然消解在瑜伽、中观二宗的思想体系中。所以吕澂先生很难完全摆脱教派思想的固执，完全从印度佛教思想史客观发展的角度，来公允处理《宝性论》的思想及其价值；也很难悉心体会《宝性论》及其他如来藏系经论独特的教法意图与教法目标。如若不然，以吕先生当时业已具备的研究功底，他是最有资格推动《宝性论》研究的现代学术化并创造出远为可观的学术成果的。

从20世纪这种国际化佛学研究的背景也可以看出，印顺导师的相关《宝性论》研究，在20世纪中国佛教学术思想的开展中也确实具有极其重要的意义。他汲取了国际学界的《宝性论》研究成果，能够站在现代

---

① 吕澂：《内院佛学五科讲习纲要讲记》，《吕澂佛学论著选集》卷二，齐鲁书社1991年版，第626—627页。

② 同上书，第610页。

学术的学科前沿，所以他的《宝性论》研究堪称20世纪中国佛教学界相关研究领域唯一一项真正具备一流国际水准的重要学术成果![1] 而他的研究中与支那内学院优秀学者不同的选择方向，可以凸显其努力进行《宝性论》研究的内在意图：他其实不是要跟风国际学界而进行《宝性论》的研究，而是意图要在坚实的现代佛学地基上完成近承太虚大师、远承法藏大师的大乘三系佛学架构，从而完成在新的时代文化环境下使三系大乘真正确立起来，使如来藏一系真正确立起来这一中国佛教现代化中一项内在的学术任务!

第三节　印顺导师对《宝性论》重要思想义理准确而系统的概括

印顺导师《宝性论》研究中一个显著的特点是，他在其著作中对《宝性论》的重要思想义理，给予了准确而系统的文字研读及理论概括。如其所著《如来藏之研究》一书，曾以四义概括《宝性论》的理论系统，即其中的范例。这四义分别是：（一）如来藏义，（二）自性清净心义，（三）不空与种姓义，（四）转依义。以下，我们拟对印顺导师的相关论述略加分析与诠证。

首先，关于《宝性论》第一个重要思想义理即如来藏义的说明。如来藏义是如来藏学系经论的思想核心，当然也是旨在系统建构大乘佛教如来藏学系教法思想体系的《宝性论》的理论核心。印顺导师引用了汉译《宝性论》卷三《一切众生有如来藏品第五》下面这个颂文："法身遍无差，皆实有佛性，是故说众生，常有如来藏"[2]，及同卷同品下面的颂文："一切众生界，不离诸佛智，以彼净无垢，性体不二故；依一切诸佛，平等法性身，知一切众生，皆有如来藏。"[3] 认为这些偈文，就是《宝性论》中专门讨论如来藏概念义理的地方。在分析上述二颂的涵义时，印顺导师

---

① 在这里我们基本上是指20世纪80年代以前，在这个时间段之后，中国大陆佛教研究的生态发生了重大的变化。例如在20世纪80年代后出版了谈锡永先生用汉语撰写的《宝性论》研究著作，这是相关领域的一项重要新进展。

② 《究竟一乘宝性论》，《大正藏》第31册，No. 161，第828页上。

③ 同上书，第828页中。

指出这两个颂文的顺序是颠倒的：“上引二偈，‘一切众生界’偈在前，是本论偈；‘法身遍无差’偈在后，是注释偈，也就是解说本论偈的。”①

印顺导师复引用《宝性论》“法身遍无差”颂文之后的长行诠释：“此偈明何义，有三种义。是故如来说一切时、一切众生有如来藏。何等为三？一者如来法身遍在一切诸众生身，偈言法身遍故。二者真如之体一切众生无差别，偈言无差故。三者一切众生皆悉实有真如佛性，偈言皆实有佛性故。此三句义，自下论依如来藏修多罗，我后时说应知。”② 然后加以如下的解说：

> “一切众生有如来藏”，是约三种意义说的，三种是：一、法身，是遍在一切众生身（心）中的。二、真如，是一切无差别的。三、佛性——佛种性（buddhagotra），是众生实有的。依据这三种意义，所以可说“一切众生有如来藏”。③

因为《宝性论》此处说到其建立如来藏说的三层意义（法身义，真如义，佛性义），是依据《如来藏经》的，所以印顺导师也解释说：

> 这三种意义是依《如来藏经》的，所以说：“依如来藏修多罗，我后时说应知。”在论到如来藏的九种譬喻时，论卷四中说：“法身及真如，如来性实体，三种及一种，五种喻示现。”“法身”，“真如”，“如来性”，用九种譬喻来表示。譬喻法身的有三喻：佛、蜂蜜、（糩内的）坚实。譬喻真如的有一喻，（粪内的）真金。譬喻佛种性的有五喻，（地中）宝藏，（果）树（芽），（弊衣内的）金像，（贫女怀妊）轮王，（泥模内的）宝像。依据《如来藏经》的九种譬喻，解说为法身遍满，真如无别，佛性实有。依这三种意义，说“一切众生有如来藏”，这是《宝性论》的如来藏说。④

① 印顺：《如来藏之研究》，《印顺法师佛学著作全集》卷十八，中华书局2009年版，第147—148页。

② 《究竟一乘宝性论》，《大正藏》第31册，No. 161，第828页中。

③ 印顺：《如来藏之研究》，《印顺法师佛学著作全集》卷十八，中华书局2009年版，第148页。

④ 同上书，第149页。

这里，关于《宝性论》汉译中“一切众生界”偈，根据五分梵本的《宝性论》原典看，是其第一分中第27偈，原文为：

buddhajñānāntargamāt sattvarāśestan –
nairmalyasyādvayatvāt prakṛtyā |
bauddhe gotre tatphalasyopacāráduktāḥ
sarve dehino buddhagarbhāḥ ‖ 27 ‖ ①

此偈的涵义是：由于众生聚包含在佛智中，由于此无垢者在本质上有不二性，由于此无垢者之果在佛的种姓中表现出来，因此说：一切有身体者都有佛藏。此颂文在《宝性论》原本中，正如印顺导师所判断，乃是一个“论本”偈。

关于《宝性论》这一段落中的“法身遍无差”一偈，根据梵本看，是接着上述第27偈的第28偈，原文是：

saṁbuddhakāyaspharaṇāt tathatāvyatibhedataḥ |
gotrataśca sadā sarve buddhagarbhāḥśarīriṇaḥ ‖ 28 ‖ ②

此颂文之意义是：因为正觉身之覆盖，真如之不分别，及因有种姓，一切有身体者总是有佛藏。我们从《宝性论》汉译第一卷中“论本”部分并未包含此偈的事实，可以推测此颂应当是“释论”偈。③ 所以印顺导师的有关判断是非常严谨准确的。

《宝性论》卷三，根据三层意义（法身义，真如义，佛种姓义），且主要是依据《胜鬘经》等经典，确立“一切众生都有如来藏”这一学说

---

① 参见中村瑞隆《梵汉对照究竟一乘宝性论研究》，《世界佛学名著译丛》76，华宇出版社1989年版，第49页；参见Jikido Takasaki（高崎直道）：*A Study on the Ratnagotravibhāga（uttaratantra）*，*Being a Treatise on the tathāgatagarbho Theory of Mahayana Buddhism*，Serie Orientale Roma，XXXIII，p. 197。

② 同上。

③ 同上书，第197页注8。

的理论基础；《宝性论》卷四，又说“法身及真如”偈，并引用《如来藏经》关于如来藏的九种譬喻，分别以之比配上述三义，更加全面完整地系统确立如来藏学说。关于“法身及真如”偈、九种譬喻的部分及其相应的长行说明，梵本对勘如下：

svabhāvo dharmakāyo'sya tathatā gotramityapi ǀ
tribhirekena sa jñeyaḥpañcabhiśca nidarśanaiḥ ‖ 144 ‖

tribhirbuddhabimbamadhusāradṛṣṭāntairdharmakāyasvabhāvaḥsa dhāturavagantavyaḥ ǀ ekena suvarṇadṛṣṭāntena tathatāsvabhāvaḥ ǀ pañcabhirnidhitaruratnavigrahacakravartikanakabimbadṛṣṭāntaistrividhabuddhakāyotpattigotrasvabhāva iti ǀ ①

根据梵本简译这个颂文及长行文字如次：

此界自体是法身，
也是如性及种姓，
可以譬喻知此界，
三种一种及五种。

（一）以三种譬喻，即以佛像、蜂蜜、谷果内核这三种譬喻，可以理解以法身为自体的此（如来）界；（二）以一种譬喻，即以黄金这种譬喻，可以理解以如性为自体的此（如来）界；（三）以五种譬喻，即以地藏、树木、珠宝像、转轮王、黄金像等譬喻，可以理解以种姓——它是三种佛身的起源——为自体的此（如来）界。

从以上简略的诠证不难看出，“一切众生界”偈、“法身遍无差”偈以及相关长行释文，“法身及真如”偈及其相关长行诠释，这些有关的部分，实为《宝性论》中确立如来藏概念思想最核心关键部分的文字。《宝性论》汉语古译，向以文字艰涩、义理繁复著称，印顺导师能够沉潜往

① 中村瑞隆：《梵汉对照究竟一乘宝性论研究》，《世界佛学名著译丛》76，华宇出版社1989年版，第135—137页。

复，深入论典，探赜钩玄，含英咀华，所以能够钩稽、发掘出上面这些部分的论典资料，以为解说《宝性论》如来藏概念思想之脉络，其浸润之精深，理解之精到，诠释之精确，确实令人叹为观止！

其二，关于《宝性论》第二个重要思想义理即自性清净心义的说明。印顺导师书中说明此问题如下：

> 与如来藏有关的大乘经，说到了自性清净心。如来藏说的特征，是在众生烦恼覆藏中，有本性清净的如来。本性清净而为烦恼所覆，与《增一阿含》的“心本清净，为客尘所染”说有共同意义，所以如来藏说的经典，也就说到了自性清净心。自性清净心是如来藏的别名，但与如来藏不同，在佛教的法义中有着悠久的渊源。《胜鬘经》在说如来藏时，这样说：“（自）性清净心，难可了知；彼心为烦恼染，亦难了知。”所说的自性清净心，就是自性清净如来藏。《不增不减经》说：“我依此清净真如法界，为众生故，说为不可思议法自性清净心。”所说的清净真如法界，就是法身、众生、如来藏、自性清净心的别名。《宝性论》中，在说如来界时，自心清净心是如来藏别名；在说如来菩提时，也就是佛的自体，如《论》卷四说：“‘向说佛法身，自性清净体。’清净者，略有二种。何等为二？一者自性清净，二者离垢清净。自性清净者，谓性解脱，无所舍离，以彼自性清净心体不舍一切客尘烦恼，以彼本来不相应故。离垢清净者，谓得解脱。又彼解脱不离一切法，如水不离诸尘垢等而言清净；以自性清净心远离客尘诸烦恼垢更无余故。”①

印顺导师这段文字首先指出：大乘经典中的如来藏学系理论，认为如来藏在缠而不染、不染而在缠，这种理论模式与原始佛教经典中有关自性清净心的说法，具有一些“共同的意义”。关于此问题，他举出《增一阿含》中“心本清净，为客尘所染”的说法，作为原始佛教自性清净心说的思想源头。对于自性清净心说源流及其与大乘如来藏学说之关联及差异

---

① 印顺：《如来藏之研究》，《印顺法师佛学著作全集》卷十八，中华书局2009年版，第153页。

这些问题的讨论，《如来藏之研究》甚至专门辟出整整一章：《心性本净说之发展》，[①] 以翔实的资料，细致地重构从"声闻经论的心净说"到"初期大乘的心性本净说"的发展过程，足见印顺导师对此问题的重视。

在上面这段文字中，印顺导师引用了《胜鬘经》《不增不减经》的自性清净心之说，所引《胜鬘经》文字"（自）性清净心，难可了知；彼心为烦恼染，亦难了知"已为《宝性论》的作者所引用[②]，是《宝性论》以自性清净心诠释如来藏说的重要理论资源之一。所提到的《不增不减经》的那段文字，虽然未见为《宝性论》所引用，但是《不增不减经》的佛学理论，也确为《宝性论》最重要的思想资源之一。

印顺导师这段话中谈到《宝性论》的自性清净心思想时，认为：

（1）《宝性论》在讨论如来界（如来藏）问题时，自性清净心就是如来藏的异名。关于这个方面，他在书中提出了观点，但未详加论证。我们在《宝性论》卷三《一切众生有如来藏品第五》中，可以读到《宝性论》以自性清净心概念表征如来藏概念的诸多论证，如下面这段说法即是如此："所有凡夫、圣人、诸佛如来，自性清净心平等无分别。彼清净心于三时中次第，于过失时，于功德时，于功德清净毕竟时，同相无差别。犹如虚空在瓦、银、金三种器中平等，无异、无差别，一切时有。以是义故，经中说有三时次第。"[③]

（2）《宝性论》在讨论佛菩提问题时，自性清净心就是佛的自体。关于这个方面，印顺导师引用《宝性论》"向说佛法身，自性清净体"偈及其后的长行文字来证明。所引用的这个颂文，是五分梵本《宝性论》第二分的一个颂文：

buddhatvaṁprakṛtiprabhāsvaramiti proktaṁyadāgantuka－

kleśajñeyaghanābhrajālapaṭalacchannaṁravivyomavat ।

sarvairbuddhaguṇairupetamamalairnityaṁdhruvaṁśāśvataṁ

① 印顺：《如来藏之研究》，《印顺法师佛学著作全集》卷十八，中华书局 2009 年版，第 61—79 页。

② 《究竟一乘宝性论》，《大正藏》第 31 册，No. 1611，第 827 页上。

③ 同上书，第 832 页中。

dharmāṇāṁtadakalpanapravicayajñānāśrayādāpyate ‖ 3 ‖ ①

可以新译如下：

若前说佛本性净，客尘烦恼所知覆，其如密云及网翳，如同太阳在虚空；具足诸无垢佛德，恒常坚固及永续，依不分别择法智，我等可以证得之。

这个颂文是此段《宝性论》的“论本偈”，之后是四个颂文的“论释偈”，解释这个“论本偈”。再接下去，则是印顺导师此处用以诠释“二种清净”的长行文字：

Yaduktamāśrayaparivṛtteḥsvabhāvo viśuddhiriti tatra viśuddhiḥsamāsato dvividhā। prakṛtiviśuddhirvaimalyaviśuddhiśca। tatra prakṛtiviśuddhiryā vimuktirna ca visaṁyogaḥprabhāsvarāyāścittaprakṛterāgantukamalāvisaṁyogāt। vaimalyaviśuddhirvimuktirvisaṁyogaśca vāryādīnāmiva rajojalādibhyaḥprabhāsvarāyāścittaprakṛteranavaśeṣamāgantukamalebhyo visaṁyogāt। ②

【新译】前面所说，所谓“转依之自体是清净”，关于“清净”，总略而言，有两种清净：（一）自性清净，以及（二）离垢清净。其中，自性清净，是解脱，而非离系，因为光明的自性心，并不舍离外来的污垢。离垢清净，是解脱，且是离系，如同水等等舍离尘水等等，因为光明的自性心，无有余遗地，远离外来的污垢。

---

① 中村瑞隆：《梵汉对照究竟一乘宝性论研究》，《世界佛学名著译丛》76，华宇出版社1989年版，第157页；参见Jikido Takasaki（高崎直道）：*A Study on the Ratnagotravibhāga（uttaratantra）, Being a Treatise on the tathāgatagarbho Theory of Mahayana Buddhism*, Serie Orientale Roma, XXXIII, p. 314。

② 中村瑞隆：《梵汉对照究竟一乘宝性论研究》，世界佛学名著丛76，华宇出版社1989年版，第157—159页；参见Jikido Takasaki（高崎直道）：*A Study on the Ratnagotravibhāga（uttaratantra）, Being a Treatise on the tathāgatagarbho Theory of Mahayana Buddhism*, Serie Orientale Roma, XXXIII, pp. 315－316。

根据梵本可以看出：印顺导师这里所引颂文的上半，是说明佛之本质自性清净，却为烦恼障、所知障所覆盖，正如太阳在虚空中为诸云雾所覆盖一样；颂文下半，说明以无分别简择智慧，断除诸障，此具足一切无垢品德的佛，就能够为人们所证得。所以，这个颂文的中心，是“佛”——佛之为佛的本质。与长行解释的文字相配：前者（自性清净佛），是自性清净；后者（所证得佛），是离垢清净。释文中两次明确地提到“光明的自性心”，就是指“自性清净心”，所以印顺导师指出：在解释佛菩提（转依，佛之为佛的本质）时，《宝性论》是以自性清净心为“佛的自体”，他的研读、释义甚为精当！

其三、关于《宝性论》第三个重要思想义理即“不空与种性”义的说明。关于这一方面，印顺导师书中诠释如下：

> 《胜鬘经》立空如来藏、不空如来藏，如《究竟一乘宝性论》卷四引经说：“《胜鬘经》言：世尊！有二种如来藏空智。世尊！空如来藏，若离、若脱、若异一切烦恼藏。世尊！不空如来藏，过于恒沙不离、不脱、不异、不思议佛法。”《宝性论》继承《胜鬘经》说。依如来藏说，《般若》等大乘经说“空”，是正确的，但还是不了义的。如来藏是本性清净心，着重于客尘烦恼空。对本性清净心来说，烦恼是客性——外铄的、附属的，与心性清净是本来别异而相离的。生死中的众生，有烦恼、有业、与苦阴，也就是有为法。《大法鼓经》说：“空彼一切有为自性。”《央掘魔罗经》说：“离一切烦恼，及诸天人阴，是故说名空。”《大般涅槃经》说：“空者，谓无二十五有，及诸烦恼，一切苦、一切相、一切有为行。”这都是说有为诸行是空。《不增不减经》与《胜鬘经》以如来藏为自性清净心，所以只说烦恼空，烦恼是造业受苦的根源。依空如来藏说，如来藏、自性清净心、真如、法界，也可以说是空，而其实是说离烦恼诸行，烦恼诸行空而已；诸行空，而如来藏、自性清净心体是不空的。如来藏有无量数的不思议佛（功德）法，与如来藏相应，不异而不可分离的。如《论》说：“不空如来藏，谓无上佛法，不相舍离相。”不相离的无上佛法，就是称性功德，这不但是有的，而且是有作用的。如《论》说：“若无佛性者，不得厌诸苦，不求涅槃乐，亦不欲不愿。”

“见苦果乐果，依此（种）性而有，若无佛性者，不起如是心。”见世间苦而想离苦，见涅槃乐而想得涅槃，厌苦求乐而发的希愿欲求心，是众生离苦得乐、舍凡成圣成佛的根本动力。这种向光明喜乐自在的倾向，就是如来藏称性功德的业用。如来藏三义中的种性义，是如来藏的要义，指如来藏相应的无数不思议佛功德法，也就依此说“一切众生有佛性”。然如来藏在众生身中，不一定能发菩提心，求成佛道，问题在虽有厌苦求乐的动机，但没有遇到、清净善知识，不曾修习大乘信心，所以或学二乘法，或但求世间乐，不过总是要依如来藏而成佛的。《宝性论》引《华严经》，“乃至邪见聚等众生身中，皆有如来日轮光照”，就是说明这一意义。这样，世间，出世间，出世间上上善法的根源，都是如来藏不思议功德的业用。是成佛的种性，所以名为如来界。界就是“因”义。①

这段文字的核心理念是：《胜鬘经》立空如来藏、不空如来藏之说，而《宝性论》则继承了《胜鬘经》这一学说。如来藏系经论从空、不空两个角度来理解如来藏，侧重于如来藏中称性功德的存在和作用。所以，在包括《宝性论》在内的如来藏系经论的立场上看，《般若》言空性，是正确的，但还是不了义的；如来藏系经论更加强调“如来藏、自性清净心体是不空的”这样一种精神。

印顺导师这里引用了《宝性论》的两段文字，来诠证他的理念：其一是为《宝性论》引用《胜鬘经》中关于“二种如来藏空智”的说法，其一是论中的“不空如来藏”偈。实际上所引用的两段文字，在汉译《宝性论》卷四《无量烦恼所缠品第六》中，是以下连续的一段文字：

彼人不知空以何等法是如来藏？偈言：

不空如来藏，谓无上佛法，不相舍离相，不增减一法。如来无为身，自性本来净，客尘虚妄染，本来自性空。

此偈明何义？不减一法者，不减烦恼。不增一法者，真如性中不

① 印顺：《如来藏之研究》，《印顺法师佛学著作全集》卷十八，中华书局2009年版，第157—158页。

增一法。以不舍离清净体故，偈言“不相舍离相，不增减一法”故。是故《圣者胜鬘经》言：世尊！有二种如来藏空智。世尊！空如来藏，若离若脱若异一切烦恼藏。世尊！不空如来藏，过于恒沙不离不脱不异不思议佛法故。如是以何等烦恼，以何等处无，如是如实见知，名为空智。又何等诸佛法，何处具足有，如是如实见知，名不空智。如是明离有无二边，如实知空相。此二偈中，明如是义。[①]

《宝性论》这段文字，对于理解《宝性论》的空性思想，具有十分重要的意义。遗憾的是，古译此段文字较为晦涩，因此这一部分文字传达的思想义理，甚难完全精确地得以理解。[②] 今以梵本对勘对下：

tatra katamaḥsa tathāgatagarbhaśūnyatārthanaya ucyate |

nāpaneyamataḥkiṁcidupaneyaṁna kiṁcana |

draṣṭavyaṁbhūtato bhūtaṁbhūtadarśī vimucyate ‖ 154 ‖

śūnya āgantukairdhātuḥsavinirbhāgalakṣaṇaiḥ |

aśūnyo'nuttarairdharmairavinirbhāgalakṣaṇaiḥ ‖ 155 ‖

kimanena paridīpitam | yato na kiṁcidapaneyamastyataḥprakṛtipariśud-dhāt tathāgatadhātoḥsaṁkleśanimittamāgantukamalaśūnyatāprakṛtitvādasya | nāpyatrakiṁcidupaneyamastivyavadānanimittamavinirbhāgaśuddhadharmapr-akṛtitvāt | tata ucyate | śūnyastathāgatagarbho vinirbhāgairmuktajñaiḥ sarv-akleśakośaiḥ | aśūnyo gaṅgānadīvālikāvyativṛttairavinirbhāgairamuktajñaira-cintyairbuddhadharmairiti | evaṁyady atra nāsti tat tena śūnyamiti samanu-

---

① 《究竟一乘宝性论》，《大正藏》第31册，No.1611，第840页上。

② 高崎直道先生在《宝性论研究》中，曾指出《佛性论》下面这段话的汉译，倒是非常符合《宝性论》中这段原语的精神：“如来藏者，道理何相？如偈说言：‘无一法可损，无一法可增，应见实如实，见实得解脱。由客尘故空，与法界相离，无上法不空，与法界相随。如来性者自清净故，能染客尘者自性空故，故言无一法可损。真如者，与清净因不相离，过恒沙数等不舍智不可思惟，诸佛功德恒相应故，故言无一法可增。若法无因此无法观真如空，以余法有故，观如不空，故言真如，亦空不空。何以故？以离增减二边故。无一法可损故是空，无一法可增故非空。若作是观，名真实观，故得远离增减二边。’”第301—302页。

paśyati । yatpunaratrāvaśiṣṭaṁbhavati tat sadihāstīti yathābhūtaṁ prajānāti । samāropāpavādāntaparivarjanādaparyantaṁśūnyatālakṣaṇamanena ślokadvayena paridīpitam । ①

【新译】在这里，这个如来藏空性义的旨趣，是指什么呢？回答：

无物需要被排除，无物需要被接纳；应以真实观真实，见真实者则解脱。

如来界空诸客尘，诸有舍离特征者；然而不空无上法，无有舍离特征者。

这两个颂文显示何义？因为没有任何有烦恼征相的东西，是需要排除的，这是由于如来界之自性清净性，（也）由于相对此如来界而言外来的污垢自性空性。在其中，也没有任何有清净征相的东西，是需要接纳的，这是由于此如来界有自性不舍离的清净法性。因此，经中说道："如来藏空舍离、失智的一切烦恼库藏；如来藏不空超过恒河沙、不舍离、不失智、不可思议的诸佛法。"这样，如果在此处此物不存在，那么就可以视为"空此物"。而若于此处，此物残存，就如实说言："它在此处确实存在。"由于避免了增益、损减两个极端，所以这两个颂文显示了无尽的空性之相。②

对照梵本、古译和新译，可以明确了解：这段引证文字开头一句，汉译为"彼人不知空以何等法是如来藏"，原来是："在这里，这个如来藏空性义的旨趣，是指什么呢"，句中有个明确的概念，是"如来藏空性义"（tathāgatagarbhaśūnyatārtha），这是一个持业释复合词，意思是"如来藏即空性义"，凸显《宝性论》的一个重要理念：所谓的如来藏，是与空

① 中村瑞隆：《梵汉对照究竟一乘宝性论研究》，《世界佛学名著译丛》76，华宇出版社1989年版，第147—149页；参见 Jikido Takasaki（高崎直道）：*A Study on the Ratnagotravibhāga*（*uttaratantra*），*Being a Treatise on the tathāgatagarbho Theory of Mahayana Buddhism*，Serie Orientale Roma，XXXIII，pp. 315 - 316。

② 参考 Jikido Takasaki（高崎直道）：*A Study on the Ratnagotravibhāga*（*uttaratantra*），*Being a Treatise on the tathāgatagarbho Theory of Mahayana Buddhism*，Serie Orientale Roma，XXXIII，pp. 301 - 302。

性义不二的如来藏。这就表明以《宝性论》为思想主流的如来藏系统（这是印顺导师认可的），是建立在大乘空性学说的基础上的。此处两个颂文都是意在传达“如来藏空性义”概念的深刻含义，长行文字甚至引用《胜鬘经》的经文加以诠证。这段文字结束处，再次申明，两个颂文意在排除“损减”和“增益”两种极端的认识方式，显示如来界（即如来藏）的本质特点：“无尽的空性之相”。因此，《宝性论》这段话固然是在说明如来藏所具有的不空的方面，但是其根本精神，则是基于如来藏、空性本来不二的思想立场立论，这充分彰显如来藏思想家是重视空性学说、不违空性学说的。由于古译未能精确传译这段话的内涵，尤其是完全没有传达出“如来藏空性义”这个重要概念，对于印顺导师理解及诠释《宝性论》关于空性的思想理念，是有一定的影响的。

那么基于空性义而其本质不空的如来藏究竟在众生的生命里面起到什么作用呢？《宝性论》在这个问题上同样引用了《胜鬘经》“若无如来藏者，不得厌苦，乐求涅槃”[①] 的思想：“若无佛性者，不得厌诸苦，不求涅槃乐，亦不欲不愿。”[②] 前引印顺导师那段文字中如来藏的这种作用解释为“是众生离苦得乐、舍凡成圣成佛的根本动力”。应该说他对于《宝性论》这一方面内容的评述，是客观的、合理的。为省文字，此处不再赘述。

最后，是关于《宝性论》第四个重要思想义理即转依义的说明。印顺导师说：

> 从众生生死到如来涅槃，当时的佛教界提出了“转依”一词。在汉译《宝性论》中，在《宝性论》等论中，“转依”是被译为“转身”或“转得”的。……在《宝性论》等论中，提出了转依说，依是依止，是生死与涅槃的所依体，依此，从生死转化为涅槃，就是转依。[③]

---

① 《胜鬘师子吼一乘大方便方广经》，《大正藏》第 12 册，No. 0353，第 222 页中。

② 《究竟一乘宝性论》，《大正藏》第 31 册，No. 1611，第 831 页上。

③ 印顺：《如来藏之研究》，《印顺法师佛学著作全集》卷十八，中华书局 2009 年版，第 160 页。

印顺导师这是肯定《宝性论》等如来藏系经论，同瑜伽学系一样，都提出了转依学说。

具体而言，在如来藏系经论中，《胜鬘经》提出了生死、涅槃皆依据如来藏的思想，所以如来藏成为生死、涅槃的依据："生死者，依如来藏；以如来藏故，说前际不可了知。世尊！有如来藏故，得有生死，是名善说。如来藏者，常恒不坏。是故世尊，如来藏者，与不离解脱智藏，是依、是持、是为建立；亦与外离不解脱智诸有为法，依、持、建立。"[①]而《宝性论》也继承了《胜鬘经》的这一说法，所以《宝性论》以如来藏为有为法的依，也以如来藏为无为法的依，它的转依学说是直接承接《胜鬘经》而来的。[②]

瑜伽行派与如来藏学系都建立了转依学说，那么这两家的转依学说究竟有什么本质的不同呢？除了关注两家分别以阿赖耶识及如来藏作为一切法的依止这一重要的不同外，印顺导师还通过对《宝性论》转依学说特点的考察，来具体说明这种不同。如《宝性论》卷三的说法："地依于水住，水复依于风，风依于虚空，空不依地等；……阴入界如地，烦恼业如水，不正念如风，净心界如空。依性起邪念，念起烦恼业，依因烦恼业，能起阴入界。依止于五阴，界入等诸法，有诸根生灭，如世界成坏。净心如虚空，无因复无缘，及无和合义，亦无生住灭。如虚空净心，常明元转变，为虚妄分别，客尘烦恼染。"[③] 这段话中，两次提到"净心"，论中以"虚空"譬喻之。印顺导师认为，这里的"净心"就是"如来藏异名"，它是"邪念"的依止，而邪念则是烦恼、作业的依止，这样推究到极致，就可以理解如来藏是生死的本质依据。从梵本看，这段话中的"净心"，正是指"自性清净心"。[④] 这段话的主旨，正是说自性清净心（如来藏）是生死的依据。因此，印顺导师的解说是可靠的。印顺导师还把《宝性论》以净心为邪念依止的思想与《维摩经》中颠倒想以无住为本、无住

---

① 《胜鬘师子吼一乘大方便方广经》，《大正藏》第12册，No. 0353，第222页中。

② 印顺：《如来藏之研究》，《印顺法师佛学著作全集》卷十八，中华书局2009年版，第160—161页。

③ 《究竟一乘宝性论》，《大正藏》第31册，No. 1611，第832页下。

④ 中村瑞隆：《梵汉对照究竟一乘宝性论研究》，《世界佛学名著译丛》76，华宇出版社1989年版，第83页。

则无本的思想[①]加以比较，认为《维摩经》这一思想与《宝性论》等如来藏经论以净心为生死依的思想相近。他据此解说如来藏系思想的转依说如下："在如来藏学中，如来藏不生不灭，常住不变，本来清净，与无边佛法不相离，更具有充实的内容。为虚妄分别，客尘烦恼染，所以有生死，如远离虚妄分别，出烦恼藏，如虚空恢复本来的明净，那就是菩提与涅槃——转依了。"[②] 如来藏学的菩提与涅槃——转依，最重要的旨趣，就是指生命"恢复本来的明净"。转依不是"外铄"，而是开发我们生命中本来具足的东西！

汉译《宝性论》卷四："无垢如者，谓诸佛如来，于无漏法界中，远离一切种种诸垢，转杂秽身，得净妙身。依八句义略差别说彼真如性无漏法身应知。"以及："如来藏不离烦恼藏所缠，以远离诸烦恼，转身得清净，是名为实体应知。"[③] 印顺导师引用后指出："《宝性论》所说离垢真如部分，名《菩提品》，汉译作《转身清净成菩提品》，转依清净的实体（自性，svabhāva），就是离垢清净的如来藏，如论说：'佛功德无垢，常恒及不变。''佛身不舍离，清净真妙法，如虚空日月，智离染不二。过恒沙佛法，明净诸功德，非作法相应，不离彼实体。'转依的实体，是不离一切明净功德，常恒不变，非作法的。说到'转身实体清净'，有二清净：其中，'离垢清净者，谓得解脱。又彼解脱不离一切法，如水不离诸尘垢等，而言清净。以自性清净心远离客尘诸烦恼垢，更无余故。'离垢清净，只是本来那样的清净。约智慧证得说，说二种无分别智为因；约离烦恼而得说，说远离二障为果。其实只是'智离染不二'的实体。"[④] 印顺导师这些论述都强调，转依清净的实体、自性就是离垢清净的如来藏，他把这种"离垢清净的如来藏"，称为"本来那样的清净"。这一说明仍然强调作为转依自体的清净，是"本来的"。

再者，《宝性论》卷四说："依彼果离垢清净故，说四偈：无垢功德

---

① 《维摩诘所说经》，《大正藏》第14册，No. 0475，第547页下。

② 印顺：《如来藏之研究》，《印顺法师佛学著作全集》卷十八，中华书局2009年版，第162—163页。

③ 《究竟一乘宝性论》，《大正藏》第31册，No. 1611，第841页上。

④ 印顺：《如来藏之研究》，《印顺法师佛学著作全集》卷十八，中华书局2009年版，第162—163页。

具，显现即彼体，蜂王美味蜜，坚实净真金。宝藏大果树，无垢真金像，转轮圣王身，妙宝如来像，如是等诸法，即是如来身。”①《宝性论》这段话引用《如来藏经》的九种譬喻，来说明离垢清净的菩提，印顺导师引用这段后，指出：“转依所得的如来身，举《如来藏经》的九种譬喻。这正说明了：具一切功德的如来藏，出烦恼藏，就是如来法身。《宝性论》所说的转依、菩提，一切功德是本具的，与瑜伽学者显然采取了不同的观点。”② 强调从如来藏学转依所得的佛身佛果的角度看，一切功德也是本来具足的。因此《宝性论》如来藏学的转依，其精神旨趣与瑜伽学者所说的转依确实存在本质的差异。

前面说过，吕澂先生基本上是在唯识学者转依学思想格局中处理如来藏系经论的转依问题，因此其必然无视如来藏系经论转依思想的特质；与之相反，印顺导师注意到代表如来藏思想主流的《宝性论》也重视转依学说，但是其转依学说中作为一切法依据的“依”这个概念的内涵，与瑜伽学系的诸法依止概念存在本质上的不同；进而由依止概念的不同，引发转依性质、旨趣的差异：《宝性论》的转依学侧重“一切功德是本具的”，这与正统瑜伽学系转依学的旨趣确实存在原则的不同。以上这些细致的分析，也是印顺导师理解、诠释《宝性论》及其他如来藏系经论思想义理一个非常重要和突出的学术见地。不过，如来藏学系“转依”概念中的“转”字，与瑜伽学系相关概念中的“转”字，其文字来源本来就存在差异。印顺导师的研究中没有指出此点，我们这里略加补充说明。

试以印顺导师所引《宝性论》卷四开头“无垢如者”那段文字为例。这段文字是梵本《宝性论》第二分开头讨论“佛菩提”思想关键性、概括性的文字。原语如下：

uktā samalā tathatā | nirmalā tathatedānīṁ vaktavyā | tatra katamā nirmalā tathatā yāsau buddhānāṁbhagavatāmanāsravadhātau sarvākāramala-vigamādāśrayaparivṛttirvyavasthāpyate | sā punaraṣṭau padārthānadhikṛtya

① 《究竟一乘宝性论》，《大正藏》第31册，No. 1611，第841页中。

② 印顺：《如来藏之研究》，《印顺法师佛学著作全集》卷十八，中华书局2009年版，第162—163页。

samāsato veditavyā ‖ ①

【新译】已经讨论有垢真如，现在，我们要讨论无垢真如了。这里，何谓无垢真如呢？是指：由于舍弃诸佛薄伽梵无漏界中一切品类的污垢，因而被建立起来的转依。再者，这个它，无垢真如（转依），可以根据八个句义总略加以理解。

在上面这段话中，"转依"这个概念，原语是：āśrayaparivṛttiḥ。《宝性论》研究的一位重要专家、日本学者高崎直道先生，将这个概念的意义，译为"基础之完美显现"。②

论中随即以八种句义（一者实体，二者因，三者果，四者业，五者相应，六者行，七者常，八者不可思议③）来详细规定这个"转依"概念的内涵与外延，其中关于第一个句义，"实体"义，也就是转依（菩提）之自体，《宝性论》作出如下的解释。原语是：

tatra yo'sau dhāturavinirmuktakleśakośastathāgatagarbha ityukto bhagavatā | tadviśuddhirāśrayaparivṛtteḥsvabhāvo veditavyaḥ | yata āha | yo bhagavan sarvakleśakośakoṭigūḍhe tathāgatagarbhe niṣkāṅkṣaḥsarvakleśakośavinirmuktestathāgatadharmakāye'pi sa niṣkāṅkṣa iti | ④

【新译】这里，尚未摆脱杂染库藏的界，薄伽梵说为"如来藏"，应知其净化即为转依之自体。因而，经中说言："薄伽梵啊！若是对于为一

① 中村瑞隆：《梵汉对照究竟一乘宝性论研究》，《世界佛学名著译丛》76，华宇出版社1989年版，第155页；参见 Jikido Takasaki（高崎直道）：*A Study on the Ratnagotravibhāga（uttaratantra），Being a Treatise on the tathāgatagarbho Theory of Mahayana Buddhism*，Serie Orientale Roma，XXXIII，p. 310。

② Jikido Takasaki（高崎直道）：*A Study on the Ratnagotravibhāga（uttaratantra），Being a Treatise on the tathāgatagarbho Theory of Mahayana Buddhism*，Serie Orientale Roma，XXXIII，p. 310。

③ 《究竟一乘宝性论》，《大正藏》第31册，No. 1611，第841页中。

④ 中村瑞隆：《梵汉对照究竟一乘宝性论研究》，《世界佛学名著译丛》76，华宇出版社1989年版，第155页。

切杂染库藏彻底覆盖的如来藏，没有疑虑，那么对于摆脱一切烦恼库藏的如来法身，也就没有疑虑”。

转依之自体或本质，就是对于（未摆脱杂染库藏的）如来藏的净化。在这句话中，“转依”这个概念的原语，也是：āśrayaparivṛttiḥ。高崎直道先生这里同样译为“基础之完美显现”。[①]

我们知道：瑜伽行派通常所使用的“转依”概念，是 āśrayaparāvṛttiḥ。其中，parāvṛtti，汉译为“转”，意思是“转变”。这里的“依”，是指主要为烦恼成分所影响的第八识。所以，“转依”主要的特质，是指转变或改造第八识的生命成分，舍弃杂染，转为清净。而《宝性论》及其他如来藏系经论中所使用的“转依”概念（āśrayaparivṛtti），其中的“依”，āśraya,是指虽为烦恼所污染但自性清净，且本身具有主动促发功能的如来藏；“转”，parivṛtti，主要是“显示”之义，意思是指使如来藏的功能作用实际显示出来或发挥出来。印顺导师敏锐地观察到并指出《宝性论》及如来藏系经论转依学说与瑜伽学系转依学说之间存在思想旨趣的“不同”，我们这里则为这一“不同”增补了一个语源学的说明。

第四节　关于印顺导师对《宝性论》中《为何义说品》文字义理诠释的再反思

印顺导师在其所著《印度佛教思想史》中，曾有如下的说法：“代表如来藏说主流的，是《究竟一乘宝性论》等。我在《如来藏之研究》中，已经有所说明。这里略加叙述，及新近理解到的重要意义。”[②] 可见，在印顺导师所著《印度佛教思想史》中涉及如来藏学说及《宝性论》思想讨论的部分，分为两种情况，一是主要复述《如来藏之研究》中业已提出和详加分析的意见，二是补充其“新近理解到的重要意义”。后面这种

---

① Jikido Takasaki（高崎直道）：*A Study on the Ratnagotravibhāga*（*uttaratantra*），*Being a Treatise on the tathāgatagarbho Theory of Mahayana Buddhism*，Serie Orientale Roma，XXXIII，p. 312.

② 印顺：《印度佛教思想史》，《印顺法师佛学著作全集》卷十三，中华书局2009年版，第276页。

情况，在他这部《印度佛教思想史》著作中是更加值得关注的部分。

这里拟讨论《印度佛教思想史》针对《究竟一乘宝性论》中《为何义说品第七》这一部分文字思想的有关诠释，因为此一诠释正好反映出印顺导师有关《宝性论》及如来藏思想理解方面某些“新近理解到”的“重要意义”，从中可以发现其试图对如来藏学及《宝性论》思想价值再诠释、再定位的意图。如他下面这一大段话的说明：

> 初期的大乘经中，都说一切法空寂。为什么不说空而说一切众生有如来藏呢？“本论”提出了五点解说。一、心性下劣的“有怯弱心”，觉得佛道难行，心生退怯，如知道自心本具如来藏，就能精进不退了。二、修学大乘法的，容易“轻慢诸众生”，总以为自己比别人殊胜。如知道如来藏是一切众生所同具的，那就应该像常不轻菩萨（sadāparibhūta）那样，逢人就说：“我不敢轻于汝等，汝等皆当作佛了。”这二义，是针对大乘行者说的。三、“执着虚妄法”：小乘学者分别蕴处界等自性，执虚妄法是有而不能说没有的。如知道如来藏为依，而有生死与涅槃，就不会执着虚妄法事相了。四、小乘行者以为，成佛是非常希有的，多数人（或少数人）是不能成佛的，这是说没有佛性——成佛可能性的，是“谤真如佛性”。如知道依真如说佛性，佛性是一切众生平等共有的，就不会谤真实法了。这二义是针对小乘人（一分通于瑜伽学的）。五、“计着有神我”，这是一般人，特别是外道。如《楞伽经》说：“为断愚夫畏无我句”，“开引计我诸外道”，“为离外道见故，当依无我如来之藏”。不说一切法空而说如来藏的理由，“本论”所说的五义，是相当正确的！“释论”却专在如来藏学上说，失去了适应众生的对治、鼓励、诱化的善巧方便！①

这段文字中所谓的“本论”，是指《宝性论》中原始偈颂的部分；所谓“释论”，是指《宝性论》中对于原始偈颂予以解释的部分（也包括释论偈，及长行释文两个部分）。在古代汉译《宝性论》的版本中，“本论”

---

① 印顺：《印度佛教思想史》，《印顺法师佛学著作全集》卷十三，中华书局2009年版，第281页。

部分的内容，一方面在译本卷一中独立为一个部分（占据汉译《宝性论》卷一之大部），一方面也分布在其后各卷的文字部分中；而在梵藏文本的《宝性论》中，则没有如汉译那样独立的“本论”部分。印顺导师这里评议的《宝性论》相关的“本论”“释论”部分，根据汉译《宝性论》而言，是指《究竟一乘宝性论》卷一中《为何义说品第七》部分（“本论”），及卷四《为何义说品第七》的部分（此部分包括了“本论”及“释论”）。与之对应的梵本、藏文本，是五分《宝性论》中“以如来藏为主的第一分”（tathāgatagarbhādhikāraḥ prathamaḥ paricchedaḥ）[①] 末尾的一段文字。印顺导师此处的评议不仅诠释此段《宝性论》“本论”“释论”的文字义理，且提出此段“本论”思想义理“相当正确”，而“释论”文字则专注于“如来藏学”因而“失去”“善巧方便”的学术观点。

为方便讨论，先把勒那摩提汉译《宝性论》卷四《为何义说品第七》的译文，引录如下：

究竟一乘宝性论为何义说品第七

问曰：真如、佛性、如来藏义，住无障碍究竟菩萨地菩萨第一圣人亦非境界，以是一切智者境界故。若如是者，何故乃为愚痴颠倒凡夫人说？答曰：以是义故，略说四偈：

处处经中说，内外一切空，有为法如云，及如梦幻等。此中何故说，一切诸众生，皆有如来性，而不说空寂？

以有怯弱心，轻慢诸众生，执着虚妄法，谤真如佛性，计身有神我。为令如是等，远离五种过，故说有佛性。

此四行偈，以十一偈略释应知。偈言：

诸修多罗中，说有为诸法，谓烦恼业等，如云等虚妄。

烦恼犹如云，所作业如梦，如幻阴亦尔，烦恼业生故。

先已如是说，此究竟论中，为离五种过，说有真如性。

以众生不闻，不发菩提心，或有怯弱心，欺自身诸过。

---

① 中村瑞隆：《梵汉对照究竟一乘宝性论研究》，《世界佛学名著译丛》76，华宇出版社1989年版，第155页。

未发菩提心，生起欺慢意，见发菩提心，我胜彼菩萨。

如是憍慢人，不起正智心，是故虚妄取，不知如实法。

妄取众生过，不知客染心，实无彼诸过，自性净功德。

以取虚妄过，不知实功德，是故不得生，自他平等慈。

闻彼真如性，起大勇猛力，及恭敬世尊，智慧及大悲，生增长五法，

不退转平等，无一切诸过，唯有诸功德，取一切众生，如我身无异，速疾得成就，无上佛菩提。①

以上是笔者新拟的断句、标点，是参考梵文本制订。这里也将所涉段落的梵本列出：

Yadyevamasaṅganiṣṭhābhūmipratiṣṭhitānāmapi paramāryāṇāmasarvaviṣaya eṣa durdṛśo dhātuḥ | tatkimanena bālapṛthagjanamārabhya deśiteneti | deśanāprayojanasaṁgrahe ślokau | ekena praśno dvitīyena vyākaraṇam |

śūnyaṁsarvaṁsarvathā tatra tatra

jñeyaṁmeghasvapnamāyākṛtābham |

ityuktvaivaṁbuddhadhātuḥpunaḥkiṁ

sattve sattve'stīti buddhairihoktam || 156 ||

līnaṁcittaṁhīnasattveṣvavajñā –

bhūtagrāho bhūtadharmāpavādaḥ |

ātmasnehaścādhikaḥpañca doṣā

yeṣāṁteṣāṁtatprahāṇārthamuktam || 157 ||

asya khalu ślokadvayasyārthaḥsamāsena daśabhiḥślokairveditavyaḥ |

viviktaṁsaṁskṛtaṁsarvaprakāraṁbhūtakoṭiṣu |

kleśakarmavipākārthaṁmeghādivadudāhṛtam || 158 ||

kleśā meghopamāḥkṛtyakriyā svapnopabhogavat |

① 《究竟一乘宝性论》，《大正藏》第 31 册，No. 1611，第 816 页上。

māyānirmitavat skandhā vipākāḥkleśakarmaṇām ‖ 159 ‖

pūrvamevaṁvyavasthāpya tantre punar ihottare ।

pañcadoṣaprahāṇāya dhātvastitvaṁprakāśitam ‖ 160 ‖

tathā hyaśravaṇādasya bodhau cittaṁna jāyate ।

keṣāṁcinnīcacittānāmātmāvajñānadoṣataḥ ‖ 161 ‖

bodhicittodaye′pyasya śreyānasmīti manyataḥ

bodhyanutpannacitteṣu hīnasaṁjñā pravartate ‖ 162 ‖

tasyaivaṁmatinaḥsamyagjñānaṁnotpadyate tataḥ ।

abhūtaṁparigṛhṇāti bhūtamarthaṁna vindate ‖ 163 ‖

abhūtaṁsattvadoṣās te kṛtrimāgantukatvataḥ ।

bhūtaṁtaddoṣanairātmyaṁśuddhiprakṛtayo guṇāḥ ‖ 164 ‖

gṛhṇan doṣān asadbhūtān bhūtānapavadanguṇān ।

maitrīṁna labhate dhīmān sattvātmasamadarśikām ‖ 165 ‖

tacchravājjāyate tvasya protsāhaḥśāstṛgauravam ।

prajñā jñānaṁmahāmaitrī pañcadharmodayāttataḥ ‖ 166 ‖

niravajñaḥsamaprekṣī nirdoṣo guṇavānasau ।

ātmasattvasamasnehaḥkṣipramāpnoti buddhatām ‖ 167 ‖ ①

勘对可知：《宝性论》这一部分文字，开头有一小段长行问答，提出此部分论典研讨的主题是：如来藏教法的意图是什么？接下去是两个颂文（第 156—157 颂），一问一答，这就是印顺导师所谓此段文字的“本论”部分，这部分梵本是两个颂文，汉译译为“四偈”；再接下去是一句长行文字，表示从“本论”到“释论”的过渡；然后是连续十个颂文（第 158—167 颂），是印顺导师所谓本段的“释论”部分，这十个颂文，汉译译为“十一偈”。

我们把此部分《宝性论》文字新译如下：

① 参考中村瑞隆《梵汉对照究竟一乘宝性论研究》，《世界佛学名著译丛》76，华宇出版社 1989 年版，第 151—155 页。

如果是这样：即便对于住于究竟无障碍地的最高的诸圣者，这个难见的界（dhātu）也非其全部的境界，那么为愚痴的异生们教说的此如来藏说何用呢？于是论中用两个颂文，来概括教说之意图，第一颂是提问，第二颂是回答。

在处处经中，一切总是空，应知如云梦，如幻事所成；如此已说罢，诸佛何复言：每一众生中，都存在佛界（buddhadhātuḥ）？（156）

若人心怯弱，轻蔑劣众生，执着非真实，损减真实法，过分爱自己，是为五种过，为断除它们，诸佛如是说。（157）

上面两个颂文的意义，总略而言，可以根据十个颂文得以理解：

一切品类有为法，皆远离究竟真实；是烦恼业及果报，以云等等而譬喻。（158）

诸种烦恼正如云，作业如梦中受用；烦恼业之果报蕴，如同幻事所化成。（159）

先前已如是成立，复于此处最上论，为断除五种过失，我们宣说界存在。（160）

因为未闻此说法，一些人们心自卑，轻视自己过失故，则不生起菩提心。（161）

即使生发菩提心，心里认为我最优；对诸未生菩提心，则会产生下劣想。（162）

若人像这样思考，则其正智不得生：此人执取不真实，而不敬重真实义。（163）

众生诸过不真实，由于人为外来性；过错无我是真实，诸种品德自性净。（164）

若是执取虚妄过，并且损减真实德，如是则不得悲悯，智者平等观自他。（165）

而因听闻此佛界，此人则生大信心，尊重众生如导师，般若智慧及大慈。在此五法产生后，（166）

则不自卑平等见，无有过失具品德，平等亲爱自与他，此人速疾得成

佛。(167)[①]

可以看出：《宝性论》这段文字的思想主旨，是要说明经典中建立如来藏教法的意图、目标，而通过这一说明所彰显的，则是如来藏教法思想的合理性和必要性。如果没有如来藏教法，没有明确宣示一切众生皆有佛性如来藏，那么人们就会有五种过失：（一）若人心怯弱：有些人不懂得自身具备清净圆满的佛性，对于自己缺乏信心，因而难以确立学佛成道的大志；（二）轻蔑劣众生：有些人虽然立志要学佛成道，因为不懂得一切众生都有佛性，就难以摆脱自视甚高而轻蔑他人的骄慢意识；（三）执着非真实：有些人因为不懂得一切众生都有内在的佛性如来藏，因而总是倾向强化体认生命中过失的一面，不了解这些过失在本质上都是虚幻不实的；（四）损减真实法：有些人因为不懂得一切众生都有内在的佛性如来藏，因而在对生命的认识中，总是倾向损减生命中本具的品德；（五）过分爱自己：有些人因为不懂得一切众生皆有佛性，所以难以真正突破自我，发挥平等看待自己、他人的大慈悲的作用。可见这里所谓的五种过失，是讲一般人因为不懂得或不承认一切众生皆有佛性这一真理，经常难以避免的五种错误。印顺导师这里联系“乘”的问题来理解本段思想义理，认为前二种过失，是大乘人所犯过失；中间二种过失，是小乘人（含部分大乘瑜伽学者）所犯过失；最后一种过失，则是外道常犯的过失。当然印顺导师这样的释义，在逻辑上自成体系，也是可以给人深刻的启发的。

通过对上面这段《宝性论》文字的文献、释义研究，可以看出《宝性论》这段文字的“本论”部分，提出未闻如来藏教法的人们所犯五种过失的问题；“释论”部分，则对于这五种过失的涵义，一一进行解释，并对五种过失的相应“对治”，给予简略的分析。所以这里“本论”和“释论”两个部分文字逻辑是一致的，思想义理是一贯的，并且释论、本

① Jikido Takasaki（高崎直道）：*A Study on the Ratnagotravibhāga* (*uttaratantra*), *Being a Treatise on the tathāgatagarbho Theory of Mahayana Buddhism*, Serie Orientale Roma, XXXIII, pp. 305 - 309。

论也是可以相互补充的。可是印顺导师在对本段文义的评论中认为："'本论'所说的五义，是相当正确的！'释论'却专在如来藏学上说，失去了适应众生的对治、鼓励、诱化的善巧方便"，明显认为"本论"和"释论"之间存在不一致，所以《宝性论》的如来藏理论是存在内在的矛盾的。根据对《宝性论》这段所涉文字的周详考察，我们不得不说一向严谨的印顺导师在这个问题上的意见有些牵强。《宝性论》这段文字的"本论"提出为什么要成立如来藏学说的理由，"释论"部分则一一解释了这些理由，两个部分的内容、主旨一致，都是为了澄清如来藏教法的意图，说明如来藏教法的合理性、必要性，所以"本论""释论"两个部分的意义是内在统一的。

如果我们再从《宝性论》全书审视，其全书的"本论"部分与"释论"部分，容或会存在一些矛盾、模糊或不对应的地方，但是《宝性论》全书以七金刚句为纲要，以佛性如来藏句为核心，以佛性、佛菩提、佛德、佛业四句为重点，致力于全面、系统地建构如来藏教法思想体系，其对如来藏学的内涵与问题，合理性及必要性，进行了充分、翔实、深刻、系统及多角度、全方位的论证，而且这些学理上论证的前提，如我们前面已言，是建立在不违般若空性学说的理论基础之上的。所以，《宝性论》整体的"本论""释论"，在思想逻辑、学术旨趣上也是内在统一的，应当认为《宝性论》的如来藏理论是自圆的。

第五节　简要的结论

印顺导师《宝性论》研究的基本动机，是要审定《宝性论》在如来藏思想发展中的核心地位，而这一《宝性论》思想地位的审定，又与他试图要以合理的及符合现代学术规范的论述方式再建构、再说明印度佛教的大乘三系，从而为如来藏一系大乘学术思想价值作出合理的说明这一主导性的思想动机是一致的。印顺导师这一佛学研究的基本价值诉求，既与其一生佛教思想史研究的基本关怀一致，也与现代国际佛教研究的总体价值趋势一致，与19—20世纪以来现代转型社会文化背景下中国化佛教实现自身学术思想传承与创新的长远目标一致。

我们看印顺导师在书中所写的如下这一段话——这段话可以说把他如来藏思想研究及《宝性论》思想研究的真实动机，表露了出来：

> 从四世纪以来，大乘佛教界的论书或经典，都不能不对如来藏有所说明。在这些解说中，《究竟一乘宝性论》，在中国是被看作代表如来藏学的。《宝性论》比较接近初期的如来藏说，但受到瑜伽学派的影响，也可能从瑜伽派脱出而自成体系的，所以解说的方法，近于瑜伽派，而初期的神我色采，也大为淡化了。从如来常住、遍在，引出众生本有如来藏或佛性 buddha - dhatu，起初是真我论，又与真心论合流的。印度的大乘佛教界，也许觉得这过分与梵我论类似，所以论师们（及经典），都给以方便的会通。因为这样、西藏等传说，印度大乘佛法，唯有瑜伽与中观二大流；其实，真我与真心系的如来藏说，有独到的立场，在印度是真实存在的！①

所以，确认如来藏说有“独到的立场”，在印度大乘佛教历史上曾经“真实存在”，是推动印顺导师相关研究的至深动机。应当承认印顺导师的《宝性论》研究、如来藏系经论研究，与其在其他诸多佛学研究领域的精彩表现一样，可谓蹊径独辟，匠心独具，成果辉煌，价值不菲！本章只是选择他对《宝性论》思想义理的系统概括及他对《宝性论》卷四部分文字的研讨为例，对其相关研究工作予以简要的回顾、观察和评论。我们觉得此点毫无疑问：印顺导师在如来藏学研究领域所做出的这一开创性研究，在 20 世纪中国佛教学术思想的发展中具有重大价值，它为汉语佛学界基于现代学术平台更加准确地理解《宝性论》的思想内涵奠定了基础，对于 21 世纪中国佛教思想文化中如来藏学系的再建构、再出发，也将愈来愈具有重要的启示意义。

笔者曾经评论过：“印顺导师是 20 世纪中国佛教僧界最卓越的学术导师，他对人间佛教的精深思考也为现代人间佛教的理论建设做出了独特

---

① 印顺：《如来藏之研究》，《印顺法师佛学著作全集》卷十八，中华书局 2009 年版，第 131 页。

的贡献。”[①] 2016年是印顺导师诞生110周年纪念，笔者受邀而因故未能参加在台湾召开的纪念印顺导师的学术研讨会，在此谨以此章表达我对这位以漫长一生孤独中进行佛教经典思想史研讨，为中国佛教带来理性学风、思考气质和转型发展理念的现代中国佛教学术导师及现代人间佛教思想家的崇高敬意！

① 程恭让：《星云大师人间佛教思想研究》，佛光文化事业有限公司2015年版，第82页。

参考文献

（一）汉译佛典及中国古代注疏著作

支娄迦谶译：《道行般若经》，《大正藏》第 8 册，No. 0224。

昙摩蜱、竺佛念译：《摩诃般若钞经》，《大正藏》第 8 册，No. 0226。

支谦译：《大明度经》，《大正藏》第 8 册，No. 0225。

鸠摩罗什译：《小品般若波罗蜜经》，《大正藏》第 8 册，No. 0227。

施护译：《佛说佛母出生三法藏般若波罗蜜多经》，《大正藏》第 8 册，No. 0228。

法贤译：《佛说佛母宝德藏般若波罗蜜经》，《大正藏》第 8 册，No. 0229。

无罗叉译：《放光般若经》，《大正藏》第 8 册，No. 0221。

竺法护译：《光赞经》，《大正藏》第 8 册，No. 0222。

鸠摩罗什译：《摩诃般若波罗蜜经》，《大正藏》第 8 册，No. 0223。

玄奘译：《大般若波罗蜜多经》，《大正藏》第 5 册，No. 0220。

竺难提译：《大宝积经 · 大乘方便会》，《大正藏》第 11 册，No. 0310。

竺法护译：《慧上菩萨问大善权经》，《大正藏》第 12 册，No. 0345。

施护译：《佛说大方广善巧方便经》，《大正藏》第 12 册，No. 0346。

菩提流志译：《大宝积经》，《大正藏》第 11 册，No. 0310。

竺法护译：《正法华经》，《大正藏》第 9 册，No. 0263。

鸠摩罗什译：《妙法莲华经》，《大正藏》第 9 册，No. 0262。

阇那崛多、达摩笈多译：《添品妙法莲华经》，《大正藏》第 9 册，No. 0264。

尸罗达摩译：《佛说十地经》，《大正藏》第 10 册，No. 0287。

支谦译：《佛说维摩诘经》，《大正藏》第 14 册，No. 0474。

鸠摩罗什译：《维摩诘所说经》，《大正藏》第 14 册，No. 0475。

玄奘译：《说无垢称经》，《大正藏》第 14 册，No. 0476。

佛驮跋陀罗译：《大方广佛华严经》，《大正藏》第 9 册，No. 0278。

实叉难陀译：《大方广佛华严经》，《大正藏》第 10 册，No. 0279。

昙无谶译：《大方等大集经》，《大正藏》第 13 册，No. 0397。

昙无谶译：《金光明经》，《大正藏》第 16 册，No. 0663。

义净译：《金光明最胜王经》，《大正藏》第 16 册，No. 0665。

佛陀跋陀罗译：《大方等如来藏经》，《大正藏》第 16 册，No. 0666。

菩提流支译：《佛说不增不减经》，《大正藏》第 16 册，No. 0668。

真谛译：《佛说无上依经》，《大正藏》第 16 册，No. 0669。

求那跋陀罗译：《楞伽阿跋多罗宝经》，《大正藏》第 16 册，No. 0670。

菩提留支译：《入楞伽经》，《大正藏》第 16 册，No. 0671。

实叉难陀译：《大乘入楞伽经》，《大正藏》第 16 册，No. 0672。

地婆诃罗译：《大乘密严经》，《大正藏》第 16 册，No. 0681。

求那跋陀罗译：《胜鬘师子吼一乘大方便方广经》，《大正藏》第 12 册，No. 0353。

勒那摩提译：《究竟一乘宝性论》，《大正藏》第 31 册，No. 1611。

坚慧菩萨造，提云般若等译：《大乘法界无差别论》，《大正藏》第 31 册，No. 1626。

弥勒菩萨说，玄奘译，《瑜伽师地论》，《大正藏》第 30 册，No. 1579。

弥勒菩萨说，真谛译，《决定藏论》，《大正藏》第 30 册，No. 1584。

天亲菩萨造，真谛译：《佛性论》，《大正藏》第 31 册，No. 1610。

马鸣菩萨造，真谛译：《大乘起信论》，《大正藏》第 32 册，No. 1666。

法称造，法护等译：《大乘集菩萨学论》，《大正藏》第 32 册，No. 1636。

鸠摩罗什等：《鸠摩罗什法师大义》，《大正藏》第 45 册，No. 1856。

僧肇等：《注维摩诘经》，《大正藏》第 38 册，No. 1775。

僧肇：《肇论》，《大正藏》第 45 册，No. 1858。

僧祐：《出三藏记集》，《大正藏》第 55 册，No. 2145。

慧皎：《高僧传》，《大正藏》第 50 册，No. 2059。

法云：《法华经义记》，《大正藏》第 33 册，No. 1715。

智顗：《妙法莲华经玄义》，《大正藏》第 33 册，No. 1716。

智𫖮：《妙法莲华经文句》，《大正藏》第 34 册，No. 1718。
智𫖮：《摩诃止观》，《大正藏》第 46 册，No. 1911。
湛然：《法华玄义释签》，《大正藏》第 33 册，No. 1717。
窥基：《妙法莲华经玄赞》，《大正藏》第 34 册，No. 1723。
智𫖮：《维摩经文疏》，《卍续藏》第 18 册，No. 0338。
吉藏：《维摩经义疏》，《大正藏》第 38 册，No. 1781。
慧远：《维摩义记》，《大正藏》第 38 册，No. 1776。
窥基：《说无垢称经疏》，《大正藏》第 38 册，No. 1782。
湛然略：《维摩经略疏》，《大正藏》第 38 册，No. 1778。
道宣：《律相感通传》，《大正藏》第 45 册，No. 1898。
慧远：《大乘起信论义疏》，《大正藏》第 44 册，No. 1843。
元晓：《起信论疏》，《大正藏》第 44 册，No. 1844。
法藏：《大乘起信论义记》，《大正藏》第 44 册，No. 1846。
法藏：《大乘法界无差别论疏》，《大正藏》第 44 册，No. 1838。
法藏：《华严经探玄记》，《大正藏》第 35 册，No. 1733。
澄观：《大方广佛华严经疏》，《大正藏》第 35 册，No. 1735。
法藏：《华严一乘教义分齐章》，《大正藏》第 45 册，No. 1866。
遁伦集撰：《瑜伽论记》，大正藏第 42 册，No. 1828。
窥基：《瑜伽师地论略纂》，《大正藏》第 43 册，No. 1829。
窥基：《大乘法苑义林章》，《大正藏》第 45 册，No. 1861。
吉藏：《法华玄论》，《大正藏》第 34 册，No. 1720。
吉藏：《净名玄论》，《大正藏》第 38 册，No. 1780。
慧远：《大乘义章》，《大正藏》第 44 册，No. 1851。
《大中祥符法宝录》，《金藏》第 111 册，No. 1501。

（二）佛典梵本校勘、翻译

Aṣṭasāhastrikā prajñāpāramitā, Buddhist Sanskrit Texts – No. 4, edited by Dr. P. L. Vaidya, published by The Mithila Institute of Post – graduate Studies and Reseach in Sanskrit Learning Darbhanga, 1960.

The Perfection of Wisdom in Eight Thousand Lines & Its Verse Summary, translated by Edward Conze, Four Seasons Foundation, Bolinas, California,

Second printing, with corrections, 1975.

The Large Sutra on Perfect Wisdom, with the Divisions of the Abhisamayālaṃkāra, Translated by Edward Conze, University of California Press Berbeley, Losangeles, London, 1961.

Prajñāpāramitā-ratna-guṇa-saṃcaya-gāthā, mahāyānasūtrasaṃgraha (part 1), Buddhist Sanskrit Texts – No. 17, The Mithila Institute of Post – Graduate Studies and Research in Sanskrit Learning , Darbhanga , Edited by P. L. Vaidya, 1961.

Prajñāpāramitā-ratna-guṇa-saṃcaya-gāthā (Sanskrit recension A), Edited by Yuyama Akira, Cambridge University Press, 1976.

Prajñāpāramitā-ratna-guṇa-saṃcaya-Gāthā: Sanskrit and Tibetan Text, Eugéne Obermiller, Biblio Verlag, 1937.

Mark Tatz: *The Skill in Means* (*ūpāyakauśalya*) *Sūtra*, Motilal Banarsidass Publishers , Private Limited, Delhi, 1994.

钢和泰:《大宝积经迦叶品梵藏汉六种合刊》,名著普及会复刻,商务印书馆 1977 年发行。

The Kāśyapaparivarta, Romanized Text and Facsimiles, M. I. Vorobyova – Desyatovskaya, incollaboration with Seishi Karashima and Noriyuki Kudo, The International Research Institute for Advanced Buddhology, Soka University, Tokya 2002.

H. Kern translated: *Saddharmapuṇḍarīkā, or the Lotus of the True Law*, 1884, Sacred Books of the East, Vol XXI。

Prof. U. Wogihara and C. Tsuchida(荻原云来、土田胜弥)校勘:《改订梵文法华经》,(东京)山喜房佛书林,1994。

Prof Kern and Prof Bunyiu Nanjio 校勘: Saddharmapuṇḍarīkā, Biblio Verlag, 1970。

Dr. P. L. Vaidya 校勘: Saddharmapuṇḍarīkā, 收于 Buddhist Sanskrit Texts – No. 6, Darbhanga, 1960。

蒋忠新:《民族文化宫图书馆藏梵文〈妙法莲华经〉写本》,中国社会科学出版社 1988 年版。

Saddharmapuṇḍ arīkāsūtra, Central Asian Manuscripts, Romanized Texts. edited by Hirofumi Toda. Tokushima Kyoiku Shuppan Center, 1993.

河口慧海:《河口慧海著作集》第八卷《法华经》,世界文库刊行会。

大正大学综合佛教研究所:《梵文维摩经》,梵语佛典研究会 2006 年版。

大正大学综合佛教研究所:《梵藏汉对照〈维摩经〉》,梵语佛典研究会 2004 年版。

河口慧海:《汉藏对照国译维摩经》,世界文库刊行会 1928 年版。

中村元:《维摩经 胜鬘经》,现代语译大乘佛典 3,2003 年版。

长尾雅人译:《维摩经》,《大乘佛典》第 7 卷,中央公论社 1992 年版。

高桥尚夫、西野翠:《梵文和译维摩经》,春秋社 2011 年刊行。

Etinene Lamotte, *The Teaching of Vimalakīrti*, trans. by Sara Boin, London: The Pali Text Society, 1976.

Daśabhūmīśvaro Nāma Mahāyānasūtra , The Memorial Publication of Two Thousand Five Hundredth Birthday of Gautama The Buddha, revised and edited by Ryūko Kondo, Rinsen Book Co. , 1983.

Gaṇḍ āvyūhasūtra, Buddhist Sanskrit Texts-No. 5, edited by Dr. P. L. Vaidya, Published by The Mithila Institute of Post - graduate Studies and Research in Sanskrit Learning, Darbhanga, 1960.

Bodhisattvabhumi Based on the ed. by Nalinaksha Dutt: Bodhisattvabhumi (Tibetan Sanskrit Works Series, 7), Patna: K. P. Jayaswal Research Institute, 1966.

Bodhisattva Bhūmi, *A Statement of Whole Course of The Bodhisattva*, edited by Unrai Wogihara, Sankibo Buddhist Book Store, Tokyo. Japan, 1971.

Madhyānta-Vibhāga-bhāṣyam, edited by Dr. Nathmal Tatia, K. P. Jayaswal Research Institute, Patna, 1967.

中村瑞隆:《梵汉对照究竟一乘宝性论研究》,《世界佛学名著译丛》76,华宇出版社 1989 年版。

中村瑞隆:《梵汉对照究竟一乘宝性论研究》,(东京)山喜房佛书林刊 1961 年版。

Jikido Takasaki, *A Study on The Ratnagotravibhāga* (*uttaratantra*), *Being a Treatise on the tathāgatagarbho Theory of Mahayana Buddhism*, Serie Orientale Roma, XXXIII.

小川一乘:《央掘魔罗经、胜鬘经、如来藏经、不增不减经》,《新国译大藏经》8《如来藏、唯识部》 I ,厚德社 2001 年版。

谈锡勇译著:《宝性论梵本新译》,(台湾)全佛文化事业有限公司 2006 年版。

《梵文悲华经》, kāruṇāpuṇḍārikā, edited with introduction and notes, by Isshi Yamada, Vol. I, Vol. II, New Delhi, 1989。

《梵文能断金刚经》, 载于 Mahāyānasūtrasaṃgrahaḥ, Buddhist Sanskrit Texts – No. 17, edited by Dr. P. L. Vaidya。

许洋主:《新译梵文佛典金刚般若波罗蜜经》(全五册),如实出版社 1995 年版。

The Lion ' s Roar of Queen Śrīmālā, A Buddhist Scripture on the Tathāgatagarbho Theory, translated, with introduction and Notes by Alex Wayman and Hideko Wayman, Motilal Banarsidass Publishers Privated Limited, Delhi, 1998, 2007.

Śikṣ āsamuccaya of Śāntideva, Buddhist Sanskrit Texts – No. 11, edited by Dr. P. L. Vaidya, published by Mithila Institute of Post – graduate Studies and Research in Sanskrit Learning, Darbhanga, 1961.

(三) 研究著作

Skillful Means, *A Concept in Mahayana Buddhism*, Second Edition, Michael Pye, First published in 1978 by Gerald Duckworth & Co. Ltd. , Second edition published in 2003 by Routledge.

A Grammar of the Parjñā – pāramitā – ratna – guṇa – saṃcaya – gāthā (Sanskrit Recension A), Faculty of Asian Studies in association with Australian National University Press, Canberra, 1973.

Prajnaparamita and Related Systems, Studies in Honor of Edward Conze (Berkeley Buddhist Studies Series 1), Lewis Lancaster, Group in Buddhist

Studies, UC Berkeley, 1977.

Ed. Conze, *The Development of the Prajñāpāramitā Thought*, *Buddhism and Culture* , D. T. Suzuki Volume, Kyoto – Tokyo, 1960.

The Prajnaparamita Literature, Second Edition, Revised and Enlarged, by Edward Conze, Tokyo , The Reiyukai, 1978.

T'ten – T'ai Buddhism and Early Mādhyamika, by NG Yu – Kwan, Tendai Institute of Hawaii, 1993.

桥本芳契:《维摩经的思想的研究》, 法藏馆。

望月信亨:《净土教概论》, 释印海译,《世界佛学名著译丛》52, 华宇出版社 1988 年版。

望月信亨:《中国净土教理史》, 释印海译, 《世界佛学名著译丛》51, 华宇出版社 1987 年版。

神林隆净:《菩萨思想的研究》, 许洋主译, 《世界佛学名著译丛》66, 华宇出版社 1985 年版。

平川彰:《印度佛教史》, 显如法师、李凤媚、庄昆木译, 贵州大学出版社 2013 年版。

木村英一(编):《慧远研究 遗文篇》, 创文社刊行 1962 年版。

木村英一(编):《慧远研究 研究篇》, 创文社刊行 1962 年版。

新田雅章:《天台实相论的研究》,(京都)平乐寺书店 1987 年版。

佐藤哲英:《天台大师的研究——特以著作的考证研究为中心》, 释依观译,"中华佛教文献编撰社" 1981 年版。

安藤俊雄:《天台学》,(京都)平乐寺书店 1989 年版。

田村芳朗等:《天台思想》, 释慧岳译, 华宇出版社 1988 年版。

横超慧日等:《法华思想之研究》(上), 释印海译, 法印寺印行《法印佛学文集》之三十六。

关口真大编著:《天台教学之研究》, 大东出版社刊 1978 年版。

镰田茂雄博士古稀纪念会编:《华严学论集》, 大藏出版 1997 年版。

平川彰:《如来藏及大乘起信论》, 春秋社 1990 年年版。

柏木弘雄:《大乘起信论之研究》, 春秋社 1981 年版。

高崎直道:《楞伽经》,《佛典讲座》17, 大藏出版株式会社 1980 年版。

高崎直道：《如来藏思想的形成》Ⅰ、Ⅱ，《高崎直道著作集》第四卷、第五卷，春秋社 2009 年版。

上田义文：《摄大乘论讲说》，春秋社 1981 年版。

T. R. V. Murti，*The Central Philosophy of Buddhism*：*A Study of the Madhyamika System*，London：Unwin Paperback，1980.（郭忠生译，《中观哲学》，华宇出版社 1984 年版。）

横山纮一：《唯识思想入门》，第三文明社 1976 年版。

横山纮一：《唯识佛教辞典》，春秋社 2010 年版。

梶山雄一：《佛教中观哲学》，吴汝钧译，佛光出版社 1990 年版。

稻津纪三：《世亲唯识学的根本性研究》，杨金萍、肖平译，宗教文化出版社 2013 年版。

［加拿大］克莱因：《知识与解脱》，刘宇光译，上海古籍出版社 2012 年版。

高崎直道：《唯识研究》，《世界佛学名著译丛》67，华宇出版社 1986 年版。

高崎直道：《如来藏研究》，《世界佛学名著译丛》68，华宇出版社 1987 年版。

尾山雄一：《中观思想》，《世界佛学名著译丛》63，华宇出版社佛 1986 年版。

山口益：《汉藏对照辨中边论》，《世界佛学名著译丛》81，华宇出版社 1987 年版。

Seishi Karashima（辛嶋静志）：*A Glossary of Kumarajiva's Translation of the Lotus Sutra*（《妙法莲华经词典》），The International Research Institute for Advanced Buddhology，Soka University，Tokyo，2001.

庭野日敬：《法华经新释》，释真定译，上海古籍出版社 2011 年版。

平冈聪：《法华经成立的新解释》，释惠明、释洞嵩译，法鼓文化出版社 2016 年版。

Young－Ho Kim，*Tao Shen's Commentary on the Lotus Sutra*，State University of New York Press，1990.

［荷兰］许里和：《佛教征服中国》，李四龙、裴勇译，江苏人民出版社 1998 年版。

河村孝照：《法华经概说》，许洋主译，新文丰出版公司 1989 年版。

谈锡勇、释素闻：《法华经导读》，全佛 1999 年版。

平川彰等：《法华思想》，林宝尧译，佛光文化事业有限公司 1999 年版。

山口弘江：《天台维摩经疏之研究》，国书刊行会 2017 年版。

水野弘元：《佛教文献研究——水野弘元著作选集（一）》，许洋主译，法鼓文化出版社 2003 年版。

水野弘元：《佛典成立史》，刘欣如译，东大图书股份有限公 2009 年版。

高楠顺次郎等：《南传大藏经解题》，“世界佛学名著译丛”编译委员会译，华宇出版社 1985 年版。

山田龙城：《梵语佛典导论》，许洋主译，华宇出版社 1989 年版。

赤沼智善：《汉巴四部四阿含互照录》，华宇出版社 1986 年版。

［英］沃德尔：《印度佛教史》，王世安译，商务印书馆 1987 年版。

［英］A. B. 凯思：《印度和锡兰佛教哲学——从小乘佛教到大乘佛教》，宋立道、舒晓伟译，上海古籍出版社 2004 年版。

［美］杰米·霍巴德、保罗·史万森主编：《修剪菩提树——“批判佛教”的风暴》，龚隽等译，上海古籍出版社 2004 年版。

［俄罗斯］舍尔巴茨基：《大乘佛学》，宋立道译，贵州大学出版 2013 年版。

［斯里兰卡］加鲁帕赫那：《佛教哲学：一个历史的分析》，霍韬晦、陈铫鸿译，贵州大学出版社 2013 年版。

木村泰贤：《大乘佛教思想论》，演培法师译，天华出版事业股份有限公司 1989 年版。

木村泰贤：《小乘佛教思想论：阿毗达磨佛教思想论》，演培法师译，贵州大学出版社 2013 年版。

宇井伯寿等：《中印佛教思想史》，“世界佛学名著译丛”编译委员会译，《世界佛学名著译丛》31，华宇出版社 1987 年版。

水野弘元：《佛教的真髓》，香光书香编译组译，香光书香出版社 2002 年版。

新田雅章：《天台哲学入门》，涂玉盏译，东大图书股份有限公司

2003 年版。

演培法师：《印度部派佛教思想观 人间佛陀》，天华出版事业股份有限公司 1990 年版。

释东初：《中国佛教近代史》（上下二册），（台北）“中华佛教文化馆”1974 年版。

释印顺：《印顺法师佛学著作全集》（共 23 卷），中华书局 2009 年版。

圣严法师：《修行在红尘——维摩经六讲》，法鼓文化事业股份有限公司 1997 年版。

圣严大师：《天台心钥——教观纲宗贯注》，法鼓文化事业股份有限公司 2002 年版。

星云大师：《人间佛教论文集》（上、中、下册），香海文化事业有限公司 2008 年版。

星云大师：《人间佛教当代问题座谈会》（上、下册），香海文化事业有限公司 2008 年版。

星云大师：《贫僧有话要说》，福报文化股份有限公司 2015 年版。

星云大师：《释迦牟尼佛传》，（台北）人生杂志社出版 1955 年版。

星云大师总主编，程恭让总策划：《法藏文库 · 中国佛教学术论典》，130 册，佛光文化有限公司 2001 年版。

释昭慧：《如是我思》（新版），（台北）东初出版社 1989 年版。

释昭慧：《佛教后设伦理学》，（台北）法界出版社 2008 年版。

释昭慧：《千载沉吟：新世纪的佛教女性思维》（新版），（台北）法界出版社 2002 年版。

释昭慧：《佛教规范伦理学：从佛教伦理学到戒律学思想体系之建构》，宗教文化出版社 2013 年版。

释昭慧：《法与律之深层探索论集》，（台北）法界出版社 2009 年版。

牟宗三：《佛性与般若》，学生书局 1997 年版。

牟宗三：《心体与性体》，（台北）中正书局 1983 年版。

李志夫：《妙法莲华经玄义研究》，（台北）“中华佛教文献编撰社”1997 年版。

李志夫：《摩诃止观之研究》，法鼓文化事业股份有限公司 2001 年版。

傅伟勋：《从创造的诠释学到大乘佛学》，东大图书股份有限公司1990年版。

林镇国：《空性与方法》，政治大学出版社2012年版。

林镇国：《辩证的行旅》，（台北）立绪文化事业公司2002年版。

林镇国：《空性与现代性——从京都学派、新儒家到多音的佛教诠释学》，（台北）立绪文化事业公司1999年版。

吴汝钧：《天台智者的心灵哲学》，台湾商务印书馆1999年版。

吴汝钧：《中道佛性诠释学 天台与中观》，学生书局2010年版。

万金川：《中观思想讲录》，香光书香出版社1998年版。

霍韬晦：《安慧〈三十唯识释〉原典译注》，中文大学出版社1980年版。

林纯瑜：《龙藏·维摩诘所说经考》，法鼓文化出版公司2001年版。

陈英善：《天台缘起中道实相论》，东初出版社1995年版。

释慧岳编著：《天台教学史》，《现代佛学大系》37，弥勒出版社1983年版。

黄国清：《窥基〈妙法莲华经玄赞〉研究》，"中央大学"中国文学研究所博士学位论文，2005年。

涂艳秋：《鸠摩罗什般若思想在中国》，里仁书局2006年版。

赖贤宗：《佛教诠释学》，北京大学出版社2009年版。

林朝成、郭朝顺：《佛学概论》（修订二版），三民书局股份有限公司2012年版。

郭朝顺：《天台智顗的诠释理论》，里仁书局2004年版。

释性广：《圆顿止观探微》，法界出版社2001年版。

罗因：《空有与有无》，台湾大学出版中心。

叶阿月：《新译般若心经》，新文丰出版公司1990年版。

尤惠贞：《天台宗性具圆教之研究》，文津出版社1993年版。

释晓云：《天台宗论集》，（台北）原泉出版社1987年版。

蓝吉富：《印顺·吕澂佛学辞典》，"中华佛教百科文献基金会"2000年版。

蓝吉富：《佛教史料学》，东大图书股份有限公司1997年版。

蓝吉富：《二十世纪的中日佛教》，新文丰出版公司1991年版。

蓝吉富主编：《禅宗全书》（全 101 册），北京图书馆出版社 2004 年版。

江灿腾、侯坤宏、杨书濠：《战后台湾汉传佛教史：从双源汇流到逆中心互动传播的开展历程》，五南图书公司 2001 年版。

侯坤宏：《印顺法师年谱》，“国史馆”2008 年版。

侯坤宏：《真实与方便——印顺思想研究》，宗教文化出版社 2014 年版。

江灿腾：《明清民国佛教思想史论》，中国社会科学出版社 1997 年版。

江灿腾：《中国近代佛教思想的争辩与发展》，南天书局 1998 年版。

江灿腾：《晚明佛教改革史》，广西师范大学出版社 2006 年版。

释定泉：《〈金刚经〉八译的文本比较——以派系思想为主》，“中华维鬘学会”2017 年版。

梁启超：《佛学研究十八篇》，上海古籍出版社 2001 年版。

汤用彤：《汉魏两晋南北朝佛教史》，中华书局 1983 年版。

汤用彤：《汤用彤全集》，河北人民出版社 2000 年版。

欧阳竟无（主编）：《藏要》八册，上海书店 1991 年版。

韩清净：《瑜伽师地论科句披寻记》，弥勒讲堂 2006 年版。

韩清净：《能断金刚经了义疏附般若心经颂释》，方广文化 2006 年版。

吕澂：《吕澄佛学论著选集》五册，齐鲁书社 1991 年版。

任继愈主编：《中国佛教史》四卷，中国社会科学出版社 1993 年版。

金克木：《梵竺庐集（丙）梵佛探》，江西教育出版社 1999 年版。

徐梵澄：《徐梵澄文集 》全 16 册，三联书店 2006 年版。

巫白慧：《巫白慧集》，中国社会科学出版社 2010 年版。

巫白慧：《印度哲学》，东方出版社 2000 年版。

罗世芳、巫白慧：《梵语诗文图解》，商务印书馆 2001 年版。

黄心川：《印度近现代哲学》，商务印书馆 1989 年版。

楼宇烈：《中国的品格》，当代中国出版社 2007 年版。

楼宇烈：《王弼集校释》（上下），中华书局 2009 年版。

方立天：《中国佛教哲学要义》（上下），中国人民大学出版社 2002 年版。

杨曾文：《佛教的起源》，今日中国出版社 1989 年版。

杨曾文：《新版敦煌新本六祖坛经》，宗教文化出版社 1993 年版。

杜继文：《汉译佛教经典哲学》（上下），江苏人民出版社 2008 年版。

郭良鋆：《佛陀和原始佛教思想》，中国社会科学出版社 1997 年版。

吴信如主编，徐孙铭副主编：《禅宗宗派源流》，中国社会科学出版社 1998 年版。

方广锠：《佛教大藏经史》（八—十世纪），中国社会科学出版社 1991 年版。

方广锠：《敦煌佛教经录辑校》，江苏古籍出版社 1997 年版。

方广锠：《中国写本大藏经研究》，上海古籍出版社 2006 年版。

方广锠：《道安评传》，昆仑出版社 2004 年版。

方广锠：《般若心经译注集成》，上海古籍出版社 2001 年版。

业露华：《佛教小百科》，大众文艺出版社 2005 年版。

业露华：《中国佛教伦理思想》，上海社会科学院出版社 2000 年版。

业露华：《佛说弥勒上生下生经》，佛光文化事业有限公司 1998 年版。

姚卫群：《佛教般若思想发展源流》，北京大学出版社 1996 年版。

潘桂明：《智顗评传》，南京大学出版社 1996 年版。

黄夏年：《稀见民国佛教文献汇编》，中国书店出版社 2008 年版。

黄夏年：《民国佛教期刊文献集成》，中国书店出版社 2008 年版。

赖永海：《中国佛性论》，中国青年出版社 1990 年版。

洪修平：《肇论》，佛光文化有限公司 1996 年版。

洪修平：《中国禅学思想史》，中国人民大学出版社 2007 年版。

徐小跃：《禅与老庄》，江苏人民出版社 2010 年版。

许抗生：《僧肇评传》，南京大学出版社 1998 年版。

苏晋仁、萧鍊子点校：《出三藏记集》，中华书局 1995 年版。

苏晋仁：《佛教文化与历史》，中央民族大学出版社 1998 年版。

黄宝生：《梵汉对勘维摩诘所说经》，中国社会科学出版社 2011 年版。

黄宝生：《梵汉对勘入楞伽经》，中国社会科学出版社 2011 年版。

段晴：《波你尼语法入门》，北京大学出版社 2001 年版。

段晴：《汉译巴利三藏·经藏－长部》，中西书局 2012 年版。

张保胜译：《薄伽梵歌》，中国社会科学出版社 1989 年版。

孙晶：《印度吠檀多哲学史》（上卷），中国社会科学出版社 2013 年版。

孙晶：《印度六派哲学》，中国社会科学出版社 2015 年版。

王雷泉：《摩诃止观》，佛光文化有限公司 1998 年版。

王雷泉：《欧阳渐文选》，上海远东出版社 2001 年版。

王彬译注：《法华经》，释氏十三经之一，中华书局 2010 年版。

张新民、龚妮丽：《法华经今译》，中国社会科学出版社 2003 年版。

姜南：《基于梵汉对勘的法华经语法研究》，商务印书馆 2011 年版。

俞学明、向慧：《法华经译注》，中华书局 2012 年版。

惟贤法师：《法华经说什么》，宗教文化出版社 2004 年版。

李利安、谢志斌：《法华经鉴赏辞典》，上海辞书出版社 2012 年版。

尹邦志：《〈胜鬘经〉〈胜鬘宝窟〉释读》，上海古籍出版社 2015 年版。

王月清：《中国佛教伦理研究》，南京大学出版社 1999 年版。

成建华：《佛学义理研究》，宗教文化出版社 2012 年版。

郑筱筠：《中国南传佛教研究》，中国社会科学出版社 2012 年版。

邱永辉：《印度教概论》，社会科学文献出版社 2012 年版。

倪梁康：《新译八识规矩颂》，三民书局 2005 年版。

吴丹：《〈大乘大义章〉研究》，吉林人民出版社 2008 年版。

魏道儒：《中国华严宗通史》，凤凰出版社 2008 年版。

周齐：《明代佛教与政治文化》，人民出版社 2005 年版。

董平：《天台宗研究》，上海古籍出版社 2002 年版。

董群：《禅宗伦理》，浙江人民出版社 2000 年版。

李向平：《救世与救心——中国近代佛教复兴思潮研究》，上海人民出版社 1993 年版。

陈永革：《法藏评传》，南京大学出版社 2006 年版。

杨维中：《如来藏经典与中国佛教》，江苏人民出版社 2012 年版。

龚隽：《禅史钩沉：以问题为中心的思想史论述》，三联书店 2006 年版。

龚隽：《禅学发微——以问题为中心的禅思想史研究》，新文丰出版公司 2002 年版。

龚隽：《〈大乘起信论〉与佛学中国化》，“中国佛教学术论典”第 31 辑，佛光出版社 2001 版。

唐忠毛：《佛教本觉思想论争的现代性考察》，上海古籍出版社 2006 年版。

唐忠毛：《月印万川——佛教平等观》，宗教文化出版社 2003 年版。

李四龙：《天台智者研究：兼论宗派佛教的兴起》，北京大学出版社 2003 年版。

李四龙：《欧美佛教学术史：西方的佛教形象与学术源流》，北京大学出版社 2009 年版。

存德编著：《净土宗教理史要》，宗教文化出版社 2016 年版。

宣方：《汉魏两晋禅学研究》，法藏文库第 3 册，佛光出版社 2000 年版。

周贵华：《言诠与意趣：佛教义学研究》，中国社会科学出版社 2012 年版。

程恭让：《华梵之间》，中国社会科学出版社 2007 年版。

程恭让：《欧阳竟无佛学思想探微》，华东师范大学出版社 2000 年版。

程恭让：《星云大师人间佛教思想研究》，佛光文化事业有限公司 2015 年版。

程恭让：《欧阳竟无佛学思想研究》，新文丰出版公司 2000 年版。

李利安：《印度古代观音信仰研究》，陕西人民出版社 2006 年版。

吕建福：《中国密教史》，中国社会科学出版社 1995 年版。

刘成有：《近现代居士佛学研究》，巴蜀书社 2002 年版。

张风雷：《智顗评传》，京华出版社 1995 年版。

张风雷、金天鹤、竹村牧男：《佛性如来藏思想在东亚的接受与嬗变》，宗教文化出版社 2013 年版。

张文良：《批判佛教的批判》，人民出版社 2013 年版。

王雪梅：《弥勒信仰研究》，上海古籍出版社 2016 年版。

李广良：《心识的力量——太虚唯识学思想研究》，华东师范大学出版社 2004 年版。

邱高兴：《李通玄佛学思想述评》，佛光文化事业有限公司 2000 年版。

邱高兴：《一枝独秀 ：清代禅宗隆兴》，辽宁人民出版社 1997 年版。

潘桂明、吴忠伟：《中国天台宗通史》，凤凰出版社 2008 年版。

吴忠伟：《结盟之心 ：“己” 与早期中国哲学》，苏州大学出版社 2014 年版。

张家成：《中国佛教文化》，浙江大学出版社 2011 年版。

周广荣：《梵语〈悉昙章〉在中国的传播与影响》，宗教文化出版社 2004 年版。

周广荣：《世界佛教通史（第 2 卷）：印度佛教》（公元 7 世纪至 20 世纪），中国社会科学出版社 2015 年版。

纪华传：《世界佛教通史（第 6 卷）：中国汉传佛教》（公元 19 世纪中叶至 20 世纪），中国社会科学出版社 2015 年版。

王铁钧：《中国佛典翻译史稿》，中央编译出版社 2006 年版。

洪修平主编：《佛教文化研究》（第二辑），江苏人民出版 2015 年版。

李继武：《律宗及其祖庭》，西安电子科技大学出版社 2016 年版。

慧音、慧观翻译：《中部经典》（一、二），宗教文化出版社 2017 年版。

慧音、慧观翻译：《长部经典》（一、二、三），宗教文化出版社 2016 年版。

李海波注译：《妙法莲华经》，中州古籍出版社 2010 年版。

叶少勇：《〈中论颂〉与〈佛护释〉》，中西书局 2011 年版。

嘉曹 · 达玛仁钦：《宝性论大疏》，中国社会科学出版社 2015 年版。

吴海勇：《中古汉译佛经叙事文学研究》，学苑出版社 2004 年版。

净海：《南传佛教史》，宗教文化出版社 2002 年版。

王孺童：《瑜伽师地论注疏三种》，宗教文化出版社 2015 年版。

汤薌铭：《瑜伽师地论戒品纂释》，弥勒讲堂 2009 年版。

楚小影：《瑜伽师》，上海文化出版社 2017 年版。

慧仁：《唯识要论》，宗教文化出版社 2016 年版。

何建明:《佛法观念的近代调适》，广东人民出版社 1998 年版。

华方田:《中国佛教与般若中观学说》，宗教文化出版社 2005 年版。

黄延军:《中国国家图书馆藏西夏文〈大般若波罗蜜多经〉研究》上下册，民族出版社 2012 年版。

姚彬彬:《现代文化思潮与中国佛学的转型》，宗教文化出版社 2015 年版。

麻天祥、姚彬彬、沈庭:《中国宗教史》，武汉大学出版社 2012 年版。

Gadmer，Hans－Georg:《真理与方法》，洪汉鼎译，（台北）时报文化出版企业股份有限公司 1999 年版。

Ricoeur，Paul:《诠释的冲突》，林洪涛译，（台北）桂冠图书公司 1995 年版。

Levi－Strauss，Claude:《神话与意义》，杨德瑞译，（台北）麦田出版有限公司 2001 年版。

［美］理查德·E. 帕尔默，《诠释学》，潘德荣 译，商务印书馆 2012 年版。

汉斯－格奥尔格·伽达默尔:《诠释学Ⅰ、Ⅱ——真理与方法》，洪汉鼎译，商务印书馆 2010 年版。

保罗·利科:《诠释学与人文科学:语言、行为、解释文集》，孔明安、张剑、李西洋译，中国人民大学出版社 2012 年版。

洪汉鼎:《诠释学——它的历史和当代发展》，人民出版社 2001 年版。

刘翔:《中国传统价值观诠释学》，华东师范大学出版社 2010 年版。

黎志添:《宗教研究与诠释学——宗教学建立的思考》，中文大学出版社 2003 年半。

高宣扬:《利科的反思诠释学》，同济大学出版社 2004 年版。

陈来:《陈来学术论著集》（全 12 册），三联书店 2009 年版。

郭齐勇:《郭齐勇自选集》，广西师范大学出版社 1999 年版。

万俊人:《二十世纪西方伦理学经典:第一卷:伦理学基础:原理与论理》，中国人民大学出版社 2004 年版。

万俊人:《现代性的伦理话语》，黑龙江人民出版社 2002 年版。

张志刚:《20 世纪宗教观研究》，北京大学出版社 2007 年版。

张志刚:《宗教哲学研究——当代观念、关键环节及其方法论批判》，中国人民大学出版社 2009 年版。

（四）本书参考过的部分相关论文

邱敏捷：《〈宗本义〉与〈涅槃无名论〉的作者问题》，（台湾大学文学院佛学研究中心）《佛学研究中心学报》第八期，2003 年 7 月，第 43—72 页。

邓伟仁：博士学位论文，*Recontextualization*，*Exegesis*，*and Logic*：*Kuiji's*（632 - 682）*Methodological Restructuring of Chinese Buddhism*，by Wei - jen Teng Harvard University，Cambridge，Massachusetts，July 2010。

周贵华：《中国佛教义学的过去与现在》，《西南民族大学学报》2014 年第 10 期。

黄国清：《窥基〈妙法莲华经玄赞〉研究》，“中央大学”中国文学研究所，博士学位论文，2005 年。

陈一标：《中日法相宗传承与宗风比较》，《玄奘佛学研究》第三期。

霍旭初：《鸠摩罗什“破戒”问题琐议》，《新疆大学学报》2007 年第 4 期。

万金川：《梵本〈维摩经〉的发现与文本对勘研究的文化与思想转向》，《正观》第 51 卷，2009 年 12 月。

程恭让：《〈维摩诘经〉之〈方便品〉与人间佛教思想》，《玄奘佛学研究 》第 18 期，2012 年 9 月。

程恭让：《慈恩大师关于〈说无垢称经〉宗绪问题的讨论》，此论文在杭州佛学院 2012 年“海峡两岸三地唯识学高峰论坛”上宣读。

程恭让：《太虚、圣严、星云：现当代汉传佛教三导师的〈维摩经〉诠释》，此论文在佛光大学佛教研究中心开幕研讨会“汉传佛教研究的过去、现在、未来”（2013 年 4 月 15—20 日）上宣读。

程恭让：《南传大藏经相应部〈女人相应〉思想主题的价值及其新译》，《法音》2017 年第 5 期。

周齐：《译经大师鸠摩罗什》，《佛教文化》1994 年第 1 期。

韩国茹：《当代中国佛教〈维摩诘经〉的研究现状与问题》，《世界宗教文化》2012 年第 1 期。

常红星：《对支谦译经特色的再反思——以〈维摩经〉为中心》，《世界宗教文化》2016 年第 6 期。

汪东萍：《〈法句经序〉文质争论的解读》，《学术研究》2012 年第 7 期。

张春柏、陈舒：《从“文质之争”看佛经翻译的传统》，《国外外语教学》2006 年第 1 期。

王福美：《“辞达而已矣”——重读支谦的〈法句经序〉》，《上海翻译》2011 年第 4 期。

罗炤：《藏汉合璧〈圣胜慧到彼岸功德宝集偈〉考略》，《世界宗教研究》1983 年第 4 期。

［日］下田正弘：《佛教研究的现状与课题——以佛陀观的变迁为例证》，《世界宗教研究》2000 年第 2 期。

湛如、丁薇：《印度早期佛教的佛塔信仰形态》，《世界宗教研究》2003 年第 4 期。

程若凡：《从原始佛教窥探大乘菩萨道思想的萌芽》，《宗教学研究》2006 年第 1 期。

陈华玉：《从原始佛教、部派佛教到初期大乘佛教的佛身论》，华梵大学，硕士学位论文，2008 年。

伊家慧：《佛陀降生神话研究》，陕西师范大学，硕士学位论文，2016 年。

陈慧心：《佛身观的研究——从部派佛教到初期大乘佛教》，华梵大学，硕士学位论文，2008 年。

龚隽：《中国中古〈维摩经〉诠释史略论》，《华东师范大学学报》（哲学社会科学版）2016 年第 11 期。

曾晓红：《敦煌本〈维摩经〉注疏叙略》，上海师范大学，硕士学位论文，2008 年。

龚隽：《身体、疾病与治疗：以中古〈维摩经问疾品〉疏为例》，《河北学刊》2016 年第 2 期。

龚隽：《略论中国古典禅与〈维摩经〉》，《杭州师范大学学报》（哲学社会科学版）2017 年第 12 期。

王晓燕：《中村不折 155 号中〈维摩经注〉创作年代考》，《首都师范大学学报》（社会科学版）2016 年第 10 期。

王雷泉：《佛教教育的目的、方法与前瞻——以〈维摩经〉为例》，《佛学研究》2006 年第 12 期。

杨化强：《第二届〈维摩经〉与东亚文化国际学术研讨会综述》，《中国佛学》2016 年第 7 期。

董大学：《敦煌本〈金刚经〉注疏的流布——以题记为中心的考察》，《文献》2014 年第 1 期。

武氏莉：《〈法华经〉中般若思想之研究》，《中国科技投资》2013 年第 8 期。

史桂玲：《关于梵文写本〈法华经〉》，《南亚研究》2012 年第 9 期。

桑德：《西藏梵文〈法华经〉写本及〈法华经〉汉藏文译本》，《中国藏学》2010 年第 8 期。

党晓龙：《20 世纪以来〈法华经〉研究综述》，《哈尔滨工业大学学报》（社会科学版）2016 年第 3 期。

陈坚：《“会三归一”与“开权显实”：〈法华经〉中的宗教对话思想及其在天台宗中的运用》，《兰州大学学报》（社会科学版）2009 年第 11 期。

杨帆：《从僧肇的般若学思想看玄学与佛学的会通》，陕西师范大学，硕士学位论文，2015 年。

覃江：《元康〈肇论疏〉对僧肇佛学思想的经学还原》，《中华文化论坛》2015 年第 6 期。

欧阳镇：《论僧肇的中观思想》，《江西社会科学》2009 年第 3 期。

伍先林：《僧肇思想探究》，《宗教学研究》1996 年第 9 期。

杨曾文：《鸠摩罗什的“诸法实相”论——据僧肇〈注维摩诘经〉的罗什译语》，《世界宗教研究》1994 年第 6 期。

王雪芬：《鸠摩罗什译〈维摩诘所说经〉之“入不二法门”探讨——以僧肇、慧远、吉藏以及天台智顗之理路观之》，《普陀学刊》2016 年第 1 期。